Nigel Pennick

Ursprünge der Weissagung

Nigel Pennick

Ursprünge der Weissagung

Von Orakeln, heiligen Zahlen und magischen Quadraten

Patmos

Titel der englischen Originalausgabe:
Games of the Gods. The Origin of Board Games in Magic and Divination
Erschienen als Rider Book bei Century Hutchinson Ltd, London

Übersetzung aus dem Englischen von Meinhard Saremba

Bibliographische Information Der Deutschen Bibliothek
Die Deutsche Bibliothek verzeichnet diese Publikation
in der Deutschen Nationalbibliographie;
detaillierte bibliographische Daten sind im Internet
über http://dnb.ddb.de abrufbar.

Titel der 1992 im Walter Verlag erschienenen Ausgabe:
Spiele der Götter. Ursprünge der Weissagung

Umschlaggestaltung: H. O. pinxit
Umschlagbild: AKG, Berlin. Karl Schweninger, Antike Ideallandschaft
Printed in Germany
ISBN 3-491-69100-1
www.patmos.de

Inhalt

Dank 6

Einleitung 7

Deutungen der Zukunft 13

Zahlen und Muster 54

Mikrokosmische und divinatorische Geomantie 85

Zeichen und Zeichenfolgen 113

Die Ausrichtung der Muster 156

Das königliche Zentrum, Jahrmärkte und heilige Spiele 196

Symbolische Brettspiele 244

Schach und Dame 276

Weitere symbolische Brettspiele und Spielfiguren 309

Spiele, Magie und Orthodoxie 337

Anhang

Züge der Spielfiguren 349
Glossar 353
Gitternetze 355
Verzeichnis der Spiele 357
Bibliographie 358

Dank

Für die freundliche Unterstützung während der langen Entstehungszeit dieses Buches danke ich ganz besonders: Paul Devereux, Prudence Jones und Patrick McFadzean für die Erlaubnis, aus ihren Werken zu zitieren; Jeff Saward für einige Illustrationen und Informationen; Chris Ashton, Michael Behrend, Marco Bischof, K. Frank Jensen, Rupert Pennick, Professor Peter Schmid, Helen Woodley und Mark Valentine für zahlreiche nützliche Hinweise und praktische Hilfestellung. Ebenso danke ich den Mitarbeitern der Universitätsbibliothek Cambridge und der Cambridgeshire Collection in der Stadtbibliothek Cambridge.

Einleitung

Der Mensch hat schon seit jeher gespürt, daß es im Leben mehr gibt als lediglich die unmittelbar erfahrbare materielle Welt und daß es möglich ist, die Beschränktheit von Körper und Zeit zu überwinden. Aus diesem Grund wurden im Lauf der Jahre verschiedene Methoden entwickelt, um die offensichtlichen Grenzen des menschlichen Wissens zu überschreiten. Eine davon ist die Naturwissenschaft, mit der man die materielle Welt aufgrund von Beobachtungen und Experimenten zu erfassen sucht. Eine andere ist die Weissagung (Divination). Sie umfaßt alle Methoden, mit deren Hilfe Menschen darum gerungen haben, verborgenes Wissen zu entdecken, insbesondere das Wissen um Dinge, die in der Zukunft liegen.

Die Weissagung ist in erster Linie ein nicht-wissenschaftliches Verfahren, sich Kenntnisse anzueignen, die auf andere Art und Weise nicht zugänglich wären. Das Prinzip, das der Weissagung zugrunde liegt, überschreitet oder umgeht das heutzutage vorherrschende materialistische Weltbild. Die naturwissenschaftliche Sicht der Welt ist im einschränkenden Sinn analytisch. Sie versucht – mit zumeist beachtlichen Erfolgen – die zahllosen Phänomene des Lebens durch Begriffe der Physik zu erklären, indem sie jeden Gegenstand und jede Wechselwirkung in seine Grundbestandteile aufgliedert. Leider läßt die zur naturwissenschaftlichen Weltsicht gehörende Glaubenslehre alle anderen automatisch unberücksichtigt – sie hat einen Ausschließlichkeitscharakter, dem zufolge sie für sich die einzige objektivierbare Realität beansprucht. Wenn sich die an den materiellen Dingen interessierte Wissenschaft überhaupt mit Weissagung befaßte, dann betrachtete sie sie lediglich als einen primitiven Glauben, der von den Sozialanthropologen untersucht werden sollte.

Modernen Darstellungen der Weissagung zufolge sind die Zahlen, die auf einem Würfel erscheinen, die Figuren, die bei der divinatorischen Geomantie gebildet werden, die Hexagramme des *I Ging* sowie die Anordnung der Runen nicht nur ein bloßes Zufallsprodukt. Obwohl sie dem mathematischen Zufallsprinzip unterliegen, sagt dieses Prinzip dennoch nichts über ihre Bedeutung aus, und obwohl es sich auf einzelne numerische Fakten anwenden läßt, ist es in der Realität keineswegs von den zu einer bestimmten Zeit bestehenden kosmischen Gegebenheiten getrennt, die nach ihren eigenen mathematischen Gesetzen arbeiten. Der Zufall ist somit paradoxerweise eine Form der dem Kosmos inhärenten, wohldefinierten Struktur.

Der einzige konstante Faktor im physikalischen Universum ist die Veränderung. Wie das Zufallsprinzip arbeitet jedoch die Veränderung in folgerichtiger, kontinuierlicher Weise und manifestiert sich in Strukturen, die im menschlichen Bewußtsein erkennbar werden. Diese Strukturen treten in einer Form zutage, die im Charakter eben des Zeitpunkts wurzelt, zu dem sie wahrgenommen werden. Bei der Weissagung wird vor allem nach diesen Strukturen gesucht. In ihnen kommt der gegenwärtige Zustand des kosmischen Seins zum Ausdruck, und sie haben uns auch viel über die Eigenarten und die mögliche Entwicklung dieses Zustands zu sagen. Dies wird im Konzept der Synchronizität deutlich. Die synchronistische Interpretation des Universums, derzufolge alle Dinge durch ihre bloße Existenz in Raum und Zeit miteinander verbunden sind, hat eine Brücke zwischen dem naturwissenschaftlichen Materialismus und der älteren magischen Auffassung des Kosmos geschlagen. Die wesentlichen Elemente der gegenwärtigen Situation im Universum werden in diesen Strukturen offenkundig.

Einen Zugang zu der Struktur der Ereignisse und der Position, in der wir uns befinden, verschafft uns die Weissagung, die relevante, verwertbare Muster herausarbeitet. Die Fragen, die wir an diese Systeme stellen, sind unsere Reaktion auf die weiterentwickelte Position der verschiedenen aufeinanderfolgenden Muster, die ein Element der Art und Weise sind, nach der das Universum «funktioniert». Da es Prozesse und Strukturen im Kosmos gibt, die bestimmten Mustern entsprechen, reproduzieren die Methoden der Weissagung – die sich auch an den Mustern orientieren, die Teil des materiellen Universums sind – gleichfalls Muster entsprechend der Zeit, auf die sie sich beziehen. Risse im getrockneten Schlamm, das Rauschen des Windes in den Weidenbäumen, die Formationen fliegender Vögel, die Anordnung von Bohnen am Boden und das natürliche Plätschern einer heiligen Quelle sind nur einige jener Grundmuster, auf die Menschen in einer Situation gesteigerter Wahrnehmungsfähigkeit ihre Aufmerksamkeit konzentrieren können. In diesem Zustand konzentrierter Aufmerksamkeit kann es zu parallelen Realitätswahrnehmungen kommen. Woher diese Wahrnehmungen stammen, ist umstritten; auch der persönliche Glaube spielt dabei wohl eine Rolle.

Als lebendige Wesen unterliegen wir einer verwirrenden Vielfalt unterschiedlicher Einflüsse und Energien – physikalischen Kräften wie Gravitation, Magnetismus und elektrischen Feldern bis hin zu psychisch-psychologischen Faktoren wie menschlichen Verhaltenssignalen und Glaubenslehren und der autonomen Struktur von Prozessen. Als ein Mittel zur Beschaffung brauchbarer Anhaltspunkte, um mit dieser scheinbar chaotischen Vielfalt von Einflüssen umgehen zu können, hat sich die Weissagung als nützlich erwiesen. Es gibt große Bereiche im physikalischen Universum, die mit den Sinnen der Menschen nicht erfaßbar sind. Manche Lebewesen aus dem Tierreich können Dinge wahrnehmen, die uns verborgen bleiben. Im Gegensatz zum Menschen können beispielsweise Insekten ultraviolettes Licht sehen oder Hunde Töne hören, die das menschliche Ohr nicht mehr aufnimmt. Es wäre wirklich töricht zu behaupten, daß es bestimmte Kräfte und Energien nicht gebe, nur weil wir sie nicht unmittelbar wahrnehmen können. Die gesamte Forschung versucht, das Wissen vom Universum zu erweitern, weil es offensichtlich einfacher ist, mit Situationen umzugehen, wenn man ihren Ursprung mit seinen komplexen Zusammenhängen und den ihm zugrunde liegenden Prozessen kennt. Über Jahrtausende hinweg sind die wissenschaftlichen Kenntnisse angewachsen, so daß wir jetzt sogar die Vorgänge innerhalb der Materie verstehen, neue Materialien herstellen, die Reaktionen von elektrischen, mechanischen und mathematischen Systemen voraussagen und viele Krankheiten verhüten können, die unsere Vorfahren geplagt haben. Diese Zunahme wissenschaftlicher Erkenntnisse hat allerdings dazu geführt, das Bewußtsein davon zurückzudrängen, daß es trotz unseres umfangreichen Verstehens Kräfte im Universum gibt, die von einer so ehrfurchtgebietenden Komplexität sind, daß sie nicht durch die im wesentlichen digitale oder schrittweise Methodik der naturwissenschaftlichen Analyse erfaßt werden können.

Das Hauptziel der Weissagung besteht darin, aus diesen Bereichen Informationen «anzuzapfen», die darauf abzielen, den Menschen mit der Umwelt in Einklang zu bringen. Obwohl die Effizienz und die Mechanismen der Weissagung umstritten sind, beruht der Glaube an die Wirksamkeit von Wahrsagungen in der ganzen Welt auf den gleichen Grundlagen. Da sie nur von einer ganz bestimmten Person zu einem gegebenen Zeitpunkt an einem ganz bestimmten Ort ausgeführt wird, ist jede divinatorische Handlung ein einmaliges Ereignis, das die Einmaligkeit der Gesamtheit von Raum und Zeit in diesem Augenblick in sich birgt. Das gleiche gilt natürlich für jede Handlung oder jedes Kunstwerk, aber die spezifische Absicht der Weissagung besteht darin, die Gegebenheiten des Kosmos in diesem Augenblick auf eine Art und Weise offenkundig zu machen, die sich der Person, die die Wahrsagung vornimmt, oder dem Fragesteller erschließt.

Viele traditionelle Glaubenslehren vertreten die Auffassung, daß die Zeit, die Geschichte und der Gang der Ereignisse nicht linear verlaufen, sondern in sich stets von neuem wiederholenden Zyklen. Diese Auffassung bildet auch den Kern vieler divinatorischer Lehren. Die heilige Ordnung, die die Menschen im Wesen der Schöpfung erkannten, wurde als das Gesetz oder die Norm angesehen, die auch der menschlichen Gesellschaft die Regeln gab. Solange das Gesetz der Natur zyklisch ist, bleibt es eine unveränderliche Größe, an der sich alle menschlichen Gesetze orientieren müssen und von der sie ihre endgültige moralische Sanktionierung erhalten. Die Person, die gegen ein heiliges Gebot verstößt oder mit einem geheiligten Brauch in Konflikt gerät, setzt zerstörerische Kräfte frei, die sich zumindest für den Einzelnen, vielleicht aber auch für die Gemeinschaft als verhängnisvoll erweisen können.

Für die harmonischsten der antiken und traditionellen Gesellschaften war Vollkommenheit in der ungebrochenen Kontinuität der heiligen Ordnung charakteristisch. Diese Ordnung waltete sowohl in der Natur als auch in den Riten und im sozialen Gefüge, im Zusammenwirken von Leben und Handeln des Einzelnen ebenso wie im Leben der Gemeinschaft; alles unterstand den Gesetzen, die den Kosmos beherrschen. Harmonie wurde durch eine vollkommene Gleichstellung von himmlischer, menschlicher und weltlicher Ordnung in einem Zyklus ritueller Handlungen erzielt – durch die Einteilung von Jahr und Jahreszeiten, die Sicherung der Fruchtbarkeit des Bodens, die Versöhnung mit den nicht-menschlichen Wesen und die Versicherung der göttlichen Führung. All diese Lebensbedürfnisse befriedigte man durch den exakten Vollzug des jährlichen Zyklus heiliger Riten und dadurch, daß man sein tägliches Leben in einer Art und Weise gestaltete, die in Bezug zum exoterischen und esoterischen Charakter der Zeiten stand. Die Verbindung zu einer solchen Lebensweise ist heute abgebrochen, aber obwohl viele Menschen die heilige Ordnung nicht mehr wahrnehmen, existiert sie dennoch weiter.

Weissagung, Auspizien und Prophezeiungen sind für den Einzelmenschen und für das Gemeinwesen noch immer Mittel, um schwierige und undurchsichtige Situationen zu bewältigen. Divinatorische Praktiken haben sich auch als hilfreich erwiesen, wenn alle sogenannten rationalen Lösungen versagen, in Situationen also, die in erheblicher oder bedrohlicher Weise vom Normalen abweichen. Hier wird dann nach Mitteln und Wegen gesucht, um die scheinbar irrationalen, unpersönlichen Mächte des Schicksals unter die Kontrolle des Menschen zu bringen oder um zumindest Einblick in die Methoden zu bekommen, mit deren Hilfe man das Unvermeidliche verhindern oder zumindest abmildern kann. Die Weissagung gewinnt ihre Kraft aus der Sicherheit und aus der Hoffnung, die sie gegenüber der Unentschlossenheit und dem Gefühl der Machtlosigkeit und der Angst vermittelt. In Krisenzeiten übt die Weissagung einen stabilisierenden Einfluß aus, denn sie bietet einen Weg zur Lösung eines Problems, wenn rationale Überlegungen nicht mehr weiterhelfen, oder dient als «Joker», der ein Verständnis unvorhersehbarer Hindernisse ermöglicht.

Die Arten von Weissagung und die Spiele, die hier vorgestellt werden, haben ihre eigenen Regeln, die heute ebenso Gültigkeit besitzen wie ehedem. Einige sind schon sehr alt, während es sich bei anderen um moderne Versionen antiker Vorläufer handelt. So wie jedes Zeitalter seine eigenen philosophischen Schulen, Religionsformen und Kunstauffassungen hat, besitzt es auch seine eigenen divinatorischen Praktiken. Der deutsche Forscher auf dem Gebiet der «Kult-Geographie», Josef Heinsch, drückte diesen Sachverhalt folgendermaßen aus:

> Heilige und kultische Strukturen können nur verstanden werden, wenn man die Sichtweise der Alten adaptiert. Für sie war alles Weltliche mit dem Göttlichen verknüpft. Alles menschliche Denken und Handeln war den energetischen Einflüssen der allmächtigen göttlichen Kräfte unterworfen. Ihre Philosophie und Weisheit gipfelte in der Erkenntnis, daß das, ‹was oben, so auch unten› ist, und im Versuch, all ihr Tun und Streben mit der höheren Natur, dem Göttlichen Willen, in harmonischen Einklang zu bringen.

Deutungen der Zukunft

Auch den Menschen schuf Gott nach seinem Bilde, denn wie die Welt das Bild Gottes ist, so ist der Mensch das Bild der Welt.
Agrippa von Nettesheim, *De occulta philosophia* (um 1510)

Seitdem sich vor vielleicht einer Million Jahren das menschliche Bewußtsein herausgebildet hat, versucht man, einen Einblick in die verborgenen Welten der Vergangenheit und der Zukunft zu erhalten. Träume gewährten den Menschen Visionen von anderen Landschaften, die von fremdartigen Wesen bevölkert sind, ermöglichten ihnen den Umgang und Gespräche mit den Toten sowie Vorahnungen von Ereignissen, die später tatsächlich eintraten. In Fieberphantasien während Krankheiten, in den Qualen beim nahenden Tod, in selbst herbeigeführten Trancezuständen und durch natürliche bewußtseinserweiternde Mittel sind die Menschen unwissentlich oder absichtlich in einen Erfahrungsbereich eingetreten, der ihrem Alltag anscheinend völlig fern liegt. Gerade in diesem Bereich sind Wahrsager mit all den Möglichkeiten tätig, die sie für ihre Kunst ausgewählt haben. Einige mögen sich diffizilen alphabetischen Disziplinen zuwenden, während andere geschickt mit geometrischen oder numerischen Mustern umgehen. Welches Hilfsmittel sie aber auch einsetzen – die endgültige Interpretation der Bedeutung liegt innerhalb des Bewußtseins des Ausführenden. Gerade eine Bewußtseinsveränderung führt zu der grundlegendsten Form der Weissagung – jener, in der die Schamanen Meister sind.

Schamanismus

Der Begriff «Schamane» stammt aus den tungusischen Sprachen Sibiriens, in denen *shaman* soviel wie «begeistert» oder «aufgeregt» bedeutet. Der Ausdruck wird nur für die Person verwendet, die in sich die Funktionen des Wahrsagers, des Medizinmannes und des Mittlers zwischen den Welten der Menschen und der übersinnlichen Mächte – der Geister, Dämonen und Götter – auf ekstatische Weise vereinigt. Der Schamane ist der archetypische Magier-Priester, der in Nordeuropa, in ganz Asien, bei einigen Eingeborenenstämmen Nord- und Südamerikas und in verschiedenen Teilen Afrikas auftrat und auch heute noch auftritt. Der Schamane war in antiken Stammesgesellschaften eine bedeutende Persönlichkeit, bevor eine eigenständige Priesterkaste und Vereinigungen magischer «Berufe» – Astrologen, Geomanten und Auguren – geschaffen wurden. Wie die meisten traditionsgebundenen Ämter in der Antike war auch das Amt des Schamanen zumeist erblich. Regionale Varianten, die sich teilweise durch ethnische oder kulturelle Unterschiede ergeben, fallen angesichts der überall auf der Welt gemeinsamen Charakteristika dieser Kunst kaum ins Gewicht. Letzte Spuren des antiken Schamanismus in Nordeuropa finden sich bis auf den heutigen Tag.

Den wesentlichen Zügen des sibirischen Schamanismus begegnet man weltweit in unterschiedlicher Ausprägung wieder. Dazu gehören die Absonderung von der normalen Gesellschaft und die Aneignung von Kräften, die es dem Schamanen ermöglichen, Wesen und Ereignisse jenseits der üblichen Grenzen von Raum und Zeit wahrzunehmen. Diese Absonderung vom normalen Leben erfordert es in der Regel auch, daß sich der Schamane an die Stelle eines isolierten oder heiligen Kraftfeldes begibt, an dem die Grenzen zwischen der Alltagswelt und den unsichtbaren Sphären offenbar fließend sind. Die Grundmerkmale der Initiation, durch die der Schamane von der weltlichen Gemeinschaft losgelöst wird, kennt man auch aus anderen Zusammenhängen, beispielsweise vom Wirken der biblischen Propheten oder der heiligen Männer Tibets.

Bei seiner Initiation wurde der angehende Schamane der Jakuten von dem älteren Schamanen, der für seine magische Einweisung verantwortlich war, auf den heiligen Berg der Region

Abb. 1: Eine lappländische Schamanin aus dem 18. Jahrhundert. Die alten schamanischen Utensilien findet man in vielen Bereichen des Volkstums wieder, sogar bei den traditionellen Tänzen.

oder an irgendeinen abgeschiedenen Ort geführt. Dort wurde dem Anwärter zu gegebener Stunde seine Amtstracht nebst Schamanentrommel und -schlegel übergeben, woraufhin er einen Treueeid auf den Geist schwor, der sich seiner angenommen hatte. Dann offenbarte der ältere Schamane dem Neuling die Plätze und die Stellung der verschiedenen Klassen der Geister, den Schaden, den sie anrichten können, und wie man sie gegebenenfalls besänftigen oder ihnen entgegenwirken kann.

Nach dieser Initiation wurde der neue Schamane mit dem Blut eines Opfertiers besprengt; damit sollte angezeigt werden, daß er einem neuen Leben geweiht war. Bei manchen Stämmen war es sogar üblich, den jungen Schamanen in die Haut des geopferten Tieres zu hüllen. Der rote, an Ärmel und Kragen mit Pelz besetzte Mantel, den der Heilige Nikolaus traditionsgemäß in der Weihnachtszeit trägt, erinnert noch an den Schamanen in der frisch abgezogenen Haut des rituell geschlachteten Tieres, die mit dem Fell nach innen getragen wurde. Auch bei den Handschuhen aus Katzenfell, die zur Ausstattung der nordischen *Wölwa* oder *Vala* («Seherin») gehörten, war das Fell innen, so wie überhaupt das Tragen bestimmter, «von innen nach außen» gewendeter Kleidungsstücke seit jeher zu den Kennzeichen von Magiern gehört, die damit ihre Trennung von der normalen Welt symbolisieren und die üblichen Grenzen zwischen Vergangenheit, Gegenwart und Zukunft, zwischen Mann und Frau, zwischen Tier und Mensch und sogar zwischen Leben und Tod verwischen.

Zusätzlich wurden als Gabe für die Geister Teile des geopferten Tieres bei der Weissagung und zur Herstellung einiger Utensilien des Schamanen verwendet, so daß sie danach ständig bei ihm blieben. Diese Teile erkennt man sowohl in den noch erhaltenen Bräuchen der Schamanen als auch in den historischen Überlieferungen an den verschiedenen Gegenständen der Tracht und der Ausrüstung. In der nordischen *Saga von Erik dem Roten,* die von einer Zeit vor gut tausend Jahren berichtet, werden die Teile beschrieben, die zur traditionellen Kleidung und zur Ausstattung der *Wölwa* gehörten. Sie trug einen blauen Umhang, der mit magischen Steinen und Riemen oder Anhängern gesäumt war, eine Kapuze, mit weißem Katzenfell gefütterte Handschuhe, Stiefel aus Kalbsleder – mit der Haut nach außen – und Glasperlen. In den Händen hielt sie eine mit Zugschnüren befestigte Haut, in der sie ihre Zauberamulette aufbewahrte, und einen messingbeschlagenen Stock mit einem Knauf. Jeder Teil ihrer Kleidung diente rituellen Zwecken und hatte symbolische Bedeutung – Eigenschaften also, die jeder Handlung in früheren Gesellschaftsformen zugrunde lagen, die aber seither ignoriert werden oder in Vergessenheit geraten sind.

Nicht in allen Schamanen-Traditionen gab es bestimmte Initiationen. Bei den Chanten (Ostjaken) aus dem nördlichen Zentralasien beispielsweise wurde die Funktion des Schamanen vom Vater auf den Sohn vererbt, der schon von Geburt an in dieser Kunst unterwiesen wurde. Hier war die Initiation dem Faktum des Geburtsrechts nachgeordnet. Die Altai-Schamanen empfingen ihre Initiation unmittelbar ohne irgendeine Zeremonie. Von einer Person, ob Mann oder Frau, die unter Krämpfen litt, schwer verletzt oder lebensgefährlich erkrankt war, schließlich jedoch wieder gesund wurde, nahm man an, daß sie die Kräfte der Ahnen empfangen habe, um nun ein Schamane zu sein. Auch in Britannien mußte der *Vatis (ovate)* oder Schamanen-Wahrsager keinen Einweihungsritus durchlaufen, doch sowohl bei den Barden als auch bei den Druiden soll es ein Noviziat gegeben haben. Der Barde gehörte einem traditionellen Stand an, der Druide einer traditionellen Priesterkaste. Der *Vatis* stand jedoch außerhalb dieser althergebrachten Ordnung:

> Da er seine Stellung dem Vorrecht genialer Schöpferkraft und löblicher Gelehrsamkeit verdankt, bedarf er keiner Anhängerschaft [...] Dies soll das Wissen schützen, auf daß nicht die gemeinhin üblichen Lehrer gefunden werden und folglich die Lehren und die überliefer-

ten Künste und Weisheiten in Ermangelung methodisch versierter Meister und ihrer Schüler der Vergessenheit anheimfallen. Desgleichen sollen auch die Lehren der Kunst verfeinert und erweitert werden, indem man ihnen alles Neue hinzufügt.

Der Schamane des alten Britannien, der alles andere als ein Traditionalist oder Fundamentalist war, stand allem Neuen, das ihm beachtenswert erschien, aufgeschlossen gegenüber und ergänzte dadurch das vererbte, überlieferte Wissen mit nützlichen Beiträgen.

Unabhängig davon, welchem System der Schamane (mitunter auch die Schamanin) angehört, durchlebt er verschiedene außerkörperliche Erfahrungen und unternimmt Seher-Reisen (wie etwa die Visionszüge der heiligen Männer Nordamerikas), wobei er mit den transzendentalen Kräften, die der Existenz zugrundeliegen, in Verbindung kommt. Diese physischen oder auch astralen Reisen bringen den Schamanen mit den verschiedenen Landschaftsformationen seiner Gegend und mit sämtlichen Regionen des Himmels und der Unterwelt in Kontakt. Herkömmlichen Interpretationen zufolge erlangt der Schamane seine Einsichten, sein Wissen und seine Macht von dem Schutzgeist, mit dem er verbunden ist. Dieser Geist ist ihm auf dem gefährlichen Terrain der immateriellen Ebenen der inneren Welten Führer und Beschützer. Oft wird der Geist in Gestalt eines Vogels dargestellt, und die Schamanengötter haben ausnahmslos Vögel in ihren Diensten. In der Mythologie hatten sowohl der Heldenkönig Bran von Britannien als auch der nordische Gott Odin Raben bei sich, die ihnen Wissen zutrugen und ihre Anhänger beschützten. Die Vögel stehen auch als Symbole für die außerkörperlichen Erfahrungen der Schamanen und für die zur Trance führenden Tänze, die auf die Paarungs-«Tänze» der Kraniche und anderer Großvögel zurückgehen. Odins Raben, die die Namen Hugin und Munin trugen, hatten eine direkte Beziehung zum Bewußtsein – insbesondere zum Denken und zum Erinnerungsvermögen – im Stadium der

Loslösung vom Körper. In diesen willentlich herbeigeführten physischen und psychischen Extremsituationen kommunizieren die Schamanen mit den Wesen der nicht-materiellen Welt, um Wissen zu erlangen, das für sie selbst und für die Menschen insgesamt wertvoll ist.

Weissagung (Divination)

Den visionären Erfahrungen und Ekstasen der Schamanen, die an Besessenheit grenzen, entsprechen die Verzückungszustände der Seher und Seherinnen der großen Orakelstätten des Altertums. In den Orakeln verschmelzen die individualistischen, unvorhersehbaren, mitunter unsozialen Verhaltensweisen der Schamanen und die verantwortungsvollen gesellschaftlichen Funktionen der Priester miteinander. In ähnlicher Weise steht die Divination in einem etwas zwiespältigen Verhältnis zu den etablierten Religionen, denn sie verschafft sich Zugang zu dem unsicheren Bereich unbewußter, ekstatischer und übernatürlicher Welten, von denen sich jene gemeinhin distanzieren. So hat die Weissagung kaum in die hieratische Ordnung der Riten Eingang gefunden, weil das Element der Ungewißheit, also die Möglichkeit eines schlechten Ausgangs, nicht von einer Religion akzeptiert werden kann, deren Kern der Glaube an die göttliche Vorsehung und Beständigkeit bildet. Das empfindliche Gleichgewicht zwischen Wille und Zufall, das für die Weissagung charakteristisch ist, kann bei den etablierten Religionen nur eine untergeordnete Rolle spielen.

In vielen formalisierten Religionen war dieser divinatorische Aspekt von der menschlichen in die göttliche Sphäre verlagert, und Orakel-Götter wurden an Stelle der ursprünglichen Schamanen verehrt. Das Symbol dieses göttlichen Wahrsagers war das Gitternetz, das man auf alten Darstellungen vieler Götter und Heiliger findet. Die Hirschgötter Mesopotamiens, Zentralasiens und Europas, die auf den früheren Schamanismus

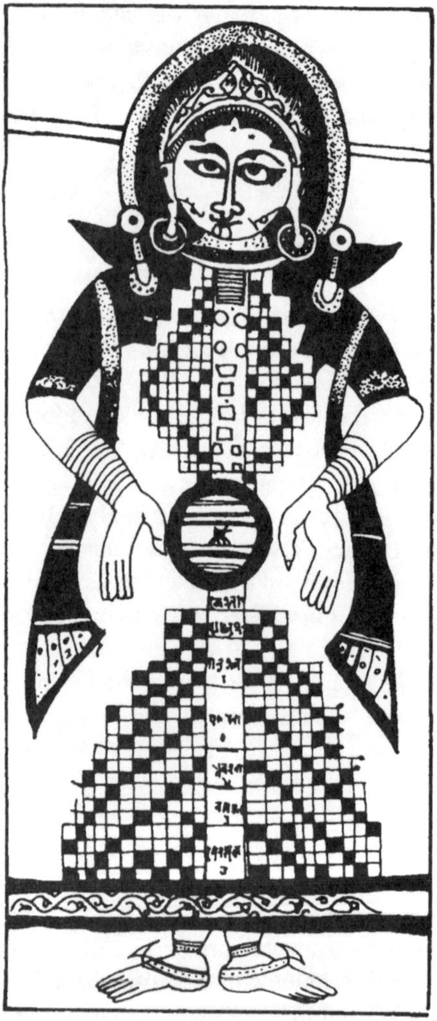

Abb. 2: Viele göttliche Wesen werden als Träger oder als Verkörperung des heiligen Gitternetzes dargestellt. Dieses Bild aus einer alten indischen Handschrift zeigt die Göttin als ein Damebrett mit einem besonders auffällig eingekreisten Nabel.

zurückgehen, wurden mit Gitternetzmustern abgebildet, die ihre Herrschaft über Raum und Zeit verdeutlichen. Eine Darstellung des keltischen Gottes Cernunnos auf einem Schrein aus Roquepertuse (Frankreich) zeigt gleichfalls ein Gitter, ebenso viele Bilder von Heiligen in der irisch-christlichen illuminierten Handschrift, die als *Book of Durrow* bekannt ist. Das Gitter ist zudem auch ein häufig vorkommendes Attribut babylonischer und hethitischer Gottheiten.

Jeder Art von Weissagung liegt implizit der Glaube zugrunde, daß transzendentale Kräfte alles kontrollieren, was von Bedeutung ist, und daß nichts aus Zufall geschieht. Dieser auch heute nicht ganz unbekannte Standpunkt hat schon immer ebensoviele Kritiker wie Befürworter gefunden. So schrieb etwa der Skeptiker Seneca:

> Der Unterschied zwischen uns und den Etruskern ist der folgende: Während wir glauben, daß der Blitz durch das Zusammenstoßen von Wolken freigesetzt werde, glauben sie, daß Wolken zusammenstoßen, um den Blitz freizusetzen; denn da sie alles dem Wirken der Gottheit zuschreiben, werden sie zu dem Glauben gebracht, daß die Dinge nicht Bedeutung haben, insofern sie geschehen, sondern daß sie vielmehr geschehen, weil sie eine Bedeutung haben müssen.

Dieser Auffassung zufolge hat alles, was geschieht, eine Bedeutung, die unmittelbar mit den Kräften zusammenhängt, die dem Ereignis, wie man annimmt, zugrundeliegen. Weil diese transzendentalen Kräfte über bewußten Willen verfügen, können sie ihn auf verschiedene Weise zum Ausdruck bringen: durch Blitzstrahlen, Stürme, Erdbeben, seltsame Himmelserscheinungen, den Vogelflug oder durch die Träume menschlicher Wesen und durch Orakelsprüche an Stätten, an denen bestimmte Kraftfelder wirken. Aber selbst wenn wir all dies als eine irrige Interpretation der Realität von uns weisen, können die in vielen Dingen und Ereignissen verschlüsselten Hinweise dennoch nützlich sein, und wir können möglicherweise sogar eine zutreffende Information erhalten, obwohl unsere Vorstellungen vom Wesen dessen, was wir entdecken, völlig falsch sind. Wie bei allen bedeutsamen menschlichen Aktivitäten wurde die Deutung des beobachteten Phänomens – das man als den Willen der transzendenten Mächte ansah – oft von einem Kollegium von Experten oder einer Priesterkaste vorgenommen und zu einem festen Regelsystem der Prophezeiung ausgebaut. In den auf traditioneller Überlieferung gründenden Reichen – vom antiken Rom bis zum chinesischen Kaiserreich und zum lamaistischen Tibet – waren Weissagungen in staatlichem Auftrag einst ein unverzichtbarer Bestandteil der Regierungsgeschäfte.

Um die Prophezeiungen möglichst wirkungsvoll zu nutzen, mußte jedoch eine geregeltes Verhältnis zwischen den Menschen und der göttlichen Ordnung bestehen. Nach dieser Anschauung sind alle übernatürlichen Kräfte, bei denen die Menschen Schutz und Führung suchen, unter Umständen auch gefährlich, und eine korrekte Beziehung zwischen diesen Kräften und den Menschen ist unerläßlich, sollen die Weissagung wie überhaupt jede Form des Gebets oder der Magie Wirkung zeigen. In primitiveren Gesellschaften erfolgte diese notwendige Versöhnung der Geister durch das Medium des Schamanen, doch in den seßhafteren, komplexer organisierten Gemeinschaften war dies Sache der Priesterschaft. Das rechte Verhältnis ist dann gegeben, wenn die vorgeschriebenen Rituale und Tabus an den entsprechenden Orten und Zeiten beachtet werden.

Nach überlieferter Auffassung hat jeder Ort seinen eigenen Geist, den *genius loci,* der sich auf verschiedene Weise kundtun kann. Verhält man sich ihm gegenüber respektvoll und beachtet man die Vorschriften, so ist der *genius loci* den Menschen bei ihrem Tun behilflich; andererseits erwarteten die Menschen diese Hilfe auch in Form spontaner Manifestationen, die sich als Omen oder Vorzeichen deuten ließen. In gleicher Weise erwartete man auch von den Schutzgöttern der Städte und Länder, daß sie ihre Zustimmung oder Mißbilligung durch übernatürliche Zeichen kundtaten, die entweder spontan oder aufgrund formeller Befragungen seitens der Priester geschahen.

Gestalt und Form

Die Überzeugung, daß nichts durch geistlosen, blinden Zufall geschieht, sondern daß alles eine Bedeutung besitzt, wird immer dann bestärkt, wenn wir ein Muster wahrnehmen, das für uns erkennbar ist. Schon seit Urzeiten sah man in Felsen menschliche Gesichter, in Bäumen menschenähnliche Gestalten, in Wolken Tierformen und andere scheinbar nicht-zufällige Muster, und man faßte sie als Beweis für das schöpferische, kommunikative Wirken der Götter auf. Für Menschen, die fähig sind, zu forschen und zu verstehen, sind in diesen Mustern wertvolle Informationen verschlüsselt, die den gegenwärtigen Zustand der Welt und die unmittelbare Zukunft betreffen.

Die Strukturen und Muster, die wir in der Natur wahrnehmen, wiederholen sich endlos. Die Spiralen der fernen Galaxien sind identisch mit den Spiralen, die entstehen, wenn wir Sahne in unserem Kaffee umrühren oder wenn das Wasser im Bad durch den Abfluß läuft. Dendritenbildungen von Baumästen entsprechen den Verzweigungen von Flußmündungen, während bestimmte Wolkenformationen den Mustern von Sanddünen, Schneewehen oder der Färbung eines Fisches ähneln. Diese Muster wurden erkannt, seit die Menschen das Bewußtsein erlangten, und auch unsere Sprache bestätigt dies. Schäfchenwolken beispielsweise erinnern an die Tiergestalt, Nephriten an die Nieren, und die Farbgebung der Stare läßt an einen Sternenhimmel bei Nacht denken.

Wer in diesen Mustern zu «lesen» vermag, dem ergeht es wie dem Herzog in Shakespeares *Wie es euch gefällt (II, 1),* der im Ardennerwald – einem der alten Zentren Englands – die folgende Bemerkung macht:

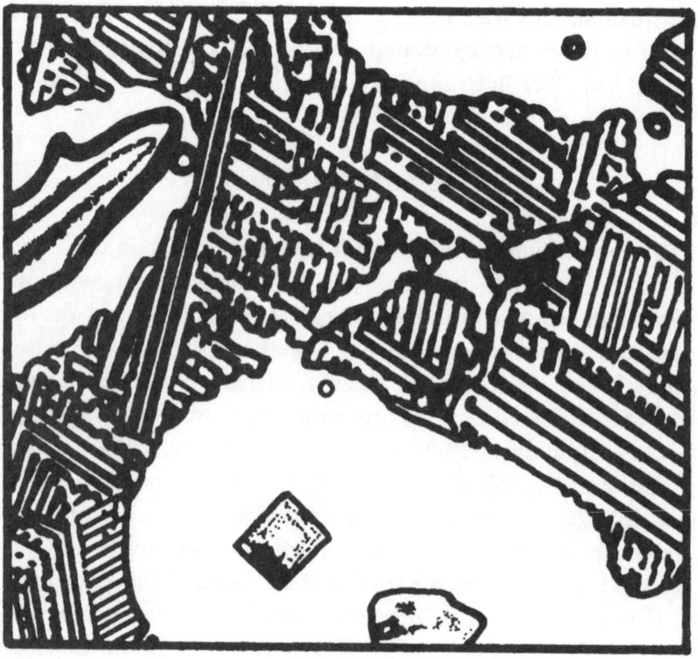

Abb. 3: Allem, was im Universum geschieht, liegt eine erkennbare Ordnung zugrunde. Dieses kristallisierte Meerwasser zeigt (in tausendfacher Vergrößerung) die Wechselwirkung zwischen strenger Geometrie und anderen Formen nicht-linearer Ordnung. Trotz seiner Kompliziertheit ist es nicht chaotisch, da seine Charakteristika auf regelmäßigen physikalischen Gesetzmäßigkeiten beruhen.

> Der Baum hat Sprache, Bäche zeigen Schrift,
> Die Steine predigen, Gutes in jedem Ding.

Diese Muster existieren dank den ihnen zugrunde liegenden physikalischen Gesetzen des Universums. Wären diese Gesetze nur ein klein wenig anders, gäbe es die physische Materie, wie wir sie kennen, nicht, und kein Leben wäre möglich. Deshalb steht gerade auch unsere stoffliche Existenz mit diesen Gesetzen, die das Verhalten der Materie regulieren, in direktem Zusammenhang, und daher sind diese Muster Erscheinungsformen der Grundlagen des Lebens. Im Laufe der letzten hundert Jahre haben Naturwissenschaftler und mathematische Theoretiker dieses große Geheimnis zu ergründen versucht, und sie sind dabei zu faszinierenden Ergebnissen gekommen. Wissenschaftler, die sich, wie etwa Chladni und Jenny, mit den durch Klangwellen hervorgerufenen Strukturen befaßten, haben nachgewiesen, daß die geometrischen Gebilde in Natur und Kunst Erscheinungsformen der inhärenten Muster von Klangwellen sind. Diese Muster sind ein konkreter Ausdruck des alten religiösen Glaubens, daß *im Anfang das Wort* war, das *Om* der Buddhisten, die Urschwingung des Sanskrit und der Runenweisheit.

Diese Muster, die sich in bestimmten Strukturen manifestieren, spiegeln die treibende Energie der natürlichen Ordnung wider. Die dynamischen Wechselbeziehungen zwischen Materie und Energie nehmen von Natur aus gewisse Formen an, die in mathematischen Formeln oder in geometrischen Mustern ausgedrückt werden können. Diese durch physikalische Einflüsse erzeugten Muster sind ungeachtet des Materials stets gleich, und auch die Größenordnung spielt – ob im galaktischen oder molekularen Bereich – kaum eine Rolle. Sie können sogar in dynamischen Systemen auftreten, wie etwa bei den Mustern, die durch eine Ansammlung schwimmender Mikroorganismen gebildet werden. Dynamische, sich selbst regulierende Systeme können als die grundlegende Triebkraft der physikalischen und

Abb. 4: Im 19. Jahrhundert fand der deutsche Physiker Ernst Florens Friedrich Chladni (1756–1827) heraus, daß in der feinen Pulverschicht auf einer Metallplatte durch die Vibration, die ein über ihre Kante gezogener Geigenbogen hervorruft, verschiedene geometrische Figuren erzeugt werden.

sogar der spirituellen Evolution angesehen werden; hier zeigt sich die Tendenz, den in der universalen Ordnung verwurzelten natürlichen Mustern so nahe wie möglich zu kommen.

Die genaue Überprüfung dieser Muster bei der Weissagung, mit deren Hilfe Informationen aus der realen Welt abgeleitet werden sollen, unterscheidet sich nicht sehr von den Untersuchungen eines Objektes oder eines Systems durch einen sachkundigen Experten. Dieser verfügt über gründliche Kenntnisse in dem jeweiligen Fachgebiet und vergleicht den zu betrachtenden Gegenstand mit seiner Konzeption des Ursprungsmodells. Stimmen beide überein, dann besitzt der Fachmann ein exaktes Wissen über Art und Zustand des Untersuchungsobjekts. Stimmen sie nicht überein, können die Unterschiede durch einen genauen Vergleich herausgefunden und anhand praktischer Erfahrungen beurteilt werden. Für den Außenstehenden mag dieses detaillierte Expertenwissen in einem Fachgebiet ans Wunderbare grenzen. In unverbildeten Gesellschaften waren für den Durchschnittsmenschen bestimmte Techniken und Fähigkeiten untrennbar mit Magie verbunden.

Die Insulaner des Pazifischen Ozeans fanden seit jeher Beachtung wegen ihrer ausgedehnten Fahrten zwischen Inseln, die mitunter hunderte von Meilen voneinander entfernt lagen. Diese Reisen wurden regelmäßig in kleinen Segelbooten unternommen – ohne irgendeines der Hilfsmittel, die den heutigen Seeleuten unentbehrlich erscheinen. Die Insulaner verfügten weder über Karten noch Kompaß, geschweige denn sonstige Navigationsinstrumente. Für einen Seemann unserer Tage wäre dies eine Katastrophe; sie aber konnten trotz alledem die richtigen Routen zwischen den Inseln finden. Einer der Gründe dafür war ihr genaues Verstehen der Wellenmuster. Obwohl Wellenmuster in Übereinstimmung mit bestimmten, genau festgelegten Gesetzmäßigkeiten gebildet werden, mögen denjenigen, die sich damit nicht auskannten, das Untersuchen von Wellenmustern durch die Seefahrer als eine Art magischer Weissagung betrachtet haben. Erst zu Beginn des 20. Jahrhunderts haben westliche Meereskundler damit begonnen, Wellenmuster zu untersuchen, doch die Inselbewohner des Pazifik befaßten sich offenbar schon seit Jahrhunderten damit und waren in der Lage, ihr Wissen für die Navigation zu nutzen. In jedem Teil der Welt hängen die Muster der Meereswellen von verschiedenen, zusammenhängenden Faktoren ab – den vorherrschenden Winden, dem Stand der Gezeiten sowie der Form der Inseln und Landmassen –, die überall genaue Auswirkungen auf Gestalt und Muster der Wellen haben. Die präzisen Kenntnisse der eigenen Umgebung, über die die Navigatoren Ozeaniens verfügten, machten es ihnen möglich, anhand der Wellenmuster zu erkennen, wo sie sich gerade befanden.

Mit der Beobachtung von Wellen- und Dünenmustern ist man überall auf den Pazifischen Inseln vertraut, aber nur auf den Marshall-Inseln wurde die Lehre mit geometrischen Hilfsmitteln formalisiert. Diese Lehr-Diagramme wurden aus Zweigen gefertigt, die komplizierte geometrische Gebilde darstellten, die manchmal die Form von Gitternetzen mit feinen Verästelungen hatten. Begegnet man ihnen in Museen, so werden sie oft als «Landkarten» bezeichnet und fälschlicherweise für primitive Darstellungen der ungefähren Lage der Inseln im Ozean gehalten. Zwar handelt es sich um so etwas wie Karten, aber eher doch um Diagramme, wie wir sie aus der westlichen Naturwissenschaft kennen, denn sie zeigen die verschiedenen Wellenformen und Interferenzerscheinungen, denen man an bestimmten Stellen unter verschiedenen Bedingungen begegnet. Die *mattangs* und *meddos* (siehe *Abb. 5)* zeigten den Navigatoren, die sich in der Ausbildung befanden, jene Muster, die sie kennen mußten, um ihren Weg rund um die Inseln zu finden. Diese hochentwickelten Kenntnisse sind ein Beispiel für die Art von Fertigkeiten, die man in einer Gesellschaft ohne Schriftsprache und ohne normierte moderne wissenschaftliche Methoden erwerben und bewahren kann.

Auf manchen Inseln werden Steingebilde, die sogenannten «Steinkanus», zu Simulationszwecken verwendet. Für den Un-

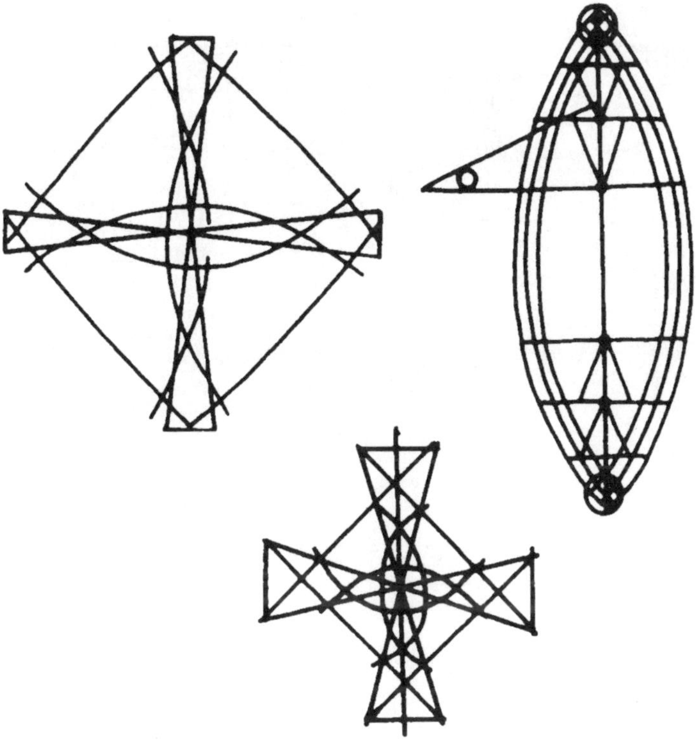

Abb. 5: Zwei kreuzförmige *mattangs* und ein *meddo* – aus Zweigen gebildete graphische Darstellungen für die Navigation auf den Marshall-Inseln im Pazifischen Ozean. Die geometrischen Formen dieser «Gedächtnisstützen» zeigen die Wellenmuster und das Anschwellen des Ozeans zwischen bestimmten Inseln, so daß die Seeleute ihren Weg durch die Wogen finden konnten.

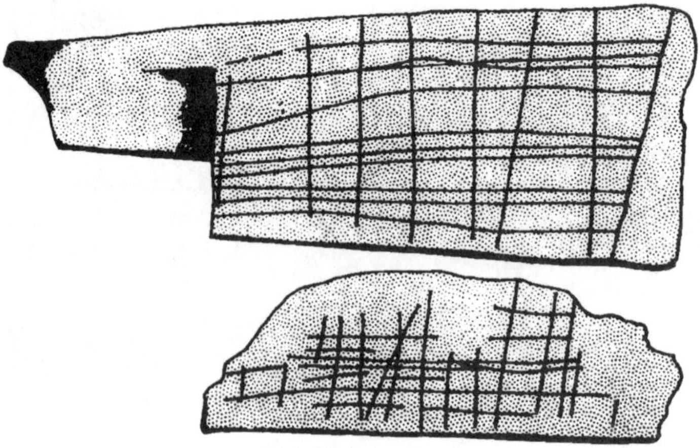

Abb. 6: Der bekannte Glasgower Altertumsforscher Ludovic MacLellan Mann entdeckte diese rätselhaften Schiefertafeln in einem bronzezeitlichen Grab bei Portpatrick und stellte sie 1911 bei der «Scottish Historical Exhibition» in Glasgow aus. «Zusammen mit dem Körper fand ich eine kleine Schiefertafel», schrieb Mann, «deren ganze Oberfläche sorgfältig bearbeitet und mit eingravierten Linien wie bei einem netz- oder gitterartigen Muster bedeckt war.» .

eingeweihten mutet ihre Struktur wie eine rautenförmige Ansammlung von Steinen an, in deren Mitte sich ein rechteckiger Stein als Sitz befindet. Tatsächlich steht das Steinkanu für verschiedene Dinge. Es ist auf die Haupthimmelsrichtungen hin ausgerichtet und wird bei Nacht dazu verwendet, dem Schüler den Gang der für die Navigation wichtigen Gestirne zu vermitteln. Werden ihm die Wellenmuster beigebracht, hat es die gleiche Funktion wie eine Unterrichtsgraphik aus Zweigen, die eine Insel darstellt. Durch ihre Größe, Form und Orientierung stellen die dreieckigen Steine an den Scheitelpunkten die Wellenbewegung an den jeweiligen Stellen dar. Aufgrund ihrer geometrischen Anlage, der Himmelsausrichtung und dem nahe dem Meer gelegenen Standort ergibt sich eine Vergleichsmöglichkeit mit den Steinkreisanlagen der alten Megalithkultur in Europa.

Besteht etwa eine Parallele zwischen dem alten Europa und der Verbindung zwischen Steinen und Navigation im Pazifik? Die unregelmäßigen Gitternetze, die auf verschiedenen alten Artefakten gefunden wurden – unter anderem den Portpatrick-Schiefern (siehe *Abb. 6)* – könnten Teil eines verlorenen Wissensfundus im Bereich zwischen Navigation und Weissagung sein.

Zusätzlich zu den Mustern der Wellen halten die Seeleute des Pazifik auch nach anderen Zeichen Ausschau. Nächtliche Lumineszenz im Meer, die durch phosphoreszierende Meeresorganismen erzeugt wird, erscheint in Form von Blitzen in etwa einem Faden Tiefe, die eine Entfernung von etwa 40 bis 50 Kilometern vom Festland anzeigen. Beinahe wie die einstigen Auguren Roms beobachten die Seeleute zudem die Vögel, die erkennen lassen, daß Land in der Nähe ist. Fregattvögel entfernen sich bis zu 80 Kilometer weit vom Festland, Tölpel, die je nach der Gegend auch «Kakarau» oder «Signalvögel» genannt werden, wagen sich nur etwa 60 Kilometer vom Land weg, während man Seeschwalben in 40 Kilometern Entfernung von einer Insel begegnet. Außerdem kann man auch noch anhand der Wolkenbänke und des Sternenhimmels in der Natur «lesen», um an nützliche Informationen zu gelangen.

In vorwissenschaftlichen Gesellschaften gab es keine Unterscheidung zwischen Magie und Tatsachen. Wissenschaftszweige, zwischen denen man heute differenziert, die man sogar als Gegensätze betrachtet – wie etwa Astrologie und Astronomie –, gehörten früher zu ein und derselben Disziplin. Die Seefahrer Ozeaniens hätten zwischen ihren magischen und divinatorischen Praktiken und dem Erkennen von Wellenmustern keinen Unterschied gesehen. Bei einer solchen Weltanschauung sind die verschiedenen Techniken, mit denen man sich Informationen beschaffen kann, gleichberechtigt. Der einzige Unterschied besteht in der Art der Information und in dem, was man mit ihr anfängt. Eine alte Vorstellung, die mit dieser Sicht der Welt zusammenhängt, ist jene, der zufolge die Präexistenz aller Dinge in der Struktur der Natur verschlüsselt ist. Um an die entsprechenden Informationen zu kommen, brauchen wir nur noch diese unerschöpfliche Schatzkammer an Wissen auf die richtige Weise anzuzapfen.

Außergewöhnliche Naturphänomene sind schon seit jeher als die physikalische Auswirkung geistiger Kräfte gedeutet worden. Oft wurde das «Verhalten» von Brunnen oder heiligen Quellen sorgsam von Wahrsagern überwacht. Die Marvel Sike-Quelle in Northamptonshire soll vor einer Katastrophe unregelmäßig gesprudelt haben, und unter vergleichbaren Umständen soll der St. Helens-Brunnen bei Rushton Spencer in Staffordshire ausgetrocknet sein, ganz gleich wie naß das Wetter war. Der Drumming-Brunnen bei Oundle (Leicestershire) ist seit Jahrhunderten als ein Ort von Prophezeiungen bekannt; ein dröhnender Klang geht von ihm aus, wenn ein nationales Unglück bevorsteht. Richard Baxter erinnert sich in seinem 1691 erschienenen Buch *The Certainty of the World of Spirits (Die Gewißheit über die Welt der Geister)*, daß der Brunnen bei Oundle vor der Invasion der schottischen Armee im Bürgerkrieg wie eine Trommel dröhnte, so auch vor dem Tod von König Charles II. Die Chad Valley-Quelle, nun in Birmingham gelegen, zeigte einst schlimme Ereignisse wie bevorstehende Schlachten und den Ausbruch von Seuchen an, während die Corn-Quelle bei Atherstone (gleichfalls in Warwickshire) den Kornpreis vorhersagte!

In Cornwall gingen die Mädchen für gewöhnlich zur heiligen Quelle von St. Maddern, um durch Weissagung herauszufinden, wann sie heiraten würden. Dazu banden sie zwei Strohhalme in Form eines Kreuzes zusammen und warfen sie in das Wasser der heiligen Quelle. An der Anzahl der aufsteigenden Luftblasen konnten sie abzählen, wieviele Jahre noch bis zu ihrer Hochzeit verstreichen würden. Diese Art von Weissagung und jene durch Töne, das Strömen von Quellen und die denkbaren psychischen Auswirkungen, die ihre elektrostatischen Felder möglicherweise auf den menschlichen Körper haben, nennt man *Pegomantie*. Eng verbunden mit der Weissagung aus heiligen Quellen ist die antike Kunst der *Hydromantie*, die auch als *Hydroskopie* bezeichnet wird. Dieser Begriff umfaßt alles von der Beobachtung spontan auftretender Muster im Wasser bis hin zu solchen, die eigens zum Zweck der Weissagung erzeugt werden. Zur ersteren, die im Europa der Antike ebenso bekannt war wie in ihrer differenzierteren Ausprägung im Pazifik, gehören Kräuselungen auf der Wasseroberfläche und Wellen, während letztere zu den eher okkulten Verfahrensweisen zu rechnen ist. Die bewährte Methode bestand darin, sich an einen ruhigen Teich zu begeben und drei Steine hineinzuwerfen. Der erste mußte kugel-, der zweite pyramiden- und der dritte würfelförmig sein. Die Wellenmuster, die die drei Steine erzeugten, wurden schriftlich festgehalten, und der Wahrsager konnte dann in einem Musterbuch nachschlagen, das die Bedeutung erläuterte. Ein weiterer Anwendungsbereich von Wasser bei Weissagungen ist die *Lecanomantie*, bei der der Wahrsager Wasser in Öl oder Öl in Wasser gießt. Die Größe und die Anzahl der Tröpfchen, die sich dabei bilden, haben bestimmte Bedeutungen. Bei der *Aleuromantie* schüttet man Mehl auf das

Wasser, um zu sehen, welche Figuren dabei entstehen. Im alten Babylonien war die Himmelsausrichtung dieser Figuren von Bedeutung.

Weissagung aus Figuren

Bei der Weissagung mit Wachs, die als *Cereomantie* oder *Cereoskopie* bekannt ist, verwendet man ein feines Wachs, das in einer Messingschüssel zum Schmelzen gebracht und mit einem Zeremonienspatel sorgfältig umgerührt wird, bis es sich vollständig verflüssigt hat. Die so gewonnene flüssige Masse wird langsam und vorsichtig in eine Schale gegossen, die bis zum Rand mit kaltem Wasser gefüllt ist. Das Wachs wird sich auf der Wasseroberfläche in dünnen Schichten ausbreiten und zu Formen erstarren, die dann gedeutet werden. Vergleichbar mit der Cereomantie ist die Weissagung mittels Blei, die *Plumbomantie* – eine gefährliche Variante, die nicht zu empfehlen ist. Blei an sich ist schon äußerst giftig, und wenn geschmolzenes Blei in kaltes Wasser geschüttet wird, kann man dabei Spritzer von heißem Metall abbekommen. Jedenfalls läßt man geschmolzenes Blei ins Wasser fallen, und die dabei entstehenden Figuren werden wie bei der Cereomantie ausgelegt. Wahrscheinlich stammen die Muster der modernen Interpretationen von Teeblättern und Kaffeesatz von den älteren cereomantischen Figuren.

Bei der Weissagung aus Kuchen- oder Brotteig, der *Crithomantie,* werden zwei divinatorische Methoden angewandt, die miteinander nicht in Beziehung stehen. Die Formen, die beim Kneten des Teigs zustandekommen, können untersucht und gedeutet werden, oder man legt den Teig an eine Wegkreuzung und beobachtet, welche Person zuerst darauf tritt. Die erste Methode hat offensichtlich einen Bezug zu cereomantischen Mustern, während letztere von Material und Form unabhängig ist. Die verschiedenen Arten der *Geomantie,* die im Folgenden behandelt werden, befassen sich mit dem Erkennen von Mustern auf der Erde, seien sie nun natürlicher Art oder von Menschenhand geschaffen.

Das Betrachten bestimmter Objekte zum Aufspüren bedeutungsvoller Muster war immer ein wichtiges Hilfsmittel beim Wahrsagen. Das Prophezeien mit Hilfe einer Linse oder einer Kristallkugel (die *Crystallomantie)* gehört zu den heute gebräuchlicheren divinatorischen Verfahren. Die Weissagung mittels Lichtstrahlen ist eine weitere alte Methode, die womöglich in der antiken Astronomie und der Orientierung der Gebäude nach den ersten Strahlen der Morgensonne ihren Ursprung hat. Prähistorische Observatorien wie der große irische Megalithbau bei Newgrange haben lange Gänge, die von Steinen gesäumt werden, in die Symbole wie Spiralen oder Zickzacklinien geritzt sind; zu bestimmten Zeiten im Jahr fallen die Sonnenstrahlen darauf. Die Tempel im alten Ägypten verbanden die Ostung auf ähnliche Weise mit symbolischen Bedeutungen. In seinem 1891 veröffentlichten Meisterwerk *Architecture, Mysticism and Myth (Architektur, Mystik und Mythos)* beschrieb W. R. Lethaby das magische Wunder der aufgehenden Sonne, wie es ihre Verehrer in der Antike erlebt haben:

> Es ist der Augenblick des Sonnenaufgangs, der Kälte und der Erwartung; alle Tore sind gen Osten geöffnet. Die Betenden warten, und die goldenen Spitzen der Obelisken brennen bereits. Die Sonne zeigt ihren roten Rand durch das offene Festtor des Außenhofes. Sie werfen sich zu Boden. Man spürt plötzlich das Erwachen von Hitze, Leben und Licht, ein vorübergehendes Schwingen liegt in der Luft. Die kleinen Glocken, mit denen die Girlanden zwischen den Pfeilern geschmückt sind, lassen mit ihren Silbertönen erschauern; ein tiefer Ton erschallt aus dem Heiligtum. Alle haben sich erhoben. Die großen Tempeltore schließen sich so laut, daß es wie ein Donner widerhallt. Baal ist in seinen Tempel eingetreten.

Reflektierende Ornamente und Objekte gehörten in der Antike zum Repertoire der magischen Praktiken. Sie fingen nicht nur das Licht von Sonne und Mond ein, sondern warfen auch schädliche Geister oder Energien zurück. Traditionell war es üblich, Eisennägel in Bäume und die Hauptpfosten von Holzbauten zu schlagen. Ein berühmter Baum, der mit Nägeln gespickte sogenannte «Stock im Eisen», steht noch heute in Wien, und antike Nägel findet man reichlich in den Ecken und Dachstühlen vieler alter Holzhäuser in Nordeuropa. Diese Nägel wurden einst von Sehern verwendet, die einen flüchtigen Blick auf Muster erhaschen konnten, die das auf ihnen reflektierte Sonnenlicht erzeugte. Diese Kunst der *Onychomantie* ist heute nahezu vergessen, obwohl sie ohne Zweifel mit der *Crystallomantie* und dem Erkennen von Mustern in fließendem Wasser zusammenhängt, das nur eine von vielen Arten der *Hydromantie* ist.

Unter *Rhabdomantie* versteht man das Weissagen mit Hilfe von Ruten oder Zauberstäben. Heutzutage spricht man von «Wünschelruten», die zum Aufspüren von unterirdischen Wasserläufen, Öllagern, Mineralien oder Bodenschätzen und feineren «Energien» in der Erde verwendet werden. Traditionsgemäß wurde bei dieser Kunst an einem Tag und zu einer Planetenstunde, die Merkur zugeschrieben wird, bei Vollmond mit einem einzigen Schnitt eine Wünschelrute von einem Haselnußbaum geschnitten. Man hielt sie waagerecht, ein Ende in jeder Hand, und unter leichtem Druck gekrümmt. Wenn das gesuchte Mineral oder die Wasserstelle unter den Füßen des Wünschelrutengängers waren, spürte man die Torsion der Rute. Später wurden die bekannten gegabelten Zweige beliebter, und schließlich fanden sogar Plastikruten und die beiden separaten «Metallgerten» in der Zunft der Rutengänger Verbreitung.

Als *Libanomantie* bezeichnet man die Weissagung aus dem Rauch. Weihrauch oder Holzspäne werden auf ein Feuer gelegt, und man achtet auf die Richtung und die Form des Rauches. Man zählt diese Art zur Richtungsmagie, denn wenn die Weissagung im Freien stattfindet, ist die Richtung, in die der Rauch zieht, von der Windrichtung abhängig und zeigt somit

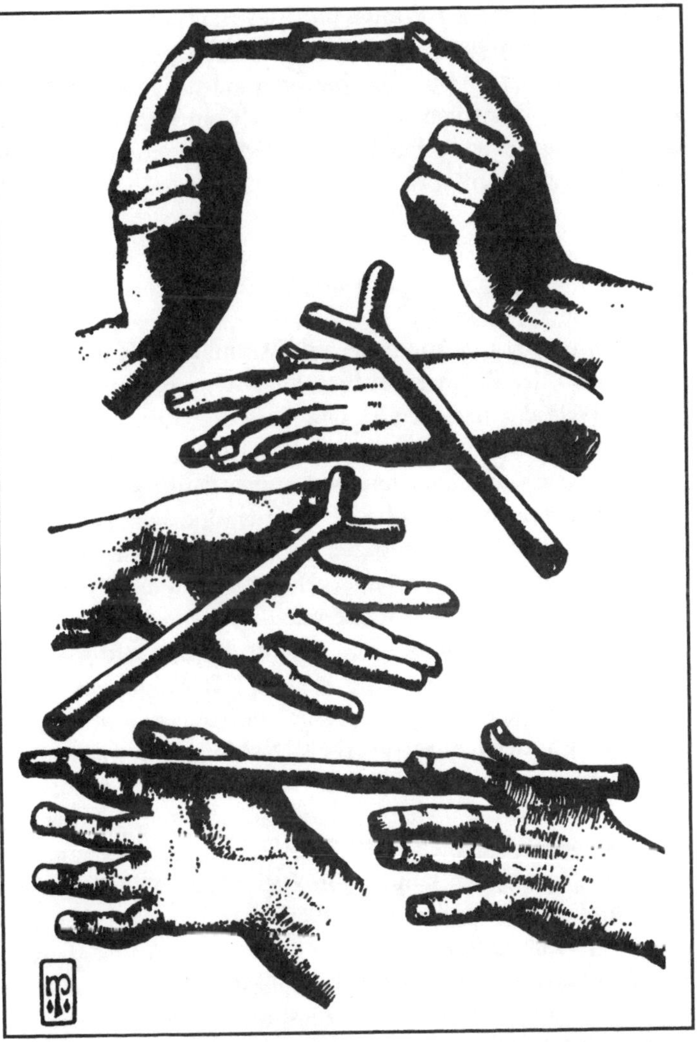

Abb. 7: Bei der eigentlichen Rhabdomantie verwendet man verschiedene Arten einzelner Stäbe oder Ruten, wie dieser Stich aus dem 17. Jahrhundert zeigt.

die Beschaffenheit des Windes an. Außerhalb des Hauses wird sie zu einer Form der *Austromantie*, der Weissagung durch den Wind. Die *Kapnomantie* ist eine verwandte Abart, bei der es sich um das Weissagen aus dem Rauch einer verbrennenden Opfergabe auf einem Altar handelt, der seinerseits wieder entsprechend ausgerichtet ist.

Auguren

Die Deutung von bestimmten ungewöhnlichen Phänomenen wie Omen oder Wundern ist hier von Interesse, weil sie in der ganzen Welt als Anzeichen für den Zorn der Götter galten und die Menschen zu einem entsprechenden Verhalten veranlaßten. Beispielsweise wurde im alten Rom immer dann, wenn eine bedeutsame Erscheinung beobachtet wurde, den *haruspices* davon Mitteilung gemacht; sie entschieden darüber, ob ein Opfer erforderlich war, um das drohende Unheil abzuwenden oder um ein Versäumnis im Ritual wiedergutzumachen, das die Götter möglicherweise verstimmt hatte. Die für die Gestaltung des öffentlichen Lebens wesentliche Auguren-Tradition des römischen Staates ging aus diesem Brauch hervor. Im Rom vor der Kaiserzeit war der *Rex Sacrorum* als Nachfolger des Gottkönigs der Hauptvertreter bei religiösen Zeremonien des Staates. Er wachte über die korrekte Ausführung der Riten, die für das fortwährende Wohlergehen des Staates als wesentlich erachtet wurden. Ursprünglich standen ihm drei Auguren zur Seite, die den mutmaßlichen Willen der Götter zu deuten und jede erforderliche Handlung unter Berücksichtigung der Auspizien festzusetzen hatten. Später wurde die Zahl der Auguren auf sechs erweitert, dann auf neun; bei fünfzehn blieb sie stabil, bis schließlich Julius Cäsar einen sechzehnten hinzufügte. Die Zahl 16 taucht in vielen Systemen der Weissagung und Rechtsprechung auf, und Cäsar hatte es vielleicht für nötig gehalten, die rituelle Anzahl der Auguren aus numerischen oder symbolischen Gründen damit in Einklang zu bringen. Dementsprechend könnte man jeden Auguren mit einer Figur der divinatorischen Geomantie gleichsetzen, und jener, den Cäsar hinzufügte, entspräche dem *Schlichter* (siehe Kapitel ***Mikrokosmische und divinatorische Geomantie***). Vielleicht ging die Erhöhung der Anzahl mit der Entwicklung eines solchen divinatorischen Systems einher. Der älteste Augur war jeweils der Vorsitzende des Augurenrates, der für die *Inauguration* des *Rex Sacrorum* und der drei Hohepriester, den *flamines* von Jupiter, Mars und Quirinus, der obersten Götterdreiheit im heidnischen Rom, verantwortlich war.

Zu Cäsars Zeit sahen viele gebildete Bürger die Weissagungen in staatlichem Auftrag als ein Überbleibsel aus grauer Vorzeit an. Ihre Ursprünge in der griechischen und etruskischen Magie erachteten manche als heroisch und romantisch, andere hingegen als barbarisch und rückständig. Wie in unseren modernen Zeiten hingen die Menschen des alten Rom einem Glaubensspektrum an, das vom Atheismus und Materialismus über die Staatsreligion bis hin zu Randgruppen wie geheimen Kulten und messianischen Sekten reichte. Diese Mischung kommt nirgends deutlicher zum Ausdruck als in der Person Ciceros. In den Jahren 45–44 v. Chr. verfaßte er die Schriften *Über das Wesen der Götter* und *Über die Weissagung*. Im ersten Werk beklagt er, daß durch die Nachlässigkeit des Adels die Kunst der Auguren verlorengegangen sei. Die Menschen glaubten nicht länger an die Wahrheit der Omen, die nun bloß noch der äußeren Form dienten. Im zweiten Buch greift Cicero alle Formen der Weissagung an, obwohl er auch betont, daß alle großen Philosophen – unter anderem Aristoteles, Platon und Sokrates, nicht aber Epikur und Xenophanes – dieser Kunst vertrauten. Diese Ablehnung war merkwürdig, stand doch Cicero seit 53 v. Chr. selbst im Rang eines Staatsauguren. Er rechtfertigte diesen Widerspruch eher aus Gründen der Staatsräson oder der persönlichen Stellung als aufgrund von Glaubensvorstellungen und Gebräuchen. Trotz der Kritik Cice-

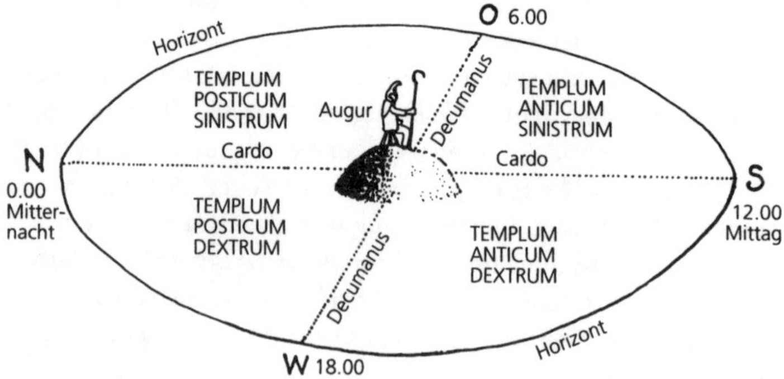

Abb. 8: Durch die zentrale Aufstellung des Auguren und seinen nach Süden ausgerichteten Blickwinkel wurde der Kreis des Horizonts automatisch in vier Bereiche eingeteilt.

ros standen die Tätigkeit der Auguren, das Weissagen und die geomantische Ausrichtung heiliger Stätten in hoher Blüte.

Technisch gesehen befaßten sich die Auguren mit der Deutung von Zeichen, die von eigens dafür bestellten Beamten registriert wurden. Diese Beamten hielten zu bestimmten Zeiten am Himmel nach verschiedenen Zeichen Ausschau, die von einer bestimmten Stelle aus zu beobachten waren, dem *templum,* bei dem es sich nicht, wie der Name vielleicht nahelegt, um einen Tempel handelte, sondern um einen Beobachtungshügel im Freien, der in Übereinstimmung mit der inneren Beschaffenheit der Örtlichkeit ausgewählt wurde. Die Beamten ließen sich an der bezeichneten Stelle nieder, riefen die entsprechende Gottheit an, unter deren Vorherrschaft das erwünschte Zeichen erscheinen sollte, und beobachteten den Himmel. Rund um den Hügel, der unter Berücksichtigung der am Horizont erkennbaren natürlichen und künstlich hergestellten Besonderheiten ausgewählt worden war, teilte man den Himmel in 16 gleich große Abschnitte ein, die mit Hilfe des *lituus* beobachtet wurden, eines rituellen Stabes, der zum Vorläufer des Hirtenstabs wurde, den die Bischöfe der katholischen Kirche tragen. Oben hatte der Stab die Form einer sichelartigen Krümmung, die, mit ausgestrecktem Arm gehalten, den Horizont in 16 Abschnitte einteilte. Mit Hilfe dieses Stabes und unter Berücksichtigung der vertrauten Markierungspunkte am Horizont konnte der Beobachter ausmachen, in welchem Sechzehntel des Himmels sich die Erscheinung zeigte. Der Augur selbst sah die Zeichen nicht, da ihm die Augen verbunden waren, sondern erhielt die entsprechenden Informationen von dem Beamten.

Zu den Künsten der Auguren gehörte die Auslegung vieler unterschiedlicher, aber zusammengehöriger Phänomene. Eines der wichtigsten war der Vogelflug. Hier hing die Deutung ab von Art und Anzahl der Vögel, ihren Lauten, der Richtung, Geradheit und Geschwindigkeit ihres Fluges und dem Himmelssechzehntel, in dem sie auftauchten. Natürlich spielten auch die Tageszeit und der Wochentag eine Rolle, und die Beobachtung stand jeweils in Zusammenhang mit einer bestimmten Frage oder einem Ersuchen um weitere Hinweise.

Aristander, der Hauptwahrsager Alexanders des Großen, war ein Meister in der Auslegung des Vogelflugs, und viele Erfolge des Eroberers wurden mit Hilfe der Prophezeiungen Aristanders erreicht.

Obgleich viele Arten der Weissagung scheinbar völlig ausgestorben sind, tauchen sie doch manchmal auf völlig unvermutete Weise wieder auf. Eine davon ist unter den Fußballanhängern von Leicester City Legende geworden. Am 20. Dezember 1928 kam es während eines sehr ungewöhnlichen Fußballspiels zwischen Leicester City und Portsmouth zu einem seltsamen Vogelflug-Omen. Arthur Chandler, ein Stürmer der Mannschaft von Leicester, hatte bereits fünf Tore geschossen, als eine Gruppe von fünf Schwänen über den Platz flog. Im weiteren Verlauf des Spiels, das Leicester schließlich mit 10:0 gewann, überflog ein sechster Schwan das Spielfeld, und beinahe im gleichen Augenblick erzielte Chandler sein sechstes Tor. Viele Fans hielten dies für ein gutes Omen.

Obwohl das Weissagen aus dem Vogelflug nicht mehr ausgeübt wird, kann daraus etwas von direktem praktischen Nutzen hervorgegangen sein, denn wie der römische Autor Hyginus behauptet, wurde die Erfindung der Schrift durch den Flug von Kranichen angeregt, die dabei Buchstaben bilden. Diese Äußerung erinnert deutlich an die Kunst der Auguren, und es gibt viele faszinierende, subtile Zusammenhänge zwischen dem Tanz des Kranichs, dem ekstatischen Tanz der Schamanen und dem Labyrinth. Falls der Hinweis von Hyginus stimmt, liegt der Ursprung des Alphabets in der Weissagung.

Viele Ereignisse, zu denen die römischen Auguren sowie die Druiden, Weisen und Wahrsager anderer Gegenden Stellung nehmen mußten, waren von der Art, mit der sich heutzutage die Nachrichtenreporter befassen. Ungewöhnliche astronomische Phänomene, Überschwemmungs- und ander Naturkatastrophen, Pechsträhnen, Unfälle, Morde, Hungersnöte, biologische Veränderungen und neue Erfindungen wurden erörtert und ihre Bedeutung erklärt.

Als der Tempel der Diana in Ephesus einer Brandstiftung zum Opfer fiel, sahen die Weisen von Ephesus das Feuer als Vorzeichen für ein noch viel größeres Unglück. Sie rannten durch die Straßen, schlugen sich und schrien: «Dieser Tag brachte uns die große Geißel und den Zerstörer Asiens!» Erst viel später erkannte man, daß am selben Tag, an dem der Tempel dem Brand zum Opfer fiel, Alexander der Große geboren wurde. Man glaubte, daß die Göttin sich an diesem Tag vom Tempel entfernt hatte, da er sonst nie vernichtet worden wäre. Anhänger Alexanders behaupteten, daß sie sich gerade in Makedonien aufgehalten habe, um ihn zur Welt zu bringen. Der Untergang des Tempels wurde somit zurecht als ein Anzeichen für etwas möglicherweise noch Schlimmeres gesehen. Als 1984 das südliche Querschiff der Kathedrale von York abbrannte, betrachteten viele Menschen dies als ein Zeichen göttlichen Mißfallens, während andere einen zufällig einschlagenden Blitz dafür verantwortlich machten. Wie im antiken Ephesus hing die Interpretation der Ursachen – damals wie heute – vom persönlichen Standpunkt ab. Heute gibt es indes keine *fulguriatores* mehr, die die Bedeutung von Blitzen auslegen.

Eingeweideschau

Die *haruspices* waren Spezialisten in einem viel enger begrenzten Bereich der Deutung und Wahrsagung als die Auguren. Zu ihren Tätigkeiten gehörte die Auslegung von Blitzen, bekannter sind sie jedoch für das Untersuchen der Leber von Opfertieren, eine divinatorische Kunst, die man als *Hepatoskopie* bezeichnet. Diese Art der Weissagung, die die Römer von den Etruskern übernahmen, hatte schon vorher eine lange Geschichte, denn sie wurde bereits bei den Assyrern, den Babyloniern und den Hethitern angewandt. Im *Buch Ezechiel* wird von Nebukadnezar berichtet, daß er «die Leber beschaut» habe (Ez. 21, 26), um vorhersagen zu können, welche Richtung er wählen solle, als er an einer Wegscheide angelangt war. Die Leber, die man für den Sitz der Seele hielt, wurde aus einem frisch geschlachteten Tier herausgeschnitten und ihre einzelnen Teile untersucht. In Babylon wurde sie vom *baru* (haruspex) in ein Gitternetz von orakelkündenden Abschnitten oder «Häusern» nach einem kosmologischen Vorbild eingeteilt. Die Muster der Venen und Arterien, die Gänge und Lappen wurden gemäß diesem geomantischen oder astrologischen Diagramm interpretiert. Verschiedene Terrakotta- und Tonabdrücke von für divinatorische Zwecke benutzten Lebern, die an babylonischen und hethitischen Stätten gefunden wurden, beweisen, daß es sich dabei um eine verbreitete Methode der Weissagung gehandelt haben muß. In Europa entdeckte man 1877 in Piacenza (Italien) den Abdruck einer Schafsleber, die, beschriftet mit den

Namen der dazugehörigen Götter, auf eine Art und Weise in Abschnitte eingeteilt ist, die der Himmelsaufteilung der Etrusker entspricht.

Das Zerstückeln von Tieren oder Menschen, um geistige Zeichen transzendenter Botschaften zu erlangen, war nicht allein auf die heidnischen Traditionen der Antike beschränkt. Die Kirche von Santa Chiara in Montefalco (Italien) enthält eines der selten Beispiele einer christlichen «Eingeweideschau», die an einem Menschen vorgenommen wurde. Die heilige Chiara oder Clara von Montefalco war eine Augustinernonne, die 1308 im Alter von 33 Jahren starb. Ihrem Todesalter maßen die Nonnen besondere Bedeutung bei, denn Jesus war gleich alt, als er starb, und sie erinnerten sich der Worte, die die heilige Chiara auf dem Sterbebett gesprochen hatte: «Wenn Ihr das Kreuz Christi sucht, nehmt mein Herz. Dort werdet Ihr den leidenden Herrn finden.» Die Nonnen nahmen die Äußerung Chiaras wörtlich, öffneten ihren Körper, zerlegten ihr Herz und die Eingeweide und suchten nach den Symbolen, von denen sie gesprochen hatte. Als das Herz zerschnitten wurde, fanden die Nonnen Strukturen, die sie als Kruzifix, Geißel, Dornenkrone, die drei Nägel und die Lanze des Longinus deuteten. In Chiaras Eingeweiden stieß man außerdem auf drei Gallensteine, die man als ein Symbol für die Trinität auffaßte.

In dieser Zerstückelung Chiaras auf der Suche nach christlichen Reliquien sehen wir ganz deutlich Überbleibsel antiker Praktiken der haruspizischen Zerlegung von geopferten Lebewesen. Dokumenten der damaligen Zeit zufolge fand man die Zeichen durch präzise Sezierung. Wenn die Schwester, die die divinatorische Autopsie durchführte, mit ihrem Skalpell nur ein klein wenig zu weit rechts oder links – und sei es nur um eine Haaresbreite – in das Fleisch gefahren oder nur etwas zu tief hineingestoßen wäre, so wird berichtet, hätte sie eines oder mehrere der geistigen Zeichen, die im Herz gefunden wurden, zerstört. Dies weist darauf hin, daß die Nonnen über beträchtliche anatomische Kenntnisse verfügt haben mußten, insbeson-

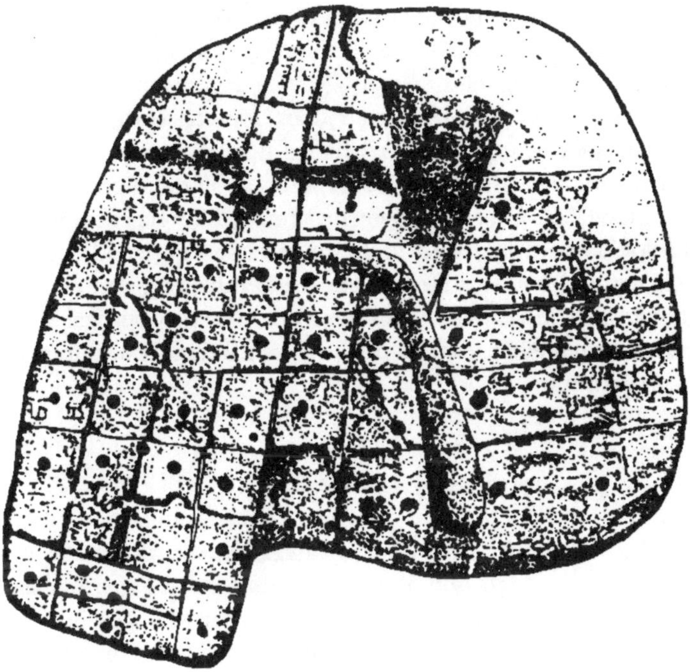

Abb. 9: Keramisches Modell einer Schafsleber (Babylon, um 1700 v. Chr.), das heute im Britischen Museum in London zu sehen ist. Die Nachbildung ist in gitternetzartige Bereiche unterteilt; sie zeigen die verschiedenen Bedeutungszonen, die der Haruspex untersuchte und auslegte.

dere solche, die mit der Eingeweideschau bei Menschen zusammenhingen.

Das Seltsamste an dieser ganzen Angelegenheit ist vielleicht, daß sowohl der Körper als auch das Herz der heiligen Chiara bis auf den heutigen Tag erhalten sind und in Glasbehältern innerhalb der Kirche ausgestellt werden. Diese divinatorische Methode, ein Objekt entsprechend einem vorgegebenen kosmologischen Schema zu interpretieren, ist ein grundlegendes Thema, das von der Hepatoskopie über die Auguren und die divinatorische Geomantie bis hin zu den Brettspielen reicht. Es ist das Bindeglied, das alle divinatorischen Praktiken miteinander verknüpft.

Orakel

Orakel sind prophetische Offenbarungen, die gemeinhin mit bestimmten Orten und/oder Zeitpunkten in Zusammenhang gebracht werden. Durch die Tradition hat sich gezeigt, daß Äußerungen des Orakels nur an bestimmten bevorzugten Stellen möglich waren, wo sie in Verbindung mit feierlichen Riten erfolgten, die dem *genius loci* des Ortes gewidmet waren. Solche Stätten bezeichnete man als Orakel, wobei es sich, genauer gesagt, um das Zusammenwirken der Kräfte des Ortes, der Zeit, des Ritus und der beteiligten Personen handelte, die einen Einblick in das Wesen zukünftiger Entwicklungen gewährten. Das Wort «Orakel» bedeutet «Anrufungsstätte» oder «Stätte des heiligen Wortes». Die Örtlichkeiten, an denen man orakelhafte Kräfte entdeckte oder die man deswegen auswählte, wiesen zumeist bestimmte physikalische Merkmale auf, die moderne Erforscher der Rätsel dieser Erde als charakteristisch für Stätten erkannten, an denen bestimmte Kraftfelder wirken.

Die wichtigsten griechischen Orakel befanden sich in Delphi (Phokis), Dodona (Epirus), Lebadea (Böotien) und Tenarus (Lakonien). Das Orakel in Delphi ist von allen vielleicht das bekannteste, nicht zuletzt deshalb, weil man es mit dem *omphalos* der Griechen in Verbindung brachte, einem Stein, von dem man sagte, er sei der Mittelpunkt der Welt. In seiner frühesten Form war das Heiligtum der minoischen Urmutter geweiht, die die Griechen Ge-Themis, später Gäa oder Gaia nannten. Wie viele andere wichtige Kraftfelder scheint die Stätte mehrere Übergänge von einer Gottheit zur anderen durchgemacht zu haben, und möglicherweise kam es zu Erweiterungen, wenn die Verehrung neuer Götter zu den alten hinzukam. Es gibt einige Hinweise darauf, daß in Delphi Orakel der Gäa und vielleicht auch des Poseidon gegeben wurden. Laut Plutarch wurde die Orakelhöhle in Delphi zufällig entdeckt. Ziegenhirten, die in dem felsigen Gelände ihre Herden hüteten, bemerkten, daß aus einem Erdspalt ausströmende giftige Gase bei einigen Tieren zu krampfartigen Anfällen geführt hatten. Als sie sich der Öffnung näherten, widerfuhr den Hirten und auch anderen Ähnliches; es kam bei ihnen zu einer Art Delirium, in dem sie bruchstückhafte, aber prophetische Äußerungen hervorbrachten. Priester wurden hinzugezogen, nach deren Auffassung es sich um einen dem Apollo geweihten Ort handelte.

Als die Apollopriester die Stätte übernommen hatten, wurde es üblich, daß eine Frau, die das gebärfähige Alter überschritten hatte – die sogenannte Pythia – die Äußerungen des Orakels bekanntgab. Zunächst erfolgten diese Verkündigungen nur am siebten Tag eines Frühlingsmonats, später aber wurde dieses Vorrecht auf jene neun Monate ausgeweitet, die nicht in die Winterzeit fielen. Einmal pro Monat erschien dann die Pythia, mit langen Gewändern bekleidet sowie mit einem vergoldeten Kopfputz, weißen Wollbändern und einem Lorbeerkranz geschmückt, und sie begab sich zum Trinken an den heiligen Quell, den man Kassotis nannte. Dann entschwand sie in die höhlenartige Öffnung, die *Adyton*. Dort saß die Seherin auf dem heiligen Dreifuß des Apollo, vollzog die jeweiligen Riten und atmete die Dämpfe ein, wonach sie Fragen von den Priester oder von Besuchern aus der Oberschicht beantwortete.

Abb. 10: Die auf ihrem Dreifuß sitzende Pythia, die Orakelpriesterin in Delphi, wird befragt. Darstellung auf einem attischen roten Gefäß um 440 v. Chr. (Staatliches Museum, Berlin). Das Ornament in der Umrandung enthält das neunfeldrige Gitternetz, das bei den Seherinnen Nordeuropas weit verbreitet war, und auf dem Dreifuß findet man das achtfache Symbol der Himmelsrichtungen.

In ihrer Eigenschaft als Orakel diente sie als Medium, als Sprachrohr des Apollo. Mit den Jahren vermehrten sich die dazugehörigen Riten und Vorschriften, und viele Berühmtheiten, unter ihnen der große heidnische Wanderprediger Apollonios von Tyana, besuchten das Heiligtum. Dieses Ereignis widerlegt eine der hartnäckigsten Legenden über die Orakel der antiken Welt. Als die christliche Kirche im römischen Reich immer mehr an Einfluß gewann, wurde im Zusammenhang mit dem Ausschließlichkeitsanspruch das Gerücht verbreitet, daß zur Geburtsstunde des Jesus von Nazareth alle Orakel plötzlich ihre Prophezeiungen eingestellt hätten. Daß dies nicht zutrifft, belegt der Besuch des Apollonios beim Orakel in Delphi, denn er wurde zu Beginn des 1. Jahrhunderts nach Jesus geboren und starb im Jahre 96.

Das Orakel in Delphi war eine lokale Variante der prophetischen Tradition, die in Griechenland mit Apollo in Zusammenhang stand, letztlich aber in den schamanistischen Praktiken Nordeuropas wurzelte. Mit dem zentralen *omphalos* betrachtete man Delphi als den Ort, an dem die Unterwelt, die Welt der Menschen und die Oberwelt in besonders enger Verbindung miteinander standen, als jene Stätte, an der man in ekstatischer Trance Zugang zum Willen der Götter und Einblick in Zukünftiges erhalten konnte. Die Verknüpfung der unzivilisierten Schamanentradition mit einer etablierteren, organisierten Priesterkaste in Delphi markiert den Übergang von ungezügelten, ekstatischen Offenbarungen zu der kontrollierten Weissagung unter Leitung einer Priesterschaft.

Das Orakel in Dodona war ein weiteres berühmtes Heiligtum, das Delphi an Heiligkeit und Berühmtheit beinahe gleichkam. Antike Schriftsteller hielten es für das erste unter den Orakeln; es reichte etwa bis ins 8. Jahrhundert v. Chr. zurück. Dieses Orakel, am Fuße des Berges Tomarus bei der heutigen Stadt Janina gelegen, befand sich nahe der antiken heiligen Stadt Epirus, die dem Zeus geweiht war. Die heilige Orakelstätte in Dodona lag in einem alten Eichenwald, durch den lebhafte

Gebirgsbäche flossen. In der Mitte dieses Hains war eine Lichtung, auf der ein einzelner Baum stand. Dieser Baum sei von einer ägyptischen Priesterin aus Theben ausgesucht worden, hieß es, die als Missionarin nach Europa gegangen war. Am Fuße dieser altehrwürdigen Eiche befand sich ein nur zeitweise sprudelnder Quell, der zur Mittagszeit austrocknete und um Mitternacht wieder floß. Wie schon bei den gasförmigen Absonderungen in Delphi zog solch ein ungewöhnliches geologisches Phänomen unweigerlich die Aufmerksamkeit jener auf sich, die in der Naturreligion kundig waren. In Dodona wurden die Äußerungen auf eine eher ruhige Art und Weise verkündet, ohne die halluzinierende Raserei der Pythia. Die Priesterin, die auf dem Boden schlief und niemals ihre Füße wusch, achtete auf alle feinen Veränderungen der Geräusche, die die heilige Eiche von sich gab. Bei diesen Geräuschen konnte es sich um den Wind handeln, der durch die Blätter und Zweige des Baumes strich, und um die unterschiedlichen Klänge der dazugehörigen Quelle. Gleichermaßen kann sie eine eher intuitive Verbindung mit dem Baum gehabt haben, wenn es darum ging, die Töne in seinem Inneren zu deuten, die von den im Holz fließenden Säften oder den Ultraschallfeldern der Eiche ausgingen. Die bei diesem Heiligtum wesentliche Nähe der Priesterin zur Erde ist eine typische Vorbedingung, in der das Gefühl zum Ausdruck kommt, daß zu viel «Zivilisation» unserer Verbundenheit mit der Erde und folglich auch unseren intuitiven Fähigkeiten abträglich ist. Ausgrabungen in neuerer Zeit haben zahlreiche zusammengefaltete, dünne Bleistreifen zutage gefördert. Sie stammen aus dem 6. bis zur Mitte des 3. Jahrhunderts v. Chr. und sind Opfergaben mit Fragen, die sich mit «ja» oder «nein» beantworten lassen.

Daß eine ägyptische Priesterin einen heiligen Orakelbaum bestimmte, zeigt die Bedeutung von Bäumen bei der antiken Divination. Auch in Nordeuropa beruhten sowohl das keltische *Ogham*-System der Weissagung als auch die *Runen* ursprünglich auf der Verwendung des Holzes von heiligen Bäumen (siehe Kapitel *Zeichen und Zeichenfolgen),* ferner gibt es verschiedene Berichte über eine berühmte divinatorische Eiche im alten Israel. Diese «Eiche, die Orakel kündete», die Eiche von Meonim, deutete man, wie jene von Dodona, nach dem Rauschen des Windes in ihren Blättern und Zweigen – ein Relikt der vor dem Jahwekult vorherrschenden kanaanitischen Religion, die zur Zeit der Ausmerzung antiker Heiligtümer durch Josia um 621 v. Chr. unterging.

Ein weiteres wichtiges griechisches Orakel mit einem in den Bergen gelegenen Heiligtum war das von Trophonios. Dieses Orakel war nach seinem Begründer und Architekten benannt worden, der den Apollotempel in Delphi gebaut hatte. Das Heiligtum des Trophonios stand im Zusammenhang mit einem Tempel der Göttin Fortuna, der Schutzgöttin der Weissagung und des Glücksspiels. Das Orakel befand sich in einer fast unzugänglichen Höhle, in die Bittsteller bei Nacht hineinkriechen mußten, nachdem sie mehrere Tage gefastet hatten und verschiedene Kräutertränke unbekannter Zusammensetzung trinken mußten. Das Erlebnis scheint besonders aufreibend gewesen zu sein, denn es kam oft zu Halluzinationen und weiteren schlimmen Begleiterscheinungen, von denen sich die meisten Besucher nie mehr ganz erholten. Offenkundig unterschied sich dieses Orakel in seiner Art völlig von den anderen. Bei den Höllenfeuer-Höhlen, die Sir Francis Dashwood im 18. Jahrhundert bei West Wycombe schuf, handelte es sich um eine bewußte Nachbildung der entsetzlichen unterirdischen Welt des Trophonios.

Die Heiligtümer der Orakel weisen überall gemeinsame Merkmale auf. Das nationale Orakel Madagaskars war ebenfalls im Inneren einer Höhle auf dem heiligen Berg der Insel bei Andringitra. Innerhalb der Höhle befand sich eine Darstellung des sogenannten *Ramahavàly* («Dem die Antwort gegeben ist»), und die prophetischen Verkündigungen selbst erfolgten durch ein Familienmitglied der Wächter, die ihr Amt erbten. Das Orakel wurde 1869 durch die christliche Königin Ranavalona II. verboten, aber mit der Wiedereinführung des Heidentums wenige Jahre später wieder eingesetzt. Beim Ramahavàly handelte es sich um ein nationales Orakel und, wie bei der Pythia in Delphi, um den Schutzpatron der Schlangen.

Daß das Amt des Hüters solcher Stätten erblich ist, weiß man auch in Großbritannien. Der nahe bei Llanelian Church in Denbighshire gelegene St. Elians-Brunnen *(Ffynnon Eilian)* hatte noch Ende des 18. Jahrhunderts eine «Priesterin» namens Mrs. Hughes, die für das Wasser verantwortlich war. Sie war die vorletzte Hüterin der alten Überlieferung dieser Stätte, denn nach ihrem Tod übernahm ein Schneider namens John Evans das Amt, der als *Jack Ffynnon Eilian*, der letzte der magischen Sippe, allgemein bekannt war. Das Bemerkenswerte am Brunnen von St. Elian war, daß er – wie das Orakel des Trophonios – «der schrecklichste aller heiligen Brunnen von Wales» war und hauptsächlich für Flüche benutzt wurde. Neben dieser eher ungewöhnlichen Verwendung beim Aussprechen von Flüchen hatte er auch die üblichen Funktionen des Heilens und Prophezeiens. Wie andere heilige Brunnen in vielen Ländern war er von Stoffetzen umgeben, die als Opfergaben an die umliegenden Büsche gebunden waren. Schließlich wurden die Stätte und die damit verbundenen Praktiken von offizieller Seite verboten und der Brunnen im Januar 1829 auf Befehl der lokalen Obrigkeit aufgefüllt; die Steine, die rundherum eine Mauer gebildet hatten, wurden dazu verwendet, einen Abflußkanal zu bauen, der das Wasser in den nahegelegenen Fluß leitete.

Viele der alten heiligen Quellen des keltischen Britannien dienten fast bis in die moderne Zeit als Orakel, so daß dieses Phänomen früher wohl noch wesentlich weiter verbreitet gewesen sein muß. In Cornwall gab es bis zu etwa der gleichen Zeit den St. Gulval-Brunnen, zu dem eine weise Frau gehörte, die, gegen ein kleine Spende, von dem Wasser trank und dann auf eine Frage eine orakelhafte Antwort gab. In Wales stand in der Nähe des heiligen Brunnens von St. Peris *(Ffynnon Beris)* bei Llanberis – das Wasser dieses Heiligtums sollte angeblich Rachitis bei Kindern heilen – ein Bauernhaus unterhalb eines Felsvorsprungs, der als *Tynyffynnon* bekannt war. Dort lebte eine Frau, deren Aufgabe es war, für die beiden heiligen Forellen zu sorgen, die in dem Brunnen gehalten wurden. Die Forellen waren die lebenden Vermittler des Orakels, eine walisische Entsprechung zum *Lachs des Wissens,* das von der Frau gedeutet wurde.

Auch in einigen anderen Quellen in Wales gab es Fische, vor allem Aale. Diesen Bewohnern des heiligen Wassers wurde ausnahmslos große Achtung entgegengebracht. Das schlangenartige Aussehen des Aals hing zweifellos damit zusammen, daß die heiligen Orakel gemeinhin mit Schlangen in Verbindung gebracht wurden, und mit dem komplexen chthonischen Mythos der Schlangen- oder Drachensagen.

Zahlen und Muster

Nichts existiert für sich, alles hat Teil an allem anderen.
Anexagoras, Fragment, 6

Orakelsprüche sind von vielen unkontrollierbaren Faktoren abhängig: dem Gesundheitszustand und dem Talent der Person, die als Sprachrohr des Orakels fungiert, den Launen des Geistes oder der geophysikalischen Energie, der oder die den orakelhaften Effekt erzeugt, und dem Auftreten unerwarteter Omen. Wegen dieser Unzuverlässigkeit suchten die Menschen nach einfacher zu handhabenden Mitteln, um Kenntnis vom Willen der Götter, dem Zustand des Kosmos und den künftigen Dingen zu erlangen. Unabhängig davon, in welcher Form die Weissagung praktiziert wurde, trug sie doch stets die Symbole der unveränderlichen formalen Struktur an sich, die dem Universum zugrunde liegt; diese Symbole reichen von Zahlenfolgen bis hin zur Geometrie und den topographischen Mustern von Knoten und Fäden.

Die drei Schicksalsgöttinnen und der Lebensfaden

In vielen Kulturen steht das Fadenspinnen mittels einer Spindel oder das Weben an einem Webstuhl in einem allegorischen oder auch unmittelbaren Zusammenhang mit dem Schicksal. Das Spinnen ist eine kreative Tätigkeit, durch die aus ungeordneten, wirren Woll- oder Flachsfasern ein fester, brauchbarer Faden entsteht. Zur Tätigkeit des Spinnens gehört die Spindel, die zum Verdrillen der Fasern in Drehung versetzt wird, und der Spinnrocken, auf dem das gesponnene Material gesammelt wird. Das Spinnen des Fadens weist naheliegende Ähnlichkeiten mit den sichtbaren Bewegungen des um den Polarstern kreisenden Sternenhimmels auf, und in den nördlichen Breitengraden, wo dieses Phänomen sehr gut zu beobachten ist, wurde der Spinner mit den Himmeln in Verbindung gebracht und dementsprechend auch mit den Jahreszeiten und dem Dahinschwinden der Zeit. Die Astronomen des alten Nordeuropa kannten ganz andere Sternbilder als die uns heute vertrauten, die aus babylonischen, griechischen und islamischen Quellen stammen. Eine wichtige Konstellation, die nun zum Sternbild Orion (dem «Gürtel») gehört, war als Friggs Spinnrocken bekannt und der Polarstern als Gottesnagel oder Spindel.

Das Spinnen war eine der frühesten industriellen Tätigkeiten, bei der die Zeit ganz offensichtlich mit der Menge des produzierten Materials in Zusammenhang steht. Die Länge des gesponnenen Fadens war somit ein Maß für die Zeit, die man zu seiner Herstellung brauchte, und so entstand das in vielen Kulturkreisen verbreitete Symbol des Zeitfadens. Von den drei Schicksalsgöttinnen der Griechen – Klotho, Lachesis und Atropos, Töchtern des Zeus und der Themis – und den drei Nornen – Urd, Werdandi und Skuld – der nordischen Überlieferung heißt es, sie sitzen im Mittelpunkt der Welt, spinnen die Schicksalsfäden der Menschen und schneiden das Leben ab, wie man einen Faden durchtrennt. Klotho spinnt den Faden, Lachesis mißt seine Länge und Atropos schneidet ihn ab, wann es ihr beliebt. Alte Darstellungen von Hexen zeigen auch sie beim Spinnen, und die Schnurmagie ist ein wichtiger Teil des zeitgenössischen Hexentums. Im mittelalterlichen Italien glaubte man, daß die Hexenkräfte beim Spinnen so mächtig seien, daß es den Frauen unter Androhung schwerster Strafen untersagt wurde, spinnend durch die Straßen zu gehen, denn dies hätte das Wachstum der Ernte beeinträchtigten können!

Parapsychologen glauben, daß die Symbolik des von Klotho und Urd gesponnenen Fadens den Strang darstellt, der bei außerkörperlichen Erfahrungen den Astralleib mit dem physischen Leib verbindet. Nach der Loslösung vom regungslosen physischen Körper scheint der Astralleib über ihm zu schweben,

Abb. 11: Die astronomische Vorstellung von Spindel und Spinnrocken war ein mächtiges Symbol in der nordischen Überlieferung.
Links: Ein ostfriesisches *Sinterklaas-Gebäck* (Weihnachtsgebäck) aus dem 18. Jahrhundert. In den traditionellen Bildern, die mit geschnitzten Holzblöcken geformt wurden, sind heidnische Vorstellungen enthalten. Dieses zeigt die Göttin Freya oder Bertha, die Spinnrocken und Spindel trägt und die Mondsicheln an ihrem Kopf hat.
Rechts: Ein mittelalterliches Wandgemälde aus Hallingdal, Norwegen, das die Herrin und den Meister des alten Glaubens zeigt, die von Sternen umgeben sind. Die Dame hält Spindel und Spinnrocken zum Himmel empor, während ihr Gemahl die Erde mit einer Hacke bearbeitet.

nur durch eine «leuchtende Schnur», einen Strang oder Faden mit ihm verbunden. Diese *silberne Schnur* wird im *Buch Prediger (Ecclesiastes)* des Alten Testaments erwähnt (Ecc. 12, 6), und auch unabhängig davon immer dann, wenn es um außerkörperliche Erfahrungen geht. Sie scheint mit dem irdischen Körper in der Mitte der Stirn verbunden zu sein, an jener Stelle, an der gemäß der esoterischen Physiologie des Ostens das *dritte Auge* sitzt und an der die schnurähnliche Schlange namens *Uraeus* auf den Kopfschmuck der alten ägyptischen Herrscher gelegt wurde. Menschen, die außerkörperliche Erfahrungen hatten, glauben, daß der physische Körper sterbe und der Geist freigesetzt werde, wenn man diese Verbindung durchtrenne. In der griechischen Sage von Theseus im Labyrinth hatte der Held den *Ariadnefaden* bei sich, ein Wollknäuel, das es ihm ermöglichte, in die Welt zurückzukehren, nachdem er den gefürchteten Minotauros erschlagen hatte. Wäre der Faden durchtrennt worden, wäre ihm der Tod gewiß gewesen.

Ist ein Faden erst einmal gesponnen, wird er auf einen Webstuhl gelegt und zu einem Gitternetzmuster verwoben, wobei viele verschiedene Muster entstehen können. Etymologisch ist das Wort «weben» (engl. *weave)* mit den alten keltischen Ausdrücken verwandt, die sich auf Schlangen beziehen, oder genauer gesagt: auf Schlangenkräfte, die im Boden durch hochempfindliche Menschen und Rutengänger entdeckt wurden. Als *Wouivre* bezeichnet es die Quintessenz oder das fünfte Element, die Energievibrationen auf der fundamentalen Ebene der Materie. Die sich wiederholenden Bewegungen des Webstuhls, die oszillierenden, zitternden Bewegungen können auf das Schiffchen des Webers hindeuten, auf die Kreiselbewegungen der rhabdomantischen Rute oder das Sichwinden der Weltschlange.

Astragalus und Würfel

Wir haben uns unsere Chancen ausgerechnet, so gut wir konnten, und dann haben wir die Würfel gerollt.
Jimmy Carter, 20. Präsident der USA, *New York Times*, 10. Juli 1976

Einige der frühesten divinatorischen Objekte, die gefunden wurden, waren *Astragali*, Gelenkknöchel verschiedener Tiere, die Vorläufer der Würfel. In Assyrien verwendete man diese Knöchel, die man *kisallu* nannte, zum Glücksspiel und auch um die Anteile einer Erbschaft zu vergeben, bestimmte Beträge des Einkommens in den Tempeln zu verteilen und Beamte zu wählen. Die Assyrer benutzen auch Tonwürfel, sogenannte *puru*. In einen solchen divinatorischen Würfel wurde der Name des Kandidaten für eine bestimmte Stellung und ein Gebet an die Gottheiten Adad und Assur geritzt, daß die Würfel richtig fallen mögen.

Astragali waren einfach zu bekommen, und so kann man annehmen, daß sie weite Verbreitung fanden, nachdem man erst einmal auf sie aufmerksam geworden war. In Asien und Europa wurden viele in divinatorischen Zusammenhängen entdeckt. Oft wurden sie als Grabbeigaben mit den Toten bestattet. Eine ganze Sammlung von Astragali entdeckte man bei Ausgrabungen von angelsächsischen Grabstätten nahe der früheren römischen Siedlung Caister-by-Norwich (Norfolk). Sie sahen fast alle gleich aus, bis auf einen, der viel größer als alle anderen war. Er stammte von einem Reh und enthielt eine Runeninschrift, die in der Transkription *raihan* lautet. Dieses Wort bedeutet vermutlich «in eine Reihe bringen» oder «das, was kennzeichnet». Möglicherweise spielte dieses Stück bei der Divination eine größere Rolle, denn Astragali dienten vielen Wahrsagern in Europa und im Nahen Osten als Medium.

Astragali haben eine ziemlich unregelmäßige Form, und es ist daher mitunter schwierig zu sagen, wie sie nun eigentlich gefallen sind. Würfel sind hingegen eindeutig, und so wurden sie den Astragali allmählich vorgezogen. Die einstige divinatorische Verwendung von Würfeln klingt in einigen Sprachen noch im lateinischen Wortstamm durch, etwa in dem französischen Wort *dé* und der Pluralform *dés* oder dem englischen *die* bzw. *dice;* sie gehen auf einen Ausdruck aus dem nichtklassischen Latein zurück, *dadus,* der soviel wie «geben» im Sinne von «durch die Götter gegeben» bedeutet. In der Zeit vor dem Aufkommen des Zufallsgedankens glaubte man, daß jedes Ereignis ein Teil des Wollens übernatürlicher Wesen sei, gehörten sie nun dem Reich der Götter oder der Dämonen an. Diese Vorstellung machte auch vor religiösen Grenzen nicht halt, denn sie taucht sowohl im christlichen als auch im heidnischen Glauben auf. Das Fallen der Würfel betrachtete man demnach nicht als ein von Zufall und Glück abhängiges Ereignis, sondern als eines, das von den Göttern gelenkt wird und ihren Willen kundtut. Der Auffassung, daß der Ausgang von Glücksspielen durch die Göttin Fortuna bestimmt wird (heute ist es eher die weltliche Glücksfee), liegt der Glaube zugrunde, daß das Würfeln nicht auf Zufall beruht, sondern unter dem unmittelbaren Einfluß des personifizierten Glücks steht.

Im heidnischen Nordeuropa wurde Odin, dem Gott der Weisheit, der Prophetie und der Toten, die Erfindung der Würfel zugeschrieben. In der Tat hielt man Odin für den Urheber vieler divinatorischer Hilfsmittel wie etwa der Runen und des nordeuropäischen Brettspiels *Hnefatafl* (siehe Kapitel *Symbolische Brettspiele).* In ähnlicher Weise wurde einer alten irischen Überlieferung zufolge das Brettspiel *Fidcheall,* eine Abart des *Hnefatafl,* dem Gott Lugh zugeschrieben, dem irischen Pendant zu Odin. Wie der isländische Historiker Snorri Sturluson (1179–1241) in seinem großen Geschichtswerk *Heimskringla* schreibt, soll Odin nach Skandinavien gekommen sein aus «dem Land in Asien, das östlich des Tanakvisl [des russischen Flusses Don] liegt [...], das Åsaland oder Åsaheim heißt». Die Hauptstadt von Åsaland war Åsagarth oder Asgard, dessen einstige Lage heute nicht mehr bekannt ist. Odin und sein Gefolge verließen ihr Land und wanderten nach Schweden aus, wo sie in der Nähe des heutigen Stockholm die Stadt Gamla Sigtuna fanden. «Als Odin und die *diar* [Priester] in die Nordlande kamen, führten sie Sportarten und Fertigkeiten ein, die sie den anderen beibrachten, und sie wurden noch viele Jahre später ausgeübt.» Nach seinem Tod wurde Odin, wie so viele überlebensgroße Persönlichkeiten, zum Gott erhoben und auch als Gott verehrt.

Nach der Christianisierung, in deren Zuge man die Menschen lehrte, daß ihre alten Götter Teufel seien, wurde das Würfeln wegen seines heidnischen Ursprungs von der neuen Priesterschaft heftig getadelt; der Ausdruck «Teufelsknochen» geht auf diese Glaubensauffassung zurück. Weniger fanatische Christen gestanden den Gestalten der Mythologie das Verdienst zu, Spiele und die Schrift geschaffen zu haben. «Attalus Asiaticus war der erste, der in Europa *Kotra* [Backgammon] und Würfeln spielte», schrieb Jón Dadason in einem Werk mit dem Titel *Gandrei (Der Hexenritt)*, «und, wie manche sagen, bald nach dem Kampf um Troja auch *Riddarskák* [Ritterschach].» Dadason, der 1676 starb, war Pfarrer in Arnabaeli im Süden Islands, und damals war es üblich, den Ursprung von Spielen auf klassische Quellen zurückzuführen. Indes spielte in der christlichen Religion das Losverfahren eine wichtige Rolle, denn nach dem Selbstmord des Judas Iskarioth bestimmten die übrigen elf Jünger Jesu den zwölften, Matthias, durch das Los.

Lose oder Würfel spielten auch bei der Landzuteilung stets eine Rolle. So steckt in den englischen Ausdrücken *allotment* («Zuteilung») und *a lot of land* («eine Parzelle») die alte Bedeutung eines Stücks Land, dessen Besitz oder Pacht durch Losen bestimmt wurde. Laut Duden geht auch der deutsche Begriff «Los» nach dem mittelhochdeutschen Ausdruck für «Losungswort bzw. Orakel» ursprünglich auf das «jemandem durch Auslosung Zugefallene» zurück, bezeichnet aber – wie auch das aus dem keltisch-englischen Sprachraum stammende

Wort *lot* – eine Mengeneinheit (Anm. d. Übersetzers). Eine wichtige Begebenheit, bei der über öffentliche Eigentumsrechte an einem Territorium durch Würfeln entschieden wurde, fand im Jahre 1020 in Kronungahella (Norwegen) statt. König Olaf von Norwegen traf sich mit dem König von Schweden, um darüber zu befinden, zu welchem Land das Hising-Gebiet gehören soll. Die Könige ließen die Würfel darüber entscheiden, wem der Besitz zufallen sollte. Nach der Überlieferung warfen beide zweimal nacheinander die Sechs, aber beim dritten Wurf spaltete sich der Würfel des Norwegerkönigs in zwei Hälften, die vier und drei anzeigten, so daß er mit einer Sieben gewann! Selbst wenn die Einzelheiten dieser Sage der Phantasie entsprungen sein mögen, so ist es ihr Kern keineswegs: daß nämlich Könige durch Würfeln ein Gottesurteil über den Landbesitz herbeiführen.

Auch in Tibet benutzte man Würfel bei einer divinatorischen Form, die man *Sho-mo* nannte. Dazu verwendete man drei gewöhnliche Würfel wie beim europäischen Würfel-Mühle. Drei Würfel ergeben in verschiedenen Kombinationen sechzehn verschiedene Zahlen. Beim tibetischen *Sho-mo* werden die Zahlen mit divinatorischen Tabellen verglichen, die mit traditionellen Texten zusammenhängen. Wie in westlichen Systemen – etwa Kirchenhoffers berühmten *Schicksalsbuch*, das Napoléon zugeschrieben wird – sind die Texte in Abschnitte unterteilt, die verschiedene Fragen des menschlichen Lebens ansprechen. Analog zu vielen anderen Bereichen der Weissagung ist hier die Zahl 16 von Bedeutung, insofern nicht nur 16 Punkte zu jeder Frage ausgeführt werden, sondern das menschliche Erleben auch in 16 verschiedene Bereiche gegliedert ist.

Kubische Würfel sind bereits seit einigen tausend Jahren bekannt; sie wurden sogar schon in ägyptischen Grabstätten gefunden, die vor 2000 v. Chr. entstanden. Auf modernen Würfeln sind die Zahlen so angeordnet, daß jedes Ziffernpaar zusammen sieben ergibt. Hierbei bestehen nur zwei Möglichkeiten, von denen die eine nur die Spiegelung der anderen ist.

Betrachtet man einen Würfel so, daß die sichtbaren Flächen die Ziffern Eins, Zwei und Drei zeigen, dann sind die ansteigenden Zahlen gegen den Uhrzeigersinn angebracht. Diese Standardversion findet man auf der ganzen Welt, mit Ausnahme von Japan, wo eine Spiegelung dieser Fassung beim *Mah-Jongg* verwendet wird. Auf den japanischen und koreanischen Würfeln sind die Eins oder das entsprechende «Auge» und auch die Vier rot. Damit wird entschieden, welcher Spieler den ersten Zug haben soll. Stewart Culin vertritt die Auffassung, daß diese roten Augen auf den asiatischen Würfeln aus früheren divinatorischen Praktiken Indiens stammten. Es gibt jedoch 30 verschiedene Möglichkeiten, die Augen auf einem kubischen Würfel anzubringen, so daß der Grad der Einheitlichkeit, der heute fast überall auf der Welt besteht, erstaunlich ist. Oktaedrische Würfel mit den Ziffern von eins bis acht kennt man aus ägyptischen Gräbern. Auch Dodekaeder mit zwölf und sogar Ikosaeder mit 20 Flächen haben schon zum Wahrsagen gedient. Das Dodekaeder war besonders bei den Quacksalbern im Frankreich des 16. Jahrhunderts beliebt. Obwohl man sie bei Spielen oder zur Weissagung nicht mehr benutzt, werden ikosaedrische Würfel, die doppelt von null bis neun numeriert sind, von der «Japanese Standards Association» dazu verwendet, zufällige Dezimalzahlen zu erhalten.

Würfel sind so sehr ein Teil unserer Kultur, daß sie ihre eigenen Redewendungen und ihre eigene Literatur besitzen. So mag der gängige englische Ausdruck *dicing with death* («mit dem Tode würfeln») noch aus jener Zeit stammen, als durch Würfeln entschieden wurde, wer aus einer Gruppe von Gefangenen hingerichtet oder geopfert werden sollte. An die Endgültigkeit eines Würfelurteils erinnert das Sprichwort: «Die Würfel sind gefallen», das gemeinhin einen eher pessimistischen Beigeschmack hat. Das Würfeln wurde auch seit jeher mit dem Weg in den Ruin gleichgestellt. In dem Romanzyklus *Gargantua und Pantagruel* landen Rabelais' Helden auf der Reinfall-Insel, einer seltsamen Gegend, die von zwei riesigen würfelförmigen

Blöcken aus weißen Knöcheln gebildet wird. Pantagruel stellt fest: «Dort machte unser Steuermann uns auf zwei kleine Klippen aufmerksam, [wegen denen] es mehr Wracks, Schiffbrüche, Verluste an Leben und Gut gegeben [hat] als im Bereich aller Syrten, Charybden, Sirenen, Szyllen, Strophaden und sonstiger Schlünde allüberall auf dem Meer.» Die Reinfall-Insel wird von zwanzig Spielteufeln bewohnt, einer für jede Zahlenkombination von zwei Würfeln: von den untersten Teufeln, den «Zweias», meist als Schlangenaugen bekannt, bis hinauf zum mächtigsten Zwillingspaar, «Die Sechse».

Die Würfel-Symbolik war auch ein fruchtbares Feld für die Philosophie. Es besteht ein Gegensatz zwischen den grausamen Zufällen der Welt und einigen religiösen Vorstellungen von einem liebenden, fürsorglichen Gott, und das Symbol des Würfels diente dazu, dieses Verhältnis darzustellen. Schon im 18. Jahrhundert entwarf der isländische Mystiker Jón Jónsson solch ein pessimistisches Gottesbild: «Gott spielt mit den Menschen in dieser Welt *Forkjaering*», schrieb er und bezog sich damit auf ein altes Würfelspiel. Im 20. Jahrhundert behauptete der rationalistisch denkende Mathematiker Albert Einstein genau das Gegenteil, nämlich daß Gott mit dem Kosmos nicht würfele. Diese Vorstellungen von einem Gott, der mit den Menschen Würfeln spielt, lagen nahe bei der Wahrheit, denn wir alle sind jenen unvermeidbaren Zufällen des Lebens unterworfen, die man als das Fallen der Würfel deuten könnte.

Weissagungen mit Pfeilen und Stäben

Weltweit wurden Pfeile für verschiedene Arten der Weissagung verwendet. In England gibt es drei sehr bekannte Legenden, in denen eine bestimmte Stelle mit einem Pfeil ausfindig gemacht wurde. In den Erzählungen über den vogelfreien Robin Hood und den Drachentöter Piers Shonkes aus Hertfordshire entschied ein vom Sterbebett aus abgeschossener Pfeil durch sein

Herabfallen über die Stelle, an denen die Helden begraben werden sollten. Wenn wir der Sage glauben können, dann bietet die Wahl eines neuen Standorts für die Kathedrale von Sarum bei Salisbury im Jahre 1219 ein weiteres Beispiel. Nach der Legende wurde ein Pfeil vom Schutzwall von Old Sarum abgeschossen, und an der Stelle, wo er am Boden aufkam, Merrifield, wurde die heutige Kathedrale erbaut.

All diese Berichte enthalten ein Element, das mit der Magie des Schießens zusammenhängt, mit der übernatürlichen Fähigkeit, immer das richtige Ziel zu treffen, die dem heidnischen Herrn der Jagd zugeschrieben wird, den Robin Hood als *Hooded Man,* als «Kapuzenträger», symbolisiert. Selbst später, als das Bogenschießen durch die Feuerwaffen abgelöst worden war, finden wir noch rudimentäre Elemente der alten Weissagungen in verzauberten Geschossen; sie wurden in Mitteleuropa von zauberkundigen Schützen verwendet, die durch die Oper *Der Freischütz* von Johann Friedrich Kind und Carl Maria von Weber unsterblich geworden sind.

Beim traditionellen Bogenschießen verwendete man die Federn bestimmter Vögel für den Flug des Pfeils; man nahm an, daß deren Eigenschaften sich auch auf den Pfeil selbst übertrügen. Im Flug eines Vogels sieht man oft den Schamanen in seinem dem Körperlichen enthobenen Zustand oder die Schutzgeister in vogelähnlicher Gestalt. Dies ist nur eine andere Version des alten Glaubens, dem zufolge Hexen des Nachts in der Gestalt von Hasen durch die Lande streifen. Die Legende vom Tod Robin Hoods kann man so deuten, daß seine entkörperlichte Seele vor dem Leib zu einer geeigneten Begräbnisstätte projiziert wurde, wobei die Befiederung des Pfeils den ihm vertrauten Vogel symbolisiert. Vielleicht hatte der Sterbende aufgrund eines schamanischen Einfühlungsvermögens eine Vision von seiner letzten Ruhestätte.

Die Mythen von weitblickenden Botenvögeln findet man in vielen Überlieferungen, man denke dabei nur an die Tauben, die Noah aus seiner Arche entsandte, oder etwa an Odins Raben; möglicherweise wurde dieser Glaube auch auf Pfeile übertragen.

In der Religion der Ureinwohner Amerikas ist der Pfeil ein heiliges Schutzsymbol. Die Gebetszepter der Huichol in Mexiko, die sogenannten *muwierí*, sollen von heiligen Pfeilen stammen. Man verwendet sie dazu, die gestörten Körperenergiefelder von Kranken wieder ins Gleichgewicht zu bringen und auf der Pilgerschaft unsichtbare heilige Tore am Boden zu öffnen. Sie sind mit Adlerfedern besetzt und haben magische Schutzfunktion. Für schadenbringenden Zauber verwendet man *muwierí* mit Eulen- und Geierfedern. In Tibet benutzten die Lamas Pfeile für eine ihrer divinatorischen Methoden, *Dahmo;* man benötigt dafür zwei Pfeile, von denen der eine in ein schwarzes, der andere in ein weißes Tuch gehüllt wird, wodurch Polaritäten symbolisiert werden. Man schüttet ein paar Gerstenkörner in ein weißes Wolltuch, das auf einer Tischplatte liegt, und stößt die Pfeile mit der Spitze nach unten in die Gerste. Der am Tisch sitzende Fragesteller konzentriert sich auf die Fragen und rezitiert Mantras. Man glaubt, daß die Pfeile durch einen telekinetischen Effekt, den der konzentrierte Geist des Wahrsagers hervorruft, in Bewegung versetzt werden oder daß der Klang der Mantras durch das Bewegen der Pfeile in der Gerstenmasse Chladni-Figuren bildet. Jedenfalls werden ihre Bewegungen sorgfältig beobachtet und entsprechend der gestellten Frage interpretiert.

Der bedeutende amerikanische Spiele-Fachmann Stewart Culin vertrat die Meinung, daß am Ursprung sowohl von Kartenspielen als auch dem Schachspiel Pfeil-Weissagungen standen. Er wies darauf hin, daß beim *Nyout,* dem Nationalspiel Koreas, statt der üblichen Würfel etwa 20 Zentimeter lange Stäbe benutzt werden.

Am Fünfzehnten jedes Monats verwendete man das Spiel zur Weissagung, und Bücher mit Titeln wie *Die richtige Planetenordnung* wurden verkauft, die die divinatorische Bedeutung der beim *Nyout* geworfenen Zahlen erläuterten. Die Fachsprache,

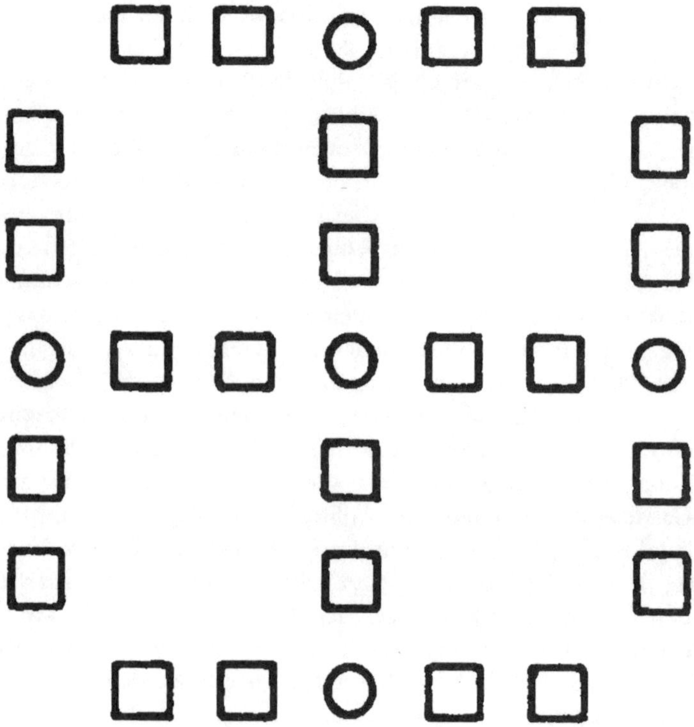

Abb. 12: Das Brett des koreanischen Spiels *Nyout* hat die klassische vierfache Gliederung der Welt um ein heiliges Zentrum – zwanzig äußere Felder umgeben die mittleren neun. Diese 29fache Raumaufteilung gibt es auch bei den angelsächsischen Runen.

in der die Würfe beschrieben werden, ist veraltet – es ist weder Chinesisch noch Koreanisch, sondern die Sprache der «Bergvölker des Westens». Culin legte dar, daß das Spiel wahrscheinlich eine formalisierte Version der Pfeildivination war, wobei die Pfeile in den magischen Ring geworfen wurden, der in korrekter Weise ausgerichtet und geweiht worden war. Bei der Form des Nyoutbretts, jener in Viertel unterteilten Spielfläche, die man auch den *Plan der Heiligen Stadt* nennt, könnte es sich auch um das Brett eines Wahrsagers handeln, auf dem die divinatorischen Ergebnisse festgehalten werden, indem man die Spielmarken herumkreisen läßt, bis am Ende der Weissagung ihre Position als Endresultat abgelesen werden kann. Dieses wurde dann mit dem *Buch über die richtige Planetenordnung* verglichen. Man kann es insofern mit dem chinesischen *I Ging* vergleichen, und es könnte auch einen gemeinsamen Ursprung in der Weissagung mittels Pfeilen haben.

Culin vermutete auch einen Zusammenhang zwischen Pfeil-Weissagungen und Kartenspielen. Ihm fiel auf, daß traditionelle koreanische Spielkarten, die eher schmale Streifen als die fast in der ganzen Welt gebräuchlichen breiten Rechtecke sind, auf ihrer Rückseite die Abbildung eines Pfeils tragen – ein Relikt antiker Weissagung. Culin meinte, daß die koreanischen «Karten» die Vorbilder für die chinesischen Spielkarten abgaben, deren Muster die gleichen waren wie auf dem alten Papiergeld.

Auch im vorislamischen Arabien dienten Pfeile zu divinatorischen Zwecken. Die Kaaba in Mekka, das größte Heiligtum des Islam, ist auch der Ort einer vormohammedanischen Kultstätte, die einst das Standbild eines Gottes enthielt, das aus dem irakischen Hit hierher gebracht worden war. Dieses Götzenbild des Hubal war von einem Kreis von 360 kleineren Standbildern umgeben, die alle von Mohammed zerstört wurden, als er diese Stätte magischer Kräfte übernahm. Zu heidnischer Zeit wurden vor dem Hubal-Standbild Lose gezogen, um Streitigkeiten beizulegen oder um wichtige Entscheidungen zu treffen. Bei dieser Form der Weissagung verwendete man sieben Pfeile, die so-

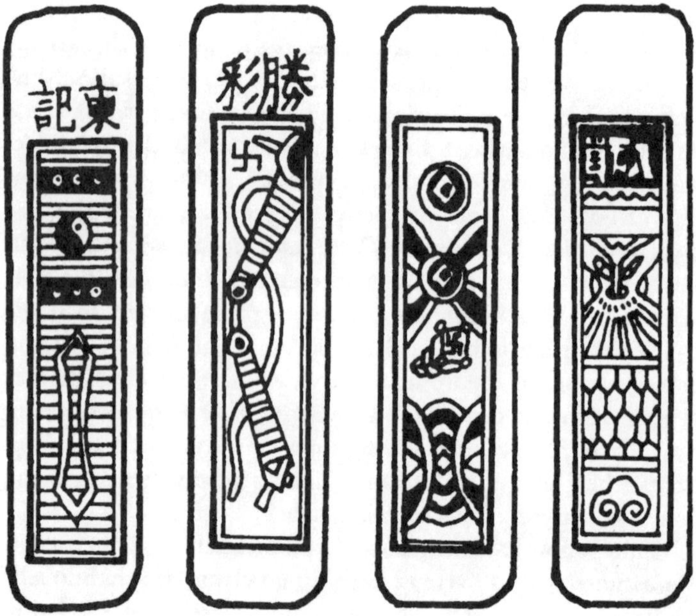

Abb. 13: Klassische orientalische Spielkarten, wie diese *Kwan P'ai,* bestehen aus langen Streifen, die nach Auffassung von Stewart Culin auf die Pfeildivination zurückgehen.

genannten *Qidh* – eine Methode, von der man auch bei verschiedenen anderen Heiligtümern vorislamischer Gottheiten des alten Arabien, wie etwa Ilumqah und Talab, Gebrauch machte. Der Wächter des Heiligtums in Mekka, der *Sadin*, mischte die Pfeile. Sieben Pfeile wurden im alten Arabien zur Weissagung verwendet, ebensoviele wie in dem Wettspiel *Maysar*. Hierbei unterschieden sich die beiden Versionen – göttliche Divination und profanes Glücksspiel – nur durch den jeweiligen Schauplatz, denn die Weissagung fand an einem heiligen Ort statt. Auf Pfeilen, die divinatorischen Zwecken dienten, waren bestimmte Worte geschrieben, die einen Besitz zugestehen oder auch verweigern, über den Erfolg eines Unternehmens bestimmen und die Vaterschaft oder andere wichtige Angelegenheiten regeln konnten. Pfeil-Orakel verwendete man auch zum Auffinden von Wasser. Sie wurden an den entsprechenden Stellen gemischt, und mit dem «Wasser-Pfeil» kam auch das Wasser zum Vorschein.

Stäbe, Ruten und Stöcke

Diese Art der Weissagung, bei der sieben Pfeile, Stöcke oder Stäbe verwendet wurden, scheint mit jener Form identisch zu sein, die wir heute als *Saxon Wands* oder *Saxon Rods* kennen und zuweilen auch irrtümlicherweise als *Runen*. Die frühesten bekanntesten Versionen sind Stabkalender aus Skandinavien: Sie bestanden aus sieben langen, flachen Holzstücken, die an einem Ende durchstochen und mit einem Lederriemen zusammengebunden waren. Dreizehn der vierzehn Seiten wurden mit *Wendenrunen* beschriftet (geschrieben von rechts nach links), die für die 28 Tage des Mondmonats standen; die ganze Einteilung stellte das Viertel eines Jahres dar. Wie jedem Viertel hatte man auch jedem «Mond» einen bestimmten Namen und bestimmte Eigenschaften zugeordnet. Die Verwendung dieser Stabkalender bei der Weissagung bot ein brauchbares Mondorakel. Die modernen Formen dieser Siebenstab-Orakelkalender sind vereinfachte Versionen ohne Wendenrunen-Inschriften. Es gibt verschiedene Arten, die alle leicht herzustellen sind. Sie reichen von fachkundig geschnitzten Symbolstäben gleicher Länge bis hin zu einfachen, verschieden langen Holzstücken, durch die sich die einzelnen Teile unterscheiden lassen. Ihre Anzahl ist jedoch immer sieben. In der einfachsten Form der Weissagung benutzt man drei kürzere und vier längere Stäbe. Einer der längeren hebt sich von den anderen durch bestimmte Muster ab, oder er ist mit einer anderen Farbe bemalt. Dies ist der Haupt- oder Meisterstab.

Diese Stäbe können nach einem zeremoniellen Verfahren geworfen werden, das ähnlich, aber weniger kompliziert ist als das später beschriebene Runenlegen. Nachdem sich der Runenleger gesammelt hat und nachdem die gewünschten Fragen gestellt sind, wird der Meisterstab in Nord-Süd-Richtung auf den Boden gelegt, die anderen Stäbe werden darübergeworfen; man läßt sie durch die Finger gleiten und behält einen zurück. Wenn abgesehen vom Meisterstab mehr kurze als lange Stäbe am Boden liegen, ist dies eine negative Antwort auf die Frage. Liegen mehr längere Stäbe da, ist die Antwort positiv. Berührt irgendein Stab den Meisterstab, ist die Antwort ungültig. Liegen hingegen einige Stäbe auf anderen und nicht direkt auf dem Boden, so zeigt dies Ungewißheit an. Wichtig ist die Ausrichtung des Meisterstabs, denn er liegt längs der *Heiligen Achse,* der Hauptgebetsrichtung des alten Glaubens Nordeuropas. Wenn alle anderen Stäbe beim Herunterfallen auf ihn und somit auf die Heilige Achse zeigen, dann liegt die Lösung der Frage in der Macht des Wahrsagers oder des Fragestellers, für den er tätig ist. Bilden sie eine Parallele mit dem Meisterstab, dann liegt alles in den Händen der Schicksalsgöttinnen.

Es gibt noch eine kompliziertere Variante dieser divinatorischen Methode. Dabei wird jedem Stab ein Name und ein Charakter zugeschrieben. Die Stäbe werden in zwei Geschlechter eingeteilt, und der siebte, der dem Meisterstab entspricht,

Abb. 14: In Skandinavien wurden in früheren Zeiten Runenstäbe zu Rate gezogen.

gilt hier als zweigeschlechtlich. Die Stäbe werden wechselweise numeriert, indem man mit einem männlichen Stab beginnt, den man als den Ersten oder *Caeghierd*, den «Schlüsselhalter», bezeichnet. Das erste weibliche Gegenstück ist von gleichem Rang und heißt die Andere, *Scurfoga*, der «Regenbogen».

Die weiteren männlichen Stäbe sind der dritte und fünfte mit den Namen *Wyn* (Freude) und *Haerfest* (Fröhlichkeit). Die anderen beiden weiblichen Stäbe sind der vierte, *Guthcwen* (Krieger-Königin), und der sechste, *Halignes* (Heiligkeit). Der letzte Stab, der siebte, wird *Radnes* (Eintracht) genannt. Manchmal gibt es noch einen achten Stab bei diesem komplizierteren System, der unnumeriert ist und die Form einer Schlange hat. Dieser Stab ist *Dethwic* (Dunkelheit), das Prinzip der Negation, das bei bestimmten Lesarten einen Einfluß auf die Bedeutung der anderen Zauberstäbe hat.

Wie bei allen divinatorischen Systemen gibt es auch bei diesen beiden Versionen der *Saxon Wands* eine vollständige Ordnung numerischer und symbolischer Entsprechungen. Jeder dieser Stäbe kann einem Tag der Woche zugeordnet werden, einer himmlischen Macht, einer Tageszeit und einer Himmelsrichtung, und entsprechend bei Weissagungen verwendet werden.

In Europa gab es das letzte wirklich heidnische Brauchtum in den baltischen Ländern; im Jahre 1386 wurde der letzte Tempel in Litauen beseitigt. Bereits 1169 zerstörte der Dänenkönig Waldemar I. den Tempel von Svantovit auf der heiligen Insel Rügen bei seinem Kreuzzug gegen die heidnischen Wenden. Zuvor gab es in diesem Wendenheiligtum ein weißes, dem Gott geweihtes Pferd, das nur der Priester reiten durfte. Das Tier wurde bei der Lanzen-Divination eingesetzt, die sowohl jener mit Pfeilen als auch der mit den *Saxon Rods* sehr ähnlich ist. Im Heiligtum des Gottes Triglav bei Stettin (poln. Szcezcin) gab es einen geweihten schwarzen Hengst, und ein ähnliches Pferd wurde auch in der anderen heiligen Hauptstätte der Wenden, Rethra, gehalten. Wollten die Priester den Willen der Götter erkunden, so legten sie Lanzen auf den Boden. In Rethra verwendete man zwei gekreuzte Lanzen, in Ancona drei Paare und in Stettin neun in einer Reihe. Das Pferd ging zu den Lanzen, und man achtete darauf, ob es sie mit den Hufen berührte und ob es sie mit dem linken oder dem rechten Huf zuerst überschritt, wobei jede Bewegung ihre eigene Bedeutung hatte.

Auch der Besenstiel oder Reisigbesen diente einst divinatorischen Zwecken, da in seiner Symbolik verschiedene wichtige Prinzipien verschlüsselt sind. In einem Artikel mit dem Titel «Broomsticks» («Besenstiele»), der 1979 in der Zeitschrift *Albion* erschien, erläuterte die Hohepriesterin Prudence Jones die symbolischen Bedeutungen:

> Der Stock des Besenstiels wird traditionsgemäß aus einer Esche gemacht, die der Weltgöttin geweiht ist, obwohl diese Rolle später vom Allvater Wodan übernommen wurde. Die Zweige ihrer Rute stammen von drei Bäumen: der Birke für die Reinigung, der Haselnuß für die Initiation und der Eberesche für die Heilung. Sie werden mit Weidenzweigen zusammengebunden.

In der Bardentradition hat der Reisigbesen eine Beziehung zum alten Ogham-Alphabet, das auf den Ruten und Zweigen heiliger Bäume aufbaut (siehe Kapitel *Zeichen und Zeichenfolgen*). Es ist als *Dasgubell Rodd,* der «Geschenkbesen» bekannt, der das aus dem Weg räumt, was die Wahrheit verbirgt.

In dem alten walisischen Bardenbuch *The Book of Symbols (Das Buch der Symbole)* findet sich der folgende Text:

Frage	Was ist das Dasgubell Rodd?
Antwort	Der Schlüssel zum primitiven Coelbren.
Frage	Was erklärt das primitive Coelbren?
Antwort	Das Dasgubell Rodd.
Frage	Was noch?
Antwort	Das Geheimnis des Dasgubell Rodd.
Frage	Welches Geheimnis?
Antwort	Das Geheimnis der Barden Britanniens.

In der bardischen Tradition ist der Reisigbesen oder Besenstiel der Schlüssel zu einem chiffrierten Geheimnis, dem *Coelbren,* das man als eigentlichen kryptographischen Schlüssel oder als das mystische, symbolische Verständnis des ganzen Mysteriums interpretieren kann. Die Zusammensetzung der Reisigbesen aus verschiedenen Hölzern mit ihren vorgeschriebenen Maßen hängt unmittelbar mit Ogham-Zeichen und Runenstäben zusammen, so daß man den Reisigbesen – wie die geknoteten Schnüre der peruanischen Inka, die sogenannten *quipu* – sowohl auf direkte als auch auf symbolische Art deuten kann.

Schafgarbenstengel und das Buch der Wandlungen

Eine der wichtigsten divinatorischen Methoden im chinesischen Kulturkreis ist die Befragung des *I Ging,* des *Buches der Wandlungen.* Es beruht auf dem Bilden von Hexagrammen, insgesamt 64 Mustern sechsliniger «Zeichen» oder sechsstufiger Linienkomplexe aus ganzen oder unterbrochenen Linien. Das Grundprinzip ähnelt dem der divinatorischen Geomantie, da es sich auch hier um Muster handelt, die durch Zweierkombinationen geschaffen werden.

Der Wahrsager beginnt mit 50 Stengeln der Schafgarbe *(Achillea millefolium* – «die mit den tausend Blättern»). Sie werden in ähnlicher Weise verwendet wie die Pfeile, die man in vielen Kulturen findet. Ein Stengel wird gleich weggenommen, damit bleiben 49 übrig. 49 (7 x 7) ist eine Quadratzahl, die in der göttlichen Geometrie und bei manchen Brettspielen immer wieder von Bedeutung ist. Die 49 teilt man dann beliebig in zwei Häufchen, und dann werden von jedem vier Stengel gleichzeitig weggenommen, bis nur noch drei, zwei ein oder gar kein Stengel mehr übrigbleibt. Der Wahrsager zählt die Stengel und bildet entweder eine durchgehende oder eine unterbrochene Linie, wobei er die Anzahl, die sich jeweils ergeben hat, berücksichtigt, da sie weitere Konsequenzen hat. Diese

Abb. 15: Der chinesische Kaiser Fou Hi (2000 v. Chr.) soll die acht Trigramme und die 64 Hexagramme, die bei der Schafgarben-Divination verwendet werden, formalisiert haben.

Prozedur wird fünf weitere Male durchgeführt, bis ein Hexagramm entstanden ist. Wegen der möglichen Kosequenzen ist es zuweilen erforderlich, ein weiteres Hexagramm zu bilden. Das passende Hexagramm wird dann im Buches nachgeschlagen, und man erhält so eine der Art der Frage entsprechende Antwort.

Bei einer anderen Methode verwendet man drei Münzen. Manche Anhänger dieses Verfahrens nehmen dazu chinesische Käsch-Münzen aus dem 19. Jahrhundert, die ursprünglich ein gängiges Zahlungsmittel waren, nun aber von Händlern für Kultgegenstände zum Zweck der Orakelbefragung verkauft werden. Eigentlich eignet sich aber jede Münze, solange man Vorder- und Rückseite («Kopf» und «Zahl») gut auseinanderhalten kann.

Um die Weissagung durchzuführen, konzentriert man sich auf die gewohnte Weise und läßt die Münzen auf irgendeine geeignete ebene Oberfläche fallen. Die Münzen werden sechsmal hochgeworfen (was die mystische Zahl 18 ergibt, der wir wieder begegnen werden). «Kopf» wird als positiv gewertet, während «Zahl» als negativ gilt. Wirft man drei «Köpfe», ist dies eine bewegliche Yang-Linie, die als eine durchgehender Strich dargestellt wird. Zwei «Köpfe» und eine «Zahl» sind eine schwache Linie. Dementsprechend bilden drei «Zahlen» eine bewegliche Yin-Linie, die als unterbrochene Linie wiedergegeben wird. Wie in der alten chinesischen Schrift werden die Linien von unten nach oben notiert.

Vergleicht man die Hexagramme des *I Ging* mit den *Tetragrammen* der westlichen divinatorischen Geomantie, muß man vor allem berücksichtigen, daß beim *I Ging* die geraden Zahlen eine durchgehende Linie bilden, während bei der westlichen geomantischen Notationsweise eine durchgehende Linie für die geraden Zahlen steht und ein einzelner Punkt für die ungeraden.

Der heilige Pfad

Jede Religion kennt mehr oder weniger differenzierte Vorstellungen von einer geistigen Evolution, die in den verschiedensten Arten dargestellt wird. Das Bild der Leiter oder der Treppe zum Himmel ist ein wichtiger Archetypus, den die psychologische Forschung vielfach untersucht hat. Es wurde in religiösen Kunstwerken thematisiert, fand Eingang in die architektonische Ornamentik und ist Bestandteil vieler visionärer Erfahrungen. Das scheinbar profane, aber dennoch unmittelbar mit diesem Bild in Verbindung stehende westliche Leiterspiel (auch «Schlangen und Leitern» genannt) ist eine Abart des alten indischen Spiels *Moksha-Patamu,* dessen Gitternetz ähnlich aussieht wie zeitgenössische Darstellungen der Planeten, der Tierkreiszeichen und der Sternbilder, bei denen die achtblättrige Blume als Sonnensymbol im Zentrum steht. In Indien dient das Spiel der religiösen Unterweisung; darin können Reste seines divinatorischen Ursprungs enthalten sein. Im Westen ist es einfach nur ein Spiel.

In spielerischer Form vermittelt das *Moksha-Patamu* oder *Spiel von Himmel und Hölle* die Lehre von der Einheit der Gegensätze in dieser Welt und das Gesetz des rechten Handelns. In diesem Spiel werden die rechten Handlungen, *pap* genannt, durch eine Leiter bezeichnet, das Symbol für die geistige Evolution, während unrechtes Handeln – *punya* – durch eine Schlange angezeigt wird. Die Leiter führt zu Tugend und nach oben gerichteter Reinkarnation, während die Schlange zu Niedergang und der Reinkarnation in Tiergestalt führt. Auf vielen Feldern findet man Bilder von Gottheiten und Dämonen, Tieren und Sternbildern. Der Abstieg führt an der Schlange entlang immer vom Kopf bis zum Schwanzende.

Bei einigen Versionen des *Moksha-Patamu* gibt es 100 Felder, und jeder Aufstieg oder Abstieg geht von bestimmten Feldern aus, deren Zahlen sich symbolisch auf Laster oder Tugenden beziehen. In der Version mit 100 Feldern ist der Aufstieg von verschiedenen Feldern aus möglich: 12 steht für Glaube, 51 für Zuverlässigkeit, 57 für Großmut, 76 für Wissen, 78 für Selbstverleugnung. Der Abstieg beginnt auf anderen Feldern: 41 für Ungehorsam, 44 für Eitelkeit, 49 für Pöbelhaftigkeit, 52 für Diebstahl, 58 für Lügen, 62 für Trunkenheit, 69 für Schulden, 73 für Mord, 84 für Zorn, 92 für Habgier, 95 für Hochmut und 99 für Wollust. Als schlimmste Übel gelten die Felder 73 und 99, und insgesamt übertreffen die Sünden die Tugenden an Zahl. Eine umfangreichere Version des Spiels weist 24 Schlangen und nur 9 Leitern auf. Sie ist in Abschnitte mit jeweils 40, 48, 7, 8 und 40 Feldern eingeteilt, insgesamt also 143.

Das ganze Spiel erinnert sehr an den Mythos von der kosmischen Achse oder dem Weltenbaum, bei dem sich die Schlange um den Achsenbaum oder den Stamm des Schamanen windet (dazu später mehr). *Moksha-Patamu* und das Leiterspiel sind – als Wettrennspiele, bei denen zwei oder mehr Gegner versuchen, ihren Stein oder ihre Steine zuerst ins Ziel zu bringen – mit einem Spiel verwandt, das einen noch früheren Ursprung hat, und mit einem anderen, das später entstanden ist. Der Name des früheren Spiels ist heute verloren, aber man kennt verschiedene Originalbretter, die bei archäologischen Ausgrabungen entdeckt wurden. Es handelt sich um ein Wettrennen auf einem Spielbrett, das wie eine spiralförmige Schlange aussieht; heute bezeichnet man es als das ägyptische Schlangenspiel. Hinweise auf dieses Spiel fand man auf einem Wandgemälde in einem ägyptischen Grab der 3. Dynastie (ca. 2700 v. Chr.); dort ist es mit einer Schachtel dargestellt, in der sich sechs Sätze Murmeln und Tierfiguren befinden. Ein Alabasterbrett aus Meheu (Ägypten), das heute im Fitzwilliam Museum in Cambridge aufbewahrt wird, hat 125 Punkte oder «Stationen» zwischen dem äußersten Feld und dem Kopf der Schlange, der im Zentrum des Brettes liegt. Man weiß nicht, ob die Spielrichtung wie beim Abstieg des *Moksha-Patamu* von innen nach außen verlief. Die Punkte 19, 44, 51, 65 und 84 tragen Kreuzschraffierungen. Bei indischen Brettspielen zeigen Kreuze auf den Feldern die Stellen an, auf denen die Steine nicht geschlagen werden können; eine Parallele dazu wären die schraffierten Bereiche beim ägyptischen Schlangenspiel.

Ein weiteres verwandtes Spiel aus früheren Zeiten heißt großartig «Das königliche und höchst vergnügliche Spiel mit der Gans», kurz «Gänsespiel» genannt. Es stellt ein Bindeglied zwischen der mittelalterlichen Symbolik, dem «Einbahn»-Labyrinth und modernen Wettrennspielen dar. Das in Florenz erfundene Gänsepiel ist ebenfalls ein Wettrennspiel, bei dem gewürfelt wird. Es wurde in den 70er Jahren des 16. Jahrhunderts konzipiert oder aus einem älteren Wettrennspiel entwickelt. Man weiß, daß Francesco de Medici aus Florenz (1574–1587) ein solches Spiel an König Philipp II. von Spanien geschickt hat, daher auch der Zusatz «königlich». Nach dieser guten Werbung fand das Spiel rasch in ganz Europa Verbreitung. In London ließ ein gewisser John Wolfe am 16. Juni 1597 das Spiel in das Handelsregister eintragen – eine Art früher Sicherung von Copyright-Rechten an dem Spiel in England.

Wie beim *Moksha-Patamu* gibt es beim Gänsespiel bestimmte Felder oder Plätze, die sich von den übrigen abheben. Wenn ein Spielstein darauf gelangt, werden bestimmte Strafen verhängt. Beim Gänsespiel gibt es 63 Felder, die wie beim ägyptischen Schlangenspiel spiralförmig angeordnet sind. Man kennt verschiedene Ausführungen des königlichen Gänsespiels, bei allen ist jedoch die gegen den Uhrzeigersinn laufende Spirale mit 63 Punkten oder Stationen gleich. Jeder Teilnehmer erhält eine Spielfigur und 20 Spielmarken (insgesamt 42); gespielt wird mit zwei Würfeln. Beim Gänsespiel gibt es mehrere wichtige Punkte, die durch Bilder hervorgehoben sind. Die Punkte 14, 18, 23, 27, 32, 36, 41, 45, 50, 54, und 59 zeigen eine Gans. Landet ein Stein auf einer Gans, zählen die Augen auf den Würfeln doppelt, und der Stein zieht entsprechend vor. Gelangt er auf Punkt 6, auf dem eine Brücke abgebildet ist, muß der Spieler eine Weggebühr entrichten und dann auf

63
62
37
38
39
40
1
2
3
4
5
n. Nashorn
o. Ochs.
p. Pardel.

c. Camel.
c. Crocodil.
7. Pferde.
c. Elephant.

Punkt 12 vorrücken. Auf den Punkten 9 und 11 darf man nur nach bestimmten Würfen weiterziehen. Feld 19 zeigt ein Bierlokal, wo der Spieler eine Spielmarke zahlen muß, während er bei 31 an einen «Brunnen» gelangt, wo er zwei Runden aussetzen muß. Auf Feld 42 ist ein Labyrinth dargestellt, ein Hinweis auf andere, mehr esoterische Verbindungen. Gelangt man auf dieses Feld, muß man den Stein um 13 Felder auf Punkt 29 zurückziehen. Auf Punkt 52 befindet sich das Gefängnis, bei dem eine Geldbuße fällig wird, um wieder freizukommen, und auf 58 lauert der Tod, der den Spieler wieder von vorne beginnen läßt. Sieger ist der Spieler, der als erster Punkt 63 mit einem genauen Wurf erreicht. Diese Zahl, 63, betrachtete man als den Gipfelpunkt im Leben eines Menschen, als die Summe der «Sieben Lebensalter», von denen jedes neun Jahre dauert.

Es bestehen manche Ähnlichkeiten zwischen dem ägyptischen Schlangenspiel, dem *Moksha-Patamu* und dem Gänsespiel, die mehr oder weniger zufällig sein mögen. Beim Gänsespiel ist die Zahl 9 von Bedeutung. Auf dem Spielbrett gibt es 63 (7 x 9) Punkte. Neben Punkt 9 sind mit 18, 27, 36, 45 und 54 auch alle Vielfachen von 9 auf bestimmte Weise gekennzeichnet. Bis auf Punkt 9 selbst ist auf allen eine Gans abgebildet, und eine Gans findet man gleichfalls auf den Feldern, die 5 Punkte von 18, 27, 36, 45 und 54 entfernt liegen.

Das Betreten der Punkte 52 und 58 bringt im Gänsespiel Nachteile, ähnlich wie das der Schlangen-Felder an gleicher Stelle im *Moksha-Patamu*. Punkt 84 ist ein Schlangen-Feld und 51 ein Leiter-Feld. Ihnen entsprechen auch zwei der fünf schraffierten Felder im ägyptischen Schlangenspiel. Die kleinere Version des *Moksha-Patamu* hat 11 Schlangen-Felder, während es beim Gänsespiel 11 Gans-Punkte gibt.

Abb. 16: Ein holzgeschnitztes *Gänsespiel* aus Deutschland (17. Jahrhundert). Beim *Gänsespiel* wird gegen den Uhrzeigersinn von außen nach innen gelaufen. Auch auf Brettern des ägyptischen Schlangenspiels geht der Verlauf in diese Richtung.

Beim Gänsespiel heißt Station 42 «Das Labyrinth», und der unglückliche Spieler, der auf dieses Feld gelangt, muß hier aussetzen.

Die 42 (7 x 6) ist eine wichtige mystische Zahl, denn dies ist die Anzahl der Richter der Toten im *Ägyptischen Totenbuch*, die darüber zu befinden hatten, ob die betreffende Seele sich nicht 42 bestimmte Sünden hatte zuschulden kommen lassen. 42 ist auch die Zahl der biblischen Generationen von Adam bis zu Christus. Die «wilden Jäger» des Odin waren 42 an der Zahl, und Odin selbst hatte 42 Beinamen.

Der deutsche Altertums- und Landschaftsforscher Josef Heinsch, der die Bedeutung des mittelalterlichen Mosaik-Kosmogramms in der St. Viktor-Kathedrale zu Xanten im Rheinland entschlüsselte, verweist auf das Vorkommen dieser Zahl in dem astrologischen Gedicht, das man als «Grimnismal» in der *Edda* kennt. Laut Heinsch hat sich in der nordischen Tradition der alten offenbarten Weisheit das Wissen um einen 42stufigen Abstieg und Wiederaufstieg vom Himmlischen zum Irdischen erhalten. Auf diesen Bereich bezieht sich mit Sicherheit auch die Labyrinth-Symbolik.

Einige englische Exemplare des Gänsespiels tragen auf Station 42 eine Abbildung, die aussieht wie ein Rasenlabyrinth, während die vom europäischen Kontinent oft ein gradliniges Labyrinth oder eine Art Bergpfad zeigen. Dementsprechend, aber ohne Bezugnahme darauf, wies Heinsch nach, daß die 42 auch die Zahl zum Messen des «Heiligen Berges» ist. Der Bergpfad erinnert an die christliche Tradition, die Kreuzwegstationen an vorhandenen Bergpfaden oder auch an neu angelegten Wegen zu errichten, um Kalvarienberge nachzubilden. Es werden kleine Altäre mit Darstellungen der Passion Christi in bestimmten Abständen entlang eines steilen Pfads aufgestellt, und oben in einer Kapelle befinden sich Bilder der Kreuzigung. An jedem Karfreitag finden Wallfahrten zu solchen Kalvarienbergen statt; andächtige Gebete gemahnen von Station zu Station an die Leiden Jesu.

In Großbritannien findet man keine Kalvarienberge mehr – wenn es sie je gegeben hat –, aber in vielen katholischen Ländern werden sie von den Gläubigen noch benutzt. Ihren Ursprung hatten die Kalvarienberge in Norditalien, wo man den ersten im Jahre 1491 bei Varallo angelegte, etwa ein Jahrhundert bevor das Gänsespiel populär wurde. Das Gänsespiel breitete sich gerade zu der Zeit aus, als das Errichten von Kalvarienbergen einen Höhepunkt erlebte; die berühmten Beispiele bei Orta (1583) und Varese (1604) zeugen davon. Vielleicht stellte das Gänsespiel eine säkularisierte Form dieser Kalvarienberge dar, insofern das verbreitete Motiv, verschiedene Stationen aufzusuchen, an denen bestimmte Ereignisse stattfinden, auf eine neue Art und Weise aufgegriffen wurde. Beim Gänsespiel sind einige dieser Stationen mit Risiken verbunden, und auch viele Baumeister planten bei den Kalvarienbergen bewußt schwierige Abschnitte ein, etwa steile oder gefährliche Wegstrecken. Um das Jahr 1600 wäre es natürlich eine undenkbare Blasphemie gewesen, aus der *Via Dolorosa* Christi ein Brettspiel zu machen, und ein solches Unterfangen hätte wohl auch sogleich die Aufmerksamkeit der Inquisition auf sich gezogen, aber bei der Ähnlichkeit zwischen dem Kalvarienberg und dem Gänsespiel muß es wohl Verbindungen geben.

Das Gänsespiel war der Vorläufer späterer Wettrennspiele, die besonders im 19. Jahrhundert beliebt waren. Dazu zählen beispielsweise das «Königlich englische Spiel von der Zusammenkunft der Nationen» zur Erinnerung an die Große Weltausstellung des Jahres 1851 in London, das niederländische *Tramway Spel* (um 1864), bei dem von Pferden gezogene Straßenbahnwagen – damals die modernste Errungenschaft im öffentlichen Transportwesen – um die Wette fahren, sowie «Auf zum Klondyke», das vom Goldfieber am Yukon Ende des 19. Jahrhunderts profitierte. Selbst in ihrer säkularisierten Form sind diese Spiele noch immer ein Versuch, die Höhen und Tiefen des Lebens widerzuspiegeln.

Mikrokosmische und divinatorische Geomantie

Die Geomantie ist eine Kunst, welche vermittelst des Loses auf jede Frage, was sie auch betreffen mag, uns Antwort erteilt.
Agrippa von Nettesheim

Der Begriff *Geomantie* bezieht sich auf zwei verschiedene, aber dennoch zusammenhängende Kunstfertigkeiten oder Wissenschaften. Zum einen wird der Begriff für die hier beschriebene Technik verwendet, bei der man 16 mathematisch verknüpfte Konfigurationen von Punkten, Samenkörnern, Steinen oder anderen verfügbaren Hilfsmitteln benutzt, um Fragen zu beantworten, Entscheidungen zu treffen und die Zukunft vorauszusagen. Die andere Verwendung des Begriffs *Geomantie* bezieht sich auf Untersuchungen der Erdoberfläche zu divinatorischen Zwecken oder um menschliche Artefakte in bestimmter Zuordnung zueinander, zu den Haupthimmelsrichtungen und zu besonderen Landschaftsmerkmalen zu plazieren. Das Wort *Geomantie* tauchte erstmals in lateinischen Schriften auf, wo es sich auf die Untersuchung von Mustern in der Erde bezieht. Zu dieser Form gehört die chinesische Plazierungskunst, das *Feng-Shui*, das indische *Vastuvidya* und die Kunst der alten europäischen *locatores.* Mit diesem Aspekt der Geomantie werden wir uns in einem späteren Kapitel ausführlich befassen.

Wörtlich übersetzt bedeutet das Wort *Geomantie* «Weissagung durch die Erde», nach dem griechischen γαια (Gaia, die Erdgöttin) und μαντεια (Divination). Der Begriff ist doppeldeutig, insofern er die Weissagung *mittels* der Erde wie auch *durch das Wirken* Gaias bezeichnet, jener Göttin, die für den Planeten steht. Obwohl man annimmt, daß mikrokosmische und divinatorische Geomantie ursprünglich betrieben wurden, indem man eine Handvoll Erde auf den Boden warf und die dabei entstandenen Muster untersuchte, gehörten doch jahrhundertelang auch das Werfen bestimmter Objekte dazu, wie etwa Bohnen, Körner, Steine und Muschelschalen, das Zeichnen von Mustern mit einem Stock im Sand oder mit einem Stift auf Papier, ferner der Einsatz bestimmter Geräte und in neuerer Zeit sogar gedruckter Karten mit den entsprechenden Figuren.

Die geomantische Weissagung kennt verschiedene nationale oder kulturelle Ausformungen in Afrika, Europa und einigen Teilen Asiens. Man nimmt an, daß sie ihren Ursprung in Varianten der arabischen Sand-Divination hat und anschließend mit der Ausdehnung des Islam in Afrika, wie auch später in Europa, Verbreitung gefunden hat, obwohl ihre mathematische Grundlage durchaus auch ägyptischer oder griechischer Herkunft sein könnte. Das heute noch verwendete Wort *Geomantie* wurde für diese Form der Weissagung erstmals von Hugo von St. Viktor benutzt, einem Übersetzer des 12. Jahrhunderts, der über Bräuche des arabischen Raums berichtete. Zuvor meinte Geomantie andere divinatorische Praktiken mit und auf der Erde. Ein interessantes Fragment, das von dem Wissen der alten Griechen um diese Kunst zeugt, ist der Bericht, daß während der Belagerung von Syrakus der griechische Geometer Archimedes (278–212 v. Chr.) Figuren in den Sand zeichnete, um den Ausgang der Schlacht vorauszusehen oder zu beeinflussen. Dabei kann es sich um eine Art *Psammomantie,* eine Weissagung mit Hilfe der Geometrie, oder um eine Frühform der klassischen divinatorischen Geomantie gehandelt haben, wie sie hier beschrieben wird. Vielleicht ist die divinatorische Geomantie, wie wir sie kennen, wie viele große Systeme eine meisterhafte Synthese verschiedener eigenständiger Elemente.

Die divinatorische Geomantie ist ein Orakelsystem, das der Person, die es befragt, Einblick in gegenwärtige oder zukünftige Verhältnisse gewährt. Es beruht auf der Bildung bestimmter Muster, die Namen und Bedeutungen haben, die wiederum einzeln oder in Verbindung mit anderen interpretiert werden können. Diese Muster oder geomantischen Figuren setzen sich aus vier Linien zusammen, die entweder ein oder zwei Augen,

Punkte oder Sterne haben. Manchmal markiert man sie auch mit einer geraden Linie für zwei Augen und mit einem Punkt für ein Auge. Die Punkte können auch miteinander verbunden werden, um geomantische Sigel zu bilden. Folgende 16 geomantische Figuren sind möglich:

Populus (Volk)
• •
• •
• •
• •

Via (Weg)
•
•
•
•

Tristitia (Trauer)
• •
• •
• •
•

Laetitia (Freude)
•
• •
• •
• •

Fortuna Major
(Großes Glück)
• •
• •
•
•

Fortuna Minor
(Kleines Glück)
•
•
• •
• •

Acquisitio (Erwerb)
• •
•
• •
•

Amissio (Verlust)
•
• •
•
• •

Puella (Mädchen)
•
• •
•
•

Puer (Knabe)
•
•
• •
•

Carcer (Gefängnis)

•
• •
• •
•

Conjunctio (Verbindung)

• •
•
•
• •

Albus (Weißkopf)

• •
• •
•
• •

Rubeus (Rotkopf)

• •
•
• •
• •

Caput Draconis (Drachenkopf)

• •
•
•
•

Cauda Draconis (Drachenschwanz)

•
•
•
• •

Es ergeben sich maximal 16 Figuren, wenn man «gerade» und «ungerade» so kombiniert. Traditionell wird die erste Linie als «Kopf» bezeichnet, die zweite als «Hals», die dritte als «Leib» und die vierte als «Füße». Jede von ihnen besitzt eine ihrem Namen entsprechende Eigenschaft und eine Beziehung zu den anderen Figuren, je nach ihrer Stellung in der Ableitungsfolge.

Die Utensilien der divinatorischen Geomantie

Zur ausführlichen Methode der divinatorischen Geomantie gehören verschiedene aufeinanderfolgende Prozeduren, die mehrere Figuren erzeugen, die alle bei der Interpretation der ganzen Divination berücksichtigt werden können. Das bei der geomantischen Divination verwendete Zubehör reicht von Sand oder Erde bis hin zu Papier und Schreibzeug. Die Methode, die von vielen Praktikern als die authentischste angesehen wird, ist die Verwendung eines quadratischen Kastens, der eine dünne Schicht von trockener Erde oder Sand von einem Ort aus dem Landesinneren enthält (und somit im Gegensatz zu Sand von einem Meeresstrand salzlos ist). Wie alle magischen Utensilien werden die Materialien nach den Riten des Systems, dem der Geomant zuneigt, zuerst geweiht. Die westliche Magie ruft heutzutage die Elementargeister der Erde und den Geist desjenigen Planeten an, der für das Thema der Fragestellung zuständig ist, während das traditionelle Heidentum die Geomantie mit der Urmutter Gaia (oder wie sie sonst noch genannt werden mag) in Verbindung bringt.

In den Sand werden nun mit einem Stock willkürlich Zeichen gemalt; auf diese Weise entstehen die Figuren. Das Durchstechen von Papier oder einem Holzbrett mit einer scharfen Nadel oder einem Pfriem ist eine alternative Methode, die auf die Verwendung von Sand zurückgeht.

In Afrika gehört zur traditionellen Ausrüstung ein Brett, in das häufig magische Symbole oder Bilder bestimmter Götter – wie etwa die Ifas und Eschus – geschnitzt sind. Auf diesem Brett werden dann die Figuren erzeugt, indem man eine Handvoll Nüsse daraufwirft und die Figuren in Mehl oder Termitenstaub festhält. Manchmal benutzt man auch eine Schiefertafel und Kreide. Auf Madagaskar verwendet man bei dem geomantischen System, das man *Sikidy* nennt, die Samen des Fanobaumes, einer Akazienart, die in kleine Vertiefungen geworfen werden, die man auf dem Boden in den Staub gemacht hat. Früher war in Europa der Gebrauch von Bohnen weit verbreitet, am beliebtesten waren jedoch viele Jahrhunderte hindurch Feder, Tinte und Papier.

Die Binärcodes, die der Entstehung der geomantischen Figuren zugrunde liegen, eignen sich für jede Methode der zufälligen Bestimmung von geraden und ungeradzahligen Werten. Geomantische Wahrsager unserer Tage nehmen auf gut Glück Steine oder Murmeln aus einem Beutel oder einer Schale und werten dabei die geraden und ungeraden Zahlen entsprechend als Einzelpunkt oder als zwei Punkte. Schließlich kann man auch Objekte verwenden, die nicht eigens für die geomantische Divination konzipiert wurden. Würfel, die ursprünglich bei Weissagungen Verwendung fanden, erzeugen automatisch gerade und ungerade Zahlen. Beim islamischen *Raml* gibt es eine – in Europa allerdings ungebräuchliche – Version mit speziellen geomantischen Würfeln.

Zur Erzeugung geomantischer Figuren gibt es neben Würfeln noch verschiedene Arten, Dominosteine zu legen und zu zählen. Obwohl ihr Ursprung nicht überliefert ist, scheint es denkbar, daß Dominosteine als ein standardisiertes Hilfsmittel für die geomantische Divination entstanden sind. Die gewöhnlichen englischen Dominosteine tragen nur Zahlen bis Doppel-Sechs, aber in Mitteleuropa verwendet man Dominosteine, die bis Doppel-Acht gehen und natürlich auch zum Ablesen der Paare geomantischer Figuren benutzt werden können. Bei den mitteleuropäischen Dominosteinen besteht eine numerische Verbindung zu den 16 Figuren der geomantischen Divination. Ein vollständiger Satz der Dominos mit «acht Augen» besteht aus 45 Steinen, 9 Doppelsteinen, und hat insgesamt 360 Augen – gemäß der traditionellen Lehre bedeutsame Zahlen. Am nächsten kommt den frühesten Formen der geomantischen Divination vielleicht das Lesen solcher Symbole – oder ihrer zahlreichen Varianten – in Erdspalten oder sogar im Pflaster oder im Fußbodenbelag! Letztgenannte Methode bedarf indes keiner Manipulation, da sie sich mit der unmittelbaren Wahrnehmung und Deutung bereits vorgegebener Muster befaßt und deshalb wohl auch jenem Zweigen der Divination zuzurechnen ist, bei denen es um das Erkennen bestimmter Formen geht.

Die Bedeutung der geomantischen Figuren

Jede der 16 geomantischen Figuren hat einen Namen und bestimmte Merkmale. Bei der divinatorischen Geomantie in Europa stammen diese Namen aus der lateinischen Sprache. In der hebräischen Geomantie entsprechen die Namen der Figuren beinahe alle direkt den heute gebräuchlichen lateinischen Formen, aber im westlichen Afrika sind die Bezeichnungen weniger einheitlich und beziehen sich eher auf bestimmte Leiden oder Wohltaten. Die europäischen Namen haben folgende Bedeutungen:

Populus: eine Versammlung, das Volk, Vereinigung, Gesellschaft, Menge, Gruppe, Gemeinde. Diese Figur hat einen wechselnden Charakter, der manchmal gut und manchmal schlecht ist, je nach den Umständen. Beherrscht von der abnehmenden Seite des Mondzyklus, vom Westen und von der Nacht.

Via: Pfad, Weg, Straße, Landstraße, Reise, Richtung, Mittel und Wege, der Weg des (eigenen) Lebens. Beeinflußt andere gute Figuren ungünstig, ist aber vorteilhaft, wenn die Fragen Reisen betreffen. Beherrscht von der zunehmenden Seite des Mondzyklus, vom Osten und vom Tag.

Tristitia: Traurigkeit, Elend, Melancholie, Demütigung, Verminderung, Armut, Verdammnis, die schlechte Seite aller Dinge, der Wandel zum Schlechten, die auf den Kopf gestellte Welt, Strenge, Ausschweifung. Anscheinend ohne Zusammenhang, aber in Beziehung mit Saturn auch Städte, Erdwälle und Befestigungen. Tristitia ist eine schlechte Figur.

Laetitia: Freude, Vergnügen, Fröhlichkeit, Schönheit, Anmut, Vernunft, Gesundheit, mit dem Kopf zusammenhängend, bärtig. Eine sehr gute geomantische Figur.

Fortuna Major: Großes Vermögen, Glück, Wohlstand, Sicherung, Erfolg, Triumph, Sieg, Besitz, gesellschaftlicher Rang, Zugang. Beherrscht von der Sonne während der Tageshelle. Eine äußerst gute Figur.

Fortuna Minor: Kleines Vermögen, Hilfe von außen, Schutz. Der Sonne bei Nacht zugeordnet. Eine vorteilhafte Figur, die aber nicht so gut ist wie *Fortuna Major.*

Acquisitio: Erwerb, Mehrung vorhandenen Besitzes, Erfolg, Absorption, Profit und Gewinn, Einnahmen infolge eines Gesuchs oder auch einer Nachforschung. Eine höchst vorteilhafte Figur.

Amissio: Einbuße, Wegnahme, Verlust durch Tod, Diebstahl, Konkurs. Eine schlechte Figur.

Puella: Mädchen, Tochter, junge Gattin, Amme, freundlich, makellos, rein, unbefleckt. Sie ist eine unvorteilhafte Figur, da vorteilhafte äußere Umstände etwas Schädliches bergen können.

Puer: Junge, Sohn, Diener, Angestellter, bartlos, unbesonnen, unbedacht, liberal, ein Kämpfer. Eine übelwollende Figur, außer beim Kampf und in der Liebe.

Carcer: Gefängnis, Zelle, Umfriedung, Verzögerung, Arrest, Haft, Knechtschaft, Sklaverei. Erscheint *Carcer,* eine übelwollende Figur, im ersten Haus, dann muß die Tabelle vernichtet werden; ferner darf an diesem Tag kein weiterer Weissagungsversuch mehr stattfinden.

Conjunctio: Vereinigung, Verbindung, Wiedererlangen von Verlorenem, Zusammenkommen, Wiedervereinigung, Sammlung, Verträge, Abkommen, Heirat. *Conjunctio* steht auf der positiven Seite der neutralen Figuren.

Albus: Weiß, lieblich, strahlende Schönheit, Helle, Erleuchtung, Weisheit, Scharfsinnigkeit, einträglich. Gut für Geschäfte und Beteiligungen.

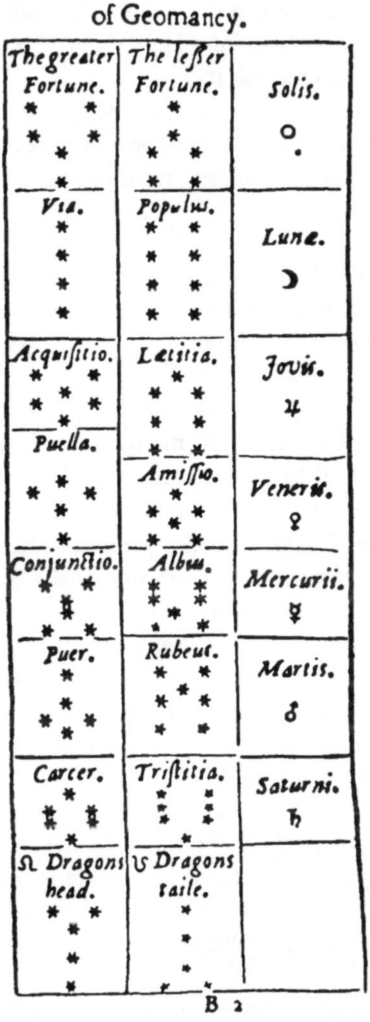

Abb. 17: Die 16 Figuren der divinatorischen Geomantie nach Agrippa von Nettesheim aus seinem *Vierten Buch über die okkulte Philosophie,* das 1655 in London veröffentlicht wurde.

Rubeus: Röte, Leidenschaft, Laster, Launen, zerstörerisches Feuer, schlechtes Omen, eine Haltesignal, Gemetzel, Unzucht. Eine äußerst schlechte Figur.

Caput Draconis: Der Drachenkopf ist in der Astrologie der nördliche Knoten des Mondes, ein Zugang, die obere Schwelle, die Oberwelt.

Cauda Draconis: Der Drachenschwanz, der Ausgang, die Unterwelt, der Vorbote von Unheil und Untergang. Eine äußerst schlechte Figur.

Die Technik der geomantischen Divination

Zunächst einmal muß wie bei jeder Divination ein Zustand der Meditation, des Gebets oder der inneren Ruhe erreicht werden. Viele, die wie Gerard von Cremona und Heinrich Cornelius Agrippa von Nettesheim über okkulte Dinge geschrieben haben, haben davor gewarnt, Weissagungen unter widrigen Umständen vorzunehmen. Dazu gehören bestimmte Wetterbedingungen wie windige, stürmische oder regnerische Tage, bestimmte Gemütsverfassungen wie Störungen durch Ärger oder Sorgen und gewisse «negative Einflüsse» – Menschen, die Gerard «Versucher oder Spötter» nannte. Genauso wie beim Runen- oder Tarotlegen und anderen divinatorischen Methoden sollte man den Aufbau geomantischer Figuren niemals bloß aus Spaß oder aus nichtigen Beweggründen heraus vornehmen, sonst könnten die Ergebnisse dem Witzbold eine unangenehme Überraschung bereiten.

Bevor irgend etwas unternommen wird, sollte der Fragesteller sich ernsthaft überlegen, welche Frage er dem Orakel stellen will. Wird Papier verwendet, sollte man diese Frage schriftlich festhalten. Anschließend macht man – während man die Frage im Sinn behält – eine punktierte Linie auf das Papier (in den

Sand, die Erde), aber rasch, ohne dabei mitzuzählen. Dies wird wiederholt, bis man insgesamt 16 punktierte Linien hat, dann wird die Anzahl der Punkte einer jeden Linie gezählt und notiert. Bei einer ungeraden Anzahl von Punkten in der Linie werden für die endgültige Figur ein einzelner Punkt, bei einer geraden Anzahl zwei Punkte notiert. Die Ergebnisse der ersten vier Reihen bilden die Süd-Figur, die nächsten vier den Osten, die dritten vier Reihen den Norden und die letzten vier den Westen. Diese vier Figuren nennt man *Mütter*. Aus diesen vier *Müttern* werden vier weitere Figuren gebildet, die *Töchter*. Der oberste Punkt der ersten *Mutter* wird zum «Kopf» oder obersten Punkt der ersten *Tochter*, der «Kopf» oder die erste Reihe der zweiten Figur wird zum «Hals» der ersten *Tochter*, der «Kopf» der dritten *Mutter* wird zum «Leib» der ersten *Tochter*, und der «Kopf» der vierten *Mutter* wird zu den «Füßen» der ersten *Tochter*. Die zweite Augenreihe der vier *Mütter* wird auf die gleiche Weise zur zweiten *Tochter*, die dritte Reihe zur dritten *Tochter*, und die vierte Reihe zur letzten *Tochter*.

Sind die *Töchter* abgeleitet, werden vier weitere Figuren gebildet, die sogenannten *Neffen*. Der erste *Neffe* wird durch addieren der entsprechenden Augenzahlen der ersten beiden *Mütter* ermittelt und der zweite durch Zusammenzählen der beiden letzten *Mütter*. Die Ableitung der Figur erfolgt auf die gleiche Weise wie beim Auszählen der ursprünglichen Punkte: gerade Zahl = zwei Punkte, ungerade Zahl = ein Punkt. Um die letzten beiden *Neffen* zu bilden, zählt man die ersten beiden *Töchter* für den dritten *Neffen* und die dritte und vierte *Tochter* für den letzten zusammen. Wir verfügen nun über 12 geomantische Figuren. Schließlich werden noch zwei *Zeugen* gebildet. Durch Addieren des ersten *Neffen* mit dem zweiten erhält man den ersten *Zeugen*, den zweiten Zeugen leitet man durch Addition von den anderen beiden *Neffen* ab. Die letzte Figur, die im allgemeinen gebildet wird, ist der *Richter*, den man durch Addition der beiden *Zeugen* erhält. Wenn die Divination, wie es mitunter vorkommt, zu einem unklaren Ergebnis führt, kann man durch Addieren von erster *Mutter* und *Richter* noch eine weitere Figur ableiten, den *Schlichter.*

Den mathematischen Gesetzen der geomantischen Divination entsprechend kann der *Richter* nur eine von acht bestimmten Figuren sein – *Acquisitio, Amissio, Carcer, Conjunctio, Fortuna Major, Fortuna Minor, Populus* oder *Via* –, deren Gesamtpunktzahl vier, sechs oder acht ergibt.

Beispiel: Die Ableitung geomantischer Figuren

Reihe	*Punkte*	*gerade/ungerade*	*Figur*
1	•••••••••••••••••••••••	ungerade	•
2	••••••••••••••	gerade	• •
3	•••••••••••••••	ungerade	•
4	••••••••••••••••	gerade	• •

Die hier entstandene Figur ist *Amissio* (Verlust). Wiederholt man diesen Vorgang noch dreimal, können die vier *Mütter* wie folgt aussehen:

	Amissio	*Caput Draconis*	*Populus*	*Albus*
1	•	• •	• •	• •
2	• •	•	• •	• •
3	•	•	• •	•
4	• •	•	• •	• •

Die *Töchter* werden von den *Müttern* abgeleitet, *Tochter 1* aus Reihe 1 usw. Dies ergibt:

	Laetitia	*Rubeus*	*Puer*	*Rubeus*
1	•	• •	•	• •
2	• •	•	•	•
3	• •	• •	• •	• •
4	• •	• •	•	• •

Die *Neffen* leitet man von *Müttern* und *Töchtern* durch Addition ab. Zunächst zwei *Mütter:*

	Amissio		*Caput Draconis*			*Puer*
1	•	(+)	• •	(=)	ungerade	•
2	• •		•		ungerade	•
3	•		•		gerade	• •
4	• •		•		ungerade	•

Der erste *Neffe* ist demnach *Puer.* Auf die gleiche Weise leitet man die anderen drei *Neffen* ab, was insgesamt vier ergibt:

	Puer	*Albus*	*Fortuna Minor*	*Carcer*
1	•	• •	•	•
2	•	• •	•	• •
3	• •	•	• •	• •
4	•	• •	• •	•

Durch Addition der beiden ersten und dann der beiden letzten *Neffen* erhält man den ersten und den zweiten *Zeugen:*

	Via	*Puer*
1	•	•
2	•	•
3	•	• •
4	•	•

Schließlich entsteht der *Richter* durch Addition der beiden *Zeugen:*

	Albus
1	• •
2	• •
3	•
4	• •

Benötigt man einen *Schlichter*, erhält man ihn durch Addition von *Richter* und erster *Mutter:*

	Amissio		*Albus*		*Laetitia*
1	•	(+)	• •	(=)	•
2	• •		• •		• •
3	•		•		• •
4	• •		• •		• •

Die ganze geomantische Divination sollte in einem Diagramm aufgezeichnet werden. Wie bei allen divinatorischen oder Spiel-Systemen ist die Deutung der Figurenanordnung der schwierige und wesentliche Teil, ohne den der ganze Aufwand sinnlos wäre.

Zwei grundlegende Systeme sind verbreitet. Das eine nimmt die zuletzt entstandene Figur, den *Richter*, als Antwort auf die Frage. Sie wird durch die beiden *Zeugen* modifiziert, aus denen der Richter abgeleitet wurde und deren Analyse noch einige Feinheiten zeigen kann, auf denen das abschließende «Urteil» beruht. Gewinnt man dadurch keine Klarheit, kann man den *Schlichter* wegen zusätzlicher Informationen konsultieren.

Alternative Methoden

Da die Menschen schon seit jeher komplizierte Verfahren ermüdend finden und rasche Ergebnisse erzielen wollen, wurden schnellere, mechanische Methoden entwickelt, um geomantische Figuren zu bilden. Dazu gehören Karten, die vor dem 20. Jahrhundert unbekannt waren, und Wünschelketten, eine wesentlich ältere Technik.

Wünschelketten sind bei den westafrikanischen Formen der divinatorischen Geomantie verbreitet, den sogenannten *Ifa.* Im wesentlichen gleicht dieses System der klassischen Geomantie des Westens, jedoch gibt es Doppelfiguren, so daß sich 256 mögliche Kombinationen statt der 16 ergeben, die bei der Verwendung einzelner Figuren entstehen. Bei einer solchen *opele* oder Wünschelkette handelt es sich um eine Messingkette von etwa einem Meter Länge, auf die acht halbierte Hülsen der *opele (Schrebera golungensis)* aufgereiht sind, außerdem Gewichte in Form von Münzen, Talismanen und Schnüren mit einer unterschiedlichen Anzahl von Perlen an jedem Ende. Mitunter werden auch andere Markierungen verwendet, Schalen vom Samen des Orobaumes, der afrikanischen Mango, oder die Samen der Apuragafrucht.

Außerdem können künstliche Markierungen aus verschiedenen Metallen gegossen werden, etwa aus Messing, Kupfer, Rotguß, Eisen, Blei und Silber. Manchmal dient eine mit den entsprechenden Markierungen behängte Schnur als Ersatz für die Kette. Bei den Wünschelketten und Schnüren aus den verschiedenen Kulturbereichen findet man unterschiedliche Anzahlen. Bei einer wichtigen Variante gibt es vier Schnüre mit vier Markierungen, so daß sich bei einem Wurf vier *Mutter*-Figuren ableiten lassen.

Der Wahrsager sitzt auf dem Boden auf einer Matte und nimmt die entsprechenden Reinigungsrituale und die Anrufungen des Gottes Ifa vor, der westafrikanischen Entsprechung zu den europäischen Göttern Hermes, Merkur und Odin, den Schutzherren der Medizin, der Schrift, der Weissagung und der Geister der Toten. Die Kette wird in die Luft geworfen und fällt auf den Boden, und man kann die Zahl der oben oder unten liegenden Schalen deuten. Die Kopf- und Fußseite der Figur ist durch die unterschiedliche Anzahl von Gewichten an jedem Ende bestimmt.

Ketten mit verschiedenen Amuletten, wie etwa die heute in europäischen Ländern beliebten Armbandkettchen, können ebenfalls für diese Art der Divination verwendet werden; möglicherweise stammen sie ursprünglich von heute in Vergessenheit geratenen Formen der divinatorischen Geomantie ab. Noch zu Zeiten des Römischen Reiches hatten Markierungen oder Würfel für Weissagungen oft Tier- oder Menschengestalt. Wurden sie geworfen, konnten sie auf verschiedene Weise zu stehen kommen und somit verschiedene Auslegungen ermöglichen. Die stilisierten Bilder auf den Armbandkettchen lassen sich auf ähnliche Weise verwenden. Selbst der christliche Rosenkranz, der heute dem frommen Gebet dient, könnte aus Divinationsketten entstanden sein.

Die *Hexenleiter*, eine Schnur mit 40 Knoten oder der gleichen Anzahl Perlen, wird heute von Praktizierenden der Wicca-Magie für ihre meditativen Übungen verwendet. Die in der traditionellen Wicca-Magie benutzte rote Schnur oder das Seil mit den neun Knoten ist ein weiteres Beispiel für einen immer noch bestehenden Zusammenhang zwischen dem Gebrauch von Bändern oder Ketten für divinatorische Zwecke und den Konstruktionsschnüren der sakralen Geometrie; zwischen diesen Schnüren und dem symbolischen Fadenspinnen der drei alten Schicksalsgöttinnen oder Nornen besteht eine enge Verbindung.

Es ist möglich, das Knotenbinden der traditionellen Hexenschnur im Verein mit geomantischer Divination anzuwenden; die Knoten werden auf die eine oder andere Weise durch Hinzufügen farbiger Fäden, Bänder oder Amulette auseinandergehalten.

Benutzt man die Hexenschnur zu magischen Zwecken, so hat sie neun Knoten, die nach einem festgesetzten Ritual gebunden werden. Die Konzentration beim Knoten der Schnur erreicht man durch Singen oder Summen bestimmter ritueller Worte, und obwohl die Worte je nach Tradition unterschiedlich sein mögen, ist doch die folgende Formel typisch:

1 By knot of one, the spell's begun.
[Knoten eins, der Zauber beginnt.]
2 Knot of two, the spell comes true.
[Knoten zwei, der Zauber wird wahr.]
3 Knot of three, so must it be.
[Knoten drei, so muß es sein.]

4 Knot of four, the power will store.
[Knoten vier, die Macht wird wachsen.]
5 Knot of five, the spell's alive.
[Knoten fünf, der Zauber ist lebendig.]
6 Knot of six, the spell to fix.
[Knoten sechs, der Zauber wird fest.]
7 Knot of seven, the power to leaven.
[Knoten sieben, die Macht zu gären.]
8 Knot of eight, ties up the fate.
[Knoten acht, bindet das Schicksal.]
9 Knot of nine, what's done is mine.
[Knoten neun, was getan, ist mein.]

Verbindungen zur Astrologie

Die alternative Methode, die eine direkte Beziehung zwischen der divinatorischen Geomantie und der Astrologie herstellt, verzichtet auf *Zeugen* und *Richter* und verteilt die übrigen zwölf geomantischen Figuren auf ein Diagramm mit den astrologischen «Häusern».

Es gibt günstige Zeiten für die geomantische Divination; sie sind abhängig von der Art der Fragestellung und dem Beherrscher des jeweiligen Planeten, der für die geeignetste Planetenstunde zur Durchführung der Weissagung bestimmend ist.

Alle magischen Systeme beruhen auf dem Gesetz der Korrespondenzen, und die 16 geomantischen Figuren bilden dabei keine Ausnahme. Ihnen werden Korrespondenzen mit astrologischen Zeichen, Planeten und den Planetengeistern zugeschrieben.

Obwohl im Lauf der Zeit verschiedene Korrespondenz-Systeme verwendet wurden, ist das heute gebräuchlichste dasjenige, das vom «Hermetischen Orden der goldenen Dämmerung» benutzt wird. Es wurde von S. L. McGregor Mathers aus dem Werk *Theomagia* von John Heydon (1664) entwickelt; Israel Regardie und andere haben es so dargestellt:

Abb. 18: Darstellung der geomantischen Zusammenhänge. Die Spalten zeigen von links nach rechts: Name der Figur, Planetenzeichen, Element, astrologisches Zeichen, Himmelsrichtung, andere Sigel aus den geomantischen Figuren, die entsprechenden Wochentage, die entsprechenden jüdischen und islamischen Propheten.

Figur	*Element*	*Tierkreiszeichen*	*Planet*	*Geist*
Populus	Wasser	Krebs	Mond	Chasmodai
Via	Wasser	Krebs	Mond	Chasmodai
Tristitia	Luft	Wassermann	Saturn	Zazel
Laetitia	Wasser	Fische	Jupiter	Hismael
Fortuna Major	Feuer	Löwe	Sonne	Sorath
Fortuna Minor	Feuer	Löwe	Sonne	Sorath
Acquisitio	Feuer	Schütze	Jupiter	Hismael
Amissio	Erde	Stier	Venus	Kedemel
Puella	Luft	Waage	Venus	Kedemel
Puer	Feuer	Widder	Mars	Bartzabel
Carcer	Erde	Steinbock	Saturn	Zabel
Conjunctio	Erde	Jungfrau	Merkur	Taphthartharath
Albus	Luft	Zwillinge	Merkur	Taphthartharath
Rubeus	Wasser	Skorpion	Mars	Bartzabel
Caput Draconis	Erde	Drachenkopf	Jupiter	Kedemel
			Venus	Hismael
Cauda Draconis	Feuer	Drachenschwanz	Saturn	Zabel
			Mars	Bartzabel

Das Häuser-System der Astrologie

Das feste System der Himmelseinteilung in sogenannte Häuser bezeichnet die Sektoren des in zwölf Teile gegliederten Himmels. Da die grundlegende Zahl zwölf und nicht sechzehn ist, wird eine direkte Deutung eines Hauses als geomantische Figur unmöglich, und deshalb verwendet man üblicherweise nur die *Mütter*, *Töchter* und *Neffen*. Jedes dieser zwölf Häuser besitzt besondere Eigenschaften und Charakteristika, und die Stellung eines Planeten am Himmel kann man sowohl durch das Tierkreiszeichen wie auch durch das Haus, in dem er gerade steht, beschreiben.

Das erste Haus befindet sich auf der linken Seite des Horoskopdiagramms, unmittelbar unter dem östlichen Horizont, und die anderen folgen im Gegen-Uhrzeigersinn. Haus 12 ist demnach genau über dem östlichen Horizont. Den Häusern werden folgende Charakteristika zugeschrieben:

Haus	*Eigenschaft und Beziehung*
1	Der Fragesteller selbst, Leben, Gesundheit, Gewohnheiten, Verhalten, Charakter.
2	Eigentum, Geld, Wohlstand, Wert der Persönlichkeit, Gewinn und Verlust.
3	Verwandte, Geschwister, Verständigung, Nachrichten, kurze Reisen, Sprache.
4	Elternhaus, männliche Vorfahren, Erbe, Besitz, Abschluß, auch Tod.
5	Fortpflanzung, Kinder, Nahrung, Luxus, Unterhaltung, Vermutungen.
6	Tanten und Onkel, Krankheit, Angestellte, Haustiere.
7	Liebe, Heirat, Partnerschaften, Unzucht und Ehebruch, Streit, Diebstahl, Schande.
8	Tod, Schmerzen, Angst, Testamente, Vermächtnisse, Armut.
9	Seereisen, lange Reisen, Wallfahrt, Wissenschaft, Glaube, Omen und Vorzeichen.
10	Mutter, Rang, Ruf, Autorität, Ruhm und Bekanntheit, Stellung in der Welt.
11	Freunde, Bekanntschaften, Hoffnungen, Förderung, Philantrophie.
12	Furcht, Traurigkeit, Bestrafung, Gefängnisse, Asyle, Geheimgesellschaften, Spionage, versteckte Gefahren, Beschränkungen.

Jedem Haus wird eine Figur zugeordnet, die bei der geomantischen Divination entsteht, wobei es verschiedene Möglichkeiten gibt. Gemäß der astrologischen Theorie beeinflussen die Planeteneigenschaften die Menschen, die Tierkreiszeichen wirken sich auf die Art und Weise ihres Handelns aus, und die Häuser sind die Stellen, an denen ihr Handeln erfahrbar wird. Da sie mit den Planeten und deren Schutzgeistern in Beziehung stehen, haben die geomantischen Figuren in den Häusern dieselbe Funktion wie die Planeten in der eigentlichen Astrologie, und entsprechend werden sie auch interpretiert. Bei der geomantischen Divination werden sie häufig in das in der Astrologie nicht mehr gebräuchliche quadratische Diagramm gezeichnet, aber man kann ebenso das moderne kreisrunde Diagramm verwenden.

Im System der «Goldenen Dämmerung» wird die erste *Mutter* in das 10. Haus gesetzt. Die zweite *Mutter*-Figur kommt in das 1. Haus, die anderen beiden *Mütter* folgen dann (gegen den Uhrzeigersinn) in den Eckhäusern (im rechten Winkel zu den ersten beiden sind es die Häuser 4 und 7). Die *Töchter* werden in die jeweils folgenden Häuser gesetzt, die gleich nach den ersten vier gegen den Uhrzeigersinn liegen, also die Häuser 2, 5, 8, 11. Schließlich kommen die *Neffen* in die vier freien, noch unbesetzten Häuser. Die Reihenfolge ist demnach 10, 1, 4, 7, 11, 2, 5, 8, 12, 3, 6, 9. Die beiden *Zeugen*, der *Schlichter* und der *Richter* werden vernachlässigt.

Besetzen die sehr nachteiligen Figuren *Cauda Draconis* oder *Rubeus* das erste Haus oder den Aszendenten, muß die ganze Divination aufgegeben werden, weil *Cauda Draconis* oder *Rubeus* in diesen Positionen den bevorstehenden Tod des Fragestellers ankündigen. *Amissio, Carcer* und *Via* sind für gewöhnlich auch schlechte Vorzeichen, wenn sie in diesem Haus stehen, machen aber nicht die ganze Weissagung wertlos.

Raml – die divinatorische Geomantie des Islam

Man nimmt an, daß die verschiedenen lokalen Ausprägungen der heute gebräuchlichen divinatorischen Geomantie einen gemeinsamen Ursprung in arabischen Praktiken des 10. Jahrhunderts haben. Die moderne divinatorische Geomantie trat an die Stelle des *Raml* und übernahm seinen Namen. Diese Form der Sand-Divination, auch *'ilm al-raml* genannt, die «Wissenschaft vom Sand» oder Psammomantie, ist eine Technik, bei der Muster, die zufällig im Sand gebildet werden, auf die Botschaft

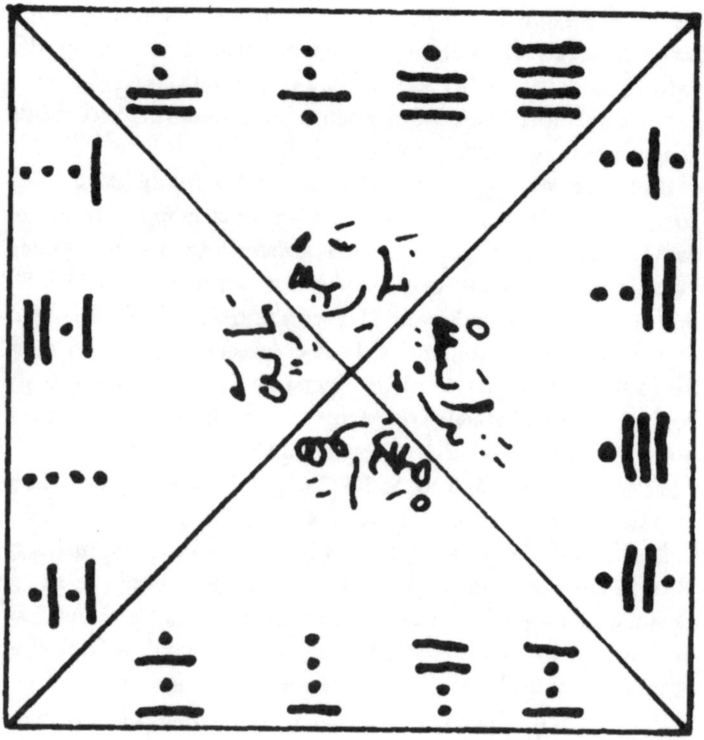

Abb. 19: Diagramm mit den islamischen Zuschreibungen der Himmelsrichtungen, die die divinatorische Geomantie mit der Lokationsgeomantie verbinden.

hinweisen. Die Psammomantie ist jedoch nicht sehr präzise, und solche divinatorische Praktiken wurden meist von leichter verständlichen Formen abgelöst. Die zunächst im Sand erzeugten Zufallsmuster wurden dann in geeigneter Weise zusammengefaßt, um Formen zu bilden, die sich in vorgefertigte Systeme (wie etwa alphabetische, geometrische oder okkulte Sigel) einfügen ließen. Mit dem Aufkommen der modernen geomantischen Divination wurde das Markieren von Linien im Sand mit einem Stock oder dem Finger – das ursprüngliche Verfahren des *Raml* – zum vorbereitenden Markieren von Zeichen. Als die moderne Form der divinatorischen Geomantie mit dem *Raml* in Verbindung gebracht wurde, schien sie ein bereits bestehendes System zu ergänzen, um es schließlich zu ersetzen.

Die Araber führten die Ursprünge der divinatorischen Geomantie auf den Propheten Idris zurück, der die Kunst durch göttliche Offenbarung des Erzengels Gabriel empfing. Ungeachtet dieses antiken Ursprungs lebten die wichtigsten Vertreter der divinatorischen Geomantie des Islam im 12. und im 13. Jahrhundert, und durch sie wurde die Kunst weitergegeben, als Mönche ihre Schriften aus dem Arabischen in europäische liturgische Sprachen wie Griechisch und Latein übersetzten. Die divinatorische Geomantie des Islam gehört zu den wesentlichsten Strömungen des westlichen Okkultismus, denn sie weist enge Verbindungen zur Astrologie, zur Alchemie und zu anderen wichtigen Künsten auf.

Der menschliche Körper

In der Astrologie vertritt man die Auffassung, daß bestimmte Körperteile von korrespondierenden Planeten und Tierkreiszeichen beherrscht werden. Verschiedene Traditionen weiten diese Entsprechungen auf Metalle, Edelsteine, Hölzer, Kräuter und Farben aus. Ähnlich wurde auch in der islamischen Geomantie jede der 16 geomantischen Figuren einem entsprechenden

Körperorgan zugeordnet. Bei der Weissagung können diese Korrespondenzen dazu dienen, einen Krankheitsherd ausfindig zu machen oder einen Talisman herzustellen, der anfällige Körperteile schützen soll:

Kopf	*Laetitia*
Hals	*Rubeus*
Rechte Schulter	*Puella*
Linke Schulter	*Puer*
Rechte Hand	*Amissio*
Linke Hand	*Acquisitio*
Rechte Brusthälfte	*Conjunctio*
Linke Brusthälfte	*Populus*
Herz	*Carcer*
Magen	*Via*
Solarplexus	*Albus*
Rechter Oberschenkel	*Fortuna Major*
Linker Oberschenkel	*Fortuna Minor*
Rechter Fuß	*Caput Draconis*
Linker Fuß	*Cauda Draconis*

Madagaskar

Ein sehr wichtiges Beispiel für einen Berührungspunkt von divinatorischer Geomantie und der Geomantie von Landschaftsmerkmalen und Plazierungen findet sich in der *Vintana* Madagaskars, wo Elemente der afrikanischen Magie, der islamischen Divination, der malayischen Religion und des chinesischen *Feng-Shui* zu einem System verschmolzen wurden, das es nur in dem Inselkönigreich gibt. Das Wort *Vintana* bedeutet «Schicksal» und umfaßt differenzierte lokale Arten ritueller Magie, astrologische Elemente, die *Sikidy* genannte geomantische Divination, Geomantie zur Positionsbestimmung und *Fanorona*, ein heiliges divinatorisches Brettspiel.

Bei dem System der divinatorischen Geomantie, das man als *Sikidy* kennt, handelt es sich um eine sehr komplizierte, ausgeklügelte Version dieser Kunst mit lokalen Namen für die Figuren und lokalen Bedeutungen. *Sikidy* wird als eine Offenbarung des höchsten Schöpfers, Andriamanitra, betrachtet, der durch eine Kette von Ursache und Wirkung handelt. Dies steht in Einklang mit der islamischen Vorstellung von der Kunst der Geomantie, die dem Propheten Idris zugeschrieben wird, der sie als ein Mittel entwickelt haben soll, um Kenntnis vom Willen Allahs zu erlangen.

Auf Madagaskar verwenden die *mpsikidy* oder Wahrsager die Samen des Fanobaumes, einer Akazienart, auf ähnliche Weise wie es bei der divinatorischen Geomantie in Europa geschieht, doch legen sie die gerade oder ungerade Anzahl von Samen in Gitternetze, deren Inhalte dann in bestimmten festgelegten Reihenfolgen addiert werden, um das Endergebnis zu erhalten.

Das madegassische System der Entsprechungen ist eines der ausgefeiltesten und kompliziertesten, das im Alltagsgebrauch bis in die jüngste Vergangenheit überdauert hat. Nahezu jeder Aspekt, der Zeit, Ort und Name betraf, stand mit den anderen in Bezug. Im Gegensatz zur westlichen Astrologie ist auf Madagaskar die Wechselwirkung von Himmelsaspekten und dem jeweiligen Tag sehr wichtig.

Ein solch komplexes System bedurfte fachkundiger Praktiker, und als es noch intakt war, gab es neben den *mpsikidy* noch zwei weitere Gruppen: die *mpanintana,* die Experten auf dem Gebiet der Astrologie, und die *mpanadro,* die «Tag-Macher», die Fachleute für Kalenderkunde und andere Angelegenheiten. Wurde das *Vintana* eines Menschen, also seine gesamte Lebenssituation und sein Schicksal untersucht, mußten beide Expertenkreise konsultiert werden.

In der westlichen Tradition werden die Wochentage verschiedenen Gottheiten zugeordnet, nach denen sie benannt sind und denen wiederum bestimmte Planetenkräfte, Farben und Eigenschaften zugeschrieben werden. Die madegassische Tradition kennt für jeden Tag der Woche eigene Merkmale, die natürlich bei der geomantischen Divination berücksichtigt werden:

Sonntag:	der passende Tag für alles Weiße, insbesondere weiße Steine;
Montag:	der Tag für alles Grüne und Schwärzliche, Gras, Wälder usw.;
Dienstag:	der Tag für Menschen mit vielen Narben, die Überlebenden der Pocken;
Mittwoch:	der Tag der Frauen und alles Weiblichen;
Donnerstag:	der Tag der Sklaven;
Freitag:	der Tag der Edlen und alles Roten;
Samstag:	der Tag der jungen Leute und alles Jungen.

Auf Madagaskar befaßt sich die geomantische Divination damit, das vom Orakel vorhergesehene Unheil durch verschiedene Opfer oder vorbeugende Maßnahmen, die die Figuren vorgeschrieben haben, abzuwenden. Der Brauch des *Faditra,* das Opfern zum Abwenden vorausgesagter Übel, bildet ein grundlegendes Anwendungsgebiet von *Sikidy.* Im Fall einer bestimmten Figur, *Mati-Roa* beispielsweise, können die angekündigten zwei Todesfälle durch das Töten von zwei Heuschrecken in ein *Faditra* umgewandelt werden. Dadurch wird der Geist der Prophezeiung erfüllt. Das Opfer wird gebracht, wenngleich nicht auf die erwartete Weise. Bei anderen *Faditras* wird ein Kürbis zertrümmert, ein Geldschein zerstückelt oder Asche in alle Winde verstreut. Bei bestimmten geeigneten Figuren des *Sikidy* werden manchmal die Samen selbst als Arznei verwendet, um angekündigte Krankheiten abzuwenden, denn sie haben ihre Wirksamkeit dadurch erhalten, daß sie in den rechten Spalten gelegen haben. In diesem Fall, so besagt der Glaube, wurden die heilkräftigen Samen vom *Sikidy* für diesen Verwendungszweck bestimmt – buchstäblich eine Form göttlichen Eingreifens.

Wie in anderen Gegenden der Erde können die bei der geomantischen Divination erzeugten Figuren als Schutzsigel verwendet werden, die als Schnitzwerk oder Malerei an Gebäuden oder heiligen Gegenständen angebracht werden, um sie vor Schaden zu bewahren und ein gutes Geschick zu bringen.

Geolokation

Die in der europäischen Navigation und Zeichendeutung übliche Einteilung des Horizonts in 16 Abschnitte steht in direktem Zusammenhang mit der divinatorischen Geomantie. Die Errichtung der Figuren in Virereinheiten beginnt mit den ersten vier, die die Gruppe des Feuers (Süden) bilden, dann folgen der Reihe nach die Elemente Luft, Wasser und Erde. Die zweite ist Osten (Luft), die dritte Norden (Wasser) und die vierte Westen (Erde). Christopher Cattan schrieb 1558, jeder Punkt bedeute einen Stern und jede Linie ein Element und jede Figur die vier Himmelsrichtungen. Nach der Überlieferung können die Figuren, wie bei der astrologischen Verteilung der Figuren auf die Häuser, den Himmelsrichtungen zugewiesen werden, wobei auf jede Richtung vier entfallen. Die Zuordnungung beim madegassischen *Sikidy* weicht jedoch erheblich davon ab, denn eine Gruppe *(Kizo* oder *Alakarabo = Puella)* wurde an einem bestimmten Datum einer anderen Richtung zugewiesen, nachdem sie bei den Wahrsagern auf irgendeine Weise Anstoß erregt hatte! (Man verlegte es vom östlichen Quadranten oder *Trano – Tantianana* – ins westliche *Trano – Tahandrefana.)* Die divinatorische Richtungsgeomantie Madagaskars heißt *Andron-Tany,* «die Tage des Landes». Unabhängig von dem System, zu dem es gehört, kann das Zuweisen von geomantischen Figuren zu einer Richtung als ein Hilfsmittel verwendet werden, um zu entscheiden, wohin man gehen soll, wenn man sich verirrt hat, um den Platz eines verlorenen Gegenstandes oder vergrabenen Schatzes zu finden oder um festzulegen, wie etwas ausgerichtet werden soll. Diese Form der geomantischen Divination steht in Zusammenhang mit dem Auffinden günstiger Plätze für das Abhalten bestimmter Riten, für das Bauen einer Unterkunft oder das Begraben der Toten. Auf Madagaskar wurde *Andron-Tany* auf eine höchst differenzierte Weise praktiziert und nicht nur wegen der Wahl des geeigneten Standorts befragt, sondern auch wegen der Gestaltung des Gebäudes, der Wahl des rechten Zeitpunkts für seine Errichtung und seiner Nutzung. Auf dieser Ebene kommen die beiden Stränge der Geomantie – die mikrokosmische, divinatorische Geomantie der Figuren und die Geomantie zum Auffinden der für das menschliche Leben vorteilhaften Orte der Erde – wieder zusammen.

Zeichen und Zeichenfolgen

Weissagungen können vorgenommen werden, indem man nahezu jeder beliebigen Gruppe natürlicher oder künstlicher Objekte Eigenschaften, Werte und Bedeutungen zuschreibt. Sie müssen sich nur ohne weiteres voneinander unterscheiden lassen und leicht zu beschaffen oder herzustellen sein. Da die Divination zu den mehr esoterischen Künsten gehört, hat man sich für ihre praktische Anwendung natürlich eher ungewöhnlichere oder symbolträchtigere Elemente ausgewählt, Objekte mit naheliegenden symbolischen Eigenschaften oder solche, die diese Merkmale schon aufgrund ihrer traditionellen Verwendung aufweisen. Dazu gehören die Schriftzeichen verschiedener Alphabete, Zahlensysteme, Gegenstände mit Symbolen wie etwa die Schilde der thrakischen Legionen, und schließlich eigens angefertigte divinatorische Utensilien und Kartenspiele wie etwa das Tarot.

Die Schutzmagie gehörte seit der Antike zur Kunst der Kriegführung. Soldaten haben schon immer Glücksbringer bei sich getragen, magische Talismane und Amulette, und heraldische Insignien mit Schutzbedeutung mitgeführt. Vor mehr als 2000 Jahren waren die thrakischen Legionen der römischen Armee in 16 Divisionen eingeteilt, von denen jede ihr eigenes Schildsymbol hatte, vergleichbar etwa mit den heutigen Regimentsfarben. Die 16 Darstellungen auf den thrakischen Schilden standen in einem komplizierten Geflecht von Übereinstimmungen mit Planeten, Metallen, Kampfweisen und Gottheiten. Diese Symbole verwendete man für eine Form des Wahrsagens, die sowohl mit der divinatorischen Geomantie als auch mit dem Tarot in Zusammenhang steht, insofern durch ein bestimmtes Verfahren ein einzelner Schild oder eine Kombination mehrerer

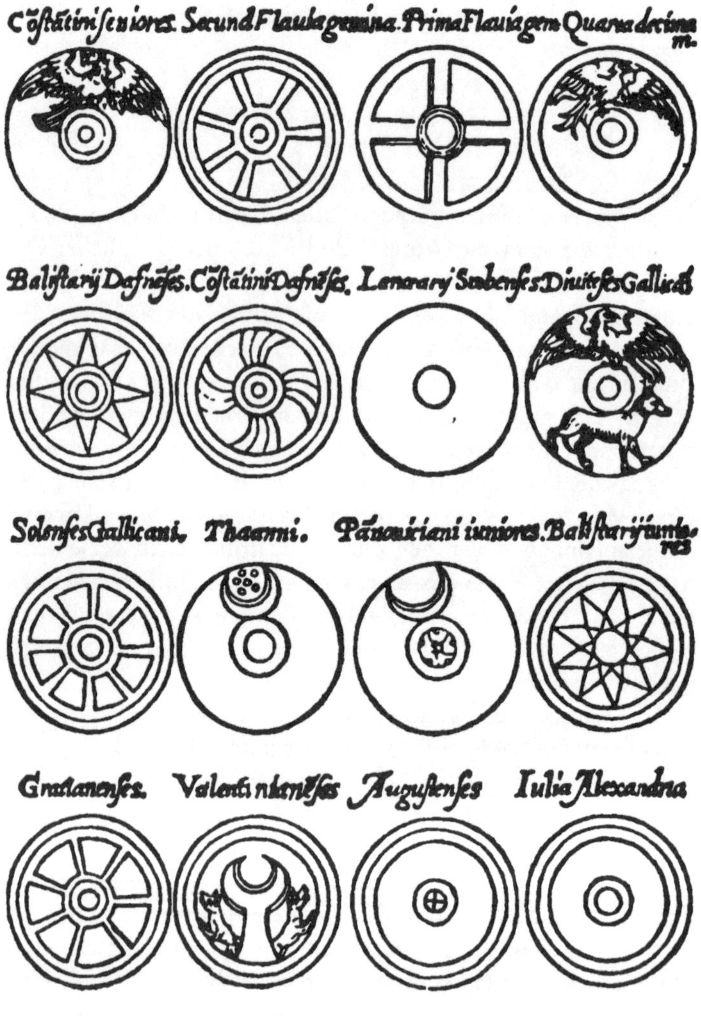

Abb. 20: Die 16 Schilde der thrakischen Legionen, die bei der Divination verwendet wurden. Darstellung aus *Notitia Dignitatum* von Guido Pancirolo, veröffentlicht 1608 in Lyon.

Schilde ausgewählt wurde. Das Ergebnis der Weissagung las man aus der symbolischen Bedeutung des entsprechenden Schildes ab. Diese Verbindung zwischen Heraldik und Divination ist ziemlich undurchsichtig, obwohl es seit der Antike durchaus üblich ist, in militärischen Angelegenheiten, insbesondere vor Schlachten, die Divination zu Rate zu ziehen. Vom alten China, wo die Generäle ihre Kriege nach dem *I Ging*, dem *Buch der Wandlungen*, führten, bis hin zu Napoléon Bonaparte, der auch eine Form geomantischer Divination angewandt haben soll (vielleicht nach dem rätselhaften *Schicksalsbuch Napoléons)*, haben Militärs «auf das Glück vertraut». Bei der den Streitkräften von Ranavalona III., der letzten Königin Madagaskars, durch die französische Armee beigebrachten Niederlage im Jahre 1895 war auch Divination im Spiel, diesmal auf Seiten der Madegassen. Die Rolle, die das Glück bei jedem Konflikt spielt, ist immer noch ein wesentlicher Faktor beim Endergebnis, und die Divination hat noch immer ihren Anteil daran, selbst wenn sie nur dazu dient, die Wahl der Taktik dem Zufall zu überlassen und den Gegner zu verwirren.

Alphabete

Alphabete haben besonders für Schriftunkundige etwas Magisches an sich, weil sie es ermöglichen, das ganze Wissen des Universums zu beschreiben und zu vermitteln. In mehreren alten Alphabeten hat jedes Schriftzeichen einen Namen, der einen Gegenstand oder eine Eigenschaft bezeichnet und dem magisches und divinatorisches Potential zugesprochen wird.

Das bekannteste Beispiel ist wohl das hebräische Alphabet, dessen Verwendung in der magischen Kabbala eine der Hauptstützen der westlichen Tradition des Okkultismus ist. Das heute gebräuchliche römische Alphabet hat nach allgemeiner Auffassung keinerlei magische oder divinatorische Bedeutung, doch war dies in vergangenen Zeiten unter bestimmten Voraussetzungen anders. Früher, als nur wenige Menschen des Schreibens kundig waren, galt ein vollständig niedergeschriebenes Alphabet als magische, schützende Formel. Diese Tradition ist in der christlichen Kirche erhalten geblieben; bei der nach vollständigem Ritus durchgeführten Einsegnung einer neuen Kirche schreibt der Bischof die Schriftzeichen des römischen und griechischen Alphabets mit seinem Krummstab in Asche, wodurch auf dem Boden ein Kreuz gebildet wird. Obwohl als Symbol für Christus gedeutet, der als α (Alpha) und ω (Omega), Anfang und Ende im griechischen Alphabet, bezeichnet wird, haben diese beiden Schriftzeichen die Bedeutung von Reichtum und Überfluß. Dieser Ritus ist ein Überbleibsel der Divination, die von der heidnischen Priesterschaft im alten Rom ausgeübt wurde, wenn die heilige Stätte für einen Tempel anzulegen war.

Dem römischen Alphabet am nächsten kommt das griechische, das über ein vollständiges System von Bedeutungszuweisungen für die 24 Buchstaben verfügt, die bei der Divination verwendet werden können. Im Gegensatz zu den römischen, aber ähnlich wie die hebräischen, stehen die griechischen Schriftzeichen auch für Zahlen, so daß sich mit diesem Alphabet beträchtliche Möglichkeiten für magische Zwecke eröffnen. Ein bedeutender Bereich der heiligen Symbolik ist in der Tat die Kunst der *Gematria*, derzufolge jedem griechischen oder hebräischen Wort eine Zahl entspricht, die durch Addition der den Buchstaben entsprechenden Ziffern entsteht. Diese Zahlen, von denen die berüchtigte «Zahl des Tieres», 666, aus der *Offenbarung des Johannes (Off. 13, 18)* die bekannteste ist, gehören zur eher verborgenen Seite der Heiligen Schrift. Verschiedene Worte, denen die gleichen Zahlen entsprechen, kann man verwenden, um eine Bedeutung so zu verschlüsseln, daß sie sich nur Kennern der *Gematria* erschließt, während die Abmessungen oder Zahlenwerte in und an Sakralbauten eine bestimmte Bedeutung haben können, wenn sie mit Hilfe der *Gematria* dechiffriert werden. Die Buchstaben des griechischen

Alphabets haben folgende Attribute, von denen einige anscheinend aus mithraizistischen Quellen stammen:

α *Alpha* bedeutet Stier oder Vieh und verweist somit auf bewegliche Güter. Interessant ist, daß sowohl im Hebräischen als auch in der Runenschrift – beides Alphabete mit symbolischen Entsprechungen – das erste Schriftzeichen die gleiche Bedeutung hat.

β *Beta,* der zweite Buchstabe, hat dämonische Konnotationen. In der Mithras-Religion gehört zu dem dämonischen Gott der Sünde, Angra Mainyu, der Beiname «der Zweite», der für eine Herausforderung und einen Zerfall der Einheit steht.

γ *Gamma* bedeutet Gottesfurcht, das Heilige.

δ *Delta* steht für die vier Elemente, die vier Himmelsrichtungen, die Pferde des Viergespanns, der sogenannten Quadriga, und (in der christlichen Eschatologie) die vier apokalyptischen Reiter.

ε *Epsilon* steht für den *Aion,* den Äther, das fünfte Seiende, das man aus der Alchemie als Quintessenz kennt.

ζ *Zeta* bedeutet eine Spende oder ein Opfer.

η *Eta* steht für Freude und Liebe, die göttliche Harmonie der sieben Planeten und der sieben Sphären der vorkopernikanischen Kosmologie.

τ *Theta,* das achte Schriftzeichen, symbolisiert die achte Sphäre, die Kristallsphäre, über der – in der früheren Kosmologie – die Fixsterne standen.

ι *Iota* verkörpert das Schicksal und ist den drei Schicksalsgöttinnen geweiht.

κ *Kappa* bringt Unglück, Krankheit und Tod und ist dem Gott Kronos geweiht.

λ *Lambda* steht in Verbindung mit dem Wachstum der Pflanzen und der mathematischen Reihen, die wiederum mit den Figuren der klassischen Geometrie verknüpft sind, nach deren Prinzipien sich das organische Wachstum vollzieht.

μ *My* versinnbildlicht die Sterne, oder genauer gesagt die vierzehn Sterne, denen in der Astrologie des Mittelalters magische Sigel zugeordnet waren.

ο *Omicron* ist die Sonne.

π *Pi* symbolisiert die Sonne in ihrem Glanz, umgeben von den sechzehn Lichtstrahlen, die mit Apollo, Mithras und Christus identifiziert werden.

ρ *Rho* steht für die Fruchtbarkeit, die Kraft des pflanzlichen Wachstums und der Fortpflanzung.

σ *Sigma* ist der Herr der Toten. Als 18. Figur steht sie in Zusammenhang mit der geheimnisvollen 18. Rune der nordischen Magie.

τ *Tau* repräsentiert den Menschen.

υ *Ypsilon* steht für Wasser und Flüssiges.

φ *Phi* ist der Phallus, das männliche Zeugungsprinzip.

χ *Chi* bedeutet Besitz, und steht in Verbindung mit dem Runenstab *Gyfu,* der auf den Göttern Geweihtes verweist.

ψ *Psi* ist das himmlische Licht, verkörpert im Himmelsgott Zeus.

ω *Omega,* das letzte Schriftzeichen, steht für Reichtum und Wohlstand, den erfolgreichen Abschluß eines Geschäfts.

Der Ursprung der Runen

Runen sind weit mehr als einfach nur phonetische Zeichen, die in den alten Sprachen der Völker Nordeuropas dazu dienten, alltägliche Mitteilungen aufzuschreiben. Ihre symbolisch-heilige und verschlüsselte Bedeutung reicht weit über die modernen Auffassungen von praktischer Notwendigkeit hinaus. Die Runen bilden eine völlig eigenständige Begriffswelt. Das Wort selbst bedeutet soviel wie «Geheimnis»; das aktkeltische *run* und das mittelwalisische *rhin,* ferner der altenglische Ausdruck *to rown* und das deutsche Wort *raunen* weisen auf den okkulten Charakter der Schriftzeichen hin. Im Grunde ist eine *Rune* ein

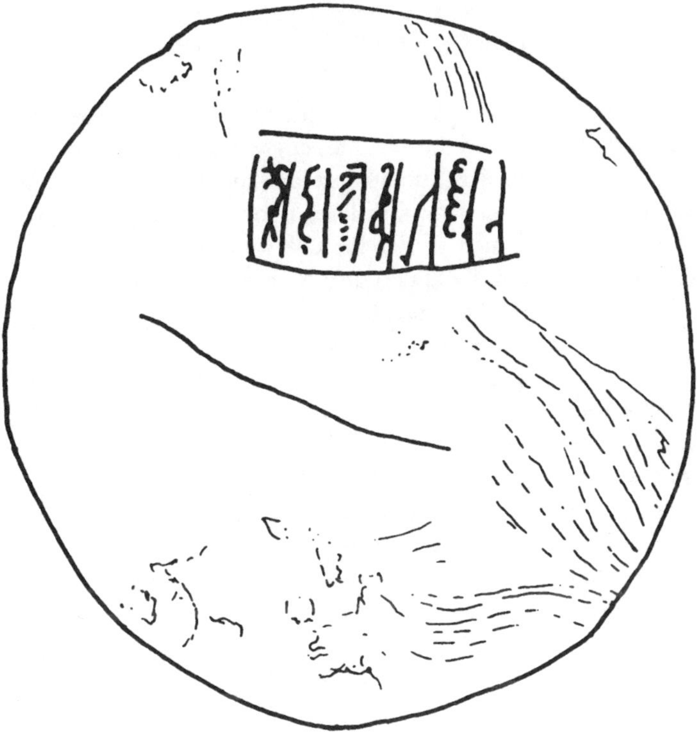

Abb. 21: In der ganzen Welt gibt es viele prähistorische Inschriften, die noch nicht gedeutet werden konnten. Dieses Stück Braunkohle aus der Zeit um 1000 v. Chr., das Ludovic MacLellan Mann in Schottland fand, enthält eine sorgfältig dargestellte, aber nicht zu entziffernde Sage.

Rätsel, das die verborgenen elementaren Geheimnisse in sich birgt, die mit der inneren Struktur der Welt zu tun haben. Jede Hieroglyphe, die wir als Rune bezeichnen, ist eine Einheit, die eine Fülle geheimen Wissens zusammenfaßt, einen Reichtum von Kenntnissen und Sinnzusammenhängen, der sich nur dem erschließt, der in der Runenkunst bewandert ist. Als Zeichen steht eine Rune für eine formlose, wenn auch unvergängliche Wirklichkeit, die sich in der für uns wahrnehmbaren Welt in Objekten, Kräften, Gefühlen und Merkmalen manifestiert, die wiederum von dem entsprechenden Zeichen repräsentiert und kontrolliert werden.

Wie viele Alphabete gehen auch die Runen auf Zeichen zurück, die aus einer Zeit stammen, in der es noch keine Schrift gab. Die Verwendung der Runen als Schrift kam erst später auf und unterscheidet sich vom Gebrauch in Magie und Weissagung. Runen sind deshalb so interessant, weil sie aus zwei verschiedenen Quellen stammen, die jedoch so gut zusammenpassen, daß ganz offensichtlich die gemeinsame tiefere Ebene der beiden Ursprünge erschlossen wurde. In der späten Bronze- und in der frühen Eisenzeit Nordeuropas (1300–800 v. Chr.) entstanden vor allem in Skandinavien piktographische Steininschriften, die sogenannten *Hällristningar,* die magischen und sakralen Zwecken dienten. Diese Sammlung von Zeichen, Sigeln und Symbolen bezeichnet man manchmal auch als den «Runenhort». Aus diesen vorrunischen Inschriften entwickelten sich Formen, die in das *Futhark* Eingang fanden, das etwa um 350 v. Chr. geschaffene Runen-«Alphabet». Der «Runenhort» enthielt viele andere Zeichen, die nicht in das runische *Futhark* aufgenommen wurden und als Kalendersymbole überdauerten, als schützende oder heilige Sigel, von denen viele bis auf den heutigen Tag in der Magie der Talismane, in der Heraldik und in den Techniken der Erdharmonik erhalten geblieben sind. Der gesamte «Runenhort» enthielt viele Formen und Bedeutungen, die sich heute noch interpretieren lassen, aber auch viele, die kaum noch verständlich sind.

Obwohl es sicher ist, daß diese Symbole vor der Entwicklung des *Futhark* divinatorischen Zwecken dienten, entstanden die Runen erst, als man feststellte, daß einige dieser Zeichen mit bestimmten Schriftzeichen aus den südeuropäischen Alphabeten übereinstimmten.

Von dieser genialen Tat berichtet die *Edda*, derzufolge Odin, der Schamanen-Gott der Magie, Poesie, Weissagung und Inspiration (er hat noch weitere Attribute), diese Synthese herbeiführt oder diesen Akt der Erkenntnis vollbringt. Im *Havamál-Lied (Die Äußerungen des Erhabenen)* lesen wir in den Versen 138 und 139:

Ich weiß, daß ich hing
am windigen Baum
neun Nächte lang,
mit dem Ger verwundet,
geweiht dem Odin,
ich selbst mir selbst,
an jenem Baum,
da jedem fremd,
aus welcher Wurzel er wächst.
Sie spendeten mir
nicht Speise noch Trank;
nieder neigt ich mich,
nahm auf die Runen,
nahm sie rufend auf;
nieder dann neigt ich mich.

Odins Empfangen oder Erkennen der Runen kam durch eine schamanistische Offenbarung. In den alten Gesellschaften war der heilige Mann etwas völlig anderes als der moderne Priester in Kirche, Tempel oder Moschee, denn er konnte sich unmittelbaren Zugang zu den jenseitigen Welten verschaffen, durch gefährliche, mitunter tödliche Praktiken der Selbstkasteiung, bei denen oft auch natürliche bewußtseinserweiternde, «halluzinogene» oder Trancezustände herbeiführende Kräuter oder Pilze

Abb. 22: *Hällristningar*-Schriftzeichen von skandinavischen Felswänden bilden die Grundfiguren des «Runenhorts».

verwendet wurden. Zur Initiation in die schamanische Erfahrungswelt gehörte die Erfahrung des Todes, der Zerstückelung und der (erhofften) Wiederherstellung, nach der die Person, in die Alltagswelt zurückgekehrt, seherische Kräfte besaß. Manchmal erfolgte die Initiation unvermittelt durch zufällige Verletzungen, Krankheiten oder Erlebnisse an der Schwelle des Todes. Bei den schamanischen Erfahrungen Odins scheint es sich um eine Selbstkreuzigung für den magischen Zeitraum von neun Tagen und Nächten gehandelt zu haben; die Neun ist in der Tradition des Nordens die Zahl der Vollendung. Neun ist drei mal drei, und verständlicherweise hat jede Rune einen dreifachen oder triadischen Charakter. Die dreifache Struktur ist in der Form, dem symbolischen Gehalt und dem Zahlenwert jeder Rune begründet.

Die Symbolik der qualvollen, blitzartigen Erkenntnis, dank der Odin die umfassenden Möglichkeiten der Runen zum Wohle der Menschen freisetzen konnte, markiert einen jener seltenen Momente in der Geschichte, in denen die zwei Seiten der Geistestätigkeit durch eine verbindende Antwort zu einem einzigen Zeichen zusammengefügt wurden. Moderne Forschungen über den Unterschied zwischen der rechten und linken Hirnhälfte haben gezeigt, daß die linke Seite funktional für das Lesen und Schreiben ausgestattet ist. Das Alphabet – und auch das *Futhark* als Schriftart – stellt eine vollständige phonetische Wiedergabe von Sprache dar, die sich in ihrer Art völlig von den hieroglyphischen, ideographischen und anderen nichtphonetischen Notationssystemen von Sprachen unterscheidet. In der vom Alphabet bestimmten westlichen Sprachwelt werden Verletzungen der linken Hirnhälfte mit Beeinträchtigungen oder dem vollständigen Verlust der Schreib- und Lesefähigkeit in Verbindung gebracht.

Studien über die jeweiligen Fähigkeiten der Hirnhälften haben ergeben, daß beispielsweise logographische Schriftzeichen wie die altägyptischen Hieroglyphen oder die Symbole, die in den traditionellen Künsten auf europäischen Kalendern verwendet wurden, besser von der rechten Hirnhälfte erkannt werden. Entsprechend wird die nichtphonetische *Kanji-Schrift* der Japaner von anderen Bereichen des Gehirns verarbeitet als *Kana*, das neben *Kanji* verwendete phonetische System. Man stellte fest, daß Menschen, die einen Hirnschaden erlitten hatten, je nach Art und Stelle der Verletzung nur das eine oder das andere System verstanden. Die Darstellung der nichtphonetischen Hieroglyphen in der rechten Hirnhälfte könnte der Verwendung der linken Seite für die phonetischen Systeme sogar überlegen sein. Zweifellos sind die heutigen Piktogramme auf Verkehrsschildern leichter erkennbar als schriftliche Anweisungen. Wenn die Systeme der Schrift und der divinatorischen Verschlüsselungen, die es vor Entwicklung der Alphabete gab, von der rechten Hirnhälfte verarbeitet wurden, dann sind die Unterschiede zwischen den phonetischen und den nichtphonetischen Kommunikationsmitteln möglicherweise grundlegender, als man zunächst annahm. Der Übergang von der Verwendung der Runen gemäß dem alten «Runenhort», wo jedes Schriftzeichen weder alphabetisch noch phonetisch war, zu ihrer Verwendung als Alphabet markierte einen Wendepunkt in der Nutzung der Hirnhälften: von der rechten zur linken, von der intuitiven zur analytischen Seite. Die Genialität der Runen geht auf die Person zurück, die als erste die beiden Hirnhälften gleichzeitig benutzte.

Die Ursprünge des runischen *Futhark* sind umstritten, historisch steht aber eindeutig fest, daß die als Runen bezeichneten Symbole als Alphabet aus der norditalischen Schrift abgeleitet sind, ihre divinatorische Bedeutung aber in erster Linie aus dem «Runenhort» stammt. Die norditalische Schrift wurde von den Etruskern verwendet, und man glaubt, daß sie durch etruskische Bernsteinhändler nach Norden in den baltischen Raum gelangte. Der archäologische Beweis für die Verbindung von Etruskern und Runen wurde 1812 erbracht, als bei Negau (einem Ort in der Nähe der heutigen österreichisch-jugoslawischen Grenze) 26 Bronzehelme aus dem 4. Jahrhundert v. Chr. ausgegraben wurden. Die Helme tragen Inschriften in norditalischer Schrift, doch sind germanische Worte wiedergegeben.

Uns beschäftigt hier vornehmlich die Verbindung der Runen mit der rechten Hirnhälfte, denn Runen stehen in engem Zusammenhang mit Entscheidungsprozessen, die letztlich intuitive Vorgänge sind. Die Anführer und Ratgeber im England der Angelsachsen bezeichneten ihre geheimen Beratungen als *Runen,* und man weiß, daß bei solchen Zusammenkünften Runen für divinatorische Zwecke verwendet wurden. Die frühesten bekannten Runen stammen aus den Ländern des heutigen deutschen Sprachraums. Sie umfaßten zwischen 19 und 23 Schriftzeichen mit gleichbleibender Reihenfolge, die mit dem griechischen oder römischen Alphabet vergleichbar ist, sich aber dennoch von ihm unterscheidet.

Die charakteristische Anordnung der Runen beginnt mit den Zeichen F U T H A R K, deren Abfolge die Anordnung der ganzen Reihe festlegt. Die Anzahl der Runen blieb bald kon-

Abb. 23: Die endgültige Runenreihe, wie sie dieser Stich aus dem 16. Jahrhundert zeigt, enthielt Entsprechungen zu allen Buchstaben des römischen Alphabets.

stant bei 24; für divinatorische Zwecke wurden sie in drei Achtergruppen, sogenannte *Ættir*, eingeteilt, die jeweils durch die erste der acht Runen beherrscht werden. Diese Reihe, die heute am häufigsten verwendet wird, nennt man das *Ältere Futhark*.

Als die Angeln, Friesen, Jüten und Sachsen in 6. Jahrhundert nach England auswanderten, hielten sie an ihrem alten Glauben fest und brachten ihre Erfahrungen und Kenntnisse in der Runenkunde mit. Die Friesen, deren magisches System auf druidischen Mustern aufbaute, fügten, entsprechend ihren sprachlichen und esoterischen Bedürfnissen, der 24er-Reihe vier neue Runen hinzu. Das früheste bekannte Exemplar dieser 24-Runen-Reihe befindet sich auf einem Holzstab, der aus der Zeit zwischen 550–650 n. Chr. stammt und 1895 bei Arum in Westfriesland, in den Niederlanden, gefunden wurde. Dieser Holzstab trägt die Runeninschrift ᛖᛞᚫᛒᚩᛞᚪ, was transkribiert *edaeboda*, «Rückkehr, Bote» oder «Kehre zurück, Bote» bedeutet. In Friesland fand man Runen auf Amuletten und Zeremonienstäben, die oft aus Eibenholz geschnitzt waren. Sie hatten verschiedene Schutzfunktionen in Gebäuden und für Reisende. Bei dem Amulett, das man in Britsum fand, handelt es sich um einen Holzstab mit der Runeninschrift: «Diese Eibe trage stets im Kampfgetümmel» – ein magischer Schutz für einen Krieger.

Ein weiterer Stab aus der Zeit um 800 n. Chr., der die rituelle Funktion hat, Macht über die Wellen zu verleihen, ist wahrscheinlich das einzige erhaltene Seemannsamulett, dessen Kräfte an jene gemahnen, die König Knut II. verloren hatte.

Die Sachsen in England fügten der Reihe weitere Runen hinzu; erst wurde sie von 28 auf 29 und schließlich auf 33 Schriftzeichen erweitert, die in vier Achtergruppen mit einer zentralen Rune eingeteilt waren. Eine Reihe mit 29 Runen ist auf einem Kurzschwert eingraviert, dem sogenannten *Scramasax*, das man 1857 in der Themse fand. Eine vollständige, in Silber eingelegte Runenreihe sorgte für den magischen Schutz des Schwertes. Hinzu kommt außerdem noch der Name oder

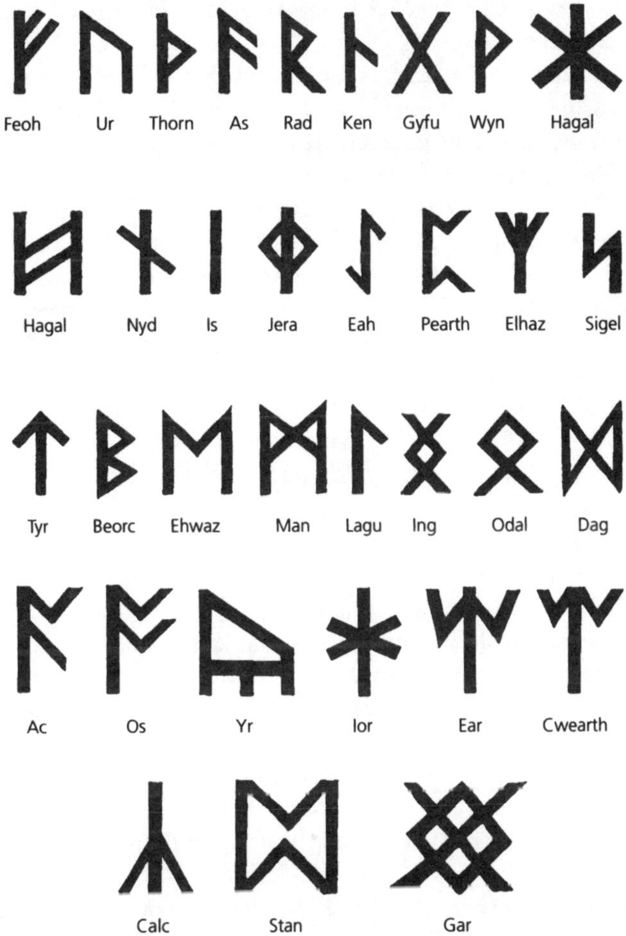

Abb. 24: Die Runenreihe mit 33 Schriftzeichen, wie sie in Northumbria verwendet wurde, enthält die früheren 24- und 29-Runen-Reihen.

die Formel B EA G N O H. Die letzte Runenreihe, die um das Jahr 800 n. Chr. in Northumbria gebräuchlich war, umfaßte 33 Schriftzeichen.

In Skandinavien kam es zur umgekehrten Entwicklung. Die 24 Runen des *Älteren Futhark* wurden auf 16 Zeichen reduziert, die man stilistisch vereinfachte, bis sie zu einer Art Kurzschrift wurden.

Die heute am häufigsten verwendeten Runen sind die des *Älteren Futhark*, aber in den deutschsprachigen Ländern sind auch die aus 18 Stäben bestehenden *Armanen-Runen* verbreitet, eine von Guido von List im 19. Jahrhundert vorgenommene Rekonstruktion dessen, was er für das ursprüngliche Runensystem hielt.

Namen und Bedeutungen der Runen

Jedes Runen-Schriftzeichen, jeder Stab hat eine bestimmte Bedeutung, die seinen Charakter anzeigt. Die Namen beziehen sich auf natürliche Gegenstände, und die Interpretation der divinatorischen Bedeutung jeder Rune geht darauf zurück. Obwohl man heute beim Wahrsagen mit Runen normalerweise das *Ältere Futhark* mit den 24 Runen findet, kann auch die späte northumbrische 33-Runen-Reihe verwendet werden, um der Weissagung eine größere Bedeutungsweite zu geben. Diese Reihe wird hier auch beschrieben. Die Bedeutung der ersten 24 Runen ist – abgesehen von der hier abgeänderten vierten Rune – mit der des *Älteren Futhark* identisch. Die vierte Rune des *Älteren Futhark* taucht hier als 26. Rune wieder auf. Die ersten 29 Schriftzeichen dieser Reihe stimmen mit der frühen angelsächsischen 29-Runen-Reihe überein.

FEHU (germanisch) oder FEOH (altenglisch) ist die erste Rune in der Reihe und die Anfangsrune des ersten *Ætt*, das dem Gott Freyr geweiht ist. Sie bedeutet «Vieh» und umfaßt die traditionelle Vorstellung von beweglicher Habe und von veräußerlichen Besitztümern (im Gegensatz zur Heimstätte, die als unbweglicher, fester Besitz gilt). Sie steht für die Ansammlung von Macht, sei es hinsichtlich der Herde selbst oder ihres Besitzes. Damit hängt das Konzept der Verantwortlichkeit zusammen, demzufolge der Besitz eine ordentliche Verwaltung erfordert, ohne Verschwendung oder Habgier. Im modernen Leben bezieht sich diese Rune auf Geld, weltlichen Erfolg und großen Reichtum.

UR oder URUZ ist die zweite Rune; sie steht für die mythologische Ur-Kuh Audhumla, die nach der nordischen Mythologie an dem Salzblock leckte, aus dem Buri hervorkam, der erste Mensch und Stammvater der Götter. Die Macht, die bei FEOH dem Besitztum entspricht, findet man hier als die rohe, ungezähmte Energie der Ur-Kuh, als die für das Erzeugen notwendige Kraft. Ausdauer und Stärke verschmelzen zu einer gewaltigen Einheit schöpferischer Kräfte. Im Gegensatz zu FEOH bezieht sich UR nicht auf die persönliche Kraft, die ein Individuum besitzt, sondern symbolisiert eine kollektive Kraft, «unsere» Kraft. Die Form der Rune erinnert an die Hörner des Rindes. In der Divination bedeutet sie Glück, persönlichen Erfolg, der nicht auf Kosten anderer geht, und eine Verbesserung des Gemeinwohls.

THORN oder THURISAZ ist die dritte Rune, die für die Verteidigungskraft des Gottes Thor steht, für den Dornenstrauch und für den sagenhaften Riesen Thurs oder Thurisaz. In erster Linie ist sie die persönliche Rune Thors, die in sich die Kräfte vereint, die allem, was die rechte Ordnung gefährdet, widerstehen. Als Rune der Fruchtbarkeit und der Vollmacht ist Thorn auch der Blitz, die plötzliche Wandlung, die eine unmittelbare Veränderung der Atmosphäre mit sich bringt. Somit steht sie für eine Wende des Schicksals, gute Nachrichten oder die Notwendigkeit einer wichtigen und weitreichenden Entscheidung.

Rune	Baum	Farbe	Rune	Baum	Farbe
ᚠ	Holunder	rot	ᛏ	Eiche	rot
ᚢ	Birke	grün	ᛒ	Birke	weiß
ᚦ	Weißdorn	rot	ᛖ	Esche/Eiche	weiß
ᚩ	Esche	blau	ᛗ	Stechpalme	rot
ᚱ	Eiche	rot	ᛚ	Weide	grün
ᚳ	Kiefer	rot	ᛝ	Apfelbaum	gelb
ᚷ	Esche/Ulme	dunkelblau	ᛟ	Weißdorn	gold
ᚹ	Esche	gelb	ᛞ	Fichte	blau
ᚻ	Esche/Eibe	hellblau	ᚪ	Eiche	grün
ᚾ	Buche	schwarz	ᚫ	Esche	blau
ᛁ	Erle	weiß	ᚣ	Eibe	braun
ᛄ	Eiche	hellblau	ᛡ	Efeu	schwarz
ᛇ	Eibe	dunkelblau	ᛠ	Eibe	dunkelbraun
ᛈ	Buche	schwarz	ᛣ	Lorbeer	orange
ᛉ	Eibe	weiß	ᛢ	Eberesche	weiß
ᛋ	Wacholder	gelb	ᛥ	Schwarzdorn	grau
			ᚸ	Esche	dunkelblau

Abb. 25: Tabelle für die Runenleger des northumbrischen Systems mit den Zuordnungen von Runen, Bäumen und Farben.

OS ist die vierte Rune der 29- und der 33-Runen-Reihe; sie ersetzt die vierte Rune ASA oder ANSUZ aus dem *Älteren Futhark* mit 24 Runen. Diese letztgenante Rune, die irritierenderweise manchmal auch OS genannt wird, ist die 26. Rune in den längeren Reihen. Die Bedeutungen von ASA und OS hängen eng zusammen. Hier ist OS – die Rune des Odin – der Mund, der den göttlichen Ton von sich gibt, ein Symbol für die schöpferische Kraft der Worte und die Weisheit selbst. Die Notwendigkeit von Verständigung und Information liegt jedem Prozeß des Lebens zugrunde, also auch der Weisheit der menschlichen Gesellschaft, die sich in Liedern, Legenden, Sagen, Gebräuchen und Wissen niederschlägt.

RAD, die fünfte Rune, symbolisiert sowohl das Fahren als auch das Rad. Außer für den Fahrer oder das Fahrzeug steht sie noch für die Straße selbst, für den Weg nach vorne und für die Möglichkeiten, weiterzukommen. RAD symbolisiert die Transformation von Energien, eine Übertragung des Geistes, das Überbringen von Mitteilungen oder Gegenständen von einem Ort zum anderen; betont ist dabei die persönliche Wandlung. Es geht hier um die rechte Lenkung von Energien, um die gewünschten Ergebnisse zu erzielen, wobei es darauf ankommt, zur rechten Zeit am richtigen Ort zu sein und das Angemessene zu tun.

CEN ist die sechste Rune, die für die brennende Fackel in der alten Königshalle oder für die Kiefer steht, aus der sie hergestellt wurde. CEN repräsentiert das Geheimnis der Transformation, die Wiedergeburt durch den Tod – die Zerstörung des Kiefernholzes, die Wärme und Licht spendet. Es ist das schöpferische Feuer, der Herd, die Schmiede, wo ein Material durch Willenskraft in etwas umgewandelt wird, worin sich die menschliche Intelligenz widerspiegelt, die mystische Erschaffung eines Dritten, das zuvor nicht existierte, durch die Vereinigung und Umformung von zwei anderen Elementen. CEN symbolisiert schützende Energien, positive Handlungen und die Kraft der Erneuerung, die positiven Seiten der Sexualität, wie sie sich an der Göttin Freyja und dem Gott Frey zeigen.

GEBO (germanisch) oder GYFU (altenglisch) ist die siebte Rune. Dieses Zeichen, das ursprünglich auf Gegenstände geschnitzt, gemeißelt oder aufgemalt wurde, um zu kennzeichnen, daß sie den Göttern geweiht sind, hat die Bedeutung von «Geschenk» oder «Schenken». Durch diese Rune wird Vereinigung erzielt, das Verbinden von Mitgliedern der Gesellschaft oder des Menschen mit dem Göttlichen. Dieses Verschmelzen von Menschen und Göttern kann auch der Zusammenschluß von zwei individuellen Bestrebungen zu einem gemeinsamen Ziel, einer geschäftlichen Partnerschaft oder einem magischen Wirken sein. Es ist die Einheit von dem Gebenden und der Person, der das Geschenk gemacht wird.

WYN ist die achte Rune. Sie steht für die Freude, das Geheimnis der Harmonie in einer unharmonischen Welt. Sie ist die Rune des Gleichgewichts, des Punktes der Mitte zwischen den Gegensätzen, den man für ein gesundes und glückliches Dasein braucht, des Aufhebens der Entfremdung, sei sie auf Mangel oder auf Überfluß zurückzuführen. WYN repräsentiert das Schaffen von Harmonie, Trost, den Wandel des Lebens zum Guten, dazu Wohlergehen und Kameradschaft.

HÆGL oder HAGALAZ ist die neunte Rune, die den Beginn des zweiten *Ætt* markiert. Sie symbolisiert den Hagel, den eisigen Urkern der Verwandlung, die göttliche Geometrie, deren Muster dem Universum zugrundeliegen. In ihrer früheren Form – ✱ – hatte diese Rune eine sechsfache Gestalt, welche die vier Himmelsrichtungen sowie Zenit und Nadir symbolisierte, aber auch die elementare Geometrie des zur Schneeflocke gefrorenen Wassers (zur Zeit der Erfindung dieser Rune war der Vorgang dieses Gefrierens noch nicht bekannt). Sie steht für den jeden Prozeß, der notwendig ist, um etwas zu erreichen, und deshalb wird sie oft als «Verzug» gedeutet. In ihrer Struktur verweist sie auf das Gitter mit neun Feldern, das im Zentrum des heiligen Gitternetzes liegt. Man verwendet sie in Westfalen oft als Schutz-Talisman auf den Rahmen von Haustüren; ein «Hexen»-Zeichen ist sie bei den «Pennsylvania-Deutschen».

NYD oder NAUTHIZ ist die zehnte Rune, die Notwendigkeit und Bedarf anzeigt, doch muß dies nicht unbedingt ein Bedürfnis im Sinne von Abwesenheit oder Mangel sein; in der Rune steckt auch die Idee der Kraft, sich von allem Streben und von den Bedürfnissen selbst zu lösen. NYD mahnt bei Handlungen zur Vorsicht; das alte geflügelte Wort vom «Erkenne dich selbst» trifft besonders auf diese Rune zu. Der österreichische Runenmeister Giudo von List sah in dieser Rune die Aufforderung, sein Schicksal zu nutzen und nicht dagegen anzukämpfen.

IS ist die elfte Rune, das Prinzip des statischen Seins, wie es sich etwa im Eis manifestiert. Sie bezeichnet den Stillstand des Fließens aufgrund der Veränderung des Wassers vom Flüssigen zum Festen und symbolisiert somit den Abschluß einer Entwicklung oder das Ende einer Beziehung. Sie bildet einen Gegensatz zu den Runen CEN und CWEORTH und beinhaltet das Prinzip von Beharrlichkeit und Entropie, jedoch erzeugt es in der Auseinandersetzung mit Feuer Materie.

GER oder JERA ist die zwölfte Rune. Ihre Bedeutung, «Jahreszeit» oder «Jahr», verweist auf die zyklische Natur von Zeit und Leben. GER ist das Gedeihen der rechten Ordnung, die Vollendung des Prozesses von HÆGL, die Ernte, die man dank richtiger Bewirtschaftung einfahren kann. Werden Handlungen nach den rechten Grundsätzen ausgeführt, also in Übereinstimmung mit den Gesetzen der Natur, dann wird das Ergebnis

FEOH
CATTLE · WEALTH
UR
AUROCHS · STRENGTH
THORN
THORN · ADVERSITY · DEFENCE
OS
MOUTH · ODIN · PRIMAL SOUND
RAD
WHEEL · RIDING · MOTION
CEN
TORCH · PINE · LIGHT
GYFU
GIFT · SACRIFICE
WYN
JOY
HÆGL
HAIL · PRIMAL STRUCTURE
NYD
NEED
IS
ICE · STATIC FORCE
JER
SEASON · HARVEST · CYCLE
EOH
YEW TREE · ENDURANCE
PEORTH
PLAY OF LIFE
EOLH
ELK · ACTIVE DEFENCE
SIGEL
SUN · LIGHT · DAY · WILL
GAR
SPEAR · STABILITY · CENTRE

Abb. 26: Ein Satz Runenkarten für die Weissagung nach dem northumbrischen System (Entwurf des Verfassers).

günstig sein und Überfluß für Arm und Reich bescheren. Sie ist eine Rune des Frey; ihre Form erinnert an die mystische Vermählung von Erde und Kosmos oder an die Übergänge zwischen den Jahreszeiten.

EIHWAZ (germanisch) oder EOH (altenglisch) ist die 13. Rune, die für die Eibe und ihr Holz steht. Die Eibe ist ein den Toten geweihter Baum, der noch heute auf vielen alten Kirchhöfen wächst. Das Eibenholz der geweihten Stäbe, wie etwa der Amulette von Britsum (Westfriesland) und Westeremden, hat die zweifache Aufgabe, die Toten zu schützen und durch schamanistische Praktiken den Zugang zur anderen Welt zu eröffnen. Wegen der sehr gefährlichen Räucherdüfte, die Schamanen aus dem Harz oder den Blättern der Eibe gewannen (es kam sogar zu Todesfällen), wurde die Eibe zur Rune der Toten; sie steht auch in Zusammenhang mit der Unglückszahl 13.

PEORO oder PEORTH ist die 14. Rune; sie entspricht dem Bauern im Schach, dessen «Tanz» über das Spielbrett an die Wechselfälle des menschlichen Lebens erinnert. Sie ist Sinnbild für die in der Welt waltende Macht des Schicksals, aber nicht für die Prädestination. Beim Brettspiel sind die möglichen Züge der Figuren durch die Regeln und das Brett selbst festgelegt; ihre tatsächlichen Züge sind jedoch nicht vorherbestimmt, sondern hängen vom Können und von der Konstellation der Spieler ab. So hat uns auch im Leben das Schicksal an unseren Platz gestellt, doch verfügen wir im großen Rahmen der kosmischen Evolution über freien Willen.

EOLH, EOLX oder EOLHSECG ist die 15. Rune, ein Symbol für die Widerstandskraft des Elchs (oder im Fall von EOLHSECG der winterfesten Pflanze *Zostera marina)*. Sie ist eine Schutzrune, die mit den gotischen Wort *alhs* zusammenhängt, «Heiligtum», und wie um diese Beutung noch zu verstärken, wurde diese Rune doppelt in eine der Höhlen des heidnischen

Heiligtums in den Externsteinen im Teutoburger Wald eingehauen. Sie steht für optimistische Kraft, Schutz und sogar für den Angriff gegen jene Kräfte oder Einflüsse, die uns bedrohen.

SIGEL ist die 16. Rune, welche die Sonne und ihr natürliches wie auch göttliches Licht symbolisiert. SIGEL ist der magische Wille, der sich in der Welt als die Macht des Guten manifestiert, die geistige Kraft, die den Kräften der Zerstörung und des Todes entgegenwirkt. Sie ist der Vorbote von Sieg und Aufstieg über die Dunkelheit, aber auch jener Juwel, der «Lichtberg» genannt wird und von dem die Kraft der Sonne für Lenkung und Heilung ausströmt.

TYR ist die 17. Rune und die erste des *Ætt* von Tyr, die Rune von Asa-Tyr, der seine rechte Hand hingab, um die Fesselung des dämonischen Fenriswolfs zu ermöglichen. Als Rune der positiven Regulierung äußert sie sich in der Notwendigkeit, sich selbst zu opfern, will man gerecht herrschen. Als Rune Tyrs bezeichnet sie Sieg, Erfolg und Glück.

BEORC ist die 18. Rune, die Rune des Geheimnisses. Sie repräsentiert die Birke, das Symbol der Reinheit und Reinigung, und hängt mit BETH zusammen, dem ersten Schriftzeichen des Ogham-Baumalphabets. Die Birke steht auch für die Wiedergeburt. Als 18. Rune ist sie das Symbol der Vollendung – das Doppel der heiligen Zahl Neun – und des neuen Anfangs.

EH oder EHWAZ (auch AIHWS) ist die 19. Rune, die «Pferd» bedeutet. Als Rune der Verbindung steht sie in Zusammenhang mit Zwillingen oder dem unzertrennlichen Band zwischen Pferd und Reiter, das Vertrauen und Loyalität erfordert. Das Pferd ist nach altem Glauben ein heiliges Tier, und somit symbolisiert diese Rune die heilige Reise, sei sie nun ein geistiger Weg oder eine wirkliche Pilgerschaft, jene Fortbewegung, die notwendig ist, um die Lebensaufgabe anzugehen. Etwas prosaischer gesehen kann dies beispielsweise einen Umzug oder eine Veränderung der Lebensweise bedeuten.

MAN ist die 20. Rune. Sie verweist auf die archetypische Realität des Menschseins, die es in jeder Person gibt, ob Mann oder Frau. Ihr geistiges Attribut ist der Gott Heimdall, der unter seinem zweiten Namen Rig der Stammvater der Menschen ist, die symbolische Verkörperung der kosmischen Ordnung. Die Rune MAN stellt den Menschen als den Mikrokosmos des Universums dar, als die gemeinsame Erfahrung der Menschlichkeit jeder Person.

LAUKAZ (germanisch) oder LAGU (altenglisch) ist die 21. Rune; sie steht für Wasser, Flüssigkeit, Veränderlichkeit und für die Ungewißheiten des Daseins. Als Rune der vereinigten Gegensätze – wie etwa des Wassers, das als lebensnotwendiges Element fluten, aber auch ertränken kann – symbolisiert LAGU die Lebensenergie, die in Materie, in organischer Entwicklung und in der Kraft des Wachstums ist. Sie ist das Medium, durch das – wenn auch nicht ohne Risiko – ein Übergang erwirkt werden kann.

ING ist die 22. Rune, die den Gott Ing darstellt, den Gemahl der Erdmutter Nerthus, der Göttin der Fruchtbarkeit und der Erhaltung. Ing ist der Gott des Herdes, der Feuerstellen, und so hat die Rune auch Schutzfunktion für den Haushalt. ING ist ein Symbol für Licht, für brennende Holzscheite oder für Signalfeuer, durch die eine Botschaft weithin übertragen wird, und steht für potentielle Energie, für die Fähigkeit grenzenloser Entfaltung, die in der geometrischen Form der Rune selbst zum Ausdruck kommt.

ETHEL oder ODIL, die 23. Rune, symbolisiert den unveränderlichen, angestammten Besitz der Familie, die Heimstatt. Ihr friesischer Name – *Eeyen-eerde,* also «eigene Erde» oder «eige-

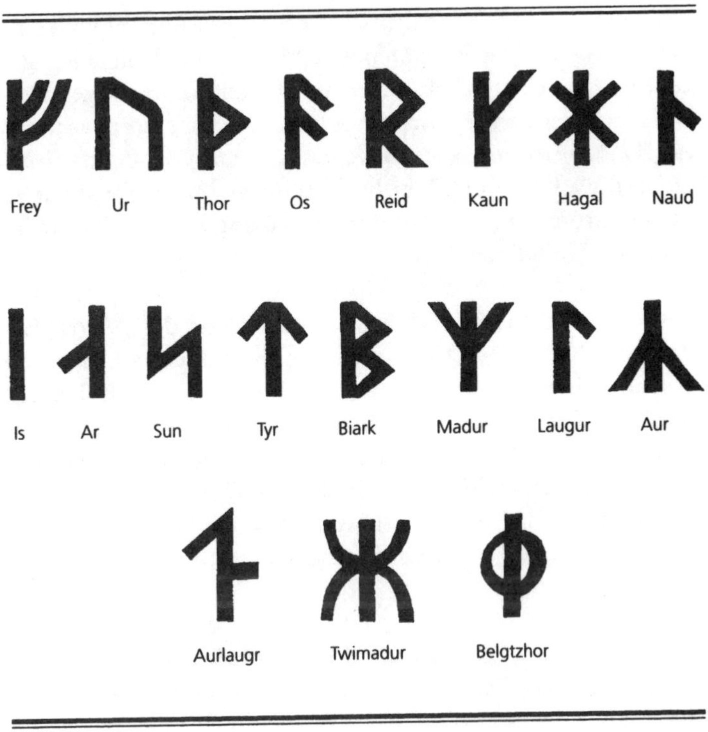

Abb. 27: In Skandinavien wurde die längere Runenreihe schrittweise verkürzt, bis sich eine Standardversion mit 16 Runen ergab, die sich sowohl für Inschriften als auch für die Divination eignet.

nes Land» – drückt die Eigenschaften dieser Rune auf vollkommene Weise aus. Sie ist ein Sinnbild für die von Natur aus gegebenen Eigenschaften, für das materielle und das geistige Erbe. Das Schriftzeichen repräsentiert Odin, und seine Form verweist auf die Einfriedung, die notwendig ist, um den Besitz abzugrenzen. Auf einem Dachgiebel angebracht, zieht es wohltätige Energieströme an, und bei der Weissagung steht es für Besitz oder den Einfluß der Ahnen.

DAG oder DAEG, die 24. Rune, ist die letzte des *Älteren Futhark*. DAEG bedeutet «Tag» und ist die Rune des Lichts und des Erwachens. Sie wird heute als Schutzzeichen auf Türrahmen und Fensterläden verwendet. Diese Rune fördert Licht, Gesundheit, Wohlergehen und schafft Gelegenheiten. Manchmal werden die beiden letzten Runen, ETHEL und DAEG, vertauscht, so daß ETHEL zur letzten Rune dieser Reihe wird. Bei der 24-Runen-Reihe wird manchmal noch eine 25., «leere» Rune hinzugefügt.

AC, die 25. Rune, ist die erste des *ætt* der *Æsir*, der Götter. Sie symbolisiert die Eiche, den heiligen Baum Jupiters, Thors und der Taranis der alten Druiden. Die Eiche trägt die Eichel, das Symbol für das kosmische Ur-Ei, das in sich die Entfaltungsmöglichkeiten des Universums birgt. Sie steht somit für starkes Wachstum und Unterstützung, denn Eichenbalken bilden die tragende Struktur der traditionellen Fachwerkhäuser Nordeuropas.

ÆSC, die 26. Rune, steht für die Esche. Die Esche war der heiligste Baum der nordischen Religion, und als die kosmische Achse *Yggdrasil* mit ihren schwarzen Knospen und den hufeisenförmigen Blattnarben war sie dem Gott Odin und der Göttin Eostre oder Ostara geweiht. ÆSC versinnbildlicht ewige Stabilität, denn sie steht aufrecht an ihrem Platz, obwohl sie viele Widersacher gegen sich hat. ÆSC ist mit der vierten Rune des *Älteren Futhark* identisch, mit ASA, ANSUZ oder OS, die ihren Ursprung in der archaischen indo-europäischen Tradition hat, im Urklang des Sanskrit, welcher der Entstehung des Universums vorausging. Diese mächtige Rune symbolisiert das Wirken der göttlichen Kraft.

YR, die 27. Rune, ist Sinnbild für den Bogen. Der Bogen, geschnitzt aus dem Holz der schicksalsträchtigen Eibe, ist ein Instrument des Schutzes, des Todes und der Weisagung. Er symbolisiert die schöpferischen Kräfte und Künste in allen Bereichen der physischen Fähigkeiten, der Intuition und des esoterischen Wissens. Der Bogen war nicht nur Waffe, denn der von ihm abgeschossene Pfeil diente auch der Divination, und der Bogen selbst mitunter auch als eine Art Wünschelrute. Diese Rune deutet auf Verteidigung, Schutz auf Kosten anderer und das Auffinden des richten Platzes – das Treffen des Ziels.

IOR oder IAR, die 28. Rune, steht für eine Seeschlange, ursprünglich die Weltenschlange *Jormungard*. Diese Rune hat die Form des alten HAGAL und ist ein Symbol für die Doppeldeutigkeit der materiellen Dinge, so etwa für die amphibische Natur der Würmer und Drachen der Legenden. Die Weltenschlange ist eine gefährliche Bestie, welche die Stabilität der Welt in Gefahr bringt, und doch würde ihre Beseitigung ein noch viel größeres Unheil heraufbeschwören als es ihre Existenz ist. Die Rune verkörpert das notwendige Übel, das man hinnehmen muß, um erträglich leben zu können.

EAR, die 29. Rune, steht für Staub und symbolisch für das Grab. Sie stellt die Antithese des Lebens dar, sein Versiegen, ohne das es jedoch überhaupt kein Leben geben würde. Sie bedeutet das unvermeidbare Ende aller Dinge, die Rückkehr der Menschen in die undifferenzierte Stofflichkeit, aus der ihre Körper geschaffen sind. Für sich genommen ist die Deutung sehr materiell; als «Erd-Grab» verweist sie auf den Wohnsitz der

Abb. 28: Die *Armanenrunen*, mit denen sich der österreichische Mystiker Guido von List zu Anfang des 20. Jahrhunderts befaßte, wurden in den deutschsprachigen Ländern zum Standardsystem für Magie und Weissagung. Es gibt 18 Runen, deren Anordnung um das «Rad der Zeit» in dieser Darstellung aus den 20er Jahren gezeigt wird. Der erläuternde Text enthält den hermetischen Grundsatz: «Wie oben, so unten.»

Toten, die dazugehörige Festlegung der Grabstätte und die Ehrehrbietung, die den Ruhestätten der Verstorbenen entgegengebracht werden soll. Diese Rune ist das letzte Schriftzeichen der angelsächsischen 29-Runen-Reihe.

CWEORTH ist die 30. Rune; sie steht für die wirbelnden Flammen der rituellen Feuer, die bei den «Feuerfesten» des alten Glaubens entfacht wurden (Samhain – Allerheiligen, Wintersonnenwende; Imbolic – Mariä Lichtmeß, Tagundnachtgleiche im Frühling; Beltane – 1. Mai, Sommersonnenwende; Lughnasadh – 1. August, Tagundnachtgleiche im Herbst). Die Rune enthält die Vorstellung von ritueller Reinigung durch das Feuer, von der heiligen Feuerstelle, von Feier und Freude, im Gegensatz zu dem Feuer der zehnten Rune, NYD, dem Notfeuer, das in schweren Zeiten entzündet wird.

CALC ist die 31. Rune, die den Opferkelch oder ein Ritualgefäß symbolisiert. In dieser Form ist sie eine Umkehrung der 15. Rune, EOLH, und Sinnbild für den Tod des Individuums. Unter diesem Aspekt steht CALC für den umgekehrten, leeren Kelch, dessen Inhalt als Trankopfer für die Götter auf den Boden gegossen und von den Menschen nicht erfaßt wurde, in gleicher Weise für die Erinnerung an abwesende Freunde oder das Gedenken an die Verstorbenen. Das Geheimnis von CALC besteht darin, daß das, was voll, doch leer ist, und daß das, was greifbar erscheint, doch nicht erfaßt werden kann – das Unerreichbare und das durch heilige Gesetze Verbotene.

STAN, die 32. Rune, bedeutet «Stein». Damit kann der Spielstein eines Brettspiels gemeint sein, denn die Form dieser Rune wie auch die der 14., PEORTH, erinnert an die traditionellen Formen der Steine, die bei nordeuropäischen Brettspielen wie *Hnefatafl* und *Tablut* verwendet wurden. Ebenensogut kann der Stein ein Megalith sein, der an einem Ort aufgestellt wurde, wo numinöse Kräfte auf die Erde einwirken. Dann dient er als

Sinnbild für die himmlischen und irdischen Einflüsse, als Bindeglied zwischen den Menschen, der Erde und den Himmeln.

GAR ist die 33. und letzte Rune. Sie versinnbildlicht den Speer, insbesondere *Gungnir*, Odins Speer mit dem Eschenschaft, der wiederum für die kosmische Achse, den Weltenbaum *Yggdrasil*, steht. GAR ist keinem der vier *Ættir* zugeordnet, sondern wirkt als zentraler Punkt, auf den sich alle beziehen können. Sie ist die zentrale Achse des Runenrads, geometrisch die vierfache Unterteilung einer Einfriedung, die natürlich in acht Teile untergliedert ist, entsprechend der achtfachen Einteilung des Horizonts bei den Etruskern und in der nordeuropäischen Tradition der Erdharmonie. Als letztes Schriftzeichen ist GAR die Rune der Vollendung, der Mitte, Anfang und Ende zugleich, wobei sie die anderen 32 Runen in ihren Einflußbereich einschließt.

Divinatorische Systeme, bei denen Runen verwendet werden

Der früheste bekannte Hinweis auf Weissagungen mit Hilfe von Runen stammt aus den Schriften des römischen Geschichtsschreibers Tacitus (ca. 120 n Chr.), der in dem Werk *Germania* seine Eindrücke von den germanischen Völkern Nordeuropas schilderte:

> Vorzeichen und Orakel beobachten sie wie nur irgend jemand. Die Übung der Orakel ist einfach. Sie schneiden die Rute eines Obstbaumes ab und zerteilen sie in Stäbchen. Die unterscheiden sie mit bestimmten Zeichen und streuen sie planlos und zufällig über ein weißes Tuch. Darauf betet, wenn die Befragung von Staates wegen angestellt wird, der Priester des Stammes, wenn aber privat, der Hausvater selbst zu den Göttern, und zum Himmel emporblickend nimmt er dreimal eines davon auf und deutet die aufgehobenen nach den vorher eingeprägten Zeichen.

Natürlich nahm Tacitus als Beobachter den Standpunkt eines Außenstehenden ein, der nicht die genauen Kenntnisse besitzt, die erforderlich wären, um mehr als nur eine oberflächliche Skizze der Handlungen zu geben. Aus alter Zeit bis auf den heutigen Tag sind jedoch verschiedene brauchbare Methoden des Runenlegens dank mündlicher Überlieferung erhalten geblieben. Das moderne Runenlegen läßt sich auf ähnliche Weise durchführen, indem man die bei verschiedenen Herstellern erhältlichen Steine oder hölzernen Runentafeln verwendet oder, was vorzuziehen ist, Runen benutzt, die man selbst hergestellt hat.

Die Methode des Runenlegens heißt *Raed Waen*, wörtlich: «den Wagen fahren»; das bedeutet, daß man selbst anstelle eines Gottes auf dem heiligen Wagen Platz nimmt, von dem aus man alle Dinge – Vergangenheit, Gegenwart und Zukunft – überblicken kann. *Raed Waen* ist ein ritueller Akt, bei dem das eigentliche Legen oder der «Wurf» stattfindet (der englische Ausdruck *shoat*, der in diesem Zusammenhang gebraucht wird, bedeutet wörtlich «Ferkel»). Als erstes ist die Wahl des Ortes zu berücksichtigen, die Ausrichtung des Platzes, wo das Runenlegen stattfinden soll, in einem Raum oder im Freien. In einem Haus muß zunächst die Achse des betreffenden Raumes festgelegt werden. Dies ist eine Linie, die durch den Raum oder über den Boden verläuft, wo die Erdenergie optimale Kraft für das Runenlegen bietet. Diese Ausrichtung geschieht weitgehend intuitiv, da es sich um eine dynamische Wechselwirkung zwischen den gegebenen örtlichen Bedingungen und überlieferten Richtlinien handelt, aber es gibt einfache Faustregeln, an die man sich halten kann. In einem exakt nach den vier Haupthimmelsrichtungen ausgerichteten Gebäude oder Raum sollte die Achse parallel zur längeren Wand verlaufen und den Fußboden in zwei Hälften teilen. Die Richtung des Energieflusses geht nach der Tradition immer zur Sonne hin, und unter idealen Bedingungen wird die Tätigkeit immer zur Sonne selbst hin ausgerichtet, wobei man die Sonne direkt beobachten oder einen

Magnetkompaß verwenden kann. Im geschlossenen Raum wäre dies bei Tag in Richtung Osten und bei Nacht in Richtung Westen. Das Runenlegen erfolgt also im rechten Winkel zur Gegenwart, dem Sitz der Götter im Norden, der tagsüber links und nachts rechts vom Runenmeister liegt. Das Runenlegen wird im rechten Winkel zur Gegenwart vorgenommen, weil sein Ergebnis die Götter nicht unmittelbar betrifft.

Nun wird das Positionieren des Runenfeldes entlang dieser Achse vorgenommen. Dieses Feld bezeichnet den Bereich, in dem die Runen gelegt werden. Es ist ein weißes Tuch, dessen Größe nach natürlichen Maßen festgelegt wird: nach der Körperlänge des Runenmeisters selbst, von den Füßen bis zu den Fingerspitzen der über den Kopf erhobenen Arme und nach der Breite seiner ausgestreckten Arme. Die alte Festlegung des englischen «Fuß» und «Yard» geht auf die Körperabmessungen des Königs zurück, die bei einer ähnlichen geometrischen Formel ein Rolle spielten; etwas vom Wesentlichen der Person wurde in heiligen Maßen zusammengefaßt. Das Runenfeld bezeichnet den Platz, den der Körper des Runenlegers in Raum und Zeit einnimmt, und es wird so plaziert, daß im geschlossenen Raum der Nabelpunkt, das Zentrum des Feldes, auf einem Drittelpunkt der Strecke entlang der Achse liegt, so daß der Blick des Runenlegers auf die längere Seite fällt. Die Wand vor ihm bezeichnet man als die positive, die hinter ihm als die negative Wand.

Vor dem Runenlegen werden verschiedene rituelle Gegenstände auf dem weißen Tuch ausgebreitet. Dazu gehören das *stol,* ein Kissen, das man zum Sitzen für den Runenleger an das negative Ende legt, und das *weofod,* ein kleines, zeremoniell besticktes weißes Tuch, das an die gegenüberliegende Seite kommt; darauf wird das *mearomot,* ein persönlicher Talisman des Runenlegers, gelegt, der die Essenz der ganzen Person enthält. An den vier Ecken werden geweihte Symbole der vier Elemente aufgestellt, die die ganze Anordnung zu einem Mikrokosmos der Welt machen. Wenn alle Utensilien korrekt plaziert sind, unterzieht sich der Runenleger den notwendigen mentalen Läuterungsprozeduren, bevor er die Runen auflädt, indem er die Steine nacheinander symbolisch durch alle vier Elemente hindurchführt. Schließlich werden die Runen entlang des Feldes zum positiven Ende hin ausgelegt oder geworfen. Dabei gibt es verschiedene Möglichkeiten. Eine beliebte Methode ist, nach Art des «bewußten Zufallsprinzips» der Wahrsager eine Handvoll aus einem Beutel zu nehmen und sie auf das Feld zu werfen. Dann erhebt sich der Runenleger vom *stol* und untersucht, was zum Vorschein gekommen ist, und das im wörtlichen Sinne, denn es werden nur die Runensteine berücksichtigt, die mit dem Schriftzeichen nach oben liegen.

Es gibt verschiedene Möglichkeiten, die Weissagung zu vervollständigen; sie beruhen auf einem dreifachen Prinzip: der Vergangenheit, der Gegenwart und der Zukunft, wie es in der nordeuropäischen Version der drei Schicksalsgöttinnen oder Nornen zum Ausdruck kommt. Dort gibt es *Urd, das, was war,* die früheren Handlungen und Ereignisse, die zur Gegenwart geführt haben, *Verdandi, das Werdende,* die immerwährende Gegenwart, in der wir existieren, und *Skuld, das, was werden soll.* Die erste Rune (oder Dreiergruppe, wenn man Einheiten mit drei Runen verwendet) steht für die Einflüsse, die auf die Vergangenheit einwirkten, die zweite für jene, die auf die Gegenwart wirken, und die dritte für die, die sich aus den vorigen ergeben werden, wenn man nicht durch entsprechende Maßnahmen ihr Eintreten verhindert.

Benutzt man die 24 Runen des *Älteren Futhark* (mit oder ohne die 25., leere Rune), dann haben die Zeichen «entgegengesetzte Bedeutungen», wenn sie umgekehrt liegen. Dies gilt auch für das 29-Runen-System, aber bei jenem mit 33 gibt es für jede Rune nur eine Lesart. Die Kombinationsmöglichkeiten und die vielfältigen Interpretationen machen die Runen zu einem idealen System der Divination oder der Problemlösung.

Die Runen standen im alten Norden in hohem Ansehen; sie wurden befragt, wenn es darum ging, Opfer auszuwählen, so auch bei Hinrichtungen, bei denen die meisten Mitglieder einer Gruppe verschont werden sollten. In solchen Fällen sah man die Runen als Boten der Götter an, die diejenigen bestimmten, die sterben sollten. Obwohl die dokumentarischen Belege, die wir heute besitzen, von Mönchen verfaßt wurden, die dem Runenlegen wohl zumeist recht ablehnend gegenüberstanden, sind verschiedene praktische Anwendungsbereiche der Runendivination beschrieben worden. Von einem wichtigen Beispiel berichtet der Mönch Alcuin in seinem Werk *Das Leben des Heiligen Willibrord*. Willibrord war ein christlicher Mönch, der als Missionar nach Friesland geschickt worden war, in eine Hochburg des heidnischen Glaubens. Auf seinem Weg durch das Land blieb Willibrord unbehelligt, bis er ein Sakrileg beging, indem er einige zum Christentum Bekehrte in einer heiligen Quelle taufte und die dort gehaltenen heiligen Kühe schlachtete. Alle wurden vor den König gebracht, der die Christen für schuldig befand, doch der Monarch ordnete an, daß an drei aufeinanderfolgenden Tagen die Runen gelegt werden sollten, um drei von ihnen für die Hinrichtung zu bestimmen. Zwar tötete man andere, doch Willibrord wurde von den Runen nicht ausgewählt und schließlich freigelassen, so daß er seine Mission fortsetzen konnte. Die Christen sahen darin ein Eingreifen Gottes zugunsten des Predigers durch die Runen.

Außer in Entscheidungen darüber, wer zu leben und wer zu sterben hatte, war es üblich, die Runen in militärstrategischen Angelegenheiten zu Rate zu ziehen. In dem Werk *Das Leben des Heiligen Ansgar* aus dem 9. Jahrhundert wird von der Befragung der Runen durch das schwedische und das dänische Heer erzählt. Anund, der im Exil lebende schwedische König, und seine dänischen Verbündeten hatten die heilige Stadt Birka in Ostschweden besetzt. Die Stadt war evakuiert worden, nur der Präfekt Herigar war zurückgeblieben; er sollte den Siegern ein Lösegeld anbieten, damit sie die Stadt nicht plünderten. Die Dänen beschlossen, die Runen zu befragen, um zu sehen, ob es dem Willen der Götter entspreche, eine Stadt, in der große, mächtige Götter in Heiligtümern verehrt und angebetet wurden, zu plündern oder zu brandschatzen:

> Sie kamen zu dem Schluß, daß es nicht möglich sei, ihre Ziele zu erreichen, ohne ihr eigenes Wohlergehen zu gefährden, und daß die Götter es nicht zulassen würden, daß dieser Ort von ihnen geplündert würde. Des weiteren fragten sie, wohin sie sich des Geldes wegen wenden sollten ... Sie ermittelten, daß sie zu einer bestimmten Stadt gehen sollten, die in einiger Entfernung lag, an den Grenzen jener Länder, die den Slawen gehörten. Die Dänen, im Glauben, daß ihnen dieser Befehl unmittelbar vom Himmel gegeben sei, zogen sich daraufhin von diesem Ort zurück und beeilten sich, auf direktem Wege zu jener Stadt zu gehen.

Diese Runenweissagung enthielt offensichtlich die erforderlichen Hinweise auf Standort und Richtung, so daß eine direkte Marschroute festgelegt werden konnte. Was immer man auch von der Wirksamkeit der Runenweissagungen halten mag, so steht doch fest, daß in diesen beiden Fällen durch das Befragen der Runen der Gang der Geschichte geändert wurde.

Das Ogham-System

Das Ogham- oder Ogamsystem der Divination verbindet man vor allem mit dem keltischen Britannien, insbesondere mit Irland, wo es am weitesten verbreitet war und sich am längsten hielt. Das Oghamsystem ist ein «Baumalphabet», bei dem jedes Zeichen in erster Linie einem Baum und in zweiter Linie verschiedenen anderen Gewächsen, Tieren und natürlichen Gegenständen entspricht. Wie die Runen, zu denen eine gewisse Affinität besteht, stammt die Oghamschrift aus einer Zeit, in der Holz und Stein die wichtigsten Materialien waren, einer Zeit, in der das intuitive Erkennen der menschlichen Einheit mit der natürlichen Welt eine alltägliche Realität war. Im Gegensatz zu den Runen, bei denen es sich um alphabetische Schriftzeichen handelt, bestehen die Oghamzeichen aus einzelnen Strichen oder Kerben, die quer zu einer Linie oder über die Kanten eines Holzgegenstandes oder eines behauenen Steins angeordnet sind. Neben Steinen gab es noch vier bestimmte Formen, auf die die Oghamzeichen eingraviert werden konnten: *Tamlorga Filidh,* die Stäbe der Dichter, *Taball Lorga,* Tafelstäbe, *Taibli Filidh,* die Tafeln der Dichter, und *Flearc Fili,* die Zauberstäbe der Dichter. Das Material, aus dem diese magischen Tafeln und Stäbe hergestellt wurden, stammte von bestimmten heiligen Hölzern, deren Verwendung durch die Überlieferungen der Barden festgelegt war. Die Oghamzeichen ritzte man zu den durch das Ritual vorgegebenen Zeiten in der korrekten, vorschriftsmäßigen Form ein.

Wie die Runen sollen die Oghamzeichen von einem, der königlichen Geblüts war und den Namen Ogma trug, ersonnen worden sein. Ein alter irischer Text, der in *The Book of Ballymote* überliefert ist, erzählt diese Geschichte in Frage-und-Antwort-Form, die zur Zeit der Barden eine durchaus übliche Lehrmethode war.

> *Frage:* Von wannen, aus welcher Zeit, und von welcher Person und von welcher Begebenheit stammen die Oghamzeichen?
> *Antwort:* Der Ort ist Hibernias Insel, die wir Schotten bewohnen; in der Zeit des Breass, des Sohnes des Elathan, des damaligen Königs über ganz Irland. Die Person war Ogma, der Sohn des Elathan, des Sohnes Dealbadhs, Bruder des Breass ...

Wie Odin, der Bruder von Wili und Wé, war Ogma einer von drei Brüdern. Im *Book of Ballymote* heißt es weiter:

> Ogma, ein der Dialekte und der Dichtung äußerst kundiger Mann, erfand Ogham, das für Zeichen und geheime Rede bestimmt war,

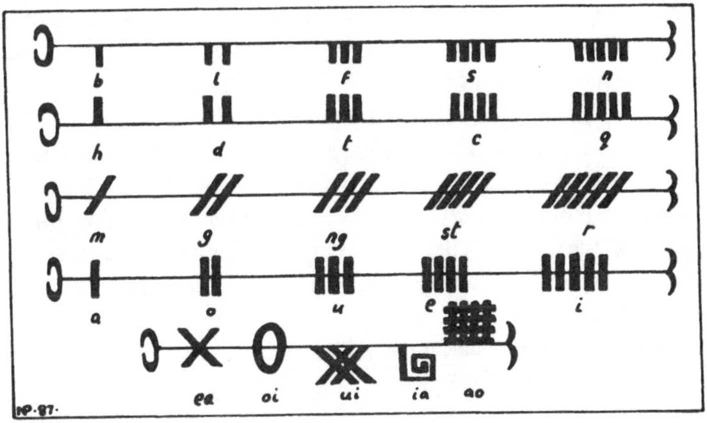

Abb. 29: Die Ogham-Schriftzeichen.

um die nur der Eingeweihte wußte, und von den Gemeinen und Armen des Volkes ferngehalten werden sollte ... Sie heißt Ogham nach ihrem Erfinder Ogma. Der Name stammt ab von Ghuaim, d. h. die Weisheit, durch welche die Barden Lieder erfinden konnten, denn durch ihre Zweige ließen die irischen Barden ihre Verse erklingen.

Im alten, heidnischen Irland gab es große hölzerne «Bücher» mit Oghamzeichen. Es wird berichtet, daß beim Samhain-Fest im Jahre 166 n. Chr. König Art, Sohn des Conn von den Hundert Schlachten, die Barden, Druiden und Ausübenden aller Künste zusammen mit ihren Oghamtafeln versammelte. Zwei Tafeln von ehrwürdigem Alter wurden zu Art gebracht, und als er sie las, fügten sie sich zusammen, und es gelang nicht mehr, sie zu trennen, was man natürlich als ein Omen ansah. Diese Bücher waren hölzerne, fächerförmige Stabtafeln, die, wenn man sie schloß, einen Stab bildeten. Vergleichbare Kalender aus sieben flachen Stäben wurden bis ins 17. Jahrhundert hinein in

Skandinavien verwendet, und die moderne Divination, die als *Saxon Wands* («Sachsenstäbe»)bezeichnet wird, kann durchaus von diesen Stabtafeln herrühren.

Die Oghamzeichen sind nach verschiedenen Bäumen benannt, die wie das *Ältere Futhark* in drei Achtergruppen eingeteilt sind, zu denen für die restlichen Symbole, die wahrscheinlich später hinzugefügt wurden, noch Sträucher dazukommen. Es gibt acht königliche oder Häuptlingsbäume, acht Bauernbäume und acht Büsche. Die Häuptlingsbäume sind Erle, Eiche, Hasel, Wein, Efeu, Schwarzdorn, Ginster und Heidekraut. Die Bauernbäume sind Birke, Eberesche, Weide, Esche, Weiß- und Hagedorn, Stechginster (oder Stechpalme) und Apfelbaum. Die Zuordnung ist ziemlich kompliziert, und mehrere Gelehrte haben bereits versucht, das Vergessene oder Verlorene zu rekonstruieren. Nach Robert von Ranke-Graves, dessen System unter den Ogham-Benutzern am meisten verbreitet ist – es geht zurück auf Roderick O'Flahertys *Ogygia* und besteht bezeichnenderweise aus 18 Buchstaben –, gibt es folgende Entsprechungen:

> Beth (B), Birke; Luis (L), Eberesche; Nion (N), Traueresche; Fearn (F), Erle; Saille (S), Weide; Uath (H), Weißdorn; Duir (D), Eiche; Tinne (T), Steineiche; Coll (C), Haselstrauch; Muin (M), Weinrebe; Gort (G), Efeu; Pethboc (P), Zwergholunder; Ruis (R), Holunder; Ailm (A), Silbertanne; Onn (O), Stechginster; Ur (U), Heidekraut; Eadha (E), Weißpappel; Idho (I), Eibe.

Verschiedene Oghamforscher haben Varianten für diese Zuordnungen und auch Attribute für die übrigen der insgesamt 25 Schriftzeichen vorgeschlagen. Obwohl die Oghamzeichen ursprünglich vielleicht als rituelle Schrift für Gedenksteine oder zur verschlüsselten Übermittlung geheimer Botschaften unter Eingeweihten gedacht waren, werden sie heute letztendlich zu divinatorischen Zwecken benutzt. Die kryptographische Symbolik der Oghamzeichen ermöglicht es dem Wahrsager, sie ähnlich wie die Runen zu verwenden. Colin Murray, der inzwischen verstorbene «Chief of the Golden Section Order», einer druidischen Vereinigung, die den «Bardenstuhl von Caer Llyndain» (London) innehat, entwarf einen Satz Ogham-Divinationskarten, die man ähnlich wie die Tarot-Karten ausbreiten kann. Bei seinem System symbolisiert jeder Buchstabe einen Baum und jeder Baum einen Monat des Mondkalenders; jeder Buchstabe ist ein Schlüssel zu den inneren Welten und ein Talisman. Zu dem vollständigen Kartensatz gehören 25 Schriftzeichen, also das gesamte Ogham-Alphabet, mit einer tabellarischen Liste, von der man die jeweiligen Attribute ablesen kann.

Als einem geheimen Aufzeichnungssystem wurden jedem Zeichen der Oghamschrift zahlreiche Entsprechungen zu Bäumen, Vögeln und Farben zugewiesen, von denen jede in symbolischer Sprache und als eigenständiges Hilfsmittel zur Weissagung verwendet werden konnte. So wird beispielsweise das Oghamzeichen *Fearn,* das dem Buchstaben «F» entspricht, durch die Erle symbolisiert. Aus diesem Baum werden Farbstoffe gewonnen, die für Kleidung verwendet werden können. Aus der Rinde erhält man rote Farbe, die für das Feuer steht, aus den Blüten Grün, das Symbol für Wasser, und aus den Zweigen braunen Farbstoff, ein Sinnbild für die Erde. Ein rot, grün und braunes Gewand symbolisiert demnach die Kraft des Feuers, die Erde vom Wasser zu befreien. Der Baum wird mit dem Raben in Beziehung gebracht, dem heiligen Vogel des Heldenkönigs Bran, und hilft dabei, gegen Wasser gefeit zu sein. Erlenholzpfähle wurden als Fundamente für Sakralbauten verwendet, die aus Gründen der Erdharmonie auf nassen Wiesen errichtet werden mußten, wie etwa die Kathedrale zu Winchester. Die Erle wie das Oghamzeichen *Fearn* verweisen auf den Zeitraum vom 19. März bis zum 14. April und auf die entsprechende Himmelsrichtung. Die Jahreszeit ist symbolhaft, weil die spiralförmige Anordnung der Knospen die Kraft des Wachstums veranschaulicht, die zu dieser Jahreszeit besonders deutlich in Erscheinung tritt. Derartige Reihen von Übereinstimmungen gibt es für jedes Zeichen des Ogham-Alphabets. Hier seien nur einige Beispiele genannt:

Bst.	Baum	Vogel	Farbe	Zeitraum
B	Birke	Besan (Fasan)	Ban (weiß)	24.12.–20.01.
L	Eberesche	Lachu (Ente)	Liath (grau)	21.01.–17.02.
N	Esche	Naescu (Schnepfe)	Necht (durchsichtig)	18.02.–18.03.
F	Erle	Faelinn (Möwe)	Flann (purpurrot)	19.03.–14.04.
S	Weide	Seg (Habicht)	Sodath (feuerfarben)	15.04.–12.05.
H	Weißdorn	Hadaig (Nachtkrähe)	Huath (dornfarben)	13.05.–09.06.
D	Eiche	Droen (Zaunkönig)	Dub (schwarz)	10.06.–07.07.
T	Stechpalme	Truith (Star)	Temen (dunkelgrau)	08.07.–04.08.
C	Haselnußstrauch	Corr (Kranich)	Cron (braun)	05.08.–01.09.
M	Weinrebe	Mintan (Meise)	Mbracht (bunt)	02.09.–29.09.
G	Efeu	Geis (Stummer Schwan)	Gorm (blau)	30.09.–27.10.
Ng	Schilf	Ngeigh (Gans)	Nglas (grün)	28.10.–25.11.
R	Holunder	Rochat (Saatkrähe)	Ruadh (blutrot)	26.11.–23.12.

Über diese Periodisierung des Jahres hinaus werden die vier Haupthimmelsrichtungen durch die Tagundnachtgleichen und die Sonnenwenden repräsentiert. Hier gibt es eine Anfangs- und eine End-Wintersonnenwende, die auf den alten keltischen Zyklus der Erfüllung («nach Jahr und Tag») verweisen, den man noch beim modernen Wicca findet. Die Vokale entsprechen den jahreszeitlichen Richtungen:

Bst.	Baum	Vogel	Farbe	Zeitraum
A	Tanne	Airdhircleog (Kiebitz)	Ahad (scheckig)	Wintersonnenwende (1)
O	Stechginster	Odorscrach (Kormoran)	Odhar (Graubraun)	Tagundnachtgleiche (Frühling)
U	Heidekraut	Uiseog (Feldlerche)	Usgdha (harzfarben)	Sommersonnewende
E	Weißpappel	Ela (Pfeifschwan)	Erc (Rot)	Tagundnachtgleiche (Herbst)
I	Eibe	Illait (Adlerjunges)	Irfind (Weiß)	Wintersonnenwende (2)

Die Oghamzeichen haben auch numerische Entsprechungen, die mit symbolischen Zahlenfunktionen zu tun haben, die aus der Zeit stammen, als sich die Mathematiker der Zahlen noch nicht bemächtigt hatten.

A = 1; O = 4; U = 5; E = 2; I = 3.

In dieser Anordnung entsprechen die Vokale dem Jahreszyklus. A steht für die Eins als die Neujahrsgöttin des Anfangs; O entspricht der Vier, der Frühlingsgöttin des Aufkeimens, Eostre; U, die Fünf, ist die blattreiche Jahresmitte, der mittsommerliche, zentrale Gleichgewichtspunkt; E ist die duale Herbstgöttin des Kampfes und der Brunft; I ist schließlich die dreifache Göttin der Wintersonnenwende.

Diese Entsprechung von Buchstabe und Zeit gibt es auch bei dem kürzeren Wochenzyklus:

Buchstabe	**Baum**	**Tag**
B	Birke	Sonntag
S	Weide	Montag
T	Stechpalme	Dienstag
N	Esche	Mittwoch
D	Eiche	Donnerstag
Q	Apfel	Freitag
F	Erle	Samstag

Hinsichtlich der divinatorischen Bedeutung der Oghamzeichen gibt es weitaus weniger Belege und eine weniger weit entwickelte Tradition als bei den Runen, bei denen von alters her eine gewisse Kontinuität gegeben ist. Als Rekonstruktion eines Systems ist die Oghamschrift aber von großem Interesse; für die Menschen aus dem keltischen Kulturkreis mußte sie ein wichtiges divinatorischen Hilfsmittel sein.

Die hier genannten Entsprechungen können als Grundlage für die eigene Meditationen und die divinatorische Praxis herangezogen werden.

Die Ausrichtung der Muster

Unser Platz im Kosmos, im Raum wie auch in der Zeit, hängt größtenteils mit der äußeren Form unseres leiblichen Körpers zusammen. Wir sind zweiseitig symmetrische Lebewesen, mit Vorder- und Rückseite, einer linken und einer rechten Seite, und natürlich erfahren wir die Welt nach Maßgabe dieser Richtungsverhältnisse. Unabhängig davon, ob wir diese Art der Wahrnehmung bewußt registrieren, ist sie unserem Wesen angeboren, und sie beeinflußt unwillkürlich unsere Interpretation des Wesens der Realität. Die natürliche vierfache Einteilung dieses dem Körper inhärenten Wahrnehmungsfeldes taucht wieder in den Mustern und Strukturen auf, die wir erkennen. Es bildet auch die Grundlage der Astrologie, Divination und Geolokation, denn im Zentrum dieser vierfachen Einteilung steht die Person, das Individuum. In der freien Natur wie auf Spiel- oder Divinationsbrettern ist dieser zentrale Punkt der Nabel der Welt, der in der geomantischen Terminologie mit dem griechischen Wort *omphalos* bezeichnet wird. Beim Menschen ist der Nabel das Überbleibsel der Nabelschnur, die das ungeborene Kind mit der Plazenta im Mutterleib verband. Durch den *omphalos* ist die materielle Welt mit der kreativ schaffenden Oberwelt und mit dem komplementären Gegenstück, der zerstörerischen Unterwelt, verbunden. Diese heilige Kosmologie war auf der ganzen Erde verbreitet, und in Europa durchdrangen diese Vorstellungen die Religionen der nordisch-germanischen und der keltischen Völker.

Die Artefakte, die aus der Umsetzung dieser Auffassungen hervorgingen, sind in der traditionellen Gestaltung der Landschaft und der Anlage städtischer Ansiedlungen erkennbar. Den alten Prinzipien der Erdharmonie entsprechend sind sie um eine lokale kosmische Achse im Zentrum eines vier- oder achtfachen Areals gegliedert. Die örtliche Bestimmung und die Verwaltung solch mächtiger Zentren gehörten zu den wichtigsten Aufgaben der Auguren und Lokatoren des alten Europa. Wie der Geist des Einzelnen sein Zentrum im Körper hat und wie der Körper einen Platz im Raum haben muß, so glaubte man, sei der «Geist» des Ortes, der *genius loci,* an einer bestimmten Stelle zu lokalisieren, am lokalen Nabel. Und wie der Geist des Menschen selbständig existiert, doch zugleich Teil des göttlichen Funkens ist, so ist der lokale «Geist» des Ortes ebenso individuell wie das lokale Zentrum, aber dennoch identisch mit dem archetypischen Mittelpunkt. In der freien Landschaft bilden diese zentralen Nabelstellen die festen Punkte, an denen jene, die darauf eingestimmt sind, andere Bewußtseinsebenen und geistige Entwicklung erreichen können.

An den mächtigsten Zentren jeder Gegend entstanden die wichtigsten Heiligtümer des Landes, die Sitze von Herrschern und Regierungen sowie die Altäre der obersten Gottheiten. Wichtige nationale *omphaloi* wie etwa Delphi werden oft mit schamanischen Praktiken wie rituellen Weissagungen im Auftrag des Staates und mit Prophezeihungen des Orakels assoziiert. Die Hilfsmittel, derer man sich bediente, sind ebenso unterschiedlich wie der jeweilige Charakter der einzelnen Stätten. Die mittelalterlichen Labyrinthe auf den Fußböden französischer Kathedralen unterscheiden sich völlig vom Heiligtum in Delphi, und doch sind sie nur ein später entstandener Ausdruck des gleichen Phänomens. Ihre Anlage hängt direkt mit der vierfachen Gliederung der Welt zusammen, mit numerischen und geometrischen Beziehungen sowie mit der Anlage von Spielbrettern. Diese in sakralen Bauten geschützten und an den wichtigsten Kraftfeldern positionierten Labyrinthe stellen offensichtlich die Symbolik einer fortschreitenden Entwicklung auf dem geistigen Weg dar, der als Parallele zum Aufstieg der kosmischen Achse zu Gott anzusehen ist, und somit fassen sie die gesamte symbolische Botschaft in einer meisterhaften Synthese zusammen.

Die Entdeckung eines solchen Kraftfeldes, seine genaue Bestimmung und der geomantische Akt ist im Mythos der Drachentötung enthalten, wie man ihn in den Sagen von den heidnischen Heroen Siegfried und Beowulf, den christlichen Heiligen Beatus, Georg, Leonhard, Martha und Michael sowie dem weltlichen Ritter Lord Lambton findet. Zu jeder dieser Sagen oder Legenden gehören mehr oder weniger genau bestimmte Plätze und entsprechende Bedeutungen. In den Erzählungen symbolisiert ein Drache, ein Wurm oder eine Schlange die geistigen Energien, die an diesen Kraftfeldern, verwirrend und gefährlich, im Erdreich oder in den darunterliegenden Felsformationen frei ihr Unwesen treiben. Die Bestimmung des mächtigsten und geeignetsten Ortes für die Bannung oder Fixierung dieser geistigen Kräfte war Aufgabe des Lokators, der nach langem und peinlich genauem Untersuchen der Stätte den richtigen Ort und Zeitpunkt für den geomantischen Akt festsetzte. In diesem vorbestimmten Augenblick, in dem die geistigen Kräfte am gefügigsten und am besten unter Kontrolle zu bringen waren, rammte der Lokator auf dem Höhepunkt der Gründungszeremonie einen langen Nagel, einen Pflock, eine Lanze oder ein Schwert in den Boden. Ferner wurden Aspekte wie etwa lokale Bräuche, astrologische Gegebenheiten und andere geheime Methoden und Techniken herangezogen, um die Wirksamkeit des geomantischen Akts sicherzustellen.

Mit dem Durchstoßen des Bodens an der optimalen Stelle glaubte man den bedrohlich umherschweifenden Geist dauerhaft an einen zugänglichen Ort zu bannen. Viele Darstellungen des geomantischen Akts zeigen, wie der Held den Drachen mit einem Stab, einem Schwert oder einem Speer durchbohrt, oft durch den Kopf, um ihn am Boden festzunageln. So ist es auch auf dem Taufstein der Kirche zu Avebury (in Wiltshire, England) zu sehen, einem Dorf innerhalb einer gewaltigen Megalithanlage; hier wird das Reptil mit einem Bischofsstab erlegt. Eine spätere Darstellung dieser Tat, Paolo Uccellos berühmtes Gemälde des Heiligen Georg im Kampf mit dem Drachen (es hängt in der National Gallery in London), zeigt, wie das Untier von einem hoch zu Roß sitzenden St. Georg getötet wird, der es mit seiner Lanze am Boden festrammt. Der Drache wird von der Jungfrau, die der Ritter offenbar aus seinen Klauen befreit, locker an einer Leine gehalten.

Das Binden oder Lähmen des Drachens, das wohl dem endgültigen Bannen vorausgeht, hat Entsprechungen in verschiedenen Mythen, in denen es darum geht, andere dämonische Wesen zu fesseln oder zumindest zu versuchen, sie in ihrem Wirken einzuschränken. In den skandinavischen Überlieferungen gehören dazu der Trickster Loki, der Gott der Diebe, der schreckliche Wolf Fenrir und die Midgardschlange. In den alten Legenden Britanniens gibt es das Wassermonster Addanc und in der jüdisch-christlichen Tradition den Satan. Nach den mythologischen Schilderungen sind viele dieser Ungeheuer und Dämonen die Ursache von Erdbeben. Ein Held überwindet sie im Kampf, und sie werden in die Unterwelt verstoßen, wo sie sich hin und wieder unter der Qual ihrer Fesseln winden und somit die Erde erschüttern. In der nordischen Sage liegt eines dieser Ungeheuer, die Midgardschlange oder auch Jörmungard, ungezähmt im Bett des Weltmeeres, wo sie durch ihre Bewegungen verheerende Flutwellen und Erbeben verursacht. Thor versucht, sie herauszufischen, doch seine Versuche schlagen fehl, und die Erdbeben halten an.

Im 20. Jahrhundert haben geologische Forschungen ergeben, daß Seebeben und die damit zusammenhängenden Flutwellen durch Bewegungen der ozeanischen Bergrücken hervorgerufen werden, denen man in poetischer Ausdrucksweise durchaus eine schlangenähnliche Form zusprechen könnte. Auf der anderen Welthalbkugel besagt die Überlieferung der Japaner, daß Erdbeben und *tsunamis* (Flutwellen) durch den *namazu*, den dämonischen Riesenkatzenfisch, verursacht werden. Um zu verhindern, daß sich dies wiederholt, befahl der oberste Gott des Kashima-Schreins nach jedem Beben dem *Daimyojin*, den «Nietfels der Welt» *(Kaua-mi-ishi)*, der wie die westlichen *omphalos*-Steine geformt ist, durch den Kopf des Katzenfisches zu hämmern. Die Verbindung, die wir auf der ganzen Welt zwi-

Abb. 30: Der Heilige Beatus vertreibt den Drachen aus der heiligen Höhle vom See Thun bei Interlaken (mittelalterlicher Stich aus der Schweiz).

schen der gebundenen Schlange oder dem gefesselten Dämon und Erdbeben finden, stand definitiv in Zusammenhang mit Techniken der Erdharmonie. Die traditionelle Verknüpfung und die tatsächliche örtliche Identifikation einer bedeutenden Schweizer Drachentöterlegende mit den Beatushöhlen, die in der Nähe einer größeren Verwerfüng in den Alpen bei Interlaken liegen, zeugt von einigem intuitiv-geologischen Scharfsinn, der in den alten Geschichten steckt.

Der geophysikalische Zusammenhang

Diese natürlichen Stätten der Orakelwirksamkeit und prophetischen Charakters haben gemeinsame Merkmale, die ihre Wahl auf geologische Gründe zurückführen lassen. Viele der Orte, an denen Sibyllen oder Heiligen Offenbarungen zuteil wurden oder an denen Befragungen des Orakels stattfanden, liegen an Quellen, bei denen Wasser aus dem Boden tritt, oder an unterirdischen Stellen mit starker geologischer Aktivität. Das Orakel in Delphi lag über einer geologischen Verwerfung an einem Platz, der heute bekanntermaßen für geophysikalische Störungen anfällig ist, und das seltsame Verhalten der Quelle bei Dodona weist auch hier auf eine Unregelmäßigkeit in der geologischen Formation hin. In der Nähe von Interlaken (Schweiz) kommt bei den Beatushöhlen, dem sagenhaften Ort einer Drachentötung, der sich auf einer größeren geologischen Bruchstelle befindet, ein unterirdischer Fluß zum Vorschein.

Es gibt viele Beispiele für menschliche Reaktionen auf ungewöhnliche geologische Phänomene, die sehr an die Orakel von ehedem erinnern. Die Ereignisse, die sich in der Gegend um Barmouth in Wales zu Beginn des 20. Jahrhunderts zutrugen, gewähren uns einen wichtigen Einblick in diesen Zusammenhang zwischen Ort, Phänomen und eher traumatischer religiöser Erfahrung. In seinem Buch *Earth Lights (Erdlichter)* hat Paul Devereux neben vielen anderen Fällen geologischer Lichtphänomene die bemerkenswerte Reihe von Erscheinungen detailliert beschrieben. Er berichtet, daß zwischen Weihnachten 1904 und Juli 1905 in dem Gebiet um die Stadt Harlech und die Dörfer Egryn, Duffryn, Llanfair und Tal-y-Bont eine beträchtliche Anzahl nicht identifizierter Lichter verschiedener Gestalt und Form über und nahe dem Boden zu sehen waren. Viele zuverlässige Zeugen beobachteten glänzende Lichtstrahlen, «Feuerbälle», manche davon tiefrot, und aus Licht oder Feuer gebildete Säulen. Den Berichten zufolge gingen viele vom Erdboden aus, einige in unmittelbarer Nähe der Kapellen von Egryn und Llanfair. Ein Licht erschien tatsächlich über der Kapelle von Egryn, die Mittelpunkt einer von der Lokalprophetin Mary Jones angeführten religiösen Erweckungsbewegung war. Zeuge war ein Reporter der Londoner Zeitung *The Daily Mail.* «Plötzlich, es war um 20.20 Uhr, sah ich etwas, was ein Feuerball über dem Dach der Kapelle von Egryn zu sein schien», schrieb er. «Er kam von nirgendwo her und war von einem Augenblick zum nächsten einfach da. Er hatte ein gleichmäßiges, intensives gelbes Leuchten und bewegte sich nicht.» Ein weiterer Zeuge gesellte sich hinzu, und der Berichterstatter fuhr fort: «Wir beobachteten das Licht gemeinsam. Es schien mir doppelt so hoch zu sein wie die Kapelle, schätzungsweise an die 17 Meter, und es hob sich mit elektrisierender Lebendigkeit von den umliegenden Bergen dahinter ab. Nachdem alles etwa eineinhalb Minuten gedauert hatte, verschwand es plötzlich.»

In seinem Buch legt Paul Devereux die enge Wechselbeziehung zwischen dieser Art von Phänomenen und tektonisch aktiven Verwerfungslinien in Erbebengebieten dar. Obwohl der Mechanismus, durch den genau diese Lichterscheinungen zustande gekommen sind, nicht vollständig geklärt ist, scheint es, daß die Lichter um Barmouth durch ein Erdbeben hervorgerufen wurden, das sich im Jahre 1903 entlang der Bala-Falte ereignet hatte und das ungewöhnliche geophysikalische Phänomen auslöste. Seit damals sind Lichterscheinungen im Zusammenhang mit Erdbeben und Erdstößen an vielen Orten belegt und auch zum Gegenstand wissenschaftlicher Untersuchungen geworden.

Es sind viele Interpretationen aufgezeichnet worden, denen zufolge diese geologisch bedingten Lichtphänomene menschliche Gestalten waren, die möglicherweise auch als Götter, Engel oder andere himmlische Wesen angesehen wurden. Dies führt zu der Schlußfolgerung, daß die ursprüngliche Geolokation vieler heiliger Stätten, wie etwa der *omphaloi* und der Kapelle zu Egryn, selbst eine Reaktion auf solch unvermutete Phänomene war. Sehr zutreffend ist Paul Devereux' Analyse dieser komplexen Zusammenhänge. Er führte aus:

> Die Stätten, an denen optimale Bedingungen zusammenkamen, wurden in alter Zeit divinatorisch ermittelt. Man studierte die Bewegungen von Sonne und Mond, man führte Aufzeichnungen über ihre Wirkungen auf das menschliche Gemüt und den Erdkörper und verglich die Daten über Generationen hinweg. Die Phantome und merkwürdigen Lichter, die sich in ihrer Umgebung zeigten, wurden von diesen großen Menschen beobachtet. Die Orte in der Landschaft, an denen sie die Kräfte oder Energien am stärksten durch ihr Wesen fluten spürten, wurden untersucht. Die Beschaffenheit solcher Orte wurde mit Hilfe bewährter divinatorischer Verfahren von Menschen erkannt, die über ebenso scharfe wie empfindsame Sinneswahrnehmungen verfügten. Das gelegentliche Glühen und die Kraftströme, die von gewissen Bergkuppen ausgingen, hatten solche Orte schon längst als heilig gekennzeichnet, als Stätten, die sich für magische und spirituelle Versammlungen eigneten – als Stätten, wo man mit der Natur Zwiesprache halten konnte, wo der Geist den Körper verlassen konnte.

Diese Kraftfelder, an denen die Grenzen zwischen dem Materiellen und dem Nichtmateriellen, zwischen den Lebenden und den Toten, zwischen Vergangenheit, Gegenwart und Zukunft durchlässig oder fließend sind, bezeichnen die Orte, die sich am besten für schamanische Verrichtungen, Orakelweissagungen und die Ausführung heiliger Riten eignen.

Der Zusammenhang zwischen der Gruppe von Lichtphänomenen um Egryn und einer religiösen Erweckungsbewegung ist wichtig, denn aus der Gegend um Barmouth sind Beispiele beider Phänomene, die zur gleichen Zeit am selben Ort stattfanden, dokumentiert. Nach Ansicht von Paul Devereux könnten die außergewöhnlichen elektromagnetischen Phänomene, die mit den tektonischen Vorkommnissen einhergingen, mentale Prozesse ausgelöst haben, die den ansteckend wirkenden religiösen Eifer hervorriefen, den Mary Jones an den Tag legte. Obwohl sie bereits ein frommer, religiöser Mensch war, gab es sicher irgendwelche Verbindungen zwischen dem von Mary Jones angeführten prophetisch-religiösen Erwekkungseifer und den elektromagnetischen Phänomenen, die in den Jahren 1904 und 1905 bei ihrer Kapelle und in der Nähe auftraten. Die Kraftfelder, die durch die enormen Spannungen bei seismischen Bewegungen entstehen, scheinen diese Erscheinungen auszulösen, die unmittelbare, wenn auch sehr feine Auswirkungen auf den menschlichen Organismus haben. Zwar gibt es kaum Informationen über diese Wechselwirkungen, doch legen dokumentierte Beweise aus heutiger Zeit sowie historische Quellen und Legendensammlungen die Annahme nahe, daß zwischen diesen Phänomenen und religiösen Erfahrungen wirklich ein Zusammenhang besteht; dazu gehören auch die eher prophetischen, erweckenden und schamanischen Elemente. Wenn die großen Orakelzentren wie Delphi und Dodona Orte waren, an denen ungewöhnliche Phänomene auftraten, was durchaus wahrscheinlich ist, dann leuchtet es ein, daß sich an solchen Stätten das geregelte Ausströmen von Energien mit menschlichen Gehirnmustern verbinden und zu Veränderungen des Bewußtseinszustands führen kann.

Wissenschaftliche Untersuchungen über die Auswirkungen elektrischer Felder auf den menschlichen Körper haben uns einen Einblick in die Erfahrungen gewährt, die an einem Ort mit elektromagnetischen Wellen möglich sind. Gerade im Bereich der sogenannten nichtthermischen Effekte elektrischer Felder finden wir einen faszinierenden Schlüssel zu Orakelvisionen und -stimmen. Nichtthermische Effekte sind das Ergebnis der Einwirkung elektrischer Felder auf den menschlichen Körper, die keine Erwärmung verursachen und somit für gewöhnlich kaum beachtet werden. Unter den nichtthermischen elektrischen Effekten sind die Phänomene der sogenannten *Phosphene* am interessantesten. Sie treten auf, wenn Menschen im Bereich magnetischer Felder mit niedriger Frequenz den Eindruck haben, Lichtblitze zu sehen, die überhaupt nicht da sind. Diese Blitze sind normalerweise weiß oder weisen gelegentlich einen leichten Blau- oder Gelbton auf. Man glaubt, daß sie von elektromagnetischen Wirbelströmen hervorgerufen werden, die direkt auf die Netzhaut des Auges einwirken. Natürlich nimmt man solche Phosphene bei Tageslicht nicht wahr, aber bei Nacht können sie Personen, die damit rechnen, an Orten mit magnetischen Störungen leicht begegnen. Diese Effekte haben bestimmte Auswirkungen auf das Wahrnehmungsvermögen, die den Erfahrungen von Schamanen und Sehern bei ihren Kraftfeldern ähneln. Dies legt die Vermutung nahe, daß diese Stätten möglicherweise die Orte sind, an denen man meßbare elektrische Vorgänge findet, wenn man zur Suche die richtigen Instrumente verwendet. In der Vergangenheit, als Kraftwerke zur Stromerzeugung, Überlandleitungen und Kommunikationsnetze – Ursachen für eine in globalem Maßstab enorme elektrische Umweltverschmutzung – noch nicht allgemein verbreitet waren, empfanden die Menschen eine völlig anderes elektromagnetisches Umfeld als wir heute. Das Auftreten dieser Effekte ließe sich genau an den Plätzen lokalisieren, an denen man auf das Phänomen der Erdlichter traf.

Eine weitere Erscheinung, die man mit den prophetischen Stätten in Verbindung bringen könnte, sind die sogenannten Radiogeräusche. Die Forschungen von Allan H. Frey haben ergeben, daß Menschen in der Lage sind, elektromagnetische Energie akustisch wahrzunehmen. Sie kommt als Brummen, Zischen und Knacken scheinbar hinter dem Kopf hervor, als ob man Musik mit Stereokopfhörern hörte. Schon seit langer Zeit berichten Menschen von mysteriösem Summen und Brummen, das scheinbar aus dem Nichts kommt. Dieses Phänomen bezeichnete man mit einem Kunstwort, das aus *hum–drone–buzz* («summen–dröhnen–brummen») zusammengesetzt wurde, als *hummadruz*. Dies scheint ein Aspekt eines Phänomens zu sein, von dem medial begabte Menschen berichteten, die es vor allem mit heiligen Stätten in Verbindung brachten. Ihre Erfahrungen wurden als «das Singen» bezeichnet, weil es sich um einen anhaltenden vibrierenden Ton handelt, der nur für Menschen mit entsprechender Wahrnehmungsfähigkeit hörbar ist. Er wird als summender, hoher Schwingungston beschrieben, der dem eines weit entfernten Dynamos ähnelt, aber, wie es bei den wissenschaftlich untersuchten Radiogeräuschen der Fall ist, so wahrgenommen wird, als entstünde er hinter dem Kopf. Am häufigsten wird von diesem «Singen» an Plätzen mit «heiligen Kräften« berichtet, insbesondere an geweihten Stätten wie etwa Kirchen, wo rituelle Handlungen stattfinden.

Das bekannte Medium Rosalind Heywood schilderte den Effekt in einer Kirche so, als ob er von einer inneren Kraft verursacht wäre, die aus den Altar hervorströme. Für sie war der Eindruck in Kirchen stärker, in denen das Sakrament, also eine geweihte Hostie, aufbewahrt wurde. Für diejenigen, die ihn wahrnehmen können, ist dieser Ton in der unberührten Natur, etwa auf Berggipfeln oder in Wäldern, am deutlichsten zu hören, wo die «Geister der Natur» am stärksten sein sollen. Ein geschulter Wahrsager mag solche Geräusche als Stimmen von Geistern oder Göttern interpretiert haben. Bei den Tönen, die beispielsweise die Seher in Dodona hörten, kann es sich um Radiogeräusche gehandelt haben, die von den natürlichen elektrischen Feldern der Erde erzeugt wurden. Manche Menschen sind für diese Radiogeräusche empfänglicher als andere, und es gibt Berichte von Personen, die natürliche Entladungen wie das Polarlicht und in die Erdatmosphäre eintretende Meteore «hören».

Sucht man nach alten künstlerischen Darstellungen dieser Erdlichterscheinungen, so fällt unwillkürlich die Ähnlichkeit zwischen den Lichtmustern und den alten Formen der Gebilde auf, die benutzt wurden, um den Mittelpunkt einer gegliederten Landschaft zu markieren. Der *omphalos* und die ihm entsprechende kosmische Achse oder der Weltenbaum sind Formen, die als Lichterscheinungen gesehen wurden und die mit Orten tektonischer Aktivität verbunden sind. In alter Zeit hätte man auch manche der Formen so gedeutet, von denen in unseren Tagen in vielen belegten Sichtungen von Erdlichtern die Rede ist. Nach unabhängigen Berichten, die von vielen verschiedenen Orten stammen, sind die charakteristischen Formen dieser Erscheinungen eine Halbkugel am Boden, ein schwebender kugelförmiger Körper, eine einzelne Lichtsäule oder mehrere Säulen zusammen. Manchmal haben diese Säulen oben einen «Kreuzbalken», so daß sie wie der Buchstabe «T» oder die Trilithen von Stonehenge aussehen. Unter gewissen Umständen scheinen die Säulen einen menschenähnliche Gestalt zu haben, die bei Nacht als «weiße Dame» gedeutet wird, bei Tag aber eher als dunkles, rauchgraues Gebilde wahrgenommen wird.

In den Berichten über solche Erdlichter heißt es meist, daß es sich um pulsierende, sich ständig verändernde und eher flüchtige Erscheinungen handelt. Manchmal sahen Beobachter von Lichtern in Bodennähe halbkugel- oder kugelförmige Formen mit flackernden «Kaulquappen aus Licht» oder pulsierenden, irisierenden Streifen. Im November 1940 beispielsweise sah ein Mann aus Coventry, der gerade in seinem Garten arbeitete, einen blaßgrünen Lichtball von gut 60 cm Durchmessern, den er als «eine Masse sich windender Lichtstreifen» schilderte. Dies erinnert stark an die rätselhaften Muster auf verschiedenen alten *omphalos*-Steinen, die verschiedentlich als «Haarbänder, belaubte Zweige, Netzwerk und Wollstränge» beschrieben wurden. In Irland weist der Turoe-Stein, ein keltischer *omphalos*, ähnliche Wirbelmuster auf, die in ihrer Art an der Stil von *La*

Tène erinnern. *Omphalos*-Steine können durchaus dauerhafte Darstellungen von Energieknoten sein, die einmal an diesen Orten festgestellt wurden; in der Folge wurden sie dann als Stätten anerkannt und genutzt, die unter dem Einfluß besonderer Kraftfelder standen. Wahrscheinlich waren solche Steine früher auch bemalt, um die schimmernden, irisierenden Muster wiederzugeben, die Beobachter solcher Lichtbälle in der Regel schilderten.

Die Menschen des antiken Zypern verehrten die Venus in Form eines *omphalos,* der wie eine Säule aussah. Dies entspricht den Erdlichterscheinungen, die als «weiße Dame» gedeutet wurden, wenn man in einer Lichtsäule eine menschliche Gestalt zu erkennen glaubte. In Paphos auf Zypern gab es ein berühmtes Apollo-Orakel, bei dem eine Statue des Gottes auf einem *omphalos* stand, der die Form eines Bienenstocks hatte. Interpretiert man den *omphalos* als ein Erdlicht, so könnte dieses Ensemble von Figur und Stein die Darstellung der Erscheinung eines bodennahen Lichtflecks sein, der sich in eine Säule mit menschlicher Gestalt verwandelte, welche die anwesenden Gläubigen für eine Offenbarung des Apollo hielten.

Je nach der Örtlichkeit und dem kulturellen Hintergrund der jeweiligen Bevölkerung sah man solche Visionen als Drachen, die von dem Ausführenden des geomantischen Aktes getötet werden mußten, um die Ordnung wieder herzustellen und weiteren Erdbeben vorzubeugen. Solche Orte wurden zu den Hauptsitzen von Göttern und Heiligen. In Britannien findet man zu den heiligen Bergen mit ihren alten Kirchen, die dem Heiligen Michael geweiht sind, oder zu den Katharinen-Kapellen auf Gipfeln oft Entstehungslegenden, die sehr gut ins Bild passen. Darstellungen der christlichen Ikonographie zeigen, wie der Heilige Michael den Teufel in Gestalt einer Schlange oder eines Drachen bezwingt, und die Heilige Katharina wird mit dem brennenden, achtspeichigen Rad in Verbindung gebracht. Das Rad der Heiligen Katharina ist zugleich auch das «Glücksrad», das ihr einige der Attribute der Göttin Fortuna verleiht; im Norden Europas gilt sie auch als Erscheinungsform der Sonnengöttin Sól, denn nach germanischer Überlieferung ist die Sonne weiblich und der Mond männlich. Der berühmteste Michaelsberg in Großbritannien, der *Glastonbury Tor,* zu dessen Geschichte ein Geisterschloß, seltsame Erscheinungen und Phantomlichter gehören, wurde in der Vergangenheit von mehreren Erdbeben in Mitleidenschaft gezogen; ein größeres, das die Michaelskirche auf dem Gipfel weitgehend zerstörte, ließ nur den Turm unversehrt, der noch heute dort steht.

Die Wechselwirkung zwischen diesen Kraftfeldern und dem menschlichen Bewußtsein macht gerade das Besondere aus und ermöglicht es den Menschen, dort orakelhaftes Wissen oder göttliche Offenbarung zu erlangen. Vielen Theorien zufolge verbinden sich die extremen Emotionen, die an diesen Plätzen geweckt werden, mit der bereits vorhandenen Aura der Stätte, um etwas ganz Besonderes zu schaffen, bis sie dann schließlich durch den Einweihungsritus in feste Bahnen gelenkt werden. Der bekannte Theosoph C. W. Leadbeater meinte, daß immer dort, wo es zu irgendeiner gewaltigen seelischen Störung gekommen ist, wo Schrecken, Schmerz, Leid, Haß oder irgendeine andere Art intensiven Gefühls von überwältigendem Ausmaß erfahren wurde, ein derart nachhaltiger Eindruck in das Astrallicht geprägt werde, daß selbst eine Person, die nur einen Schimmer psychischer Sensibilität besitzt, davon ganz einfach tief beeeindruckt sein muß.

Wenn diesen emotionsgeladenen, ortsgebundenen Erinnerungen Geistererscheinungen und andere psychische Phänomene zugeschrieben werden können, dann müssen schamanische Offenbarungen den gleichen Effekt haben. Die Weihe eines solchen Ortes für das Wiederholen von Orakelhandlungen kann man als die Erzeugung geplanter, künstlicher Ortserinnerungen betrachten, die einen Eindruck im Astrallicht der betreffenden Stätte hinterlassen. Viele Okkultisten haben Versionen dieser Feldtheorie untersucht und sind zu ähnlichen Schlußfolgerungen gekommen. Dion Fortune behauptete, daß immer dann, wenn an einen Ort Gebete oder ganz konzentrierte Wünsche gerichtet werden, ein «elektrischer Wirbel» entsteht. Für eine gewisse Zeit besitzt dieser «Wirbel» ein Eigenleben, das von den Menschen gespürt und genutzt werden kann. Fortune glaubte, daß Heiligtümer, Tempel und später auch Kirchen um solche «Energiekörper» errichtet wurden. Wenn es solche «Energiekörper» gibt, dann müssen sie eine Struktur besitzen, und es scheint, daß sie sich auf der Erdoberfläche als Gitternetz und auf anderen Ebenen als kosmische Achse zeigt.

Die kosmische Achse

In allen Überlieferungen gilt der zentrale *omphalos* als der Ort, der die untere, die mittlere und die obere Welt miteinander verbindet. Diese begriffliche Ausrichtung kennt man als *Axis Mundi,* die Weltachse oder kosmische Achse. Dem alten Glauben Britanniens liegt ein einheitliches System der Kosmologie oder der Geographie des Bewußtseins zugrunde. Die alten Traditionen der Barden und Druiden, die von dem großen walisischen Barden Llewellyn Sion von Glamorgan (ca. 1560–1616) aus alten Handschriften zusammengetragen wurden, die er im Raglan Castle fand, bieten die in sich geschlossensten Beschreibungen dieser Systeme. Nach dieser Überlieferung verbindet die kosmische Achse vier «Kreise des Seins» miteinander, die man sich als kreisförmige Flächen vorstellt, welche in der Mitte von der Achse selbst durchdrungen sind. Eigentlich hat der menschliche Geist Zugang zu nur dreien, denn die oberste, *Ceugant,* ist einzig Sitz des transzendenten Schöpfergottes, der bei den Barden den Namen Hên Ddihenydd trug.

Der Kreis oder die Fläche unmittelbar unterhalb der göttlichen Ebene *(Ceugant)* ist *Gwynvyd,* das «weiße Land», dessen Name übertragen soviel wie «Glückseligkeit» bedeutet. Hier wohnen die Erleuchteten – die Heiligen und jene Menschen,

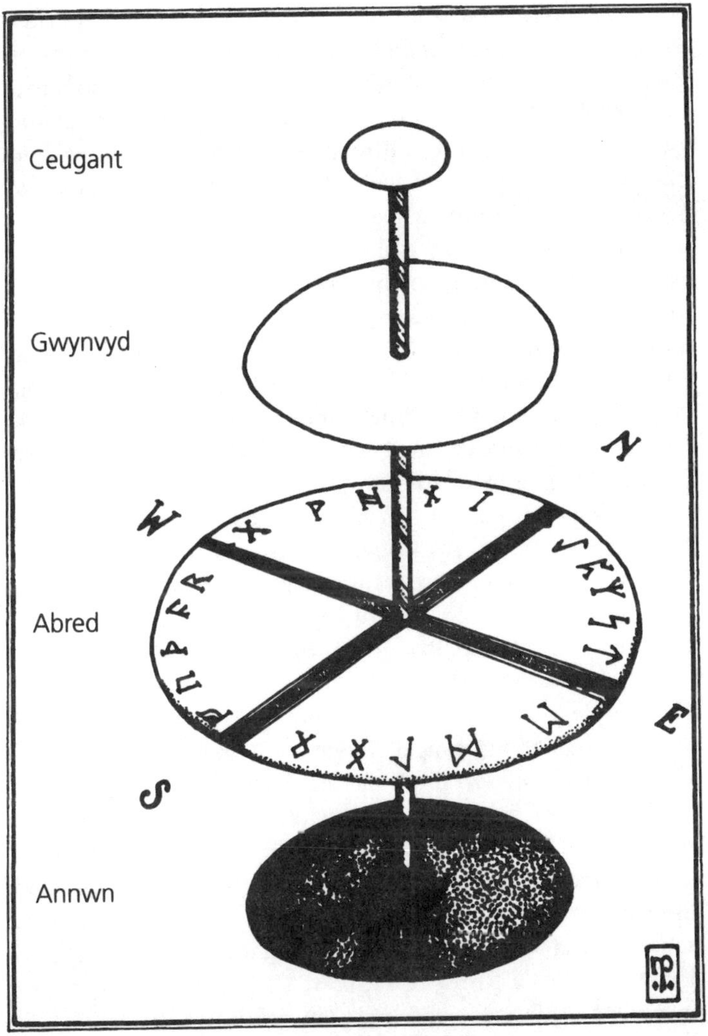

Abb. 31: Die kosmische Achse, wie sie in der alten Überlieferung der Barden Britanniens beschrieben wird.

die über den Reinkarnationszyklus ihres Erdendaseins hinausgelangt sind. Darunter befindet sich die Mittelwelt, die irdische Ebene, die *Abred* genannt wird, aber auch *Adfant,* was soviel wie «der Platz mit dem umgekehrten Rand» bedeutet. In *Abred* befinden sich Gut und Böse miteinander in einem dynamischen Gleichgewicht, und hier gibt es daher auch einen freien Willen, denn in *Abred* ist jede Handlung ein Akt des Einvernehmens oder der freien Wahl. Zu allem, was man tut, gibt es eine Alternative, und deshalb ist es auch angemessen, daß man für seine Taten oder Werke bestraft oder belohnt wird. Auf *Abred* wirkt die Macht ein, die man verschiedentlich als Schicksal, Fatum, Glück, *Vintana, Wyrd* oder *Ørlög* bezeichnet und die all die Kräfte, Ereignisse, Zufälle und Ideen umfaßt, welche die Gegenwart zu dem gemacht haben, was sie augenblicklich ist. Obwohl wir hier in *Abred* der gegenwärtigen Situation, in die uns das Schicksal gestellt hat, nicht entgehen können, ist unser davon ausgehendes zukünftiges Verhalten wichtig, und die Weissagung kann wertvolle Informationen in diese Richtung geben.

In dem Gemälde *De tolle Gret* von Pieter Bruegel d. Ä. (im Museum Mayer van den Bergh, Antwerpen) wird die bardische Kosmologie als ein typisch beschnittener Lindenbaum dargestellt, wie man ihn in einigen Teilen Deutschlands und der Niederlande auch als Dorflinde findet. Diese Bäume werden im Laufe ihres Wachstums zurechtgestutzt, so daß sie eine senkrechte Achse bilden, die von zwei, drei oder manchmal vier kreisförmigen, waagerechten Schichten von Zweigen und Laubwerk umringt ist; damit symbolisieren sie die kosmische Achse der Barden. Der Baum auf Breughels Gemälde zeigt auf der Ebene, die das Irdische darstellt, Gestalten beim Tanz oder im Kampf. Auf einer Seite ringt ein gehörntes Wesen, das als Teufel personifizierte Symbol für das Böse oder für unrechtes Tun, mit einem Menschen. Auf der anderen Seite (der rechten, seit jeher die Seite des Guten) gestikuliert eine hammerschwingende Gestalt, wahrscheinlich einer der alter Götter. Demnach scheint diese Figur einen Gegensatz zu der Bedrohung zu bilden, die von diesem gehörnten Wesen ausgeht. Bei einem Gemälde, das in dem symbolträchtigen Milieu des Jahres 1564 entstand, ist es schwierig, die Attribute der Figuren genau zu entschlüsseln, aber dennoch fallen unmittelbar die Dreischichtigkeit des Baumes und der Käfig darunter auf, der den Schlund der Unterwelt, *Annwn,* versinnbildlicht. Die Stäbe verlaufen genau parallel zu den Stützen der ersten Ebene, wie wir sie noch heute bei vielen Dorflinden sehen können.

Nach bardischer Überlieferung durchlaufen die Menschen auf der irdischen Ebene eine Reihe von Reinkarnationen. Darauf verweist auch ein altes kornisches Sprichwort, das aus der Bardenzeit stammen soll und lautet: *«Ni fuil an sabras athragad death»* – «Der Tod ist nichts anderes als eine Veränderung des Lebens.» Hier in *Abred* absolviert man etliche verschiedene Lebensläufe, nach freiem Willen, doch hängt die geistige Weiter- oder Rückentwicklung vom eigenen Handeln ab. Das Begehen schwerer Sünden endet damit, daß der Übeltäter die kosmische Achse hinabstürzt, in den Abgrund des *Annwn,* der zuweilen auch «Ort ohne Liebe» oder «das unsichtbare Land» genannt wird. Wichtig ist jedoch, *Annwn* nicht mit der christlichen Lehre von der Hölle gleichzusetzen, denn *Annwn* ist an sich keine Bestrafung, sondern ein Zustand, der niedere, nicht vernunftbegabte Materie und Organismen umfaßt, die noch nicht weit genug entwickelt sind, um *Abred* erreichen zu können. Die traditionellen Praktiken des Schamamanen, der sich über die kosmische Achse entweder in physischer oder in astraler Gestalt andere Welten – oder andere Bewußtseinszustände – begibt, klingen in den mythischen Reisen der Götter und Helden an, die sich über diese Achse zwischen den Welten bewegen.

Diese Form der kosmischen Achse ist nicht allein auf das altkeltische Britannien beschränkt. Eine nahezu identische Vorstellung gibt es in der Religion der Kogi-Indianer, die in der Sierra Nevada de Santa Maria in den kolumbianischen Anden leben. Die kosmische Achse der Kogi verbindet neun Welten miteinander; unsere Welt liegt in der Mitte, vier weitere gibt es darüber und weitere vier darunter. Unsere Welt ist auf herkömmliche Weise nach den Zwischenhimmelsrichtungen (NO-SW und NW-SO) in vier Viertel eingeteilt. Die kosmische Achse wird als Spindel betrachtet, an der die Weltmutter unablässig einen Faden spinnt. Dieser Vorstellung entspricht in Nordeuropa jene von der Göttin Frigg, der Himmelskönigin, deren Spindel die Achse bildet, um die sich die Himmel drehen.

Der Webstuhl der Zeit

Der Stamm der Kogi hat ein kohärentes kosmologisches System, das mit der Anlage der Tempel und auch mit der Kunst des Webens in Zusammenhang steht. Die Grundsteinlegung eines Kogi-Tempels erfolgt durch einen Kogi-Schamanen, den sogenannten ***mama,*** der an der Stelle, die den Mittelpunkt bilden soll, einen Pflock in den Boden schlägt – ein in der ganzen Welt verbreiteter geomantischer Akt. Unten am Pflock befestigt der ***mama*** ein Band, das seine Frau angefertigt hat. In dieses Band sind Knoten gebunden, so daß die Größenverhältnisse des runden Tempels mit seinen vier Feuerstellen und anderen anderen rituellen Teilen nach den richtigen Grundsätzen ausgerichtet werden können (auf das geknotete Band als divinatorisches und magisches Hilfsmittel wurde bereits hingewiesen). Die Orientierung des Tempel erfolgt im Hinblick auf die Hauptthimmelsrichtungen und die Sonnenwende.

Ebenso wie die formale Anlage des Kogi-Tempels ist auch der Webstuhl, auf dem Tuch hergestellt wird, ein mikrokosmisches Abbild des Universums. Nach dem Glauben der Kogi ist die Erde ein riesiger Webstuhl, auf dem die Sonne jedes Jahr zwei Tuchstücke webt. Der Webstuhl der Kogi ist mit den «Zweig-Graphiken», die auf den Marshall-Inseln für die Navigation verwendet wurden, vergleichbar, weil auch er eine Art Karte jener

Kräfte ist, die auf die Erde einwirken. Der Webstuhl der Kogi besteht aus einem Quadrat mit zwei Diagonalen. Nach der Geographie jener Gegend stehen die vier Eckpunkte des Quadrats für die vier kolumbianischen Städte am Rande der Sierra Nevada de Santa Maria, und der Kreuzungspunkt im Zentrum symbolisiert den heiligen Berg als Mittelpunkt. Die obere Begrenzung des Webstuhls soll den Weg der Sonne durch den Himmel zur Zeit der Sommersonnenwende andeuten, während die untere ihren Weg zur Wintersonnenwende darstellt. Der Kreuzungspunkt in der Mitte markiert die Schnittstelle der Diagonalen der Sonnenaufgänge und -untergänge zur Sonnenwende und ist der zentrale *omphalos* des Tempels oder des Dorfes, mit dem der Schamane selbst identifiziert wird.

Der Kogi-Tempel wird als eine Art Webstuhl betrachtet, der durch die Sonne in Gang gesetzt wird. Das Tempeldach hat eine Öffnung, die für gewöhnlich mit einer Tonscherbe verschlossen wird. Bei den Sonnenwenden nimmt sie der Schamane ab, und der Gang der Sonne wird auf dem Boden als Lichtpunkt verfolgt, der im Lauf des Tages durch den Tempel «wandert». Um neun Uhr morgens zur Sommersondenwende trifft der Sonnenstrahl die Feuerstelle im Südosten und läuft während des Tages ostwärts, bis er um drei Uhr nachmittags die südwestliche Feuerstelle erleuchtet. Bei der Wintersonnenwende scheint er morgens auf die gleiche Weise auf die nordwestliche Feuerstelle und nachmittags auf die nordöstliche. Kolumbien liegt natürlich auf der südlichen Hemisphäre, und in Europa oder Nordamerika lägen die nördlichen und südlichen Richtungen entgegensetzt.

In diesen Linien sehen die Kogi, wie die Sonne das Jahrestuch auf dem Webstuhl des Tempels webt. Die Sonne bringt den Schußfaden in Ost-West-Richtung an, während die Erdmutter für die Kettfäden des Gewands sorgt, das bei Nacht allerdings schwarz ist. Das schwarze Gewand wird des Nachts im Spiegelbild des Tempels gewoben, das nach dieser Auffassung gleichzeitig mit dem irdischen existiert, jedoch «auf dem

Kopf» steht, gleichsam in der Erde. Dieser Stoff wird in die entgegengesetzte Richtung zum Lichttuch gewoben, und so werden die Gegensätze vereint.

Hinweise auf ähnliche Anschauungen findet man an oder in einigen alten Kirchenbauten in Frankreich. In der Kathedrale von Chartres können an Hochsommertagen die Sonnenstrahlen durch eine weiße Glastafel in einem sonst farbigen Fenster zur Mittagszeit auf eine Messingplatte am Boden treffen und somit anzeigen, wann die Sonne ihren Zenit erreicht hat. In Tonnerre zeigt eine Messing-Lemniskate (eine Kurve in Form einer liegenden Acht) auf dem Boden während des ganzen Jahres die Position der Mittagssonne an. Der große Architektur-Symbolist William Richard Lethaby bemerkte 1891, daß man «in einigen der französischen Kathdralen, wie etwa in Bourges und in Nevers, selbst jetzt noch diagonale Linien sehen kann, die quer über den Boden verlaufen und in Skalen mit Monaten und Tagen eingeteilt sind». Die Anlage von Sakralbauten und das Gitternetz, das den Gebäuden zugrundeliegt, die nach kanonischen Prinzipien errichtet wurden, hängen immer ganz unmittelbar mit der wahrgenommenen Struktur der Welt und ihren Wechselwirkungen mit Himmelsphänomenen zusammen. Wenn Sonnenstrahlen auf ein solches Gitternetz projiziert werden, dann haben seine verschiedenen Teile einen bestimmten geometrischen Bezug zu einer Tageszeit und zu der Zeit des Jahres. Dadurch wird eine harmonische Beziehung mit der universalen Ordnung geschaffen.

Heiliger Raum

Die Hindu-Tradition der Erdharmonie, die man aus Indien als *Vastuvidya* kennt, ist wahrscheinlich ein weitgehend unverfälschtes Überbleibsel der alten Kunst der Geolokation, die sowohl die europäischen als auch die chinesischen Traditionen anregte. Ein alter Sanskrittext über Tempelgründungen, der

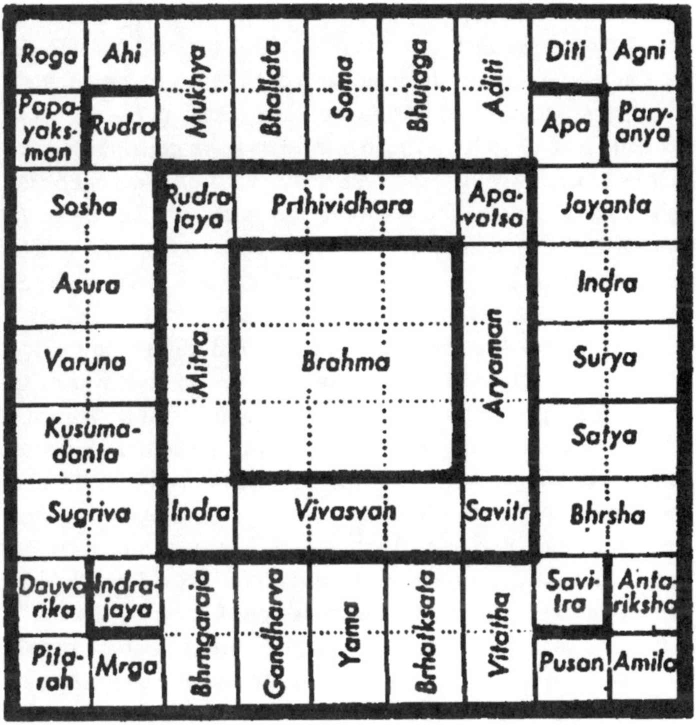

Abb. 32: In dem heiligen *Paramasayika*-Gitternetz der Hindu-Tradition werden bestimmte Plätze innerhalb des Gitters bestimmten Gottheiten zugewiesen. Die neun Zentrumsfelder bilden das Feld des Brahma – den göttlichen Platz des Schöpfers.

Manasara Shilpa Shastra, erläutert die geometrischen Techniken, nach denen man das Grundquadrat anlegte, das dann in das heilige Gitternetz unterteilt wurde. Wenn sich der Anwender dieser Technik bei der Suche nach einem geeigneten Ort für den Tempel an die Regeln der *Vastuvidya* gehalten hat, errichtet er in der Mitte einer Wasserfläche, die an der Stelle angelegt wurde, einen Pfosten oder ein *gnomon.* Die Maße des *gnomon* müssen genau den Vorschriften entsprechen, und es muß entweder 12, 18 oder 24 *angulas* lang sein. Von diesem Mittelpunkt aus wird mit einem geknoteten Seil (um die richtigen Maße zu wahren) ein Kreis gezogen, und zwar mit einem Radius, der doppelt so lang ist wie das *gnomon.* Indem man auf die entgegengesetzten Positionen der Sonne achtet, kann man eine genaue Linie in Ost-West-Richtung ziehen. Die beiden Stände der Sonne, wenn sie morgens und nachmittags die gleiche Höhe über dem Horizont erreicht hat, werden auf dem Kreis markiert, und eine Verbindungslinie wird gezogen. An den beiden Enden dieser Äquinoktialachse wird ein Pflock in den Boden geschlagen; das Seil, mit dem Bögen gebildet werden, wird an diesen beiden Pflöcken zentriert. Dabei entsteht eine geometrische Figur, die sogenannte *vesica.* Eine Linie zwischen den Kreuzungspunkten dieser beiden Bögen, an den äußersten Enden der *vesica,* verläuft genau in nordsüdlicher Richtung, wobei sie die Ost-West-Linie etwas nördlich vom Mittelpunkt des Ausgangskreises kreuzt. Man nimmt diese Stelle als Mittelpunkt eines neuen Kreises, der den gleichen Durchmesser wie der erste hat. Auch aus diesem Kreis bildet man wie beim ersten eine Ost-West-*vesica.* Die vier Schnittpunkte der beiden *vesicas* werden durch gerade Linien miteinander verbunden, so daß sie ein Quadrat bilden, die Basis des heiligen Gitternetzes.

Die antike Philosophie vertrat die Auffassung von der Einheit alles Seienden, wobei sich das Größere im Kleineren widerspiegelt. Bestimmte geometrische Formen, die sich scheinbar unbegrenzt ausweiten oder unterteilen lassen, sind bestens geeignet, diese Wahrheit zu verdeutlichen. Die menschliche Gestalt kann man als lebendiges physisches Abbild der verborgenen Strukturen der Schöpfung betrachten. Nach jüdischem Glauben wurden die Menschen – als vom höchsten Schöpfer in Auftrag gegebene Tempel – nach dem Bild Gottes erschaffen, um den heiligen Funken zu verwahren, die empfindungsbegabte Seele, welche die Menschen über die Tiere erhebt. Die dem Universums inhärenten Eigenschaften spiegeln sich im menschlichen Körper wieder, der das mikrokosmische Abbild des Makrokosmos ist. Nach dieser Auffassung ist alles, was es im Universum gibt, wirklich in jedem Menschen zusammengefaßt. Die sogenannte hermetische Maxime, die Hermes Trismegistos, dem mythischen Begründer der Alchemie zugeschrieben wird, besagt: «Was da ist die kleinere Welt (der Mikrokosmos), spiegelt das der größeren Welt (des Makrokosmos).»

Die geometrische Form von Grundrissen, wie sie sich als Gitternetz zeigt, manifestiert sich als *Yantra,* ein heiliges Bild, das als Sammelpunkt oder Kern spiritueller Kraft verstanden wird. Im Tantrismus dienen diese geometrischen Muster als Brennpunkte, auf welche die Gläubigen ihre meditative Konzentration fixieren können. Aber *Yantras* sind weitaus mehr als eine Meditationshilfe, denn sie sind auch heilige Abbilder bestimmter Geistwesen, deren tatsächliche Gestalten nicht gegenwärtig sind. Für die Anhänger des Tantra stellen *Yantras* die subtilen Körper dieser *devatas* dar, das ihnen zugrundeliegende, ewige Energiegeflecht. Wie die Chladni-Figuren stehen sie auch mit Klängen im Zusammenhang. Durch das Rezitieren des entsprechenden *Mantrams* aktiviert man das das dazugehörige *Yantra.* Der jeweilige *devata* offenbart sich in der Person, die das *Mantram* aufsagt, und vereint sie mit dem Unendlichen.

Auffallend ist die Ähnlichkeit zwischen den gebräuchlichen Formen des *Yantra* und Brettspielen, die auf ihren gemeinsamen Ursprung im heiligen Gitternetz verweist. Die kosmologische Anlage sakraler Räume im Alterum galt als Manifestation dieser heiligen Sphäre rund um die kosmische Achse, als ein ab-

Abb. 33: Dieses Gitternetz aus Choultry an der Südostküste Indiens hat im Zentrum ein neunfeldriges Gitter mit den sieben astrologischen Planeten und den nördlichen und südlichen Knoten des Mondes. In der Mitte befindet sich die Sonne. Darum herum liegen die Tierkreiszeichen und außen die 28 Häuser oder Mondphasen.

gegrenztes, fest umrissenes Gebiet innerhalb des Einflußbereichs der profanen Außenwelt. Glaubensrichtungen, die davon ausgehen, daß die menschliche Ordnung mit dem Beginn der Welt entstand, betrachten den Kosmos in einer kleineren Version auf Erden. Ein Zustand der Heiligkeit ist nur durch die exakte Darstellung dieses himmlischen Archetypus erreichbar, und zwar indem man natürliche Landschaften in heilige Räume verwandelt und sie somit zu Abbildern des Kosmos macht. Gemäß dieser Weltsicht wurde jedes menschliche Artefakt, das als ein Abbild der Welt betrachtet werden konnte – ganze Königreiche, Städte, heilige Bezirke, Tempel, Heiligtümer und sogar Brettspiele –, im Einklang mit diesem heiligen, kosmischen Urbild angelegt.

Diese Weltauffassung brachte Unregelmäßigkeiten in der kosmischen Ordnung in direkten Zusammenhang mit den Menschen, so daß jedes kosmische Ereignis als Warnung oder als Mahnung gedeutet wurde. Da nun heilige Städte als Mikrokosmos der Welt angelegt wurden, war es erforderlich, die Wirksamkeit dieser Parallelen auf allen Ebenen aufrechtzuerhalten. Dies erreichte man dadurch, daß die ganze Bevölkerung an Festen zur Feier der Jahreszeiten teilnahm; diese Feste galten als notwendiger menschlicher Beitrag zur ununterbrochenen Aufrechterhaltung der Zeitzyklen. Die menschliche Teilhabe an kosmischen Ereignissen versuchte man durch die sorgfältige Beobachtung jener Begebenheiten sicherzustellen; hinzu kamen die passenden symbolischen Rituale. Die alte chinesische Auffassung des *Li-Chi* war, daß «bei den allergrößten Feierlichkeiten die gleiche hierarchische Beziehung besteht wie zwischen Himmel und Erde».

Die kosmologische Grundlegung einer wichtigen Stätte durch Ausführende der geomantischen Lehren hat eine ideale Form, die das Schema der kosmischen Achse widerspiegelt. Die etruskischen Auguren fanden die richtige Geolokation für den Mittelpunkt, den man markierte, indem man einen Pfeilschaft in den Boden unter der zukünftigen Straßenkreuzung eingrub, von wo aus der Rest der Gebiets gestaltet wurde. Diese Grube oder ***mundus*** wurde geweiht und dann mit einer Steinplatte versiegelt, die einem Mühlstein oder einer Spielmarke ähnelte. Laut Varro war dieser ***mundus*** das Tor zu den Göttern der Unterwelt. War der ***mundus*** erst einmal installiert, geweiht und versiegelt, wurde ein Stein oder irgendeine andere aufrechte Markierung über dem Schaft aufgestellt, und die offizielle Grundsteinlegung wurde als beendet angesehen, geradeso wie bei den Brettspielen das Aufbauen der Figuren als Vorbereitung zum Spiel dient. Noch heute gibt es einen ***mundus*** in Royston (Hertfordshire, England), ein vollendeter kosmologischer Angelpunkt der vier Himmelsrichtungen, dessen Struktur exakt die klassische geomantische Ordnung der Landschaft wiedergibt. Hier liegt die Höhle auf dem Kreuzungspunkt von zweien der vier Königswege Britanniens, die sie zum Mittelpunkt eines gedachten Gitternetzmusters machten, mit dem das Land überzogen war.

Die Ætt-Kunst und die Lehre von den acht Himmelsrichtungen

Die Details über die kosmische Achse sind wichtig für unser Verständnis der kosmologischen Symbolik, die der heiligen Gliederung der Landschaft und ihrem mikrokosmischen Abbild, dem Brettspiel, zugrunde liegt. Der bedeutsamste Teil dieser Kosmologie ist jedoch die sichtbare Welt, in der wir leben. Die Auguren der Antike waren sich immer des Horizonts bewußt, der von einem Platz aus zu sehen war, sowohl im Hinblick auf ihre Beobachtung der sichtbaren Bahnen von Sonne, Mond und Sternen als auch auf die Harmonie mit den in der Landschaft jeweils vorhandenen Mächten. Die Grundgestaltung wurde entsprechend den natürlichen Maßen vorgenommen; der Kreis wurde durch gedachte Linien in Nord-Süd- und Ost-West-Richtung in seine vier Himmelrichtungen eingeteilt.

Zwischen diesen Linien wurde der Horizont durch weitere Linien geteilt, die in den Zwischenhimmelsrichtungen verliefen. So entstand die achtfache Unterteilung, die erforderlich ist, wenn man ein Gebäude mit quadratischer oder rechteckiger Grundfläche oder ein eingefriedetes Grundstück anlegen will, das den vier Himmelsrichtungen gegenüberliegen soll. Die vier Quadranten ergeben sich folgendermaßen: Der südliche liegt zwischen Südwesten und Südosten, der östliche zwischen Südost und Nordost, der nördliche zwischen Nordost und Nordwest und der westliche schließlich zwischen Nordwest und Südwest. Die vier Haupthimmelsrichtungen bilden somit die Mitten der vier Viertel.

Diese acht Himmelsrichtungen stehen in Bezug zur physikalischen Struktur der Welt, zu der nord-südlichen Polarachse und der west-östlichen im rechten Winkel dazu. Aber neben der fixen Struktur der Welt gibt es veränderliche Merkmale, so etwa die scheinbaren Bewegungen der Himmelskörper im Verhältnis zur unbeweglichen, feststehenden Stelle. Je nach dem Breitengrad des Ortes wird die Position der auf- und untergehenden Sonne bei den Sonnenwenden (dem längsten und dem kürzesten Tag) und bei anderen wichtigen heiligen Festen im Jahr an einer anderen Stelle des Horizonts sein. Außerdem wird die Höhe des Horizonts über- oder unterhalb des Aussichtspunkts die Stellen verändern, an denen man Sonne, Mond oder Sterne aufgehen sieht, und falls die Stätte nicht einen rundum gleich hohen Horizont hat, wird dies die Symmetrie der Sonnenauf- und untergänge zerstören. Bei ebenem Horizont ergibt sich eine Sonnengeometrie, derzufolge der Sonnenaufgang im Sommer dem Sonnenuntergang im Winter und der Sonnenaufgang im Winter dem Sonnenuntergang im Sommer diametral entgegengesetzt ist.

Weil die Tageslänge je nach Jahreszeit variiert und die jeweilige Jahreszeit direkt an der Position der aufgehenden Sonne am Horizont erkennbar ist, besteht die Möglichkeit, den Kalender anhand der Richtungen des Sonnenaufgangs zu erstellen.

Zwischen dem südlichsten Sonnenaufgang im Winter (in der nördlichen Hemisphäre) und dem nördlichsten Sonnenaufgang im Sommer geht die Sonne zur Tagundnachtgleiche genau im Osten auf; im Winter wandert sie südwärts und im Sommer nordwärts und kennzeichnet so die zwei Jahreshälften – die dunkle und die helle. Zwischen den beiden Sonnenwenden verzeichnete der traditionelle Bauernkalender des Nordens das Ende und den Anfang des Winters an den Festen von Beltane (1. Mai) und Samhain (1. November). In den harmonisch gegliederten Landschaften vergangener Tage wurden diese Aufgangs- und Untergangspunkte entweder durch natürliche Merkmale oder durch künstliche Markierungen wie aufrecht stehende Steine oder Steinhaufen angezeigt, die in den nordischen Ländern ***dagsmark*** und ***eyktmark*** genannt wurden. Wenn natürliche Merkmale diese wichtigen Tage kennzeichnen, läßt sich daraus schließen, daß der Beobachtungspunkt in Hinblick auf die Lage des Horizonts ausgewählt wurde. Dies sieht man ausgezeichnet bei vielen Steinkreisen in Nordengland und in Schottland; dort zeugt die meisterhafte Geolokation von den hochentwickelten technischen Fähigkeiten ihrer Konstrukteure.

Außer der Position des Sonnenaufgangs geben diese Richtungsanzeiger natürlich auch die Tageszeit an. Wenn die Sonne zur Tagundnachtgleiche genau im Osten aufgeht, ist es nach heutiger Zeitrechnung 6 Uhr, und wenn sie genau im Westen untergeht, ist es 18 Uhr. Wenn die Sonne zu irgendeiner Zeit im Jahr genau im Süden steht, ist es 12 Uhr mittags, aber zur Sommersonnenwende steht die Sonne viel höher am Himmel – am höchsten Punkt, den sie auf diesem Breitengrad erreicht – als bei der Wintersonnenwende zur Mittagszeit, wo sie den niedrigsten Punkt erreicht. Zu jeder Zeit des Jahres befindet sich die Sonne, wenn sie über dem Horizont steht, zur gleichen Tageszeit immer über der gleichen Horizontmarkierung. Um 6 Uhr am Tag der Sommersonnenwende wird die Sonne – über jeder Horizontmarkierung – genau östlich vom Beobachter liegen und so weiter.

Im Gegensatz zu heute, da den meisten Menschen diese Ausrichtungen nicht mehr bewußt sind, bildeten die Himmelsrichtungen früher einen integralen Bestandteil der traditionellen Lebensweisen. Nicht nur die Zeitangaben hängen direkt mit der Sonnenrichtung zusammen, sondern auch der Bau von Häusern, die Herstellung, Verzierung und Ausrichtung des Mobiliars, die Anlage von Tempeln und Gerichtshöfen, die Weissagung und das Spielen von Brettspielen wurden stets unter Berücksichtigung der Qualitäten der Himmelsrichtungen vorgenommen. Wegen der in Nordeuropa im Jahreslauf beträchtlichen Unterschiede der Tageslängen war die für das Überleben notwendige Wissenschaft von den Himmelsrichtungen hier weiter entwickelt als in anderen Teilen der Welt. Das Wissen um diese Himmelsrichtungen – die Ætt-Kunst – war ein wesentlicher Teil der Kenntnisse von Priestern, Baumeistern, Seefahrern sowie von weisen Frauen und Männern. Von diesem bewußten Leben mit den Himmelsrichtungen findet man in allen Bereichen feine Verzweigungen, liegt sie doch der Formgebung vieler traditioneller Objekte zugrunde, die in vorindustrieller Zeit symbolische und magische Inhalte mit praktischen Erwägungen verknüpften, wie es etwa bei den «Zweig-Grafiken» der Marshall-Inseln oder den Webstühlen der Kogi der Fall ist.

In vielen Kulturen wurden die verschiedenen Himmelsrichtungen der Obhut von Göttern, Dämonen und Verkörperungen der Winde zugeordnet. Einige davon sind nach den örtlichen Verhältnissen benannt und bestimmt, unter denen sie sich entwickelten, während es bei anderen tiefere, eher okkulte Gründe für die Zuordnung gibt. Bei der in Europa seit alters gebräuchlichen Einteilung des Horizonts oder allgemein des Raumes laufen 16 Linien vom Mittelpunkt bis zur Peripherie, was der vierfachen Unterteilung jedes der vier Quadranten entspricht. Die Bedeutung der Zahl 16 war uns bereits bei den Weissagungen thrakischer Legionen mit Hilfe der Schilder und bei der klassischen divinatorischen Geomantie begegnet. Die sechzehnfache Unterteilung des Raumes ermöglicht die Bestimmung von acht Regionen und ihren Mittelpunkten, was zu einem relativ genauen Erkennen der Tageszeiten ausreicht. Diese Unterscheidung zwischen einer Himmelsrichtung und einem Viertel (oder Achtel) ist in der etruskischen und in der nordeuropäischen Tradition äußerst wichtig, doch bei den Einteilungen, die auf der Zahl 12 beruhen – etwa dem Tierkreis und den 12 Häusern der Astrologie – scheint sie weniger Beachtung zu finden. Die grundlegende Andersartigkeit ist in der Ætt-Kunst zu sehen, wo zwischen dem *Ætt*, dem Achtel des Horizonts, und dem *Ætting*, der eigentlichen Kompaßrichtung, ein entscheidender Unterschied gemacht wird. Somit ist in dem *Ætt* von Uht – in dem «Grauen des Tages» oder den Dämmerstunden, die das Achtel von Nord-Nord-Ost bis Ost-Nord-Ost umfassen – das *Ætting* jene Linie, die nach Nordost verläuft und das Achtel zweiteilt. Das überlieferte Ablesen der Sonnenzeit war in Nordeuropa gebräuchlich, bis es die ersten billigen Uhren gab und eine standardisierte Zeitrechnung eingeführt wurde, zunächst durch die Eisenbahngesellschaften und dann durch die Regierungen innerhalb des Staatsgebiets.

Die Bewohner von abgelegenen Gehöften auf den Färöer-Inseln waren die letzten Nordeuropäer, bei denen diese Kunst weitervererbt wurde, bis sie schließlich in den 20er Jahren des 20. Jahrhunderts völlig verschwand. Glücklicherweise ist dieses Wissen erhalten geblieben, so daß wir eine bemerkenswerte Verbindung zum Harmonieempfinden unserer Ahnen besitzen.

Im mittelalterlichen Europa war die achtfache Gliederung bei der Anlage symbolischer Bodenbeläge wichtig. Auf den Fußböden, die in der Westminster Abbey und in der Kathedrale von Canterbury erhalten geblieben sind, ferner auf einigen Böden in Italien sowie auf dem 1933 im Xantener Dom freigelegten Belag begegnet man kosmologischer Symbolik. Dem mystischen Architekten William Richard Lethaby zufolge behauptete der englische mittelalterliche Alchemist Sporley, daß in Westminster die Kreise des Cosmati-Bodens die vier Elemente sym-

Abb. 34: Die okkulten Kräfte, die nach der Überlieferung über die 32 Himmelsrichtungen wachen.

bolisierten. Der zentrale *omphalos* dieses bemerkenswerten mittelalterlichen Kosmogramms trug früher eine Inschrift, die besagte, daß der Boden ein Sinnbild des Mikrokosmos sei, daß also die sakrale Geometrie, die in den quadratischen Steinen des Mosaiks enthalten ist, verschlüsselt die Mathematik und die geometrische Struktur, die aller Materie zugrundeliegt, in sich berge. Viele der Bodenbeläge in französischen und englischen Kathedralen zeigten Darstellungen der jahreszeitlichen Arbeiten und auch die Tierkreiszeichen, wie sie etwa noch heute in Canterbury zu sehen sind. Das Bodenlabyrinth der Kathedrale in Sens hatte einen achteckigen Stein als Mittelpunkt, der von acht Fliesen umgeben war, die wie Grundpfeiler aussahen; auf diese Weise wurde der achtfach gegliederte Horizont rund um den örtlich zentralen Nabel der Welt dargestellt, und zwar im Mittelpunkt des «gedrechselten» Weges, der an die Midgardschlange erinnert, die sich um die kosmische Achse windet (weitere Verzweigungen dieser Vorstellungen werden später erläutert).

Im Europa des Mittelalters wurde diese sechzehnfache Gliederung und ihre weitere Unterteilung in 32 Abschnitte an den Gebrauch des Magnetkompasses angepaßt, und noch heute besteht sie in den Namen der Himmelsrichtungen weiter. Auf einer anderen Ebene ordneten Okkultisten die 32 Richtungen verschiedenen geistigen und dämonischen Kräften zu. Den vier Quadranten wurden die Qualitäten der vier Jahreszeiten, die vier Erzengel, die vier Elemente und die vier Temperamente zugeordnet. Wie die Figuren der divinatorischen Geomantie wurden die untergeordneten Kräfte oder Dämonen nach ihren jeweiligen Merkmalen angeordnet. So ist der Dämon des Nordens Rasiel, der des Ostens ist Pamersiel, der des Südens Barmiel und der des Westens Malgaras. Rasiel im Norden ist der Dämon des tiefen Winters, der Mitternacht, der Finsternis, der Kälte und des Punktes, wo sich Erde und Wasser treffen. Barmiel hingegen ist das völlige Gegenteil als Dämon des Sommers, des hellen Lichts, der Wärme und des Treffpunkts von

Luft und Feuer. Die anderen Dämonen sind entsprechend charakterisiert, und sie haben, je nach ihrer Position auf der Kompaßrose, eine Tageszeit, zu der sie am aktivsten sind.

Die Architekten und Geomanten des griechisch-römischen Kulturkreises verwendeten ein anderes System als die Etrusker und Nordeuropäer, die den Horizont in 16 Abschnitte einteilten. Mit seinen acht Winden war es ebenfalls von der achtfachen Grundeinteilung des Horizonts abgeleitet, aber zu jedem Wind gehörten zwei begleitende leichtere Winde oder «Brisen», so daß sich die 24 Abschnitte ergaben. Die Verknüpfung von Kompaßrichtungen mit den Winden hat in der Folge zu einiger Verwirrung geführt, da viele Autoren die beiden Begriffe synonym verwendeten. In Athen errichtete der griechische Architekt Andronicus von Cyrrhus den achteckigen Bau, der als «Turm der Winde» bekannt wurde. An jeder Seite dieses Gebäudes, das entsprechend ausgerichtet war, befand sich eine Skulptur, die den regierenden Genius des jeweiligen Windes darstellte. In seinen *Zehn Büchern über die Architektur* schrieb Vitruvius:

> Auf die Spitze des Turmes setzte er ein kegelförmiges Stück Marmor, und darauf wiederum einen bronzenen Triton mit einem Stab in der ausgestreckten rechten Hand. Es war so ausgedacht, daß der Triton sich mit dem Wind drehte und immer so stehen blieb, daß er das Gesicht dem Wind zukehrte und den Stab als Zeiger benutzte, der direkt über die Darstellung des Windes wies, der gerade wehte.

Weil in der Antike jede Naturkraft personifiziert oder einem sie beherrschenden Genius, Geist oder Gott zugeschrieben wurde, erhielten die Kräfte, die man ursprünglich mit den Winden in Verbindung brachte, die Bedeutung von eigenständigen Kompaßrichtungen. Bei den Römern waren die Namen der Winde jedoch größtenteils anschauliche Bezeichnungen für die Orte, an denen man ihren Ursprung vermutete. Die acht Hauptwinde der südeuropäischen Richtungen sind:

Auster, Süden
Africus, Südwesten
Favonius, Westen
Caurus, Nordwesten
Septentrio, Norden
Aquilo, Nordosten
Solanus, Osten
Eurus, Südosten

Betrachtet man sie unter architektonischem Aspekt als Richtungen, so sind sie «Achtel» wie im nordeuropäischen System mit den Haupt- und Zwischenhimmelsrichtungen am Mittelpunkt jedes «Achtels». Bei den eigentlichen Richtungsangaben wurden die Haupt- und Zwischenhimmelsrichtungen *(Ættings)* mit diesen Namen bezeichnet. Hier wurden 16 weitere Einteilungen hinzugefügt, wodurch eine Windrose mit 24er-Skala entstand. Diese zusätzlichen 16 waren die den Hauptwinden untergeordneten Brisen, eine zu jeder Seite eines Windes. Diese Nebenwinde sind in der 1511 erschienenen Ausgabe der Schriften des Vitruvius von Fra Giocondo dargestellt.

In seinem großen Werk über die Architektur gab Vitruvius komplizierte Beschreibungen von der Natur der Winde und ihren Eigenschaften. Er gab Anweisungen für das Anlegen von Straßen in einer neuen Stadt oder für eine Umgestaltung, damit sie unter Berücksichtung der Winde ausgerichtet werden. «Laßt die Richtungen eurer Straßen und Alleen auf die Teilungslinien zwischen den Vierteln von zwei Winden zu liegen kommen.» Dann, so behauptete er, würde die unangenehme Kraft der Winde aus den Wohnungen und Häuserzeilen ausgeschlossen sein. «Deshalb müssen die Reihen der Häuser den Vierteln abgekehrt sein, aus denen die Winde blasen, so daß diese beim Heranwehen auf die Ecken der Blöcke treffen und ihre Kraft mithin gebrochen und zerstreut werde.» Obwohl Vitruvius' Deutung der Orientierung von Häusern nach Maßgabe der Winde wohl nur in einem sehr kleinen Teil Italiens zutrifft,

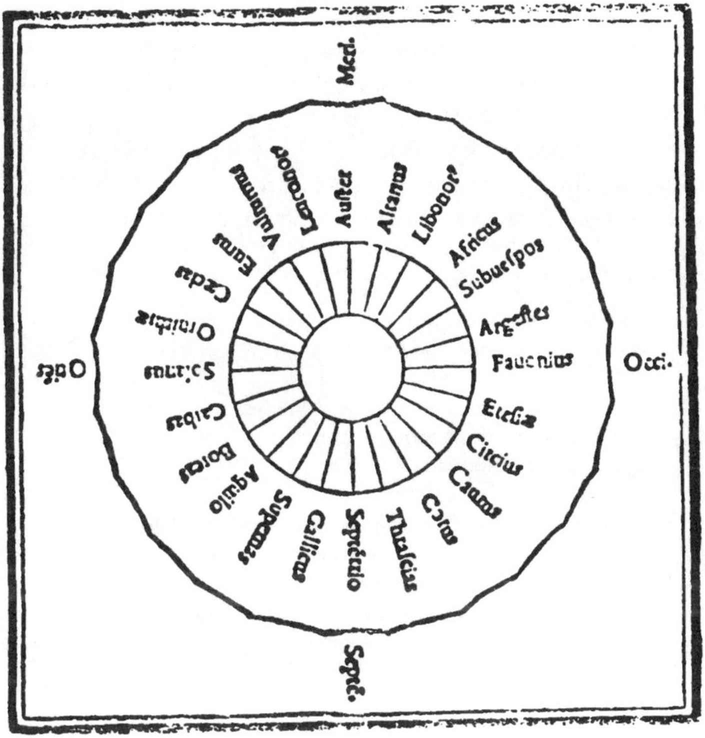

Abb. 35: Die Windrose, die die acht Winde und die sechzehn Brisen zeigt. Nach Fra Giocondos Ausgabe der Werke des Vitruvius (1511).

wurde das Prinzip der Ausrichtung nach Maßgabe der Winde und der Kompaßrichtungen überall angewendet.

Im Brauchtum vieler Länder gibt es noch immer verschiedene Reime, die einige Hinweise auf die Eigenschaften geben, die den Winden unter divinatorischem Aspekt zugeschrieben werden. Ein alter Reim aus Schottland besagt, daß die Windrichtung am Neujahrstag den Ton für das kommende Jahr angibt:

If on New Year's Night wind blow south
It betokeneth warmth and growth;
If west, much milk and fish in the sea;
If north, much cold and snow there will be;
If east, the trees will bear much fruit;
If north-east, flee it, man and brute.

[Bläst der Wind in der Neujahrsnacht von Süden,
bedeutet das Wärme und Wachstum;
von Westen – viel Milch und Fisch im Meer;
von Norden – es wird viel Kälte und Schnee geben;
von Osten – die Bäume werden viele Früchte tragen;
von Nord-Osten – fliehet, Mensch und Tier.]

Ganz offensichtlich waren die Attribute der Himmelsrichtungen sehr von den örtlichen Wetterbedingungen und der Kultur abhängig. Das Prinzip, daß der Wind oder die verschiedenen Eigenschaften der Himmelsrichtungen je nach Ort eine andere Auswirkung haben, ist jedoch überall verbreitet. Die in diesen alten Sprichwörtern enthaltene unmittelbare Naturerfahrung kam ganz selbstverständlich in jedem Lebensbereich zum Tragen. Eine Trennung gab es nicht.

Ein ganz ähnliches System gab es vor dem Eindringen der Konquistadoren in Peru, dessen Hauptstadt Cuzco – der Name bedeutet «Nabel» – der Mittelpunkt des Inkareiches war. Diese Stadt war in vier Viertel aufgeteilt, die am Coricancha, dem Sonnentempel, wo religiöse Staatsfeiern abgehalten wurden, aneinanderstießen. Von diesem Tempel gingen 41 gerade Linien aus, sogenannte *Ceques*, die den Sonnentempel mit heiligen Stätten, den *Wak'as*, verbanden: mit Tempeln, einzelnen aufrecht stehenden Steinen, Quellen, heiligen Bergen, geweihten Standbildern und Opferstätten. Diese mitunter mehr als 20 Kilometer langen Linien waren zu vier «Himmelsvierteln» gruppiert, wobei drei von ihnen je neun Linien und das letzte 14 Linien enthielt. In diesen Gebieten spiegelte sich die Struktur des ganzen Reiches wider, das in vier Teile, sogenannte *Tahuatinsuyu*, aufgegliedert war, was soviel wie «die vier Viertel der Welt» bedeutet. Diesen «Vierteln» waren Namen zugewiesen: Den Nordwesten nannte man *Chinchasuyu*, während der Nordosten *Antisuyu* hieß. Diese Gebiete beschrieben die nördliche Hälfte des Himmels sowie die nördliche Hälfte der Gegend innerhalb und in der Umgebung der Stadt, das *Hanan Cuzco*, das «obere Gebiet». Südlich davon lag das «untere Gebiet», *Hurin Cuzco*, das in zwei ungleiche Bereiche eingeteilt war: den Südosten (von 90° bis 146°), *Collasuyu*, und den Südwesten, *Cuntisuyu*, mit den 14 Linien. Die Stadt Cuzco war von ihrem Gründer Manco Cápac, dem ersten Inkakönig, ganz bewußt als ein Bild des Reiches angelegt worden. Er gab den Befehl, daß die Anführer der von ihm besiegten Völker in Häusern wohnen sollten, die in den Teilen der Stadt gelegen waren, die der Lage ihrer Heimatländer entsprachen. Eng verbunden mit den Linien in der Landschaft und der vierfältigen Gliederung des Landes waren die vier Hauptverkehrswege, die von der Stadt aus in die vier Teile des Reiches führten.

Diese gerade Ausrichtung heiliger Stätten diente verschiedenen Zwecken. Familien kümmerten sich um sie, denen das erbliche Recht zustand, sie in Ordnung zu halten. Dazu gibt es Vergleichsbeispiele aus Tibet, wo bis 1950 acht Familien die acht Himmelsrichtungen durch Rituale behüteten, und aus dem altkeltischen Britannien, wo es acht adelige Familien gab, die mit ähnlichen Aufgaben betraut waren. Die peruanischen *Ceques* waren auch mit den Winden, mit Bewässerungssystemen und mit der Astronomie verknüpft. Umfangreichere Ausrichtungen von *Wak'as* wurden nach bestimmten bedeutsamen Sonnenazimuten vorgenommen. Vom Sonnentempel aus beobachteten sternkundige Priester Sonnenaufgänge an den Sonnenwenden und an anderen entscheidenden Daten des Kalenders, und sie verwoben die Zyklen des Jahres mit der Anlage der Stadt und der Umgebung und auch mit der Gesellschaftsstruktur.

Prognostische Astrologie – die Bestimmung des richtigen Zeitpunkts

Man nimmt an, daß die astrologischen Aspekte, die bei einem Neubeginn wirksam sind – wie etwa bei der Geburt eines Menschen –, auch Auswirkungen auf die zukünftige Entwicklung haben, wobei die tatsächlichen Erfahrungen von der Struktur des Horoskops abhängen. Die prognostische Astrologie ist der Zweig der Kunst, der sich mit dem Aufstellen und Untersuchen von Horoskop-Diagrammen befaßt, um die geeigneten Augenblicke für das Beginnen irgendeiner Unternehmung zu bestimmen. Dies kann die Grundsteinlegung eines Gebäudes sein, die Gründung einer neuen Firma, eine Hochzeitsfeier oder die günstigste Zeit, um sich an einem Wettstreit zu beteiligen. Der Astrologe analysiert die Diagramme, um mögliche Daten zu ermitteln, und legt den günstigsten Augenblick in Übereinstimmung mit den Erfordernissen des Vorhabens fest. Das aufgestellte Diagramm bezeichnet man als prognostisches Horoskop. Benutzt man ein prognostisches Horoskop, um beispielsweise die Zeit für die Grundsteinlegung eines Gebäudes festzusetzen, wird das Diagramm zu seinem Anfangshoroskop, das sich von einem üblichen Horoskop nur dadurch unterscheidet, daß es im voraus angelegt wurde.

Das Anfangshoroskop, das der königliche Astrologe John Flamsteed gestellt hatte, um die Zeit für die Grundsteinlegung der königlichen Sternwarte in Greenwich zu bestimmen, scheint in Wirklichkeit ein prognostisches Horoskop zu sein. Der Grundstein wurde am 10. August 1675 um 15.14 Uhr gelegt – ein scheinbar merkwürdiger Zeitpunkt für die Feierlichkeiten. Es stellte sich heraus, daß das Diagramm ein im voraus berechnetes prognostisches Horoskop ist. Der Astrologe Patrick McFadzean aus Cambridge hat Flamsteeds Diagramm analysiert und meint, daß die Sonne im neunten Haus durch ihre Verbindung mit philosophischer und naturwissenschaftlicher Forschung günstig für die Astronomie sei. Das aufgehende Zeichen im Horoskop der Königlichen Sternwarte ist Schütze, der Herr des neunten Hauses, fast genau an seinem Aufgangspunkt. Obwohl es, wie jedes Horoskop, für seinen Zweck nicht ganz perfekt ist, glaubt Patrick McFadzean, daß es ganz deutlich auf den Geist der Himmelsbetrachtung verweist.

Die 1446 von König Heinrich VI. gegründete Kapelle des King's College in Cambridge hat ein Horoskop, das aller Wahrscheinlichkeit nach auch vorausberechnet war. Die Kapelle, die nach einem umfassenden System von Symbolen und sakraler Geometrie errichtet worden war, hat sowohl die Sonne als auch den Mond im Sternbild des Löwen, was ihrer königlichen Benennung und Beziehung angemessen ist. Drei weitere Planeten stehen im Löwen und verstärken somit die Assoziationen mit dem Königlichen. Wie alle Horoskope ist auch das der Kapelle des King's College nicht vollkommen, denn der absteigende Mondknoten – Cauda Draconis – bildet eine Konjunktion mit Mars. Dies kann bedeuten, daß ein Projekt niemals zur Vollendung kommen wird. Von dem gesamten Bauvorhaben des King's College, wie es Henry VI. konzipiert hatte, wurde nur die Kapelle fertiggestellt, die anderen Gebäude blieben unvollendet oder wurden nie begonnen. Der Bau der Kapelle selbst wurde nie so zu Ende gebracht, wie es dem König vorgeschwebt hatte, denn das Innere wurde nicht in den kraftvollen symbolischen Farben der spätmittelalterlichen Kirchenarchitektur ausgemalt.

Das königliche Zentrum, Jahrmärkte und heilige Spiele

Das heilige Gitternetz

Unsere Vorfahren maßen Ort und Zeit eine weitaus größere Bedeutung bei als die Menschen in modernen Gesellschaften. Große regionale und nationale Versammlungen und Ereignisse wie etwa Jahrmärkte, Amnestien und königliche Besuche stellten im eigentlichen Sinne einen Mikrokosmos des Landes selbst dar, der auch die Leute anlockte, die weit entfernt wohnten. Diesem symbolischen Aspekt trug man dadurch Rechnung, daß solche Zusammenkünfte ganz bewußt nach einem kosmologischen Plan gestaltet wurden. Die provisorischen Königshöfe früherer Zeiten, als die Herrscher noch durchs Land zogen, Steuern einsammelten und Recht sprachen, waren ein Spiegelbild der Nation insgesamt, die in der Person des Königs verkörpert war.

Auch demokratische Staatsversammlungen wie das isländische *Althing* und das Parlament der Insel Man, das *Tynwald,* orientierten sich an dem alten Prinzip, demzufolge die heilige Stadt ein symbolischer Mikrokosmos des Landes ist. Die Menschen, die aus dem Norden kamen, lagerten nördlich vom Zentrum an Stellen, die traditionsgemäß ihrem Gewerbe oder ihrem Stand angemessen waren. In den anderen Himmelsrichtungen wurden die Plätze auf die gleiche Weise eingerichtet. Das gesamte Gebiet war somit eine zeremonielle Nachbildung des Königreichs mit dem König oder einem Symbol, das seine Amtsgewalt repräsentierte, im Mittelpunkt. Dieses kanonische Konzept entspricht der archaischen traditionellen Anlage heiliger Stätten in Indien, auf die es letzten Endes vielleicht sogar zurückgeht.

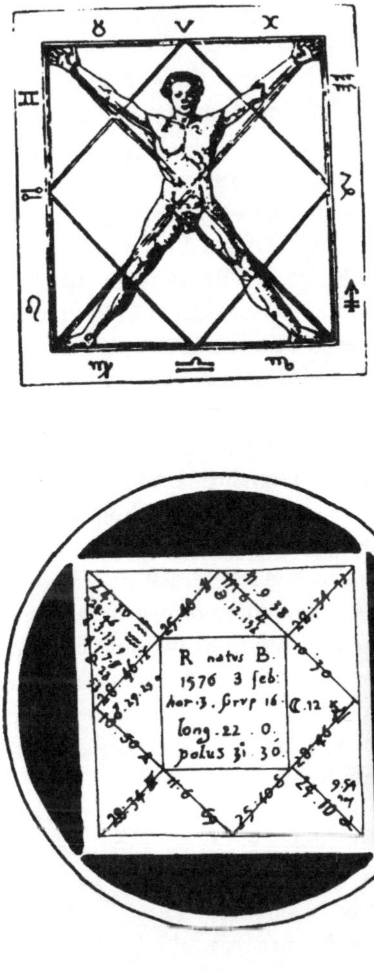

Abb. 36: Die traditionellen Diagramme, nach denen Horoskope erstellt werden, hängen unmittelbar mit der Geometrie zusammen, die der heiligen Architektur und den Brettspielen zugrunde liegt. *Oben:* Der Mensch im Mikrokosmos. *Unten:* Das Horoskop von Robert Burton, Verfasser von *The Anatomy of Melancholy*, auf seinem Grab in der Christchurch in Oxford.

Obgleich die großen traditionellen Jahrmärkte nicht mehr die gleiche soziale Bedeutung haben wie einst, wurden die noch heute florierenden (etwa die «Midsummer Fair» in Cambridge) ursprünglich als ein Mikrokosmos des Landes selbst angelegt; sie stellten nicht nur das Land, sondern auch die Ordnung des Kosmos dar, die vorübergehend an einem bestimmten Ort für eine begrenzte Zeit auf die Erde gebracht wurde. Diese gitternetzartige Anlage von Städten und Jahrmärkten ist Teil der örtlichen Tradition, zu der es auch gehört, daß man auf einem Gitter-Quadrat verschiedenen Planeten, Eigenschaften oder Göttern relative Positionen zuweist.

Von dieser an einem Konzept orientierten Gestaltung geweihter Stätten stammen Tempelanlagen, heilige Städte, die Anordnung von Jahrmärkten und die Muster der Spielbretter ab. Es besteht eine unmittelbare Verbindung, und es gibt direkte Entsprechungen. In der Hindu-Tradition, die ein ehrwürdiges Alter besitzt, geht diese Anlage auf das *Paramasayika*-Gitter zurück. Hierbei handelt es sich um ein Quadrat, das sich aus 81 kleineren Quadraten zusammensetzt (neun mal neun). Die verschiedenen Teile des Quadrats sind bestimmten Göttern zugewiesen, denen der Schutz diverser Plätze und Himmelsrichtungen obliegt, für die sie zuständig sind. Die Anbringung von Bildern in einem Tempel oder die Errichtung von Heilig tümern in einer Stadt oder in der freien Natur läßt sich durch die relative Lage der Gottheiten nach dem *Paramasayika*-Gitter bestimmen. Im Zentrum des Gitternetzes ist das «Quadrat des Brahma», jene neun Felder des Schöpfers, die ein Neuntel der gesamten Fläche ausmachen. Dieses neunfeldrige Quadrat gilt als Quintessenz der Existenz, als jener zentrale Kern, durch den man Zugang zu der Gesamtheit von Raum und Zeit erlangen kann. Wird das *Paramasayika*-Gitter als Körper des mythischen Urriesen *Purusha* dargestellt, der erschlagen wurde, um die Welt zu erschaffen, dann nehmen diese Felder den Bereich des Nabels ein, das Energiezentrum des Körpers, das in den japanischen Kampfkünsten als *Hara* bezeichnet wird. Geht es um die Anlage einer Stadt, so ist das «Quadrat des Brahma» der Ort des zentralen Tempelkomplexes. Das ganze Netz mit den 81 Feldern ist identisch mit dem Brett des nordeuropäischen Spiels *Tablut* und dem des srilankischen Spiels *Saturankam*. Bei diesen beiden Spielen ist das Zentrumsfeld am wichtigsten.

Bei der Planung von Tempeln, Städten und Jahrmärkten in Indien und Europa wurde dieser zentrale Punkt im Zuge der Gründungsfeierlichkeiten definitiv festgelegt. In der indischen Technik der Erdharmonie, *Vastuvidya* genannt, ist der alte Brauch erhalten geblieben, zu dem es in Europa Parallelen gab, die möglicherweise wiederbelebt werden können. Ein im Zentrum des Grundstücks gegrabenes Loch symbolisiert den Nabel des *Purusha*, des kosmischen Urmenschen. Seine Gliedmaßen versinnbildlichen die vier Straßen, die vom Nabel aus in die vier Haupthimmelsrichtungen laufen. Ist das Loch erst einmal in der richtigen Größe, am richtigen Ort und zum korrekten Zeitpunkt gegraben worden, findet die Gründungsfeier statt. Ein oder zwei alternative Riten sind ebenfalls verbreitet. Bei der ausführlichen, vollständigen Zeremonie wird das Loch zu drei Vierteln mit Erde gefüllt und dann mit einem flachen Stein abgedeckt. Zwölf um ein großes, mittleres Loch zu einem Quadrat angeordnete Löcher werden in den Stein gebohrt. Dann paßt man eine goldene Tafel mit dem Bild eines Stiers in das Mittelloch des Steins ein. Das Muster der Löcher ist von Bedeutung. Zwölf Löcher, die ein Quadrat bilden, markieren die Ausgangspunkte von Linien, die, würde man sie ausziehen, ein Quadrat ergeben, das aus neun kleineren Quadraten besteht – das «Quadrat des Brahma»; das goldene Bild des Stiers befindet sich im mittleren der neun Felder. Auf diesen Grundstein stellt man ein Gefäß und weitere rituelle Gegenstände; anschließend wird alles zugedeckt, und die Grundsteinlegung ist abgeschlossen. Bei einer vereinfachten Version der Gründungsfeier wird ein Gefäß in der Mitte aufgestellt und ein Stein für jede der vier Haupthimmelsrichtungen ausgelegt. Es heißt, daß dieses Ritual die Erschaffung der Welt symbolisiert.

Das Gitternetz mit neun Feldern

Dieses Gitternetz mit neun Feldern soll, so glaubt man, als ein Verfahren zur Landaufteilung seinen Ursprung in einem sehr alten System feudalen Landbesitzes haben, dessen Anfänge möglicherweise im alten Indien liegen und das somit auch zur Grundlage des mit ihm identischen indo-europäischen Systems wurde. In China bedeutete diese Anordnung mit den neun Feldern, daß acht Bauernfamilien ein Landgebiet bestellten, das ein neuntes Feld in der Mitte umschloß, welches man zusammen für den Lehnsherren bewirtschaftete. Auf diesem mittleren neunten Feld lag der gemeinsam genutzte Brunnen. Diese sogenannte «Brunnen-Feld»-Einteilung wurde als ein ideales Vorbild angesehen, das unter Berücksichtigung der topographischen Gegebenheiten in der Natur der jeweiligen Gegend entsprechend abgewandelt wurde. Beim chinesischen Modell der neun Räume – dem sogenannten *Ming-Tang,* der «Halle des Lichts» oder «Halle des Mondes» –, das den Jahreskreis symbolisiert, war das neunfeldrige Muster von grundlegender Bedeutung. Das Gitternetz mit den neun Feldern oder einen durch gerade Linien in neun Teile gegliederten Kreis findet man auch häufig im Zentrum tibetischer Sakraldiagramme. In Schottland verwendete man die Neun-Feld-Struktur am Beltane-Fest (am Vorabend und am Tag des 1. Mai) als Muster auf dem traditionellen runden Hafermehlkuchen. Die Freudenfeuer des Beltane-Festes wurden auf dem zentralen Feld eines neungeteilten Quadrats entzündet, das man in den Rasen geschnitten hatte, wobei die acht äußeren Felder entfernt wurden. Das Ogham-Schriftzeichen *Acht Ifins,* das phonetisch dem *Æ* entspricht, stand für den «Weingarten» oder die «Hürde der verschlungenen Zweige», die dem Hexen- oder Zauber-Haselnußbaum mit all seinen übernatürlichen Konnotationen entsprechen. Die *Acht Ifins* verbinden das Geheimnis der Acht und der Neun, das dem magischen Gebrauch dieses machtvollen Zeichens zugrunde liegt. Sein phonetischer Ausdruck ist der kosmische Urklang, der sowohl in der Sanskrit- als auch in der Runentradition verehrt wird, wo es sich um die Götterrune *Æsc* und um den Namen der Götter selbst handelt, der *Æsir* oder *Asen*.

Das Schamanentum in den nordischen Ländern machte ausgiebigen Gebrauch von dem Gitternetz mit neun Feldern und von seinen Ableitungen. Das *Seiδhallr* oder Podium der Seherin, auf dem die Schamanin oder die *Wölwa* in Erwartung ihrer prophetischen Visionen saß, sah man als das Zentrum der Welt an. Dabei handelte es sich um eine quadratische Plattform aus Holz, die in neun Felder eingeteilt war; darauf saß die Seherin, den Blick gen Norden gerichtet, in der Mitte. Manchmal war diese Plattform auch mit einer Rindshaut überzogen, in die man die neun Felder eingeschnitten hatte. Von diesem *Seiδhallr* aus konnte die Seherin Dinge erschauen, die den anderen verborgen blieben. Von den Resten eines Teppichs oder Dekorationsstoffes aus dem 9. Jahrhundert, der in dem Bootsgrab bei Oseberg (Norwegen) gefunden wurde, nimmt man an, daß es sich um die Plattform einer Seherin handelte.

Diese Plattformen wurden oft an einer erhöhten Stelle errichtet, etwa auf einem heiligen Berggipfel oder auf einem Grabhügel, und für den Brauch des *útiseta*, des Ausharrens, verwendet. Dieses Ausharren oder Aussitzen war eine Form der Meditation, die dazu diente, mit den Geistern der Verstorbenen in Kontakt zu treten, die Belehrung der Götter zu erhalten oder sich selbst oder für andere Kenntnis von zukünftigen Ereignissen zu verschaffen. In der alten nordischen *Mariu Saga* heißt es, daß jemand, der Antwort auf eine Frage erhalten will, draußen an einem verborgenen Platz im Wald auf einer frisch abgezogenen Rinderhaut sitzen muß. Wenn er neun Quadrate auf die Haut zeichnet, wird die magische Handlung den Teufel herbeirufen, der ihm eine Antwort auf die Frage bringen wird. Obwohl es sich hier um eine christlich geprägte Interpretation handelt, die übersinnliche Kenntnisse dem Teufel zuschreibt und die Götter der alten Religion zu den Teufeln der neuen umfunktioniert, ist noch zu erkennen, welche mantischen Kräfte man dem Muster mit den neun Quadraten beimaß. In der *Færeyinga Saga* errichtet der Magier Thrond außerhalb seines Hauses eine Plattform. Darauf ist ein «viereckiges Gitterwerk» gezeichnet, und von den Gittern ausgehend sind neun Kreise in alle Richtungen gezogen. Dieses Gitternetz wird dazu benutzt, die Geister der drei erschlagenen Männer herbeizurufen, um ihre Mörder zu finden. Thrond sitzt schweigend am Feuer, bis die Geister der drei Getöteten herbeikommen und darauf zuschreiten. An ihrem Gang erkennt der Zauberer, wie und durch wessen Hand sie gestorben sind, und ist dann in der Lage, die Schuldigen zu benennen.

Die nordische Handschrift *Hávamál (Die Worte des Erhabenen)* – ein Text, der dem Allvater Odin selbst zugeschrieben wird – berichtet von «Runen und verstandenen Zeichen, Zeichen von großer Kraft und großer Stärke, die der mächtige Thul malte». Der Sitz dieses bedeutenden Runenmeisters Thul, der mit Odin gleichgesetzt wird, befindet sich am Brunnen Urds, also im Zentrum der Welt. Die wiederholt auftretenden Verbindungen zwischen der Runenweissagung, dem Weltenbaum und dem Schicksalsbrunnen im Mittelpunkt der Welt kommen auch in der symbolischen Anlage des *Seiðhallr* zum Ausdruck, das als Mikrokosmos das kosmische Zentrum, aus dem die Prophezeiungen hervorgehen, repräsentiert. Es ist ein irdisches Abbild von Odins Hochsitz *Hliðskjálf,* von dem aus der Gott gleichzeitig die neun Welten der nordischen Kosmologie überblicken kann. Die Muster auf dem *Seiðhallr* waren das neunfeldrige Quadrat oder seine Unterteilung in 81 Felder (neun mal neun), das *Paramasayika*-Gitter und das ursprüngliche Brett des «Belagerungsspiels» *Tafl.* Die Seherin saß in der Mitte auf dem zentralen neunten Feld, nach außen durch die umliegenden anderen acht Felder abgeschirmt. Diesem immer wiederkehrenden heiligen Muster werden wir auch noch bei dem alten Brettspiel *Tawlbwrdd* begegnen. Das von dem Zauberer Thrond verwendete Muster steht ebenfalls mit traditio-

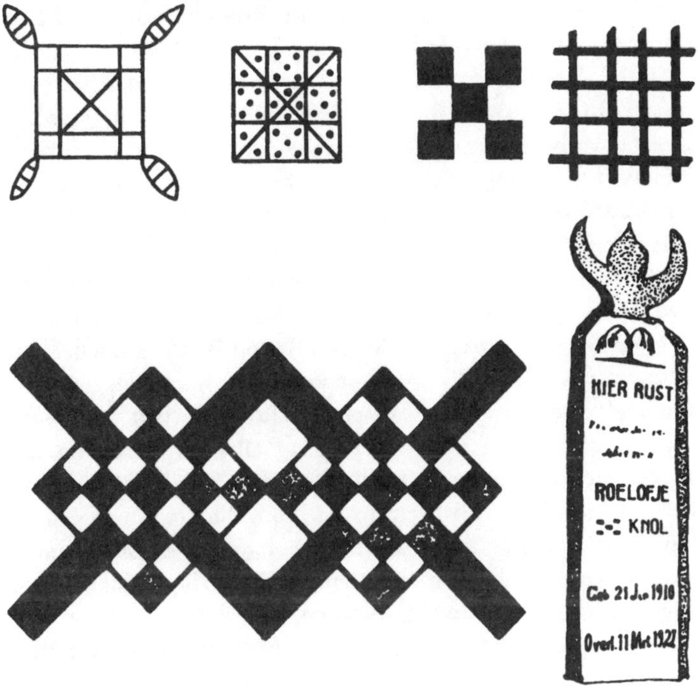

Abb. 37: Die Gitternetzmuster: *Oben links:* Schutzsigel auf einem Kübel aus dem 18. Jahrhundert mit traditionellem Muster (Museum für Volkskunde, Wien). *Mitte:* Versionen des neunfeldrigen Musters als magisches Schutzsymbol auf traditionellen australischen Möbelstükken. *Oben rechts: Acht Ifins* mit dem neunfeldrigen Gittermuster. *Unten links:* Schutzsigel mit 25feldrigen Gittern und der Rune *Ing* auf einer nordtiroler Vitrine (Museum für Volkskunde, Wien). Das ganze Muster ist aus 72 Feldern zusammengesetzt (sechs mal zwölf). *Unten rechts:* Grabstein von Roelofje Knol auf dem Friedhof in Wanneperveen (Friesland; 20er Jahre des 20. Jahrhunderts) mit den heidnischen Lebensbaum-Motiven und dem neunfeldrigen Sigel.

nellen Brettspielen und auch mit der Konstruktion von Labyrinthen im Zusammenhang.

Im 12. Jahrhundert wurde in Skandinavien das Errichten von neunfeldrigen Plattformen auf Erdwällen durch ein «Großes Gesetz» verboten; es war in Norwegen erlassen worden, um das Heidentum zu unterdrücken. Ein sehr spätes Überbleibsel dieser Plattformen der Seherinnen wurde von den *witta wijven*, den «weisen Frauen», in der abgelegenen niederländischen Provinz Drente bis in die Mitte des 17. Jahrhunderts benutzt. Ihre Erdhäuser mit Plattformen, die mit Menschen- und Tierschädeln verziert sind, zeigt ein Stich in Johan Picardts Buch *Korte Beschryvinge van eenige verborgene antiquiteten,* das 1660 in Holland erschien. Kurz danach brachte eine von Seiten des Staates institutionalisierte Verfolgung aller Nichtchristen den letzten noch erhaltenen Traditionen des friesischen Schamanentums das Ende. Bis weit ins 18. Jahrhundert hinein organisierte das niederländische Militär die sogenannten *Heidenjachten,* Jagden, durch die alle einheimischen «Ungläubigen» und Zigeuner ausgerottet werden sollten.

Eine weitere, heute nicht mehr gebräuchliche Verwendung des Gitternetzes war die im mittelalterlichen Europa verbreitete Rechenmethode auf einem quadratischen Brett, dem «Berechnungs-» oder «Steuerbrett». Dieses Brett hatte gewöhnlich fünf mal zehn Felder. Der Name stammt von einer Methode des Registrierens von Pachtgeldern, Zehnten oder Steuern, die man auf Landstücke erhob und auf die entsprechenden Felder des Bretts legte, das eine Art abstrakte Karte des Gebiets darstellte – eine weltliche Parallele zu dem heiligen *Paramasayika*-Gitter. Einige moderne Begriffe der Mathematik gehen auf diese karierten Bretter zurück. Das Wort «kalkulieren» bezieht sich auf die Figur aus Stein oder *calc* («Kreide»), die auf die entsprechende Stelle des Brettes gesetzt wurde. Wenn wir also etwas durchkalkulieren oder jemandem etwas «ankreiden», beziehen wir uns auf das alte Brett als ein Hilfsmittel für die Berechnung. Als die brauchbareren indischen (die sogenannten «arabischen»)

Zahlen um 1450 nach Europa kamen, galten solche Berechnungsmethoden als überholt, und die damit zusammenhängenden Denkmuster wurden nicht mehr weiter gepflegt.

Das nationale Gitternetz

Das Gitternetzmuster der *Acht Ifins*, des Spielbretts, des magischen Quadrats und der Plattform der Seherinnen wurde oft für ganze Länder verwendet, sei es im übertragenen oder in ganz realem Sinn. In der altirischen Literatur gibt es Allegorien, in denen Irland mit einem *Brandubh*-Brett verglichen wird. Beim *Brandubh*, das auf einem Gitternetz mit sieben mal sieben Feldern oder Löchern gespielt wurde, gab es einen Mittelpunkt, auf dem der König oder *Branán* stand, umgeben von vier Verteidigungsfiguren. In ähnlicher Weise war Tara der politische und religiöse Mittelpunkt des alten Irland, ein zentrales Feld, das von vier anderen Feldern umgeben war, welche die vier Provinzen symbolisierten. Diese Parallele zeigt sich in einer alten bardischen Dichtung:

> Im Zentrum der Ebene von Fál liegt die Burg Tara, wunderbarer Berg, dort draußen, genau im Zentrum der Ebene, wie ein Mal auf einem bunten Brannumh-Brett. Geh dorthin, der Schritt wird sich lohnen: Schwinge Dich empor auf dieses Feld, das sich für den Branán eignet, das Brett paßt zu Dir, ist Deines. Ich möchte Dich, o Weißzahniger, auf die prächtigen, für den Branán geeigneten Felder aufmerksam machen – sie seien von Dir beherrscht. Ein goldener Branán mit seinen Getreuen seist Du mit Deinen vier Provinzen, o König von Bregia, auf dem Feld dort drüben, um Dich herum ein Mann auf jedem Feld.

Die «prächtigen, für den Branán geeigneten Felder» sind Tara, Cashel, Croghan, Naas und Oileach. In einem anderen altirischen Text, *The Settling of the Manor of Tara (Die Ordnung des Ritterguts Tara)*, wird erwähnt, daß die Grünfläche von Tara «sieben Ausblicke auf jeder Seite» hatte, was auf das *Brandubh*-Brett mit seinen sieben mal sieben Feldern anspielt. Wenn der Hochkönig von Irland auf Tara Versammlungen der Landesführer abhielt, wurden ihnen im Saal die entsprechenden Plätze ein. Wie auf dem Spielbrett nahm der König den Mittelpunkt zugewiesen. Die Männer aus Munster waren im Süden, die von Connacht im Westen, die von Ulster im Norden und die von Leinster im Osten. In der Mitte des Saals saßen, in der vorgeschriebenen Richtung zum Hochkönig, die vier Könige der Provin- zen. Tara symbolisierte somit als Mikrokosmos die ganze Insel, und was immer dort geschah, wurde in dem entsprechenden Landesteil in die Tat umgesetzt.

Die numerischen Parallelen zwischen Kosmologie, heiliger Geometrie, kanonischen Zahlen und Brettspielen ziehen sich durch die gesamte nordeuropäische Mythologie, in der altirischen Tradition etwa das «1+8»-Schema des neunfeldrigen Musters. Wie beim Brettspiel *Tawlbwrdd,* bei dem ein König von acht Figuren verteidigt wird, schützten acht Kämpfer den irischen Helden Bricriu auf seinem Weg zu dem Fest, das er in seinem Haus mit den neun Gemächern vorbereitet hatte. Ein anderer irischer Held, Cu Chuláinn, besaß von jeder Art neun Waffen, eine große und acht kleine. Cathbad, der Druide, hatte acht Jünger, im Gegensatz zu seinen christlichen Pendants, die deren zwölf gehabt hätten. Ein äußerst wichtiges Relikt wurde im Oktober 1932 beim Ausgraben einer künstlich angelegten Insel – einer sogenannten *crannog* bei Ballinderry, in der Nähe von Moate (Westmeath, Irland) – ans Tageslicht gefördert. Es handelt sich um ein quadratisches Spielbrett aus Holz mit einem Menschenkopf an dem einen und einem Griff am anderen Ende. Die Spielfläche mißt knapp 25 cm^2, so daß es – wie etwa heute ein Reiseschachspiel – leicht zu transportieren ist. 49 Löcher sind, zu einem Quadrat angeordnet, in das Brett gebohrt; es handelt sich also um ein *Brandubh*-Spiel. Das mittlere Loch, in das der Branán gesteckt wurde, ist von Kreisen umgeben, die es als Nabel des Brettes kennzeichnen, der es im Ver-

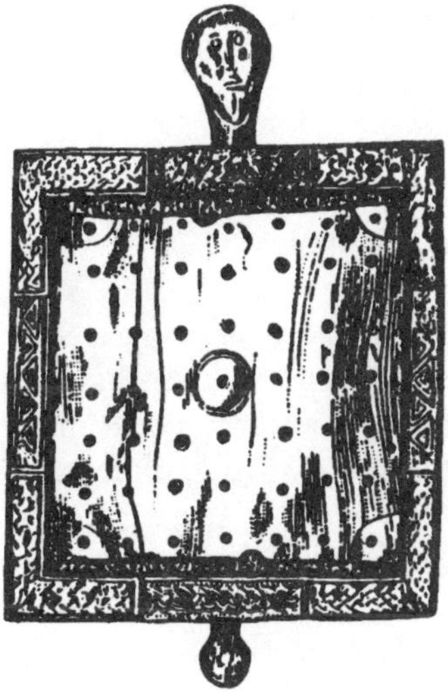

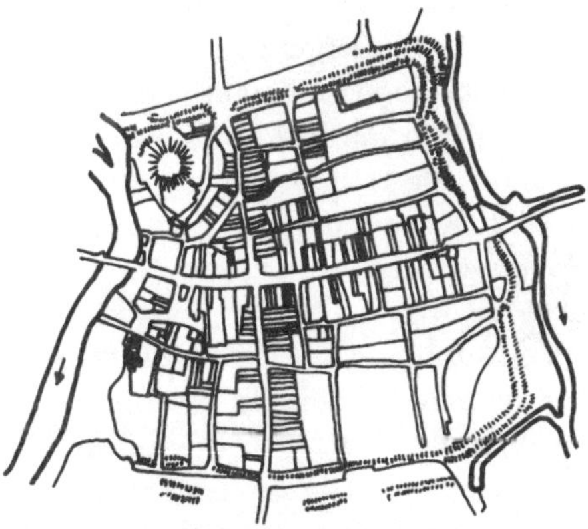

Abb. 38: *Links oben:* Das Brettspiel aus Ballinderry, das 1934 in einer Sumpfgegend in der Grafschaft Westmeath (Irland) gefunden wurde. Der mittlere Punkt, auf dem die Königsfigur steht, ist der Nabel der Figur. *Rechts unten:* Die Stadt Wareham in Südengland, um 900 n. Chr. gegründet, entspricht der nach einem geviertelten Quadrat anlegten «heiligen Stadt». Dies war bei den meisten neuen Siedlungen und Städten im mittelalterlichen England der Fall.

hältnis zum Kopf auch ist. Hier symbolisiert das Brett den erschlagenen Riesen, der die Grundlage für die Welt der indoeuropäischen Kosmologie bildet.

Der zentrale Punkt

Die Tradition, derzufolge sich in der Mitte einer heiligen Stadt oder Landschaft ein zentraler Punkt befindet, besteht noch heute fort. In vielen Gegenden Europas wachsen noch immer Bäume, die in Dörfern oder Städten als geistige Markierungen gepflanzt wurden. Die leider zerstörte Merlin-Eiche in Carmarthen (Wales) war ein solcher Baum, dessen Legende deutlich macht, welche geistige Unterstützung die Stadt durch ihn erhielt: *«When Merlin's Tree shall tumble down, Then shall fall Carmarthen town»* («Wenn Merlins Baum fällt, wird die Stadt Carmarthen untergehen»).

Wie auch andere Bäume war die Merlin-Eiche ein mikrokosmisches Bild der kosmischen Achse, die für die Stabilität der Himmel sorgte und damit auch für die physische und gesellschaftliche Ordnung der Stadt selbst. Die vor einiger Zeit in Fribourg (Schweiz) gefällte *Murtenlinde* hatte dieselbe Funktion. Sie wurde 1476 zum Gedenken an die Errichtung einer neuen Ordnung nach dem Sturz der Burgunderherrschaft in der Schlacht bei Murten gepflanzt; die Linde symbolisierte die Einführung einer neuen, stabilen Gesellschaftsordnung, die nach ewigen Gesetzen gestaltet war. Jahrhundertelang stand die *Murtenlinde* in einer dreieckigen Einfriedung mitten auf der Straße in der Nähe des St. Georgs-Brunnens und des Rathauses. Selbst als der motorisierte Verkehr zunahm, wurde der Baum noch geschützt. Die Fahrdrähte für die Oberleitungsbusse verlegte man so, daß sie einen Bogen um den altehrwürdigen Baum machten, dennoch brachte ihm der Verkehr schließlich das Ende, denn am 13. April 1983 rammte ein betrunkener Autofahrer den Baum mit seinem Wagen und rich-

Abb. 39: Die Merlin-Eiche, der heilige Baum, auf dem nach der Überlieferung der Wohlstand Carmarthens und sogar sein ganzes Bestehen beruht.

tete, wie sich herausstellte, einen nicht wieder gutzumachenden Schaden an. 1984 trugen die ein oder zwei verbliebenen Äste noch Blätter, 1985 wurde die *Murtenlinde* jedoch für tot erklärt und gefällt. Ein neuer Baum, der als Ableger genetisch mit der *Murtenlinde* identisch ist, wurde in der Nähe des Brunnens, aber nicht mehr inmitten der Straße gepflanzt. Selbst darüber beschwerten sich einige Automobilisten, weil für den neuen Baum einige Parkplätze geopfert wurden. Trotz der Veränderung der exakten Geolokation des neuen Baumes wurde der Geist des alten Baumes und somit auch der der Stadt erhalten. Die Tatsache, daß die Bürger Fribourgs im Jahre 1985 die Tradition fortsetzen, einen lebendigen Stadtbaum zu besitzen, zeigt deren psychologische oder sogar geistige Bedeutung.

Das Pflanzen langlebiger Bäume als zentrale Achse einer Stadt zeigt sich auch in der Überlieferung, nach der Stäbe sich mit Grün schmücken, wenn man sie an einem Ort aufstellt, an dem Kraftfelder ihre Wirkung ausüben. Die Legenden von Joseph von Arimathia in Glastonbury und von der Heiligen Etheldreda in Etheldredestow sind die bekanntesten Beispiele dieser Tradition und stellen Varianten des geomantischen Akts dar. In beiden Fällen wurde ein zurechtgeschnittener Stab an einer wichtigen Stelle der Gegend, die dann zum Standort eines Heiligtums wurde, in den Boden eingewurzelt. Dadurch, daß der Stab an einer solchen Stelle in die Erde gesteckt wurde, bekam er neues Leben, und er belebte dann auch die Umgebung neu. In Glastonbury wurde der Stab zum berühmten heiligen Weißdorn und in Etheldredestow zu einer mächtigen Esche. Es ist bezeichnend, daß diese beiden Bäume zur Trinität der heiligen Bäume gehören – Eiche, Esche und Weißdorn –, die in Volkssagen und auch in Form wichtiger Runen- und Oghamzeichen verehrt wurden.

Weit verbreitet ist auch die Sitte, einen besonderen Baum zu fällen und zu einer heiligen Stätte zu bringen, wo er bei bestimmten Zeremonien verwendet wird. Dies ist bei den Ureinwohnern Mittel- und Nordamerikas sowie in einigen Regionen

Indiens der Fall. Der europäische Maibaum gehört ebenfalls zu dieser Tradition; er ist der Mittelpunkt ritueller Tänze, die das Ende der Winterhälfte des Jahres feiern und den Sommer willkommen heißen. Der Maibaum ist das letzte Überbleibsel von Festlichkeiten, die jeweils zu bedeutsamen Zeiten des Jahres um eine zentrale Markierung herum oder in einer Struktur stattfanden, die Erde und Kosmos symbolisiert. Die Gründung und der Beginn traditioneller Jahrmärkte, die zum Gedenken an heidnische oder christliche Feste stattfanden, wurden mit symbolischen Riten abgehalten, bei denen vielfach die kosmische Achse eine Rolle spielte. Auf dem Jahrmarkt in Honiton, der immer an Pfingstmontag stattfand, eröffnete der städtische Ausrufer die Veranstaltung mit den Worten: «Hört, hört, hört! Der Handschuh ist aufgesteckt, und der Jahrmarkt hat begonnen. Niemand soll verhaftet werden, bis der Handschuh wieder abgenommen wird. Gott schütze den König!» Man stellte einen Pfahl auf, an dem oben ein Handschuh, das Symbol der königlichen Autorität, angebracht war, und erließ ein Sondergesetz, das – unabhängig von den umliegenden Orten oder Grafschaften – für die Dauer des Marktes Gültigkeit hatte. Die «Könige» auf alten französischen Spielkarten stellten oft bestimmte Herrscher dar, meist Ludwig den Heiligen und Heinrich IV., die jeweils ein Zepter oder einen Stab mit einer Hand am oberen Ende als Zeichen der Königswürde bei sich trugen.

Erhaltene Bräuche

Wie so mancher Brauch oder «Aberglaube» haben sich auch die heiligen kosmischen Muster, die Städten, Märkten und divinatorischen Techniken zugrundeliegen, noch lange gehalten, nachdem die magischen Elemente verworfen und vergessen waren. Solange den Bräuchen Beachtung geschenkt wird, bleiben auch die zugrundeliegenden Muster als integraler Bestandteil dieser Vorgänge erhalten. Ein Bereich, in dem diese Traditionen überlebt haben, sind die jährlich stattfindenden Märkte, von denen viele einen sehr alten Ursprung und beachtliche Kontinuität aufweisen. Auf Jahrmärkten gab es schon immer eine starke Verbindung zum Wahrsagen und zum Ausführen und Zurschaustellen anscheinend magischer Leistungen. Die Anlage der traditionellen Märkte in Europa war ein bewußt geplantes Abbild der kosmischen Ordnung. Im Zentrum stand ein Pfahl, der *pau* oder *pal*, der das herrschaftliche Emblem trug, etwa einen Handschuh oder einen Helm, das den König in seiner Abwesenheit symbolisierte. Dieser Pfosten hatte bei Feierlichkeiten zur Gründung von Städten und Märkten, die nach gleichen Prinzipien durchgeführt wurden, grundlegende Bedeutung. Im Mittelalter bezeichnete das Aufstellen des *pal* auf die gleiche Weise die Gründung einer neuen Stadt wie das Versiegeln des *mundus* bei den etruskischen und römischen Auguren. Der Jahrmarkt war somit eigentlich eine Art provisorischer Stadt mit eigenen Gesetzen und eigener Rechtsprechung. Wie in der traditionellen Stadt waren den Marktbuden der verschiedenen Händler und Handwerker eigene Reihen zugewiesen.

In einigen Fällen wurden aus diesen Budenreihen mit der Zeit feste Häuserzeilen; die Nachfolgebauten standen auf dem gleichen Platz und behielten die Anordnung bei. Die Stadt St. Ives in Cambridgeshire (dem früheren Huntingdonshire) hat ein Gitternetzmuster, das auf den St. Audrey-Jahrmarkt zurückgeht, der immer noch jedes Jahr in der Woche um den 17. Oktober, dem Tag der heiligen Etheldreda, in ihren Straßen abgehalten wird.

Im nahegelegenen Cambridge hat eine ähnliche Entwicklung stattgefunden. Dort gibt es in Barnwell (im Ostteil der Stadt) Straßen mit Namen wie *Oyster Row*, *Mercer's Row* und *Garlic Row* – Reste vom Gitternetz des einst riesigen Sturbridge-Marktes, dessen Anlage jahrhundertelang unverändert geblieben war. Die *Garlic Row* («Knoblauch-Gasse») war früher die wichtigste Straße des Marktes, ein *cardo*, der zwischen der

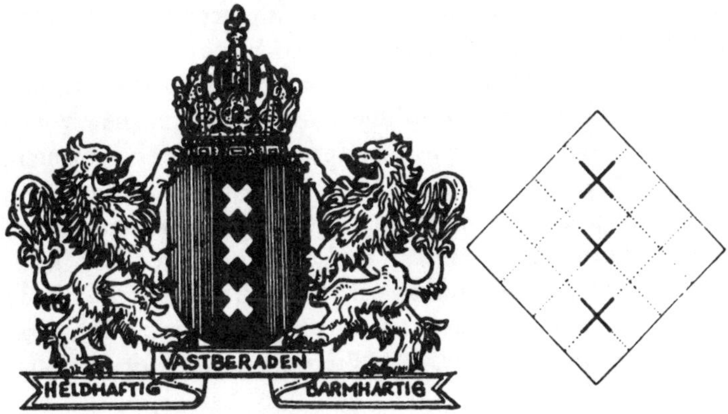

Abb. 40: Das Wappen der Stadt Amsterdam enthält in der Mitte drei Schrägkreuze, die Gerechtigkeit symbolisieren. Sie sind die stilisierten Schnittpunkte des heiligen Gitternetzes der Gerichtsbarkeit.

Hauptstraße nach Newmarket und dem Fluß, wo es eine Fähre gab, nord-südlich ausgerichtet war. Die Gerichtsbarkeit auf solchen Jahrmärkten, die durch den *pal* repräsentiert war, oblag dem *Court of Pie Powder* (nach dem französischen *pieds poudrés* – «staubige Füße»). Dieses Gericht urteilte überführte Missetäter, die sogleich in den Fußblock oder an den Pranger gestellt wurden, im Schnellverfahren ab. Der Gerichtshof in Sturbridge befand sich in einer Schankbude westlich der *Garlic Row*, der Hauptstraße. Sie lag am Nordende der Reihe, an einer Stelle also, die man traditionsgemäß mit der Amtsgewalt verband. Bis 1939 gab es mehrere solcher Gerichtshöfe, bis sie während des Zweiten Weltkriegs abgeschafft wurden. Man fand sie auf den Jahrmärkten in Newcastle, Guildford, Ely und Bristol. Jener in Sturbridge bestand bis zur Auflösung des Marktes im Jahre 1932. Sie waren die letzten Beispiele einer «mobilen» Gerichtsbarkeit, die mit dem Gitternetz als symbolischem Mikrokosmos der Welt in Zusammenhang stand.

Früher, im alten Europa, war das Gitternetz ein sehr wichtiges Symbol der Rechtsprechung. Das mittelalterliche Gitternetz ging auf das des Hirschgottes der Schamanen zurück und versinnbildlichte die Übernahme der göttlichen und damit auch der staatlichen Ordnung für ein Gebiet, um es zu kontrollieren, zu verwalten und besteuern. Seine Bedeutung von Recht und Gesetz liegt auf der Hand. Das Ansehen, welches das Gitternetz in Form des Spielbretts fand, kommt in der alten keltischen Gesellschaft zum Ausdruck. Einer der «Drei Schätze von Éirinn» (dem alten Irland) war ein *Brandubh*-Brett, und im alten Wales war das *Tawlbwrdd*-Brett ein Symbol des Richteramts.

Im mittelalterlichen Deutschland bildete das Gitternetz die Basis des «mystischen Landstücks» des *Femgerichts*, der geheimen und inoffiziellen westfälischen Gerichtshöfe, die sich unter freiem Himmel trafen. Diese Höfe waren die direkten Nachfolger des im Freien tagenden Hofes von Corvey, der unter der Gerichtsbarkeit der heidnischen Priester der Eresburg stand, des Tempels, in dem sich die kosmische Säule – die sogenannte *Irminsul* – befand (heute in der Stadt Ober-Marsberg). Als das heidnische Heiligtum im Jahre 722 n. Chr. von Karl dem Großen abgeschafft und den Sachsen der christliche Glaube aufgezwungen wurde, fuhr man damit fort, hier Gericht zu halten, doch nun eher um die noch verbliebenen heidnischen Bräuche und Anschauungen zu unterdrücken. «Geheime Frevel» wie etwa das Ausüben von Magie, Zauberei und Giftmischerei wurden von den Femgerichten besonders scharf geahndet. Die gewaltsame Aneignung von Land galt ebenfalls als Verstoß gegen die Feme, die für die Erhaltung von Grenzlinien sorgen sollte – eine göttliche Treuhandschaft, die durch das Grundmotiv des «mystischen Landstücks» symbolisiert wurde.

Der Gerichtshof bestand aus 16 Männern, die ihr Amt auf Lebenszeit innehatten. Das älteste Mitglied war der *gerefa* oder *graff* (Vogt oder Freigraf), das jüngste der *Fröhner* oder Bote, während die übrigen 14 ordentliche Mitglieder waren, die

Freischöffen. Starb einer von ihnen, wählten die Mönche, deren Kloster das heidnische Heiligtum übernommen hatte, ein neues Mitglied. Die Mitglieder wurden aus den 22 Familien des Bezirks ausgewählt.

Wesentlich war, daß das Gericht im Freien und bei Tage stattfand. Es mußte *«up roder Erde gemaket»*, auf rotem Erdboden abgehalten werden, also innerhalb der Grenzen des alten Herzogtums Westfalen und an bestimmten Orten. Der Sitz des Gerichts, der sogenannte *Freistuhl* oder *Königsstuhl,* wurde in der Mitte des «mystischen Landstücks» auf einer quadratischen Fläche von 16 mal 16 Fuß errichtet. Das Gebiet wurde jedesmal vom Fröhner abgesteckt, nachdem er mit der *Metewand,* einem Meßstab, am Fuß des Freigrafen «Maß genommen» hatte. Der zentrale Punkt, auf den man den Hochsitz stellte, wurde zunächst vom Fröhner geweiht, indem er eine Grube aushob, in die jedes Mitglied eine Handvoll Asche, ein Stück Holzkohle und einen Ziegel warf – eine Parallele zu den Riten der römischen und indischen Städtegründungen. Falls bei einer der darauffolgenden Zusammenkünfte irgendwelche Zweifel daran aufkamen, daß der richtige Standort gefunden sei, wurde der Boden noch einmal nach diesen Beigaben aufgegraben. Fand man sie nicht, erklärte man alle erlassenen Urteile für null und nichtig. Eines der Zeichen der Feme war ein achtfaches Muster, das aus acht quadratischen, sich überschneidenden Tonplatten oder Kacheln bestand, die die acht Himmelsrichtungen, die sich hier im Zentrum trafen, und die vollständige Erfassung des Gebietes durch die Gerichtsbarkeit des Hofes symbolisierten.

Das Anlegen eines Plans auf dem Boden, der ein tatsächliches oder ein «geistiges» Gebäude darstellte, war früher auch bei den englischen Freimaurern üblich, die einen Plan der Loge, in der die Zeremonien abgehalten werden sollten, mit Kreide auf den Fußboden zeichneten und nachher wieder wegwischten. Traditionsgemäß maß dieser «Mosaikfußboden» 16 mal 16 Quadrate. Wie beim Jahrmarkt und beim Spielbrett, aber im

Gegensatz zur Stadt, war das Gitternetzmuster, obwohl es noch die kosmische Ordnung widerspiegelte, eine vorübergehende Erscheinung. Obwohl die meisten Jahrmärkte nach 1850 allmählich ihren Charakter veränderten, bis sie nicht viel mehr als Rummelplätze mit mechanischen Karussells und seichter Unterhaltung waren, blieb ihre traditionelle Anlage erhalten. Die Leute vom Jahrmarkt bilden so etwas wie eine geschlossene Gesellschaft, die sich mit den besonderen Problemen befaßt, die ihre Lebensweise mit sich bringt. Jede spezialisierte Gemeinschaft muß sich bestimmte Fachkenntnisse bewahren, mit deren Hilfe sie die an sie gestellten Anforderungen bewältigt, und dazu gehören immer Traditionen und Rituale, die Außenstehende oft nicht verstehen oder erst gar nicht wahrnehmen.

Eine Begebenheit aus dem Jahre 1943 zeigt, daß geomantische Kenntnisse unter den Schaustellern lebendig geblieben sind. Im Dezember jenes Jahres fand die Beerdigung von Pat Collins, dem «König der Schausteller», statt. Obwohl man sich mitten im Zweiten Weltkrieg befand, also in einer Zeit rigoroser Sparmaßnahmen, war es ein großes Ereignis, über das sogar in der Zeitung *The Sunday Express* vom 12. Dezember 1943 in einem Artikel mit der Überschrift «60 Jahre altes Ritual bestimmte das Grab für den Schausteller-‹König›» berichtet wurde:

> Eine seltsame Begebenheit trug sich auf dem Friedhof zu, als ihn der Sohn des alten Mannes in Begleitung von Pater Hanrahan von der katholischen St. Peter-Gemeinde in Bloxwich aufsuchte, um eine Stelle für das Grab auszuwählen. Auf der Suche nach einem Ort für die letzte Ruhestätte seines Vaters stellte man fest, daß der katholische Teil des Friedhofs belegt war. Das angrenzende, zum Friedhof gehörende Land wurde eigens geweiht. Als sich Mr. Collins dorthin begab, um einen Platz für das erste Grab auszuwählen, trat er vor, hob den Fuß und stieß mit der Ferse fest in den Rasen, so daß eine tiefe Kerbe entstand. Dabei rief er aus: «Das ist die Stelle! Ich will, daß der Mittelpunkt vom Grab meines Vaters genau an dieser Markierung ist.» Dem Priester erläuterte er: «Diese Worte

> und diese Geste benutzte mein Vater 60 Jahre lang immer dann, wenn er den Platz für einen Jahrmarkt in Augenschein nahm, um festzulegen, wo die Hauptattraktion, für gewöhnlich das größte Karussell, aufgebaut werden sollte. Er hat den Platz nie vermessen, aber die von ihm gewählte Stelle war immer genau der Mittelpunkt des Rummelplatzes. Es war ein Ritual bei ihm.»

Daß die Fixierung eines zentralen Punktes in einem neu eingesegneten Friedhof auf die gleiche Weise vorgenommen wird wie die Geolokation des Zentrums eines Jahrmarkts, ist sehr interessant. Der Ritual, mit der Ferse in den Rasen zu stoßen, scheint ein authentisches Überbleibsel der Geomantie früherer Zeiten zu sein. Es war durchaus angemessen, daß man den «König der Schausteller» – bei der ersten Beerdigung auf einem neuen Friedhof – im Zentrum begrub. Alle nachfolgend Beigesetzten waren demnach sozusagen seine Totenwächter. Bei der Anlage von Jahrmärkten scheint der Zusammenhang zwischen dem Zentrum des Rummelplatzes, der kosmischen Achse und der Rotation des Karussells ein weiteres, deutlich symbolisches Überbleibsel unter Schaustellern zu sein. Die Möglichkeit, daß der Tanz um den Maibaum durch das Karussellfahren abgelöst wurde, ist nicht auszuschließen. Wahrscheinlich gibt es unter den Geheimnissen der Schaustellerei noch viele weitere Traditionen, die eine niemals unterbrochene Fortsetzung jener Praktiken sind, mit denen in der Antike bestimmte Orte festgelegt wurden.

Stadt und Spielbrett

Wie ich im Vorangegangenen dargelegt habe, war das Gitternetz in früheren Zeiten ein starkes Symbol für die Struktur der Welt und die göttliche oder menschliche Herrschaft über sie. Die Form der Welt, die Gestaltung der Landschaft, die Hauptstadt, der heilige Tempel der Götter und der Königspalast waren allesamt Symbole einer Ordnung, die im Gitternetz ihren Ausdruck fand. Das Gitternetz legte nicht nur das Zentrum und die Peripherie fest, sondern auch die unterschiedliche Beschaffenheit der Standorte auf seiner Fläche. Das mächtigste Bild dieser Manifestation zeigt sich in der «heiligen Stadt». Das gitterartige Quadratmuster, das die etruskischen Auguren benutzten, um den Grundriß einer Stadt festzulegen, hat Parallelen in ganz Europa und in Asien. Im indischen *Vastuvidya*, der Geomantie zur Festlegung bestimmter Örtlichkeiten, bildet das quadratische Gitternetz das Grundmuster, auf dem Städte und Tempel errichtet werden.

Brettspiele sind untrennbar mit Divination, Astrologie und heiliger Geometrie verbunden, und in der Gestaltung traditioneller Spielbretter ist dieser heilige Ursprung erhalten geblieben. In einigen Fällen sind die Bretter, die für die Spiele verwendet werden, mit den überlieferten Plänen von Tempeln, Sakralbezirken und heiligen Städten identisch. *Schach*, das bekannteste und heute am weitesten verbreitete Brettspiel, hat einen divinatorischen Ursprung. Einige Kenner der Schachgeschichte haben es mit dem alten chinesischen Spiel *Hsiang ch'i* in Zusammenhang gebracht, während andere diese Verbindung mit China bestreiten. Unabhängig davon, ob *Hsiang ch'i* ein Vorläufer des Schachspiels war oder nicht, hängt es doch eng mit der Divination zusammen. *Hsiang ch'i* übersetzt man für gewöhnlich mit «Das astronomische Spiel» oder «Das Figuren-Spiel». Das Spielbrett ist ganz offensichtlich mit den Tafeln der Wahrsager verwandt, aus denen der magnetische Kompaß hervorging, der heute beim *Feng-Shui* verwendet wird, der chinesischen Kunst des Arrangierens. Es handelte sich um ein Würfelspiel.

Die frühesten bekannten Anweisungen für die vorschriftsmäßige Anlage von Städten findet sich in der *Arthashastra* des Kautilya, der unter dem altindischen Herrscher Chandragupta Maurya Premierminister war. Der Text schreibt ein Gitternetz von neun mal neun Linien als kanonische Form vor, wodurch die Stadt in acht mal acht quadratische Blöcke eingeteilt ist. Die legendäre Hauptstadt Krishnas, Dvaravati, soll jedoch mit acht Straßen, die sich im rechten Winkel kreuzten, angelegt gewesen sein. Auf ähnliche Weise wird in einem klassischen chinesischen Text, dem *K'ao-kung Chi*, die Anlage der königlichen Hauptstadt der Tschou-Dynastie folgendermaßen geschildert: «Die Zimmerleute grenzten die Hauptstadt als ein Quadrat mit einer Seitenlänge von neun *Li* ab; an jeder Seite gab es drei Torwege. In der Stadt gab es neun Längs- und neun Querstraßen, wobei jede der erstgenannten neun Pferdewagenspuren breit war.» Diese Beschreibung zeigt, daß die Hauptstadt auf einem «Schachbrett»-Gitter von 64 Feldern angelegt war. Das Regierungszentrum (vier mal vier Quadrate) lag im mittleren Viertel des Gitternetzes.

In der vedischen Periode Indiens nannte man das Damebrett mit acht mal acht Feldern *Ashtapada*. Die früheste bekannte Erwähnung von Brettspielen in der Literatur findet sich im *Brahma-Jala Sutra*, das Worte enthält, die sogar dem Buddha Gautama zugeschrieben werden. Er beschreibt die Banalitäten, die die Gedanken der Unerleuchteten beschäftigen, darunter auch das *Ashtapada*- und das *Dasapada*-Spielen. Im *Mahabhashya* (2. Jahrhundert n. Chr.) wird *Ashtapada* beschrieben als «ein Brett, auf dem jede Linie acht Felder hat», und das Wort *Ashtapada* wurde benutzt, um das bei der Landvermessung verwendete Gitternetz zu erklären. Der französische Schriftsteller Bernouf zitiert in *La Lotus de la Bonne Loi*, einem merkwürdigen, 1854 in Paris veröffentlichten Werk, eine Passage aus einem nordindischen buddhistischen Text, in dem der Planet selbst als «die Erde, auf man der *Ashtapadas* mit Goldbändern herstellte», bezeichnet wird.

Von einer späteren Verwendung des auf dem Boden ausgelegten Gitternetzes berichtet der iranische Schriftsteller Hamza al-Isfahani, der zu Beginn des 10. Jahrhunderts lebte. Er schrieb über die Errichtung der Stadt Jundu-Shapur durch den Sassanidenherrscher Shahpur (240–270 n. Chr.): «Der Plan der

Stadt war nach Art des Schachbretts gestaltet: er war durch acht mal acht Straßen unterteilt.» Ein späterer iranischer Kommentator bemerkte, daß «die Form zwar so gebildet war, doch das Schachspiel war zu dieser Zeit noch nicht erfunden». Eine andere dieser *Ashtapada*-Städte war Nishapur in Khurasan. Der spätere islamische Geograph Mustawfi schrieb 1340: «In den Tagen Chosraus ... wurde die alte Stadt Nishapur genau nach dem Plan eines Schachbretts angelegt, mit acht Feldern an jeder Seite.» Die Stadt Jundu-Shapur hatte ein Gitternetz von acht Linien, während Khurasan nach der Vorschrift des *Arthashastra* mit acht Feldern gebaut wurde. In viel jüngerer Vergangenheit wurde die indische Stadt Bangalore von Vidyahadar Bhattacharyya angelegt, und 1857 wurde die burmesische Stadt Mandalay nach den kanonischen Regeln von fünf Staatsbeamten örtlich festgelegt und konzipiert. Mandalay war eine der letzten großen «heiligen Städte», die als ein Mandala nach kanonischen Prinzipien angelegt wurde; dazu gehörte die Opferung von 50 Menschen als Gründungsgabe, die unter verschiedenen Schlüsselplätzen im Gitternetz «deponiert» werden mußten, darunter vier, welche die Basis des königlichen Throns im Zentrum bildeten.

Bei der traditionellen Anlage der «heiligen Stadt» gibt es eine gerade Anzahl von Parzellen oder Blocks, die von einer ungeraden Anzahl von Straßen in jeder Richtung durchschnitten werden. Eine auf diese Weise als ein Gitter von acht mal acht Quadraten angelegte Stadt, wie etwa Nishapur, hatte sieben Straßen, die in alle Richtungen führten, oder neun, wenn man die mitzählt, die unmittelbar an den Mauern entlang verliefen. Die römische Stadt Thamugadi (Timgad) im heutigen Algerien war ähnlich konzipiert, hatte jedoch ein Gitternetz von zwölf mal zwölf Quadraten (insgesamt 144).

Obwohl der Plan leichte Abwandlungen erfahren hat, zeigt Thamugadi gut die Wirkung eines solchen Gitternetzes: Eine regelmäßig angelegte Stadt wie diese, mit einer geraden Anzahl von Blocks, hat in der Mitte eine Straßenkreuzung, während

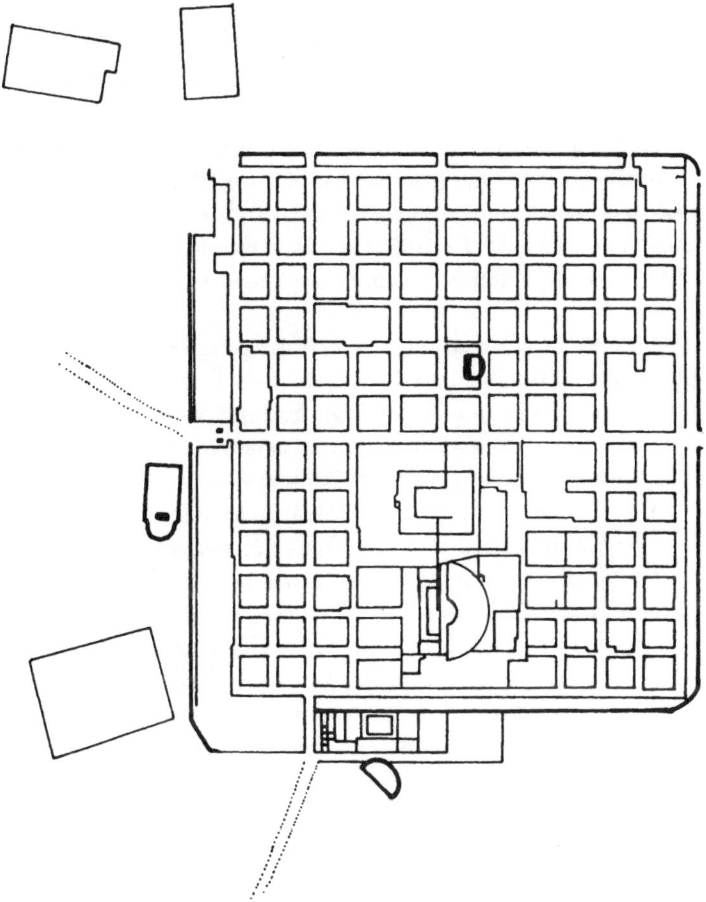

Abb. 41: Eine gitternetzartig angelegte römische Stadt, die heute Thamugadi heißt. Sie entstand im 2. Jahrhundert unserer Zeitrechnung auf einem Gitter von 12 mal 12 Feldern (144).

die mit einer ungeraden Anzahl einen Block im Zentrum hat. Dieser zentrale Punkt ist der *omphalos* der Stadt, und bei Brettspielen, die eine Nachbildung des Plans der heiligen Stadt darstellen, bezeichnet man diesen Mittelpunkt als «Nabel». Beim madegassischen Spiel *Fanorona* heißt er tatsächlich *foibeny* («Nabel») und bei der malayischen Version *Alquerque* – mit der gleichen Bedeutung – *pusat.* Auf einem alten Spielbrett, das 1932 in Balinderry (Irland) gefunden wurde, bildet das zentrale Königsfeld den Nabel eines Brettes, das eine menschliche Gestalt hat.

Die Unterteilungen eines Spielbretts oder einer Stadt spiegeln weitere Aspekte der traditionellen Kosmologie. Der frühesten indoeuropäischen Kosmologie zufolge ist der Mittelpunkt der Erde, der Weltenberg Meru, von sieben Meeres- und sieben Landzonen umgeben, die zum Zentrum hin an Höhe zunehmen. Außerhalb davon liegt der Weltozean mit vier Kontinenten, die Sinnbild für die vier Richtungen des Himmels sind.

Eine westliche Variante dieser Anordnung war Tara, das religiöse und politische Zentrum des alten Irland. Tara hatte sieben Schutzwälle rund um die heilige Ansiedlung, in deren Mitte sich ein großes, zentrales Gebäude befand, in dem der Hochkönig residierte. Darum herum befanden sich, in den vier Himmelsrichtungen, die Bauten für die Provinzen, die nicht nur die Teile Irlands repräsentierten, sondern auch noch jeweils für eine der vier Jahreszeiten, eines der vier Elemente und viele andere Übereinstimmungen standen, die sich auf je vier Komponenten bezogen.

Als die christlichen Mönche über Tara, das alte heidnische Zentrum Irlands, den Fluch aussprachen, gründete der Hochkönig Domnall, der Sohn des Aed, einen neuen Hauptsitz in Dún nan Géd am Fluß Boyne. Diese Stätte war wie Tara von sieben großen Erdwällen, sieben Land- und sieben Wasserzonen umgeben. Im Zentrum stand das höchste Gebäude, die «große Halle». Nördlich davon lag die Versammlungshalle von Ulster und im Osten die Halle von Leinster. Im Süden befand

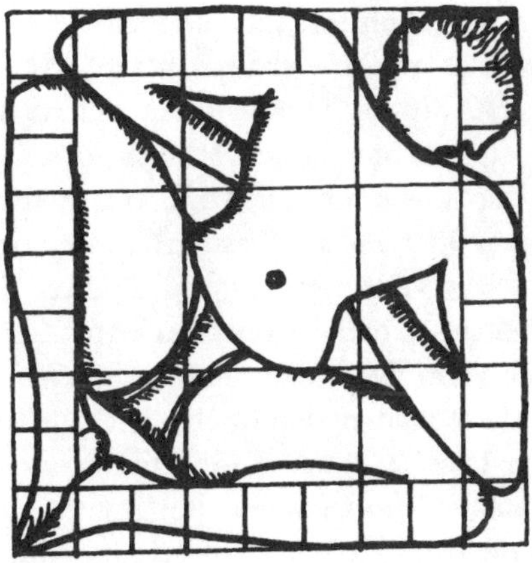

Abb. 42: *Oben: Mahapurusha,* der indische «Kosmische Mensch». Ein solches Gitternetz liegt Tempelbauten zugrunde.
Unten: Der kosmische heilige Berg der Inder, der Weltenberg Meru, besteht aus verschiedenen Ebenen, die bestimmte Dimensionen haben. Abbildung nach einer originalen Handschrift aus W. Kirfels Buch *Kosmographie der Inder* (1920).

sich die Halle von Munster und westlich davon die Festhalle von Connacht. Das größte Gebäude erhob sich, wie gesagt, im Zentrum, so daß die ganze Anlage an den Weltenberg erinnerte. Dies entspricht genau den antiken, in altindischen Texten geschilderten konzentrischen und quadratisch angelegten Städten, in deren Struktur die Klassentrennung der Gesellschaft zum Ausdruck kam. Die vier Kasten – Priester, Krieger, Kaufleute und Arbeiter – lebten in verschiedenen Zonen, wobei die höchste Kaste in der Stadtmitte untergebracht war. Sie besaß auch die höchsten Häuser, wodurch die Stadt die Form eines Berges erhielt. Diese Charakteristika finden sich in ähnlicher Weise in der Anlage verschiedener alter Brettspiele, deren Figurenbestand einige Aspekte der Gesellschaftsordnung widerspiegelt. Beispielsweise steht auf dem zentralen Feld der Spiele, die – wie etwa das irische *Brandubh* – zur Gruppe der Belagerungsspiele gehören, die größte Figur, der König oder Branán. Er ist von seinen Kriegern umgeben. Wie die Hallen von Tara schützen sie die vier Haupthimmelsrichtungen, und sie können von den vier Quadranten aus vom Gegner angegriffen werden.

Das Motiv des Weltenberges hat seit jeher die Phantasie der Menschen gefesselt, und es wurde im 20. Jahrhundert oft in Darstellungen der utopischen oder «Zukunftsstädte» aufgegriffen. Grundlage dieser idealistischen Entwürfe ist der implizite Glaube an die kosmische Ordnung, den unsere Vorfahren hatten und durch den sie auch auf die Konstruktion ihrer traditionellen heiligen Städte gebracht wurden. Sie sind Ausdruck der angenommenen Verbindung zwischen einer guten Sozialordnung und strikt nach Vorschrift angelegten Stadtplänen – eine Theorie, die heute keinen Anklang mehr findet. Eine der bemerkenswertesten Zukunftsstädte wurde 1919 von dem visionären deutschen Architekten Bruno Taut entworfen. Sein Konzept der «Stadtkrone» ordnete das geometrische Zentrum einer neuen Stadt in eine mit altindischen oder heiligen irischen Städten identische Anlage ein. Im Mittelpunkt der Stadt sollte ein gewaltiger, facettierter Kristallglasturm das Streben des Menschen hin zu Gott symbolisieren. Auch das seinerzeit entwickelte Projekt der «Friedensstadt» von Hans Kampffmeyer ging auf dieses archetypische Konzept zurück, das bis zu Hitlers Machtübernahme in Deutschland sehr einflußreich war. Die visionären Skizzen zu diesen nie verwirklichten Projekten zeigen, wie die Sonne hinter den Türmen aufgeht, deren größter sich im Zentrum der im Gitternetz angelegten und nach Osten orientierten Städte befindet. Sicherlich werden sich diese archetypischen heiligen Entwürfe, die in Übereinstimmung mit den geometrisch-kosmischen Gesetzen geschaffen wurden, auch weiterhin auf eine der jeweiligen Zeit entsprechende Weise manifestieren.

Genauso wie es verschiedene Brettspiele mit einer unterschiedlichen Anzahl von Feldern gibt, wurden – in einer anderen Größenordnung – verschiedene Gitternetze für unterschiedliche staatliche oder öffentliche Zwecke, von Gerichtshöfen bis zu Klöstern, verwendet.

Ein bedeutender sakraler Gebäudekomplex des 16. Jahrhunderts, der nach einem dieser heiligen Gitternetze konzipiert wurde, ist das Kloster von San Lorenzo, das unter der Bezichnung *El Escorial* berühmt geworden ist. Seine Erbauer hielten diesen Gitternetzplan für sehr alt und glaubten, daß er die symbolische Anlage einer früheren heiligen Enklave wiedergebe. Der Escorial wurde auf Anweisung des spanischen Königs Philipp II. errichtet, um Gott für den Sieg der Spanier in der Schlacht von San Quentin zu danken. Am Vorabend des Kampfes hatte der König ein heiliges Gelübde abgelegt, daß er im Falle des Triumphes der spanischen Streitmacht ein dem heiligen Laurentius geweihtes Kloster errichten würde, an dessen Gedenktag, dem 10. August, die Schlacht im Jahre 1557 ausgefochten wurde. Als man den Grundstein legte, wurde die Orientierung nach dem Sonnenuntergang am St. Laurentius-Tag vorgenommen, einem astrologisch günstigen und außerdem historisch symbolträchtigen Zeitpunkt. Der Übersichtsplan des Gebäudes, das an den entsetzlichen Tod des

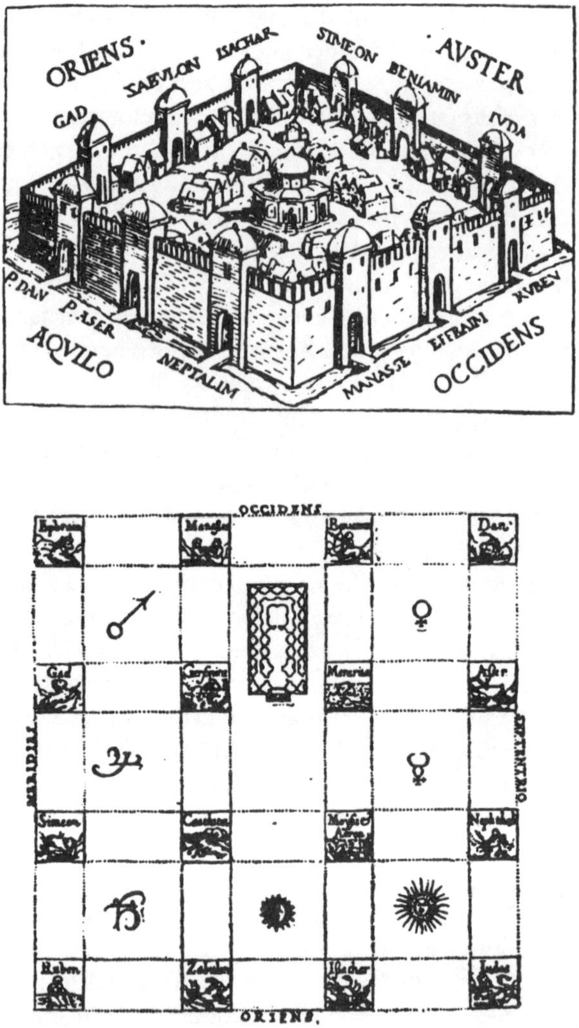

Abb. 43: Das Lager der Israeliten nach Villalpanda und Prado (16. Jahrhundert). Dieses Muster ist identisch mit dem nordeuropäischen Brettspiel *Gala*.

Laurentius auf einem eisernen Gitterrost erinnern soll, zeigt ein Gitternetz. Obwohl die Grundsteinlegung nach dem entsprechenden Sonnenstand erfolgt war, begann man tasächlich erst am Tag des heiligen Georg, am 23. April 1563, mit der Arbeit, die nach 21 Jahren beendet war.

In dem Bau finden sich viele Aspekte der sakralen Geometrie und der symbolischen Gestaltung. Da der ursprünglich beauftragte Baumeister kurz nach der Grundsteinlegung starb, wurde der hauptsächliche Teil der Arbeit Juan de Herrera übertragen, der wie Philipp II. ein Anhänger der Ideen des mittelalterlichen Mystikers Ramón Lull war. Bei seinem vorausgegangenen Auftrag für die Kathedrale von Valladolid hatte Herrera aus der Musik entlehnte harmonische Dimensionen in die Architektur des Gebäudes umgesetzt. Er führte diese Verwendung symbolischer Geometrie beim Escorial weiter. Wenn auch der Gitternetzplan des Gebäudes an den Tod des Laurentius erinnerte, ging er ursprünglich auf die quadratische Anlage zurück, die dem Lager der Israeliten zugeschrieben wurde. Die Wiederherstellung der alten göttlichen Ordnung war zu der damaligen Zeit ein wichtiges Ziel der jesuitischen Mystiker im damaligen Spanien, und man verwendete beträchtliche Energie darauf, die exakte Geometrie und Struktur der im Alten Testament beschriebenen Sakralbauten zu erforschen. Ein Ergebnis dieser Untersuchungen war ein monumentales Werk mit dem Titel *In Ezechielem Explanationes.* Es wurde von den beiden Jesuitenpriestern Juan Bautista Villalpanda und Jeronimo Prado verfaßt, die darin die komplizierte Struktur und Symbolik des jüdischen Tempels und seiner Deutung in der Vision des Ezechiel *(Ez., Kap. 40ff.)* beschrieben und erläuterten. Obwohl das Buch erst nach der Fertigstellung des Escorial veröffentlicht, hatte Villalpanda mit Herrera an der symbolischen Anlage des Baus gearbeitet.

In ihrem Buch rekonstruierten Villalpanda und Prado anhand der überlieferten Deutungen die Anlage des israelitischen Lagers. Das Lager selbst war auf einem Gitternetz mit 100

Quadraten (zehn mal zehn) angelegt, die geometrisch unterteilt waren, um bestimmte richtungsmäßige Korrespondenzen zwischen astronomischen Aspekten, astrologischen Eigenschaften und den verschiedenen Volksstämmen und Gruppen der Israeliten aufzuzeigen. Nach dem alttestamentarischen Buch *Numeri* hatte das Lager, das rings um den transportablen Tempel, den *Tabernakel* oder die «Wohnstätte des Gesetzes» *(4. Mose 1,50),* angelegt wurde, in jeder Himmelsrichtung einen der zwölf Stämme Israels als Wächter. Das Panier des Stammes Ruben wurde im Süden aufgestellt, das von Ephraim im Westen, das von Dan im Norden und das von Juda im Osten. Die beiden Jesuiten ordneten jedem Stamm ein Zeichen des Tierkreises zu. Von Süden ausgehend sind dies: Ruben, Wassermann; Simeon, Fische; Gad, Widder; Ephraim, Stier; Manasseh, Zwillinge; Benjamin, Schütze; Dan, Skorpion; Asser, Waage; Napthali, Jungfrau; Juda, Löwe; Issachar, Krebs und Zebulon, Steinbock. Jeder Stamm besetzte ein Quadrat des hundertfeldrigen Gitternetzes, und diese Quadrate befanden sich alle in regelmäßigen Abständen entlang den Rändern des großen Quadrats. Innerhalb der Einfriedung des großen Quadrats gab es vier etwas abgesonderte Einzelquadrate, die jene Leviten belegten, die Aufbau, Ausstattung und personelle Besetzung des Tabernakels verwalteten, Moses und Aaron. Diese vier Quadrate sind an den Ecken eines 16er-Quadrats im Zentrum des 100er-Quadrats angeordnet. Diese Anlage gewährleistet eine gleichmäßige Verteilung einzelner Quadrate auf dem Gitternetz, was vier Eckquadrate von 16 Quadraten ergibt, die an ihren Eckpunkten jeweils ein besetztes Einzelquadrat haben. Zwischen diesen vier Vierteln ist ein zwei Quadrate breites Kreuz, wodurch das viergeteilte Quadrat des Plans der heiligen Stadt entsteht – eine allgemeingültige Form.

Der von Villalpanda und Prado erstellte Plan des israelitischen Lagers weist, verglichen mit den Angaben des Buches *Numeri,* einige Unstimmigkeiten auf. Nach der biblischen Beschreibung schützen die vier Paniere von Ruben, Ephraim, Dan und Juda die vier Himmelsrichtungen; das kann man so auffassen, daß sie im Zentrum einer jeden Seite eines ausgerichteten Quadrats lagerten, etwa dort, wo sich Toreingänge befinden würden. Nach der Darstellung der Spanier sind sie jedoch an die Ecken der Quadrate verlegt. Dem biblischen Bericht zufolge liegt ferner das Lager von Moses und Aaron östlich des Tabernakels, während es in Villalpandas und Prados Gitternetz südöstlich liegt. Hätte das Lager die von den Jesuiten vermutete Anlage gehabt, wäre es anscheinend mit seinen Ecken zu den Haupthimmelsrichtungen hin ausgerichtet gewesen und die vier Seiten hätten, wie es bei einigen späteren mystischen Quadraten in Europa der Fall war, den vier Richtungen des Himmels gegenübergestanden. Das Ergebnis wäre die Orientierung des Tabernakels selbst auf einer von Nordwesten nach Südosten verlaufenden Achse gewesen, vielleicht nach Maßgabe eines Sonnenaufgangs zur Wintersonnenwendzeit.

Die Spanier weisen in ihrer Interpretation des israelitischen Lagers den Räumen zwischen den belegten Quadraten Korrespondenzen zu den Tierkreiszeichen zu. Nach der von den Jesuiten angenommenen Ausrichtung gehört der südwestliche Raum zum Mars. Nördlich davon steht der Tabernakel selbst, und in der nordwestlichen Ecke ist der Planet Venus. Die Mitte der nördlichen Seite entspricht Merkur und die nord-östliche der Sonne. Die Mitte der Ostseite, der gegenüber sich der Eingang zum Tabernakel befindet, wird vom Mond beherrscht, der Südosten von Saturn und der Süden schließlich von Jupiter. Der Entwurf steht zweifellos in der Tradition des heiligen Gitternetzes, unabhängig davon, ob diese Version des israelitischen Lagers dem tatsächlich verwendeten Plan entsprach, der von rabbinischen und christlichen Kabbalisten bis in die Zeit Villalpandas und Prados überliefert wurde, oder ob er aus nichtjüdischen okkulten Quellen stammte. Was immer sein Ursprung gewesen sein mag, dieser Plan stimmt – jedenfalls nach den Angaben der jesuitischen Gelehrten – doch mit dem Brett überein, das bei dem Spiel *Gala* benutzt wurde, welches ähnlich interpretiert werden kann (dazu später mehr). Bei einer der verschiedenen Versionen des Großschach, das auf einem Brett mit zehn mal zehn Feldern gespielt wurde, können auch einige esoterische Verbindungen zu dieser Tradition bestehen.

Die Parallelen zwischen der Stadt, astrologischen Diagrammen und Brettspielen findet ihren Ausdruck in der französischen, der italienischen und der arabischen Sprache, wo die Felder eines Brettspiels mitunter mit dem jeweiligen Wort für «Haus» bezeichnet werden. Das Spielbrett als Ganzes hatte im alten Indien architektonische Aspekte; man nannte es ***koshthika*** oder ***koshthagara,*** was soviel wie «Lagerhaus» oder «Kornkammer» bedeutet. Dieser Zusammenhang kommt auch im Namen des zentralen Feldes beim *Mühlespiel* zum Ausdruck (engl. *Nine Men's Morris),* das im Englischen ***pound*** heißt, was «Pferch» oder auch «Abstellplatz» bedeutet.

Heilige Zahl und heilige Geometrie

Viele heilige Diagramme besitzen eine verborgene Struktur, die scheinbar unzusammenhängenden Mustern zugrundeliegt. Für das esoterische Denken sind solche Muster verschiedene Ausprägungen eines geometrischen Grundthemas, das kompliziertere Formen zu einer symbolischen und strukturellen Einheit verbindet. Es gibt mehrere wichtige Muster, die in diese Kategorie fallen, und eines von ihnen ist das viergeteilte Quadrat des Plans der «heiligen Stadt». Eine weitere, damit zusammenhängende Anordnung ist das Muster von Punkten oder «Augen», von denen einer im Zentrum liegt, während die anderen, ihn umgebenden acht ein Kreuz bilden. Die Zahlen Acht und Neun sind bei sakralen Entwürfen, in Mythen und in der Astronomie eng verknüpft. In ihrem Buch *Eight and Nine – The Sacred Numbers of Sun and Moon in the Pagan North (Acht und Neun – Die heiligen Zahlen von Sonne und Mond im heidnischen Norden)* schrieb Prudence Jones 1982: «Im nordischen

Universum gibt es neun Welten, vier auf der waagerechten Ebene, vier auf der senkrechten und Midgard, unsere eigene Welt, in der Mitte aller anderen. Hier haben wir acht Außenbereiche und einen zentralen Brennpunkt – vielleicht die magische, vereinigende Zahl.» Dieses «Eins, umgeben von Acht»-Schema kann fast Anspruch auf Allgemeingültigkeit erheben, besitzt es doch eine elementare geometrische Struktur in der Quadratgeometrie und universelle symbolische Bedeutung. Hier wird die Acht als die Zahl des Seins verstanden, die in das Neunerschema eingefaßt ist. Die Neun steht für die «Mond»-Methode des Berechnens, die von der einzelnen Einheit ausgeht und diese Zahl durch Wiederholung erweitert. Acht ist die entsprechende «Sonnen»-Zahl, die ebenfalls von der Einheit ausgeht, diese aber durch wiederholtes Halbieren regelmäßig unterteilt.

In astronomischem Kontext taucht die Zahl Neun in Verbindung mit Acht in den 99 Monden oder Mondmonaten auf, die zusammen acht volle Sonnenjahre ergeben. Nach den alten Berechnungsmethoden des Nordens waren neun Nächte erforderlich, um den Zeitraum von acht ganzen Tagen, also der alten heidnischen Woche, zu vervollständigen. Neun ist somit die heilige Zahl der Vollendung, wie es in dem Raum zwischen den *Acht Ifins* des Ogham-Alphabets und dem magischen Gitternetz des europäischen Nordens zu erkennen ist.

Im vorchristlichen Europa war die Zahl Acht sehr wichtig; ihr begegnet man in Sagen und Mythen immer wieder, oft im Zusammenhang mit Beständigkeit oder mit dem Verweilen an einem zentralen Punkt. Die nordischen Mythen erzählen von Loki, dem Gott der Diebe, der acht Winter lang im Mittelpunkt der Erde lebte, vom Helden Siegfried, der gezwungen war, acht Jahre dem König Gibich zu dienen, und von den Schwanenmädchen, die acht Winter lang bei Wieland, dem Schmied, und seinen Brüdern blieben. In all diesen Fällen brachte das neunte Jahr Veränderungen mit sich, nämlich die Erlösung aus einer mißlichen Lage.

Die Acht ist eine Sonnenzahl der Zeitmessung, sowohl in bezug auf den Tag als auch auf das Jahr. Nach traditionellem Maß entsteht sie durch die natürliche Teilung von Länge, Gewicht und Volumen durch fortgesetztes Halbieren. In der Unterteilung der Meile in Achtelmeilen, den sechzehn Unzen eines (englischen) Pfundes und den acht Pinten einer Gallone ist dieses Prinzip noch erhalten geblieben. Dies macht auch den Unterschied zwischen dem Brett, das aus Linien besteht, auf denen die Figuren aufgebaut sind, und den Linien eines Brettes aus, wo die Figuren sich auf Feldern befinden, die von den Linien gebildet werden. Viele Achterstrukturen oder Achtergruppierungen entstehen durch neun Arbeitsgänge. Freyr, der nordische Gott der Fruchtbarkeit, hatte einen Zauberring, der nach acht vollen Tagen (neun Nächten) auf magische Weise einen weiteren Ring erzeugte. Hier finden wir das Motiv der unbegrenzten Ausdehnung, das zu den Geheimnissen der Rune ING ᛝ gehört.

Das Neun-Punkte-Schema – Symbol des Absoluten

Es gibt eine symbolische Anordnung von Punkten, die man als das Neun-Punkte-Schema kennt; dieses Schema liegt vielen sakralen Diagrammen und der Aufstellung der Spielfiguren in der Gruppe der Belagerungsspiele zugrunde. Dazu gehören der Schildknoten, ein Sigel, das als magischer Schutz von Gebäuden verwendet wird; das *fylfot,* ein weiteres heiliges Zeichen, das den Zyklus der Jahreszeiten symbolisiert; die Aufstellung der Verteidigungsfiguren beim Brettspiel *Tablut;* schließlich die zentrale Struktur des klassischen Layrinths. Das *fylfot*-Muster ist wohl wegen der sogenannten *Ilkley-Swastika,* einem alten Symbol, das auf einen Felsen im Ilkley Moor (Yorkshire) gemeißelt ist, am bekanntesten. Eine ähnliche *fylfot*-Einritzung aus der Bronzezeit existiert auf einem Stein in Tossene (Schweden), und in einem mittelalterlichen Kirchen-Sgraffito in Sutton

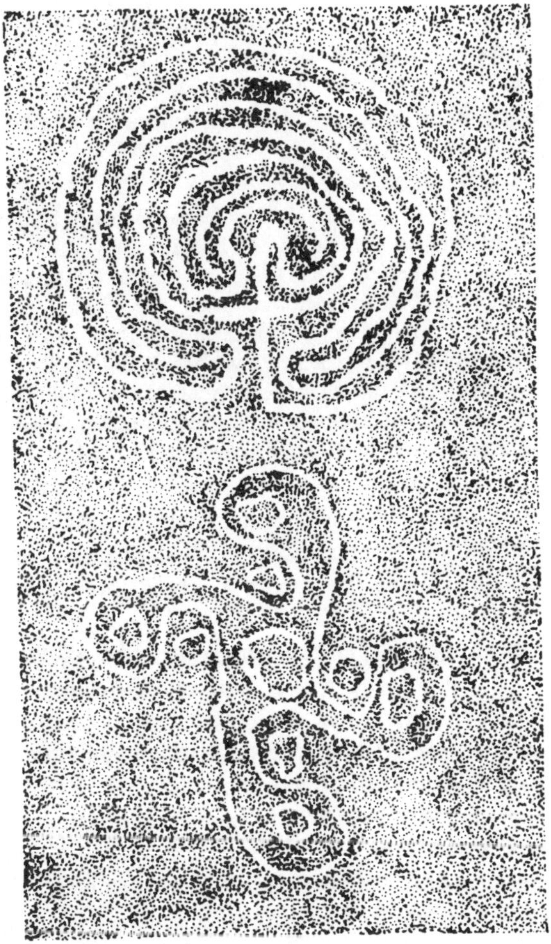

Abb. 44: Das *Fylfot* und das klassische Labyrinth hängen geometrisch zusammen. Diese Muster entdeckte man beide tief unten in den verlassenen Steinminen in Chaldon (Surrey), wo sie wahrscheinlich bei einer Art magischen Rituals verwendet wurden. Anhand von Inschriften, die anderenorts gefunden wurden, kann man sie um das Jahr 1600 datieren.

(Bedfordshire). Man kennt es auch von einem antiken, in Dänemark gefundenen Schwertgriff.

Ein altes Rätsel, das der Altertumsforscher J. Romilly Allen im 19. Jahrhundert aufgezeichnet hat, nimmt auf die Form Bezug:

> Die Häuser von vier reichen und vier armen Männern befinden sich in symmetrischer Anordnung an den Eckpunkten von zwei ineinanderliegenden Quadraten; die Häuser sind durch zwei gerade Linien im rechten Winkel zueinander verbunden. Die Häuser der Reichen liegen außen, in der Mitte ist ein Teich mit Quellwasser, und die Häuser der armen Männer liegen zwischen denen der Reichen und der Wasserquelle. Die Reichen wollen eine Mauer errichten, die ihnen zwar noch freien Zugang zum Wasser gewähren, jedoch die ärmeren Nachbarn ausschließen soll. Wie schaffen sie das?

Der Verlauf dieser hypothetischen Mauer entspricht natürlich dem *fylfot*-Muster. Interessant ist, daß in diesem englischen Rätsel die alte chinesische Tradition der Brunnenanlage auftaucht.

Die Anordnung des *fylfot* hängt geometrisch mit dem alten chinesischen Symbol, das man als *Yin* und *Yang* kennt, zusammen. Die gegenseitige Durchdringung dieser beiden Polaritäten um die zentrale Einheit ist offensichtlich. Im alten Europa stand dieses Zeichen für die Ganzheit des Jahres, wobei seine vier «Arme» den Wechsel der vier Jahreszeiten darstellten. Eine astronomische Deutung sieht darin die vier jahreszeitlichen Positionen des Großen Wagens im Verhältnis zum Gottesnagel, dem Polarstern oder Zentrum der kosmischen Achse. Das Muster erkennt man auch in dem Brettspiel *Ludo* wieder, das auch unter dem Namen *Ucker* bekannt ist. Obwohl es in seiner heutigen Form nur bis auf das Jahr 1896 zurückgeht, stammt es von dem alten indischen Spiel *Pachisi* ab.

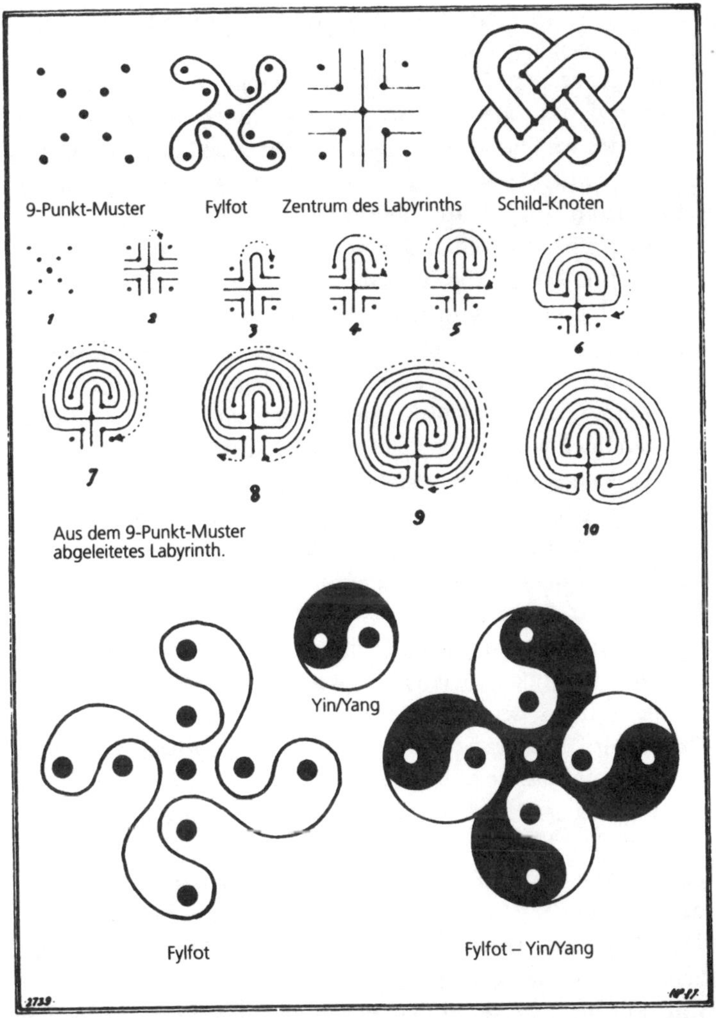

Abb. 45: Das neunfeldrige Muster und seine Ableitungen. Aufgeteilt in vier *Yang*- und *Yin*-Sigel symbolisiert das *Fylfot* die Einheit der Gegensätze in alle vier Himmelsrichtungen, wobei es den Zentrumspunkt ausbalanciert.

Labyrinthe und magische Quadrate

Viele Wettrennspiele, wie etwa die Gruppe, zu der das *Ashtapada* und das *Saturankam* gehören, folgen Wegen, die mit denen der traditionellen Labyrinthe vergleichbar sind. Im Gegensatz zu den verwirrenden Irrgärten, in denen man sich verlaufen kann, sind diese Labyrinthe eine Art «Einbahnstraße», denn sie haben nur einen einzigen Weg, der von außen ins Zentrum führt. Es gibt fünf verschiedene, große Klassen von «Einweg»-Labyrinthen, von denen das klassische Labyrinth eines der elegantesten ist. Sein Konzept steckt voll von umfassenden symbolischen Bezügen, und seine Anlage hängt unmittelbar mit dem Gitternetzmuster zusammen. Zum Erstellen eines vollständigen klassischen Labyrinths braucht man nur ein Seil mit 16 Knoten, die 15 gleichlange Abschnitte markieren, und fünf Holzpflöcke, um das Labyrinth auf den Boden zu zeichnen. Vier Pflöcke markieren die Ecken eines Quadrats von acht mal acht Einheiten (64 Felder) – das magische Quadrat des Merkur und das karierte *Ashtapada*-Brett –, während der fünfte das Seil am Boden befestigt. Während man das Labyrinth zeichnet, beschreibt das Seil einen Bogen um diese Pflöcke und zeigt so die Kurven der entsprechenden Abschnitte an. Der erste Pflock wird an einer Seite des Quadrats in den Boden gesteckt, so daß er drei Einheiten von einer Ecke und fünf Einheiten von der anderen entfernt liegt. An diesem Pflock wird das Seil angebunden, und der erste Teil des Labyrinths, der aus Halbkreisen besteht, die um diesen Pflock zentriert sind, wird gebildet, indem man entlang der Knotenlinien Zahlen anbringt: 2, 4, 6, 8, 10, 12, 14 und 16 vom fixierten Punkt aus. Danach bleibt das Seil mit den Knoten am ursprünglichen Pflock befestigt und wird um die Pflöcke an den Ecken herumgeführt, die zu den Mittelpunkten der neuen Radien werden. Schließlich wird das Ende des Seils zu der entgegengesetzten Seite des Gitternetzes geführt. Die Lücke, die zwischen den Endpunkten bleibt, wenn das Seil im und gegen den Uhrzeigersinn herumgeführt wird,

Abb. 46: Die kleinen christlichen Labyrinthe in Toulouse und Mirepoix (Frankreich) werden von neun Platten gebildet, die das neunfeldrige Gitternetz wiedergeben. Hier ist ein Beispiel aus Toulouse zu sehen.

und die dem Fixpunkt diametral entgegengesetzt liegt, wird zum Eingang des Labyrinths. Der Rest des Labyrinths innerhalb des Quadrats selbst wird durch eine bestimmte Unterteilung des Gitternetzes markiert, die an den Entwurf des indischen *Yantra* und den Plan der «heiligen Stadt» erinnert. Die kleinen französischen Fußbodenlabyrinthe in Mirepoix und in Toulouse sind auf neun quadratischen Fliesen angelegt, was darauf hinweist, daß die später entstandene, anspruchsvollere christliche Labyrinthanlage immer noch mit dem heiligen Gitternetz zusammenhängt.

Die zentralen Punkte der «unorthodoxen» christlichen Bodenlabyrinthe von St. Omer (Frankreich) und Gent (Belgien) haben ebenfalls neun quadratische Platten. (Weitere Einzelheiten über die Bedeutung der Labyrinthanlagen finden sich in meinem Buch *Earth Harmony*, London 1987.)

Von der Verwendung des Seils zur Bildung der Form eines Labyrinths berichtet auch die *Færyinga Saga* in der Geschichte von Thrond; sein magisches Gitterwerk hatte neun Kreise, die von ihm in alle Richtungen ausgingen. Die Numerologie des Seils, die bei verschiedenen vorgeschriebenen Abmessungen verwendet wird, hängt, wie bereits erläutert, mit den Ketten zusammen, die bei der geomantischen Divination in Afrika und auch bei den Hexenleitern und den Hexenkordeln benutzt wurden.

Magische Quadrate

Magische Quadrate stehen mit dem heiligen Gitternetz in unmittelbarem Zusammenhang, denn sie bergen das numerische Geheimnis, das der physischen Form zugrundeliegt. In der westlichen Tradition gibt es mehrere Standardquadrate, die verschiedenen planetarischen Kräften zugeschrieben werden. In einem magischen Quadrat sind die Zahlen der kleineren Quadrate, aus denen sich das größere zusammensetzt, so angeordnet, daß die Summe der Zahlen in jeder Reihe stets gleich ist. Das einfachste magische Quadrat ist das Saturnsiegel mit seinen neun Elementen, bei dem jede Zeile die Summe 15 ergibt und alle Ziffern zusammen die Summe 45 bilden. Es ist das Quadrat der heidnischen Magier Nordeuropas:

4	9	2
3	5	7
8	1	6

Das Vier-mal-vier-Gitter wird Jupiter zugeschrieben; jede Zahlenlinie oder -reihe ergibt 34. Die Gesamtsumme ist 136.

4	14	15	1
9	7	6	12
5	11	10	8
16	2	3	13

Das Quadrat mit 25 Elementen (fünf mal fünf) ist Mars zugeordnet; jede Zwischensumme ist 65, das Total 325.

11	24	7	20	3
4	12	25	8	16
17	5	13	21	9
10	18	1	14	22
23	6	19	2	15

Das Gitternetz mit 36 Elementen (sechs mal sechs) ist das der Sonne. Jede Zeile ergibt 111, die gesamte Summe beträgt 666. Dies ist die berüchtigte Zahl des «zweiten Tieres» aus der *Offenbarung des Johannes (Off 13, 18).*

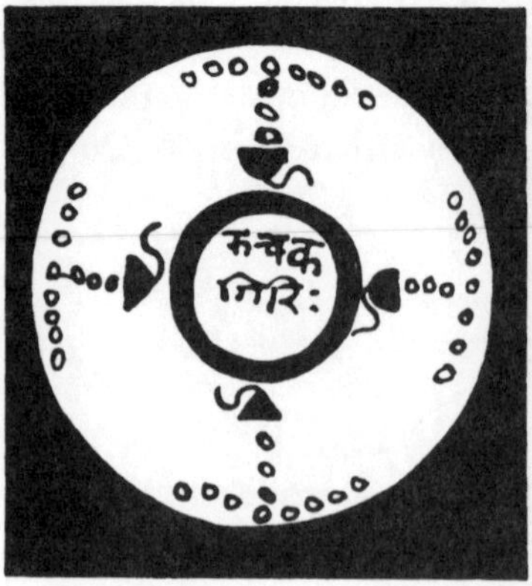

1

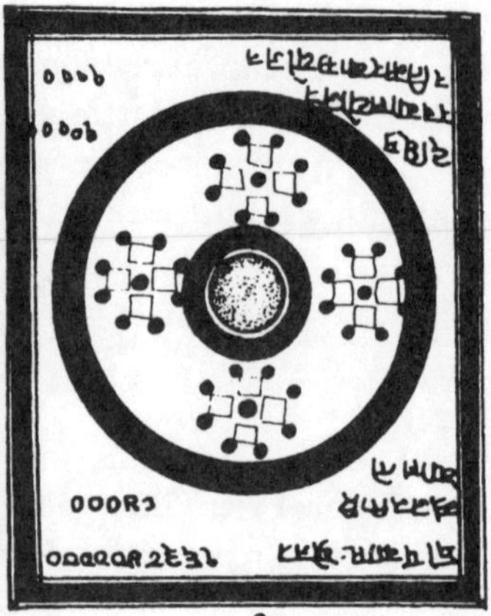

2

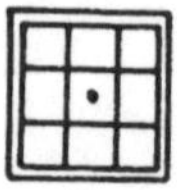

3

4

5

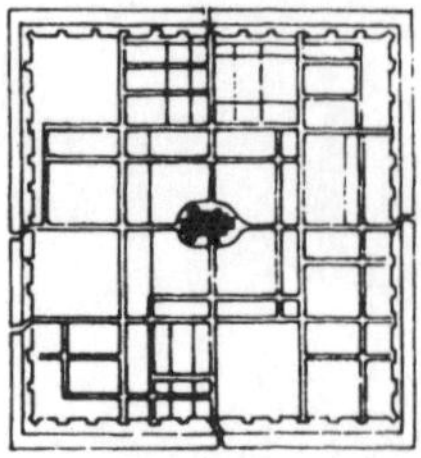

6

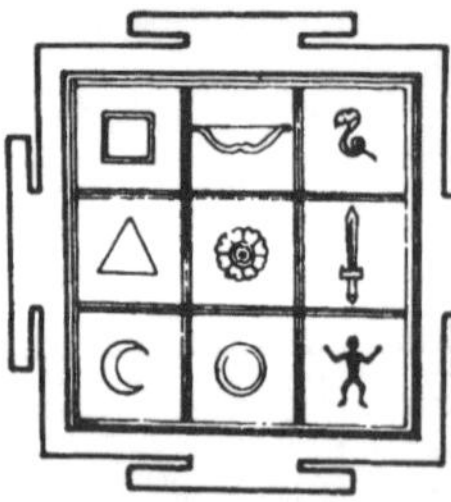

7

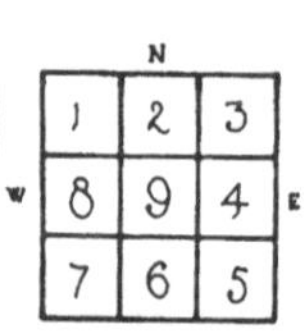

8

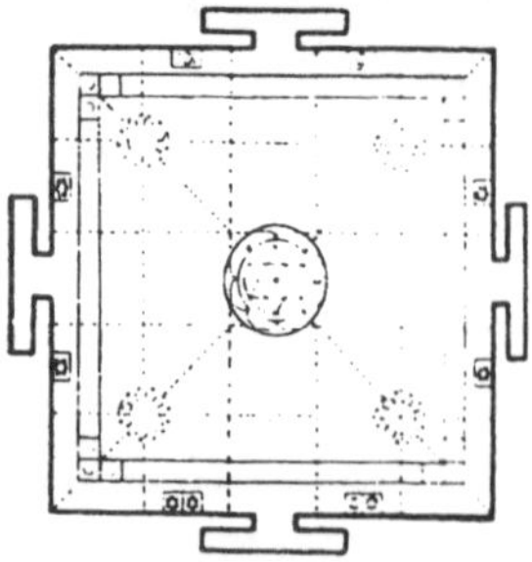

9

6	32	3	34	35	1
7	11	27	28	8	30
19	14	16	15	23	24
18	20	22	21	17	13
25	29	10	9	26	12
36	5	33	4	2	31

Das fünfte Gitternetz ist das der Venus (sieben mal sieben). Jede Linie oder Reihe ergibt 175, die Gesamtsumme ist 1225.

22	47	16	41	19	35	4
5	23	48	17	42	11	29
30	6	24	49	18	36	12
13	31	7	25	43	19	37
38	14	32	1	26	44	20
21	39	8	33	2	27	45
46	15	40	9	34	3	28

Abb. 47: Das kosmische Zentrum und das Gitternetz.
1: Der *Rucaca*-Kontinent der Hindu-Kosmologie. 2: Das *Nandisvara*-Diagramm zeigt die Anordnung der verschiedenen Satelliten um das Zentrum, wie man sie etwa auch bei den Belagerungsspielen findet. 3 und 4: Eine Gegenüberstellung des neunfeldrigen Gitternetzes mit dem zentralen Punkt und des 13-Punkte-Musters auf den Gründungstafeln der Hindutempel. 5: Vertiefung, die bei der Grundsteinlegung unter einem bengalischen Tempel gegraben wurde. 6: Der originale Grundriß der burmesischen Stadt Mandalay, die im Jahre 1857 nach geomantischen Verfahren angelegt wurde. 7: Hindu-Yantra der astrologischen Planeten und der Mondknoten mit der Sonne im Zentrum. 8: Anlage eines Priesterhauses in Malabar, Indien. (Die Bereiche des neunfeldrigen Gitternetzes haben alle eine bestimmte Bedeutung: 1 – für das Studium der Veden, 2 – zum Aufbewahren von Vermögen, 3 – Getreide, 4 – um Zeremonien für die Verstorbenen abzuhalten, 5 – Küche, 6 – Altar des Hausgottes, 7 – Opferstelle, 8 – Empfangsraum für Gäste, 9 – Hofraum.) 9: *Yantra,* das dem Hindutempel zugrunde liegt.

Das sechste Gitternetz ist Merkur zugeschrieben; es handelt sich um das bekannte Gitter des karierten *Ashtapada*-Brettes. Die Addition ergibt 260 für jede Reihe, insgesamt 2080.

8	58	59	5	4	62	63	1
49	15	14	52	53	11	10	56
41	23	22	44	48	19	18	45
32	34	35	29	25	38	39	28
40	26	27	37	36	30	31	33
17	47	46	20	21	43	42	24
9	55	54	12	13	51	50	16
64	2	3	61	60	6	7	57

Die letzte Tabelle ist die des Mondes (neun mal neun). Die addierten Zahlen ergeben 369, die Gesamtsumme ist 3321. Dieses Quadrat ist besonders wichtig, denn es handelt sich um das erste Quadrat eines Quadrats (3 x 3 x 3 x 3). Es ist die Grundlage des *Tawlbort*-Spiels und des *Paramasiyaka*-Gitters des *Vastuvidya* der Hindus.

37	78	29	70	21	62	13	54	5
6	38	79	30	71	22	63	14	46
47	7	39	80	31	72	23	55	15
16	48	8	40	81	32	64	24	56
57	17	49	9	41	73	33	65	25
26	58	18	50	1	42	74	34	66
67	27	59	10	51	2	43	75	35
36	68	19	60	11	52	3	44	76
77	28	69	20	61	12	53	4	45

Wie alles andere haben auch diese magischen Quadrate eine Reihe von Entsprechungen, auf die sie sich beziehen: eine Zahl, eine Gottheit, einen Wochentag, einen Baum oder eine Eigenschaft. Folgende Tabelle zeigt die mittel- und nordeuropäischen Bezüge:

Zahl	Mg. Qdt.	Tag	Klass. Gotth.	Nrd. Gotth.	Baum	Eigenschaft
1	36	Sonntag	Apollo	Sól	Birke	gut
5	81	Montag	Selene/Mond	Mani	Weide	schlecht
2	25	Dienstag	Mars	Tiw/Tyr	Stechpalme	gut
6	64	Mittwoch	Merkur	Wodan	Esche	gut
3	16	Donnerstag	Jupiter	Thor	Eiche	schlecht
7	49	Freitag	Venus	Frigg	Apfelbaum	schlecht
4	9	Samstag	Saturn	Nornen	Erle	neutral

Eliphas Lévi teilte jedem dieser sieben magischen Quadrate eines der (nach seiner Version) sieben Weltwunder der Antike zu:

Saturn	der Tempel des Salomon in Jerusalem;
Jupiter	das Kultbild des Zeus in Olympia;
Mars	die hängenden Gärten der Semiramis in Babylon;
die Sonne	der Koloß von Rhodos;
Venus	das Mausoleum zu Halikarnassos;
Merkur	die Pyramiden;
der Mond	der Tempel der Artemis in Ephesus.

Lévi glaubte, daß die Struktur dieser großen Werke auf der Geometrie und den Zahlen beruhte, die in diesen magischen Quadraten enthalten waren. Dies ist ein Forschungsbereich, der noch nicht erschöpfend untersucht worden ist. Die verschiedenen Gitternetze, auf denen Brettspiele gespielt werden, kann man mit Bezug auf diese Zahlen verstehen, und die Spiele selbst kann man unter Berücksichtigung der dazugehörigen Merkmale untersuchen.

Symbolische Brettspiele

Es gibt drei Möglichkeiten, die Räume oder Punkte abzugrenzen, auf die die Figuren bei einem Brettspiel gestellt werden können oder müssen. Handelt es sich bei den Spielfiguren um kleine Stäbe oder Steine, können sie in Löcher gesteckt werden, die zu diesem Zweck in den Boden oder in das Brett gemacht wurden. Zusätzlich können verbindende Linien die erlaubten Züge anzeigen. Das bekannteste der *Mühlespiele,* die *Neunermühle* (engl. *Nine Men's Morris),* beruht vorwiegend auf dem Wechsel von Steckloch und Linie. Der Charakter des Mühlebretts macht es unmöglich, dieses Spiel auf einem Schachbrett oder einem Gitternetz zu spielen. Verwendet man zum Spielen Steine, Bohnen oder die geläufigeren gedrechselten Figuren, stellt man sie auf die Schnittpunkte der Linien. Die verschiedenen Arten des Mühlespiels, die im Folgenden beschrieben werden, zeichnen sich durch die Besonderheit aus, daß sie nicht auf gitternetzartigen Brettern gespielt werden können – im Gegensatz zu *Schach, Dame, Belagerungsspielen, Fuchs und Gänse* und ähnlichen Spielen. Hier gibt es nun zwei Möglichkeiten: Die Figuren können auf die Kreuzungspunkte der Linien oder in die Felder zwischen den Linien gestellt werden. Diese Felder können nur durch die Trennungslinien auseinandergehalten werden, durch farbige Reihen oder durch Farbwechsel wie auf dem bekannten Damebrett. Bei dem Brett, das nur aus einem Gitternetz von Linien besteht, scheint es sich um die frühere Form zu handeln. Die traditionellen indischen Schachtücher oder -matten haben ein Gitter von acht mal acht Linien, auf denen die Figuren aufgebaut werden; das Brett hat also ein Karo von sieben mal sieben Feldern. Diese Beziehung zwischen Feld und Linie ist wichtig, denn davon hängt es ab, ob es einen zentralen Punkt gibt, auf dem eine Figur stehen kann, und das wiederum ist – symbolisch – bei Brettspielen das wichtigste Unterscheidungsmerkmal.

Mühle

Es gibt zwei «Familien» von Brettspielen, bei denen diese kosmologischen Prinzipien deutlicher als bei allen anderen zum Ausdruck kommen. Die eine Familie ist die Gruppe der sogenannten *Mühlespiele* (engl. *merils, morris;* frz. *mérelles, jeu de moulin)* mit ihren Varianten, die eine keine bestimmte Richtungsstruktur haben, die andere ist die der Belagerungs- oder Festungsspiele *(Tafl)* mit einer auf ein Zentrum ausgerichteten Struktur. In beiden Fällen werden Bretter verwendet, in denen sich die alte heilige Sicht des Gefüges der Welt spiegelt, und die Spielregeln haben jeweils symbolische Bedeutung, die durch Vergleiche mit Mythen, Legenden und entsprechenden volkstümlichen Überlieferungen erschlossen werden kann. Das Konzept des Mühlebretts ist sehr alt und vielleicht sogar vor dem Spiel selbst entstanden. Man findet es in prähistorischen Felseinritzungen in den Höhlen von Malesherbes in der Nähe von Fontainebleau (Frankreich) und auch in Warscheueck (Österreich). Eine weitere beachtenswerte alte Darstellung eines Mühlebretts gibt es in Hazar Sum (Afghanistan). Bei der afghanischen Abbildung kommt noch eine stilisierte Zeichnung eines gehörnten Tieres hinzu.

Eines der ältesten bisher gefundenen Spiele dürfte ein in der Grabstätte Cr Bri Chualann (County Wicklow, Irland) entdecktes Brett aus der Bronzezeit sein, das in einen flachen Stein eingeritzt wurde; die anderen Gebilde dienten zweifellos einem anderen Zweck als dem Spielen. Man kennt Bretter oder Muster für verschiedene Versionen des Spiels schon aus dem alten Ägypten, aus der Zeit um 1400 v. Chr. Die ägyptischen Bretter sind auf die Dachplatten des Tempels in Kurna eingemeißelt;

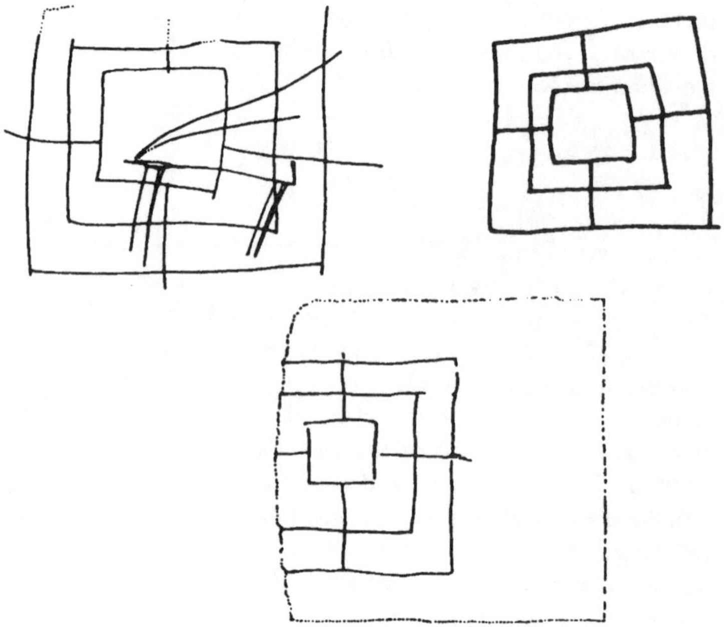

Abb. 48: Das Muster des großen Mühlebrettes ist sehr alt. *Oben links:* Prähistorische Felsinschrift aus Hazar Sum (Afghanistan). *Oben rechts:* Prähistorische Inschrift aus Warschaueck (Österreich). *Unten:* Antiker Mühle-Spielplan auf einer Tonplatte, gefunden in Köln.

andere Überreste eines Brettes wurden in Troja gefunden. Es ist offenbar eines der am weitesten verbreiteten Spiele, denn man kennt es in Europa, in Nord- und Zentralafrika, auf Madagaskar, im Nahen Osten und auf dem indischen Subkontinent sowie – als von den Siedlern eingeführtes Spiel – in Nord- und Südamerika und Ozeanien.

Der Name *Mühle* bezieht sich auf Brettspiele, bei denen die Figuren zunächst einzeln von jedem Spieler abwechselnd auf das Brett gestellt werden; sobald alle aufgebaut sind, werden sie dazu verwendet, durch anschließendes Ziehen bestimmte Konstellationen zu bilden. Die Bezeichnung *Mühle* oder *Merels* oder *Mérelles* stammt aus dem nichtklassischen Latein, wo *merellus* soviel wie «Spielmarke» oder «Münze» bedeutet. Bei dieser Gruppe von Spielen haben alle Figuren die gleiche Gangart; sie unterscheiden sich nur farblich voneinander.

Die einfachste Variante des Mühlespiels wird für gewöhnlich nicht als Brettspiel angesehen; es handelt sich um das bekannte *Nullen und Kreuze*. Für dieses Spiel, das man auch unter den Bezeichnungen *Tic Tac Toe, Tit Tat Toe, Kit Cat Cannio* (im Dialekt von Suffolk), *Tripp Trapp Trull* (schwedisch) und *Tik Tak Tol* (norwegisch) kennt, genügt normalerweise ein Blatt Papier, um darauf zu zeichnen, aber es gibt auch magnetische «Reisespiele». Das Ziel besteht darin, eine Linie von drei Nullen oder Kreuzen zu bilden oder, wie in Nordschweden, die Ziffern 1 und 2. Unabhängig von den verwendeten Symbolen bezeichnet man in Schweden eine Gewinnreihe mit drei Zeichen als *Mühle*. Der Gewinner verkündet seinen Sieg mit dem traditionellen Ruf: *«Tripp Trapp Trull, min qvarn är full.»* Das schwedische Wort *qvarn* bedeutet «Mühle»; es ist mit dem englischen *quern* («Hand-» oder «Drehmühle») verwandt. Bei allen komplizierteren Versionen des Mühlespiels verwendet man dieses Wort als Bezeichnung für die Anordnung einer Reihe von Steinen, die dem gleichen Spieler gehören. Bei diesem einfachen Spiel nennt man eine Dreierreihe jedoch nicht immer «Mühle». In einem alten englischen Reim heißt es:

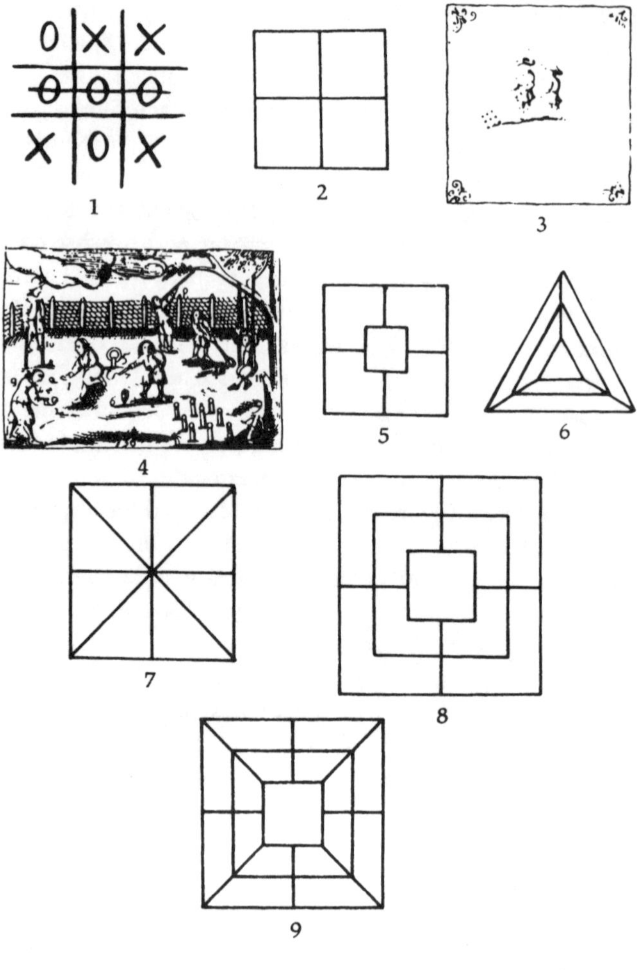

Abb. 49: Die Familie der Mühlespiele und das neunfeldrige Gitternetz. 1: Nullen und Kreuze. 2: Kleine Mühle. 3: Niederländische Kachel aus dem 17. Jahrhundert mit einem «Kleine Mühle»-Brett. 4: Knabenspiele (1672) mit der zentralen «Königsfigur», die größer ist als die anderen. 5: Fünfermühle. 6: *Six Penny Madell.* 7: Dreiermühle. 8: Neunermühle. 9: Elfer- bzw. Zwölfermühle.

Tit tat toe,
Here I go,
Three jolly butcher boys,
All in a row.

Im Gegensatz zu echten Mühlespielen ist *Nullen und Kreuze* nur ein Einsetzspiel, das nach dem Einfügen einer Figur keine Zugmöglichkeiten mehr bietet. Somit läßt sich das Spiel bestens auf einem Blatt Papier spielen; da es aber nicht gestattet ist zu ziehen, ist es auch kein sehr befriedigendes Spiel. Bei so manchem Spiel, zu dem Papier und Bleistift genügen, geht man auf Nummer Sicher, weil derjenige, der das Spiel eröffnet, unmöglich verlieren kann, es sei denn, er macht einen Fehler.

Eine etwas anspruchsvollere Version von *Nullen und Kreuze* ist das *Kleine Mühlespiel*, von dem man noch erhaltene «Bretter» in Teilen alter Gebäude, wie etwa den Kreuzgängen von Westminster Abbey, eingeritzt findet. Die einfache Schlichtheit des *Kleinen Mühlespiels* ist wahrscheinlich die Ursache dafür, daß der Verwendungszweck vieler noch erhaltener Bretter nicht erkannt wurde. Es ist trotz der früheren Beliebtheit unwahrscheinlich, daß für ein so simples Spiel schon vor der modernen Zeit eigene Bretter hergestellt wurden. Oft wurde die neun Löcher des *Kleinen Mühlespiels* auf dem Boden angebracht, wie es die Darstellung auf einer niederländischen Wandkachel aus dem 17. Jahrhundert zeigt (siehe *Abb. 49)*, die sich einstmals im Besitz von A. R. Goddard befand, einem Mühle-Experten, der zu Beginn des 20. Jahrhunderts forschte. Früher war das Austragen von *Kleine Mühle*-Partien eine ernste Angelegenheit, bei der es um Geld ging, während Wetten auf den mutmaßlichen Ausgang des Spiels abgeschlossen wurden. Das Spielen im Freien bot Platz für mehr Zuschauer und Wettlustige als das in geschlossenen Räumen, und Partien konnten auch in den Ländern, in denen Glücksspiele verboten waren, leichter an abgelegenen Orten ausgetragen werden. Das *Kleine Mühlespiel* brachte den Spielern mitunter Unannehmlichkeiten, denn viele nahmen Anstoß an diesem Zeitvertreib. Im Jahre 1699 bestrafte beispielweise ein kirchliches Gericht auf der Insel Man zwei Männer, weil sie zur Spielvorbereitung «nach dem Abendgebet mit ihren Messern neun Löcher gemacht hatten».

Bei diesem Spiel, das auf den Schnittpunkten eines einfachen geviertelten Quadrats oder einfach auf neun rechtwinklig angeordneten Löchern gespielt werden kann, stehen jedem Teilnehmer drei Steine zur Verfügung. Davon wird abwechselnd jeweils einer gesetzt, mit dem Ziel, eine Reihe von drei eigenen Steinen zu bilden, die sogenannte «Mühle». Sind alle Steine gesetzt, ziehen sie die Spieler abwechselnd auf irgendein unbesetztes Feld, bis eine «Mühle» entsteht und der «Müller» zum Sieger erklärt wird. Bei einer anderen Variante des *Kleine Mühlespiels* hat jeder Gegner vier Steine, die nur bis zum benachbarten freien Feld ziehen dürfen. Dabei scheint es sich um eine späte Abart des Spiels zu handeln. Traditionsgemäß wurden unentschiedene Spiele dem Leibhaftigen gutgeschrieben.

Obwohl es heute selten gespielt wird, war das kleine Mühlespiel einst weit genug verbreitet, um die Aufmerksamkeit von Literaten auf sich zu ziehen. In seinem Werk *Hesperides, or the Works, both Humane and Divine, of Robert Herrick, Esquire,* schrieb der Verfasser im Jahre 1648:

> Raspe plays at nine-holes and 'tis known he gets
> Many a tester by his game and bets.
> [Raspe spiel Kleine Mühle, und man weiß, er lockt
> mit seinen Spielen und Wetten manchen Herausforderer an.]

Michael Drayton schrieb in seinem *Polyolbion* mißbilligend: «Die unseligen Spaßvögel, die ihr Vieh davonlaufen lassen, während sie draußen auf der Heide Kleine Mühle spielen.» An anderer Stelle, in seinen *Muses,* setzt er den Tadel fort.

In seinem 1694 veröffentlichten großen Werk über Spiele erwähnt Thomas Hyde die Beliebtheit des *Kleinen Mühlespiels* in den Niederlanden, wo es als *Driesticken* («Drei Stöckchen») bekannt war. Auch in den deutschsprachigen Ländern war das *Kleine Mühlespiel* verbreitet; in England nannte man es *Nine Holes* («Neun Löcher»).

In der aufsteigenden Skala von Brettgröße und Komplexität ist die *Neunermühle* die nächste Version dieses Spiels. Man spielt sie wie die *Kleine Mühle* auf einem quadratischen Brett, doch gibt es Diagonalen, auf denen sich die Steine bewegen können. Es wurde bereits vor 2500 Jahren in China zur Zeit des Konfuzius gespielt, wo man es *Luk Tsut K'i* nannte, und es ist noch heute in Ghana populär, wo es *Achi* heißt. Das Spiel ist in England auch unter den Bezeichnungen *Three Peg, Three Pin* oder *Three Penny* bekannt, und in Cumberland als *Cop Crown.* In Spanien kennt man es als *Alquerque de Tres* oder *Castro,* und in Katalonien als *Marro.* Das Wort *Merels,* von dem das Wort *Morris* in *Nine Men's Morris* abgeleitet ist, hängt mit «überspringen» zusammen, was ja auch zum Mühlespiel gehört; der französische Name für das *Himmel-und-Hölle*-Spiel ist *Merelle.* Der Ursprung des als *Morris* bekannten Tanzes kann durchaus auch ein Teil dieser Überlieferung sein.

Wie beim *Kleinen Mühlespiel* hat jeder Spieler drei Stäbe, Steine oder Mühlesteine zur Verfügung, die ebenso wie beim Mühlespiel eingesetzt werden, doch werden hier die Steine auf den Linien abwechselnd jedesmal einen Schritt weiter auf ein freies Feld gezogen, ohne jedoch einen Stein zu überspringen. Wer eine «Mühle» bildet, hat gewonnen. Bretter für dieses Spiel wurden auf den Dachplatten des Tempels in Kurna, in der römischen Militärfestung in Corbridge (Northumberland, England) und in einigen Kreuzgängen englischer Kathedralen gefunden.

Die *Fünfermühle* und die *Sechsermühle* sind erweiterte Varianten der *Kleinen Mühle,* die auf einem Muster mit einem kleinen Quadrat innerhalb eines größeren Quadrats gespielt werden. Diese Quadrate sind durch Linien miteinander verbunden, die vom Mittelpunkt jeder Seite des inneren Quadrats zu den entsprechenden Punkten des äußeren Quadrats laufen. Jeder

Spieler hat fünf oder sechs Steine, die, nachdem alle eingesetzt sind, abwechselnd jeweils auf irgendeiner Linie ein Feld weiter auf eine freie Position gezogen werden. Ein Überspringen wie beim *Kleinen Mühlespiel* ist nicht erlaubt. Bringt einer der Spieler eine «Mühle» zustande, so kann er einen gegnerischen Stein vom Brett entfernen. Bleiben einem der beiden Spieler nur noch zwei Steine übrig, hat er verloren.

Dieses Spiel wird manchmal auch *Five* oder *Six Penny Madell* genannt, doch gibt es noch ein anderes Spiel, zu dem dieser Name eigentlich gehört. Es wird auf einem völlig anders gearteten Brett gespielt, das aus drei konzentrischen Dreiecken besteht, deren Spitzen untereinander mit Linien verbunden sind. Bei einer anderen Variante dieses Brettes verbinden Linien die Mittelpunkte der Seiten (wie beim konventionellen quadratischen Mühlebrett). Jeder Spieler hat sechs Steine, das Einsetzen und der Spielverlauf richtet sich genau nach den Regeln der anderen Mühlespiele. Das Muster des Brettes lehnt sich eng an das alte Schutzzeichen *Valknut* an; dies ist eines der Symbole für das Gesetz der Kontinuität innerhalb des Universums, das vor allem mit Odin in Verbindung gebracht wird.

Das bekannteste und am weitesten verbreitete Spiel aus der Familie der Mühlespiele ist die *Neunermühle*. Es gibt sogar Bretter, die aus der Bronzezeit stammen, und noch heute ist das Spiel in den meisten Ländern der Welt populär. Bei einem Spiel, das eine so weite Verbreitung fand, sollte man annehmen, daß es viele verschiedene Namen hat, und doch gehen alle Bezeichnungen auf das jeweilige Wort für «Mühle» zurück. Eine andere englische Bezeichnung für das Spiel neben *Nine Men's Morris* ist *The Shepherd's Mill (Die Schäfermühle)*. In Deutschland gibt es dafür die Namen *Mühle, Mühlespiel, Mühlebrettspiel, Mühlen* oder *Mülchen,* woraus in einigen Teilen der USA die Ableitung *Mule* entstand. Zur Unterscheidung von der *Dreiermühle* nennt man es auch manchmal *Doppelmühle*. Im Flämischen und Niederländischen heißt es *Molenspel* oder *Negensticken (Neun Stäbe)*. Skandinavische Namen sind *Møllespil*

(Dänemark), *Qvarn* oder *Dubbel-Qvarn* (Schweden) und *Mylna* oder *Mylla* (Island). Der letzte Name ist neben dem deutschen Wort *Mühle,* dem französischen *Jeu de Moulin* und dem italienischen *Molina* und *Mulinello* auch in der Schweiz gebräuchlich. Bei katalanischen Mühlespielern heißt es *Marro,* in der Tschechoslowakei *Mlyn,* in den Ländern der GUS *Melnitsa* oder *Melnchny* und in Ungarn *Malomjatek* und *Malmosdi.*

In Irland war das Spiel traditionell als *Cashlan Gherra (Short Castle)* bekannt, während es in Cumbria *Short Crown* hieß, um es von *Cop Crown* zu unterscheiden. In England gab es beinahe ebensoviele Namensvarianten wie Dialekte. In Wiltshire sagt man *Madel, Marl, Medal* oder *Ninepenny Marl* und in Dorset *Marells.* Im Forest of Dean, einem bewaldeten, kuppeligen Bergstock in der Grafschaft Gloucester, heißt es *Marrel, Maulty* und *Mutty,* in Cheshire *Miracles,* ein Name der ebenso verwendet wird wie *Miraele* in Oxfordshire. *Marlin, Marriage* und *Ninepins* taucht in vielen Gegenden auf, während die Bezeichnungen *Merryal, Merrylegs* und *Meg Merrylegs* anscheinend auf Lincolnshire beschränkt sind. Das in Northamptonshire gebräuchliche *Merryholes* erinnert daran, daß *Merels* genauso mit Stöcken, die in Löcher gesteckt werden, gespielt wird wie mit Steinen auf einem Brett.

Das Mühlebrett ist eine Erweiterung des *Kleine Mühle*-Brettes; es besteht aus drei konzentrischen Quadraten, die an den Mittelpunkten jeder Seite durch eine Linie verbunden sind. Wie bei den anderen Mühlespielen hat jeder Teilnehmer die gleiche Anzahl von Steinen (neun) und setzt sie abwechselnd ein. Jedesmal wenn ein Spieler die «Mühle» schließt – und dies ist möglich, noch bevor alle Steine eingesetzt sind –, kann er einen gegnerischen Stein, der sich nicht in einer «Mühle» befindet, wegnehmen. Der Verlust eines Steins schon beim Setzen hat mit ziemlicher Sicherheit eine Niederlage zur Folge. Hat ein Spieler nur noch zwei Steine, ist die Partie verloren. Ein Unentschieden kann es nicht geben, weil die Zugunfähigkeit gleichbedeutend mit einer Niederlage ist.

Das Mühlespiel ist recht diffizil und keineswegs so simpel, wie der Uneingeweihte auf den ersten Blick vielleicht glauben möchte. Eine geradezu tödliche Stellung ist in einer Partie entstanden, wenn eine «Doppelmühle» gebildet wird, also eine Anordnung von fünf Steinen, bei der durch das Öffnen einer «Mühle» automatisch eine andere geschlossen wird. Hat man eine solche Stellung erreicht, ist die Partie gewonnen, weil alle gegnerischen Steine verloren sind. Die in Deutschland und Schweden verwendeten Namen *Doppelmühle* beziehen sich auf diese Konstellation, die es bei der *Dreiermühle* nicht gibt. Im Isländischen gibt es bestimmte Fachausdrücke, um die verschiedenen Formen der «Doppelmühle» zu beschreiben: *Svikamylna, Rennihestur* und *Krossmylna.* In Deutschland bezeichnet man die «Doppelmühle» auch als «Zwickmühle»; im Dänischen nennt man sie *Rendemølle.*

Dies ist also die Standardversion des Mühlespiels, doch gibt es auch Varianten, vor allem in den Vereinigten Staaten, bei denen der Spieler, der nur noch drei Steine hat, wie bei der *Kleinen Mühle* auf jeden unbesetzten Punkt des Brettes springen darf. Leider macht diese späte Abwandlung den strategischen Charakter des Spiels zunichte, der eigentlich das Wesentliche daran ist. Manchmal trifft man auch auf andere Varianten des *Mühlespiels,* die nach 1400 in Europa aufkamen. Dabei handelt es sich um Abarten, die auf Brettern mit zusätzlichen Diagonalen und weiteren Steinen (bis zu elf oder zwölf) gespielt werden. Bei diesen Versionen können auf den Ecklinien keine «Mühlen» gebildet werden. Eine Version, bei der drei Würfel benutzt werden, die über das Setzen der Steine entscheiden, wird im *Codex Alfonso* beschrieben. Mit den Würfen 6–5–4, 6–3–3, 3–5–2 oder 2–4–1 kann eine bestehende «Mühle» aufgebrochen und ein gegnerischer Stein auf das Brett gesetzt werden.

Die Standardversion des *Mühlespiels* ist das ausgereifteste Spiel aus der Familie der *Merels,* denn es ist groß genug, um eine interessante Partie zu garantieren, ohne daß dabei sein

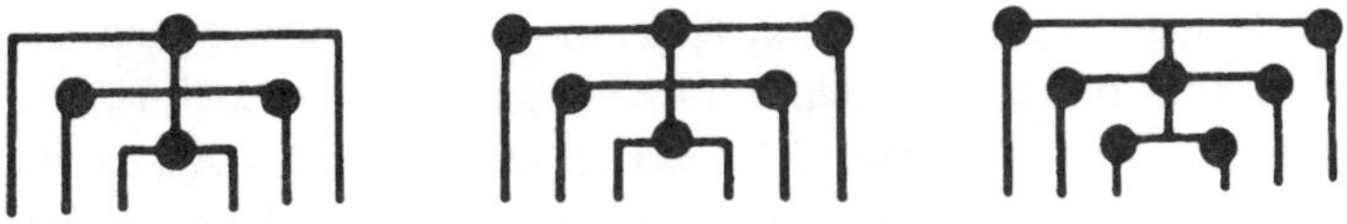

Abb. 50: Die drei Gewinnstellungen bei Mühle, die eine Partie entscheiden. Für diese «Zwickmühlen» gibt es im Isländischen bestimmte Ausdrücke (von links nach rechts): *Svikamylna, Krossmylna* und *Rennihestur.*

strategischer Charakter durch zusätzliche Ecklinien und überspringende Steine verlorengeht. Das *Mühlespiel* war in früheren Zeiten besonders in ländlichen Gegenden sehr verbreitet, wie immer es auch von Ort zu Ort genannt werden mochte. Die Schlichtheit und die Vielseitigkeit dieses Spiels waren seine große Stärken in einer armen, ungebildeten ländlichen Gesellschaft. Ein Mitarbeiter von William Hone's Zeitschrift *The Everyday Book* berichtete im Juli 1826 über die Schafhirten der Ebene von Salisbury, die *Ninepenny Marl* auf Brettern spielten, die sie mit Kreide auf jeden geeigneten Untergrund aufzeichneten – sei es eine Tischplatte, der Kopf eines Hutes, die Seite eines Blasebalgs oder dergleichen mehr. Ein weiterer Mitarbeiter der Zeitschrift erinnerte sich daran, wie beliebt das Spiel in Norfolk war, wo man Bohnen oder farbige Steine zum Spielen verwendete. Der Verfasser erzählte eine Anekdote über einen großen Mühlespieler namens Mayes, der in der Gegnd von North Walsham lebte. Er war ein so begeisterter (oder gar süchtiger) Mühlespieler, daß seine Kumpanen wetteten, sie könnten ihn am Sonntag vom Kirchgang abhalten, indem sie ihn mit einigen Partien ablenkten. Während sie ihn auf seinem Weg zur Kirche in ein Gespräch verwickelten, zeichnete einer von ihnen ein großes Mühlebrett in den Staub am Straßenrand und begann mit ihm zu spielen. Die Partien dauerten so lange, daß er nicht nur den Sonntagsgottesdienst versäumte, sondern auch sein Mittagessen, wofür er sich eine gehörige Schelte seiner Frau einhandelte, als er schließlich heimkam.

Der improvisatorische Charakter des *Mühlespiels* brachte es mit sich, daß so gut wie alles, was irgendwie geeignet erschien, als Brett und Spielsteine benutzt werden konnte und wurde. John F. Wise schrieb im Jahr 1860, daß man in Warwickshire schwarze und weiße Bohnen als Figuren für das Spiel benutzte, und es gibt Berichte, daß auch Steine, Münzen und Stäbe verwendet wurden.

Anders als beim Schachspiel ist wegen der behelfsmäßigen Art der meisten *Mühle*-«Bretter» die Chance, antike Spielsätze zu finden, fast gleich Null. Deshalb ist es weitgehend unbekannt geblieben, daß das Spiel früher ausgesprochen populär war. Unter den erhaltenen antiken Mühlebrettern gibt es zwei, die in die große Treppe des Heiligtums zu Mihintale (Sri Lanka, 9–21 n. Chr.) eingehauen sind. Die Überreste eines anderen Mühlebretts, das aus der Wikingerzeit um 900 stammt, wurden in dem Schiffsgrab bei Godstad gefunden. Das Bruchstück eines in Stein eingeritzten Brettes ist auch im Kölnischen Landesmuseum zu sehen. In England entdeckte man «Bretter» in den Kreuzgängen einiger Kathedralen und Abteien, die in der Zeit nach der normannischen Eroberung entstanden, wie etwa Canterbury, Gloucester, Norwich, Salisbury und Westminster, wo das Spiel, wie auch die *Kleine Mühle,* den Mönchen zum Zeitvertreib diente. Bretter wurden auch in das Chorgestühl der Kirchen in Soham (Suffolk) und Ludlow (Shropshire) eingeritzt. Ein bemerkenswertes Spielbrett für *Neunermühle* ist in ein Fenstersims der mittelalterlichen Kirche in Finchingfield

(Essex) eingeritzt. Es hat einen Kratzer in der Mitte, der durch das Quadrat im Zentrum verläuft, doch weiß man nicht, ob es sich dabei um eine Variante des Spiels handelt oder um eine nachlässig ausgeführte Zeichnung des Brettes. Weitere Darstellungen gibt es in den Kirchen von Hargrave (Northhamptonshire), Ickford (Buckinghamshire), Kirby Underdale (Yorkshire), Sparsholt (Berkshire) und in der Lady Chapel in Wixford (Warwickshire). Außerhalb des kirchlichen Bereichs fand man Mühlebretter in den Burgen von Castle Acre, Dover, Hemsley, Norwich und Scarborough. John F. Wise kommentierte: «Statt daß man das Mühlebrett auf der Erde findet, ist es jetzt öfter in die Kornverschläge der Ställe der Bauernhäuser in Warwickshire geritzt.» Ein bemerkenswertes Exemplar ist auf den Deckel eines Kornkastens in einem Bauernhaus bei Halford (Warwickshire) geschnitzt, an einem Ort, wo es auch im Freien ein großes Mühlespiel gab. Als Schutzzeichen ist das Muster des *Neunermühle*-Brettes ferner auf Grabsteine der Dryburgh Abbey (Worksop) und in Arbory (Insel Man) eingraviert. Im Gewölbe des Altarraums der Kirche von Singleton (Sussex) befindet sich auch ein Stein, in den das Muster eingeritzt ist. Hier – wie auf den Stufen des Tempels in Sri Lanka – diente das Brettmuster wahrscheinlich wieder als magischer Schutz.

Heute ist das *Mühlespiel* eine beliebte Freizeitbeschäftigung, doch hatte es von den 30er bis zu den 60er Jahren eine ziemliche «Pechsträhne»; in dieser Zeit war es in Großbritannien nahezu völlig aus der Mode gekommen. In dem 1966 erschienenen *Watney Book of Pub Games* verwies Timothy Finn auf die Bedeutung, die das Gebiet um Stratford-upon-Avon für den Fortbestand des Spiels in der heutigen Zeit hatte. Er erwähnt, daß es zu dieser Zeit noch in Shottery im *Bell Inn* und in Stratford selbst im *Alveston Manor Hotel* und im *Black Swan Inn* (das man in der Gegend als *The Dirty Duck* kennt) gespielt wurde. Der Platz für ein großes *Mühlespiel* war in den Gärten des *Memorial Theatre* in Stratford-upon-Avon markiert. In Sussex gab es noch einen anderen Ort, wo *Mühle* vor seiner Wiederentdeckung als ein Pub-Spiel erhalten geblieben ist. Das hier verwendete Brett hatte Löcher, in die Stäbe gesteckt wurden. Ein Spieler hatte Stäbe mit einem kurzen Seitenzweig, während der andere einfache gerade Stäbe benutzte. Heute sind verschiedene moderne Bretter erhältlich, von Spielsätzen für die Reise mit magnetischen Steinen oder Stäben bis hin zu Brettern mit Vertiefungen, in die farbige Murmeln gelegt werden, zudem findet man auch schön verarbeitete Holzbretter mit maßgefertigten Mühlesteinen.

Mühlebretter oder vielmehr die Spielpläne wurden häufig im Freien in den Rasen des brachliegenden Landes oder in das Gras am Ende der umgepflügten Felder geschnitten. Auch William Shakespeare nimmt in seinem um 1593 entstandenen Stück *Ein Sommernachtstraum (II,1)* auf dieses Spiel Bezug. Als Titania den schrecklich feuchten Sommer beklagt, sagt sie:

> Leer steht die Hürde im ersäuften Feld,
> Die Seuche läßt das Vieh zum Fraß den Krähen,
> Das Mühlespiel im Garten ist zugedeckt vom Schlamm;
> Unkenntlich sind die krausen Labyrinthe
> Im frischen Grün, weil keiner mehr sie nachtritt.

Hier wird der große *Mühlespielplan* im Garten erwähnt, der wie die Rasenlabyrinthe, von denen in der nächsten Zeile die Rede ist, zu Shakespeares Zeiten sehr verbreitet war. Die zitierte Stelle wird fälschlicherweise oft als ein Hinweis darauf gedeutet, daß sowohl Rasenlabyrinthe als auch das Garten-*Mühlespiel* zur Zeit Shakespeares aus der Mode kamen. Hier muß man jedoch berücksichtigen, daß es gerade in Warwickshire, der Gegend also, aus der Shakespeare stammte, noch einige Garten-*Mühlespiele* gab, die noch bis Anfang des 20. Jahrhunderts – in Halford und Whitchurch – benutzt wurden. Wären sie schon zu Lebzeiten des großen Dramatikers aus der Mode gekommen, hätten sie wohl kaum die folgenden Jahrhunderte überdauert. Obwohl der Brauch, sie anzulegen, nun in Vergessenheit geraten ist, sind die in den Rasen geschnittenen *Mühlespielpläne* ein Teil jener Tradition, heilige Figuren auf den Boden zu zeichnen – wie etwa das *Ashtapada*-Gitternetz der antiken indischen Geomantie, die magischen Figuren zur Steigerung der Ernteerträge und die großen, aus Kreidestein gehauenen Steinfiguren von Pferden und Riesen in Südengland.

John Clare, der «Bauerndichter» von Northamptonshire, erwähnt das Spiel in seinem 1835 erschienenen Werk *Rural Muses* in einem Sonett mit dem Titel *The Shepherd Boy*. Der Inhalt, in Prosa wiedergegeben, ist folgender:

> Zufrieden in seiner Einsamkeit liegt er oft da und erzählt seinem Hund oder gar seinem eigenen Schatten lustige Geschichten; das ersetzt ihm die fehlende lebendige Gesellschaft mit anderen. Recht oft beugt er sich zu kieseligen Bächen und träumt mit glücklichen Augen von den Märchenbildern, die sich da unter ihm ausbreiten; denkt an das schattige Bild wirklicher Himmel und an die glücklichen Sphären, zu denen seinesgleichen ziehen. Oft können wir die Orte, an die er bei seinen Wanderungen kam und wo er die Mußestunden verbrachte, die ihm seine Arbeit ließ, anhand der Mühlebretter aufspüren, die er im Grün anlegte, oder an den Figuren, die er in die Bäume schnitt, um zu zeigen, wo er Gefangener eines Regengusses gewesen war.

Die symbolische Bedeutung des Mühlebretts

Der Plan des Mühlebretts ist ein altes Sigel, das wahrscheinlich schon viele Jahre in Gebrauch war, bevor es als Spielbrett verwendet wurde. Die deutsche Archäologin Margarete Reimschneider hat in ihren Arbeiten die Verbindungen zwischen dem Mühlebrett und der Symbolik des in den babylonischen und hethitischen Religionen für divinatorische Zwecke benutzten Gitternetzes untersucht und die Zusammenhänge dargelegt, die zwischen diesem Plan und den drei Ebenen in der Anlage der antiken Stufenpyramiden bestehen. Im alten Mesopotamien bildete diese Stufenform die Grundlage der Zikkuratbauten der Babylonier, die als Darstellungen des kosmischen heiligen Berges aufzufassen sind. Die niedrigste oder äußerste Ebene wurde durch Metall oder Bronze symbolisiert, die mittlere durch Silber und die oberste durch Gold. Die ersten drei Plätze (mit ihren Podesten und Medaillen) bei den Olympischen Spielen der Neuzeit gehen auf diese antike Dreiteilung des heiligen Berges zurück. Betrachtet man das Mühlebrett als eine zweidimensionale Darstellung des heiligen Berges, dann entsprechen die Linien, mit denen die drei Quadrate des Spielbretts verbunden sind, den Treppenstufen, die die Ebenen zusammenführen.

Geometrisch betrachtet liegt dem Mühlebrett ein Gitternetz von sechs mal sechs Quadraten (sieben mal sieben Linien) zugrunde. *Mühle* unterscheidet sich von anderen Spielen insofern, als der Abstand zwischen den Punkten nicht von Bedeutung ist, denn die Steine werden nur auf die Schnitt- und Eckpunkte gelegt. Numerisch besteht der Spielplan aus 16 Linien und umschließt neun Flächen. Die äußere umschlossene Fläche ist ein 20teiliges Quadrat, die mittlere ein 12teiliges und im Zentrum befindet sich ein vierteiliges. Auf dem Brett gibt es 24 Schnittpunkte, 18 davon werden beim Einsetzen belegt. Die Zahlen haben viele Verbindungen zum Kalender und zu traditionellen divinatorischen Systemen.

Wird eine «Mühle» geschlossen, kann dies nur in einem der vier Viertel des Brettes geschehen. Man kann sagen, daß es in jedem dieser Viertel neun Punkte gibt, von denen es jeweils drei mit den angrenzenden Vierteln gemeinsam hat. Wahrscheinlich symbolisierte jedes Viertel – wie auch jede der vier Außenseiten der den heiligen Berg darstellenden Stufenpyramide – eine der Mondphasen. Die Verwendung des Wortes «Mühle» für eine Reihe von drei Spielsteinen scheint auch mit der kosmologischen Symbolik der alten, in einer waagerechten Ebene drehenden Wassermühlen zusammenzuhängen, die in Nordeuropa verbreitet waren. Diese Mühlen bestanden aus drei

Funktionselementen, die in einer Linie angebracht und durch die senkrechte Achswelle verbunden waren. Der unterste Teil war das «Unterhaus», in dem sich die Schaufeln der Mühle befanden, die von dem schnell fließenden Wasserlauf in Bewegung versetzt wurden. Die auf einem Rad angebrachten Schaufeln waren direkt mit der Achswelle verbunden, die frei durch den Boden des Mühlenbaus und durch die Mitte des unteren Mühlsteins hindurchging. Darüber war der obere Mühlstein, fest mit der Achswelle verbunden, der sich drehte, um mit der Rotation des darunter befindlichen Schaufelrades Weizen oder Gerste zu zermahlen. Man meinte, die Achswelle sei, im übertragenen Sinne, das Bindeglied zur Unterwelt, das Durchgangsstück für die Mittelwelt und jenes Teil, das die Oberwelt, den Mühlstein als Symbol für den Sternenhimmel, in Bewegung versetzt. Nur durch die richtige Anordnung dieser Elemente war es dem Müller möglich, das Korn zu mahlen, genauso wie man beim Mühlespiel durch Öffnen und Schließen der «Mühle» die Anzahl der gegnerischen Steine «zermahlt».

Beim Mühlespiel, insbesondere bei der *Neunermühle*, gibt es noch weitere symbolische Bedeutungen, die mit der Mühle zusammenhängen. In Yorkshire und einigen anderen Gegenden Englands bezeichnet man den mittleren Bereich des Mühlebretts als *pound* oder *bushel.* Manchmal wird in diesem inneren Quadrat ein Kreis mit dem gleichen Namen gezeichnet. Abgesehen davon, daß *pound* eine Gewichts- und Maßeinheit ist, bezeichnet das Wort auch einen eingefaßten Bereich und wird gelegentlich für das Wasser im Mühlteich verwendet. Auch die Gerätschaft, die bei der Herstellung von Apfelwein zum Zerkleinern der Äpfel verwendet wurde, bezeichnete man mancherorts als *pounds.* In seiner alten Bedeutung meint *bushel* die Metallverkleidung des zentralen Achsenlagers eines Wagens oder anderer sich drehender mechanischer Vorrichtungen, wie etwa auch die Achswelle einer Wassermühle. Jetzt wurde das Wort zu *bush* verkürzt. Derartigen symbolischen Zusammenhängen, die bei den Spielen selten sind, die in unseren Tagen erfunden werden, begegnet man vielfach bei Mühle- und Belagerungsspielen. Wenn wir sie spielen, haben wir Teil an den Denkweisen, die dieser kosmischen Symbolik zugrunde liegen, unabhängig davon, ob wir uns dieses Umstands bewußt sind oder nicht.

Belagerungsspiele (Tafl)

Die Gruppe der Belagerungsspiele umfaßt verschiedene Varianten des ursprünglichen Spielkonzepts, die auf einer Reihe von Spielbrettern von zunehmender Größe und mit einer immer größer werdenden Anzahl von Spielfiguren gespielt werden. Ein gemeinsames Merkmal der Belagerungsspiele ist die ungerade Zahl der Felder oder Räume auf dem Brett, das immer ein zentrales Feld hat, auf das zu Beginn die Königsfigur gestellt wird. Das kleinste bekannte Brett (in der Tat das kleinste, auf dem man überhaupt spielen kann) ist ein Gitter mit sieben mal sieben Linien (49 Felder oder Positionen), und das größte, das bisher verwendet wurde, ist ein 19 mal 19 Felder umfassendes Gitternetz (361). Man weiß, daß es dazwischen Bretter mit 9 mal 9 (81), 11 mal 11 (121) und 13 mal 13 (169) Feldern gegeben hat.

Die Grundregeln des Spiels sind in dem skandinavischen Spiel *Tablut* erhalten geblieben, das in England einst als *Tawlbort* bekannt war. *Tablut* ist ein Belagerungsspiel aus Lappland, dessen Regeln von dem bekannten schwedischen Natur- und Altertumsforscher Carolus Linnaeus (Carl von Linné) aufgezeichnet wurden, als er die Region im Jahre 1732 besuchte. Dieses Spiel, das auf einem quadratischen 81er-Brett (9 mal 9) gespielt wird, ist typisch für alle Belagerungsspiele. In Lappland, wo die nomadische Lebensweise der Menschen die Notwendigkeit mit sich brachte, daß alles tragbar sein mußte, spielte man es auf einem «Brett» aus Stoff, auf den die Felder aufgestickt wurden. Die britische Version, *Tawlbort,* spielte

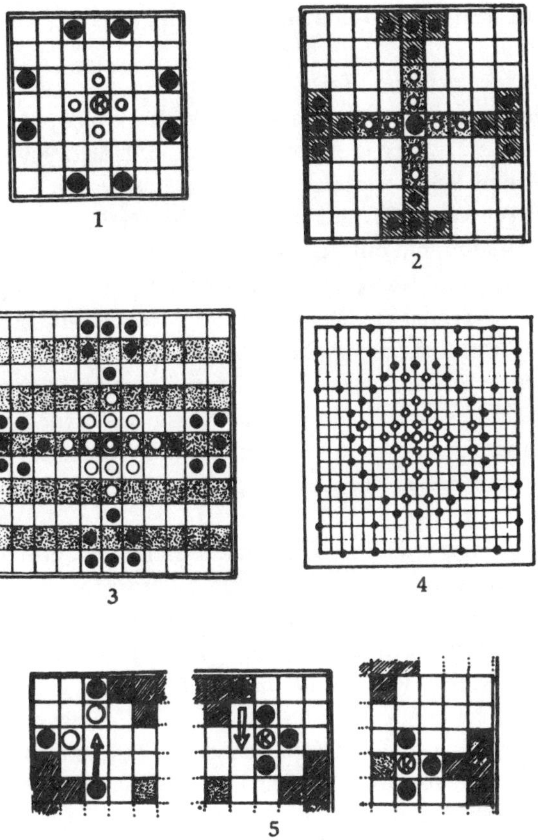

Abb. 51: Belagerungsspiele. 1: *Brandubh,* wie es auf dem Brett aus Ballinderry gespielt wurde (7 mal 7 Felder = 49). 2: *Tablut* aus Lappland (9 mal 9 = 81), das *Paramasayika*-Gitternetz. 3: *Tawlbwrdd,* nach Robert ap Ifan, 1587 (11 mal 11 = 121). 4: *Hnefatafl,* gespielt auf einem Brett mit 19 mal 19 (= 361) Gitterlinien. 5: Schlagmöglichkeiten bei einem Belagerungsspiel: *Links:* Gleichzeitiges Schlagen von zwei weißen Figuren durch Einklammern. *Mitte:* Schlagen des Königs durch Umzingeln. *Rechts:* Schlagen des Königs am *konakis* durch drei gegnerische Figuren, wobei der König den *konakis* nicht betreten darf.

man natürlich auf den üblichen Brettern aus Holz, Metall oder Walßroßzähnen.

Beim *Tablut* oder *Tawlbort* wurde das Mittelfeld, das in Lappland ***konakis*** – der «Nabel der Welt» – hieß, vom König besetzt. Zur Zeit des Linnaeus repräsentierte diese Figur für die Lappen den Schwedenkönig, und um ihn herum standen im rechten Winkel zueinander seine acht Verteidiger, die schwedischen Soldaten, die mit dem König im Zentrum ein Kreuz bildeten. Die gegnerische Seite, die «Moskowiter», verfügte über 16 «Soldaten», die an der Mitte jeder Brettseite in Vierergruppen standen. Auf jeder Seite befanden sich drei auf den drei mittleren Feldern, während der vierte auf dem noch übrigen freien Feld in einer Linie mit dem König und seinen Verteidigern stand. Das gestickte Muster des Stoff-«Brettes» hob die Ausgangspositionen der schwedischen und der moskowitischen Streitmacht hervor.

Die aus Holz oder Knochen gefertigten Spielfiguren hatten eine gut zu unterscheidende, abstrakte Form. Der schwedische König war die größte Figur; er hatte als Körper einen abgerundeten, kegelförmigen Sockel, auf dem sich drei übereinander gelagerte, kreisrunde Stücke befanden, die in einer flachen Spitze ausliefen. Auch die schwedischen Soldaten hatten den kegelförmigen Sockel, auf dem sich jedoch nur eine kurze Säule mit einer kegelförmigen Spitze befand. Die moskowitischen Soldaten hingegen hatten einen zylindrischen Sockel mit einem asymmetrischen Oberteil, das, wie die Spitze eines gewöhnlichen Läufers im Schachspiel, mit einem Spalt endete. Heutzutage gibt es natürlich viele verschiedene Gestaltungsmöglichkeiten für die «Schweden» und die «Moskowiter».

Beim *Tablut* ziehen die Figuren nur in rechten Winkeln auf freie Felder, diagonale Züge oder das Überspringen anderer Figuren sind nicht erlaubt. Eine Figur ist gefangen, wenn sie von zwei gegnerischen Figuren «eingeschlossen» ist, d. h. wenn drei Figuren eine Linie bilden, bei der die eingefangene Figur zwischen den beiden anderen steht; die gefangene Figur wird aus dem Spiel genommen. Der schwedische König ist jedoch nur gefangen, wenn er von allen vier Seiten durch die Moskowiter umzingelt ist; eine Ausnahme gibt es nur, wenn der König auf einem dem *konakis* oder Königsfeld angrenzenden Feld steht, wobei er von nur drei gegnerischen Steinen umringt sein muß. Das *konakis* bleibt dem König vorbehalten, andere Figuren dürfen es nicht besetzen.

Das Spiel ist gewonnen oder verloren, wenn der König von den Moskowitern eingeschlossen ist (ein Sieg der Moskowiter) oder wenn der König den Spielfeldrand erreicht (ein Sieg der Schweden). Haben die Schweden, während sie am Zug sind, für ihren König einen unversperrten Weg zum Spielfeldrand gefunden, muß der «schwedische» Spieler seinen Gegner mit dem Wort *Raichi* warnen (dies entspricht etwa der Ansage «Schach!» bei einer Schachpartie). Gibt es zwei eindeutige Wege, muß der «schwedische» Spieler *Tuichi* ansagen, was soviel wie «Schachmatt» bedeutet, denn der König erreicht mit seinem nächsten Zug unweigerlich den Spielfeldrand.

In der europäischen Literatur des Mittelalters begegnet man vielen Hinweisen auf die verschiedenen Versionen des Belagerungsspiels. Einige finden sich in nordischen Sagas, aber auch die keltische Literatur von Irland und Wales steuert einige weitere Informationen über die ortsüblichen Varianten des Spiels bei. Eine geeignete Möglichkeit ihrer Klassifizierung bietet die Anzahl der Felder auf dem Brett und die Anzahl der verwendeten Figuren.

Am schlichtesten ist zweifellos ein altes irisches Spiel, das unter verschiedenen Bezeichnungen bekannt ist: *Brandub*, *Branduhh*, *Brandul*, *Brannaib* oder *Buanfach*. Es wurde auch *Cennchain Conchobar* («Conchabars Blondkopf») genannt. Der is-ländische Lexikograph Jón Olafsson aus Grunnavik (gest. 1799) überlieferte den Namen *Kotungatafl* («Das Kleinbauernspiel») für das gleiche Spiel. Abgesehen von den verschiedenen Namen wurde für dieses Spiel immer ein Brett mit sieben mal sieben Feldern (49) verwendet.

Ein hervorragend erhaltenes Exemplar eines *Brandubh*-Spielbretts wurde im Oktober 1932 bei den Ausgrabungen eines *crannog* (einer künstlichen Insel) in einem Sumpf bei Ballinderry in der Nähe von Moate (Grafschaft Westmeath, Irland) entdeckt (siehe *Abb. 38)*. Abgesehen davon, daß es als ein vollständig intaktes und sehr altes Spielbrett schon für sich genommen ausgesprochen interessant ist, zeigt sich in seiner Anlage ganz deutlich der Einfluß der drei verwandten geomantischen Traditionen. Zum einen hat das Spielbrett einen Griff, der wie ein Menschenkopf gestaltet ist, so daß das Brett selbst zu einer Entsprechung des Körpers wird. In das Brett sind Löcher gebohrt, in die kleine Stäbe als Spielfiguren gesteckt werden können, was von der Idee her etwa mit einem heutigen Steckschach oder einem Damespiel für die Reise zu vergleichen ist. Der Mittelpunkt, auf dem der König stand, ist mit Kreisen markiert, die den Nabel der Figur anzeigen, deren Körper das Brett bildet. Dieser zentrale Nabel oder *omphalos,* auf dem der König stand, war nach der Überlieferung der Mittelpunkt der Welt, und somit symbolisierte dieses Spielbrett den indo-europäischen Mythos vom Leib des erschlagenen Urriesen als Ursprung der Welt.

Beim *Brandubh* wurde der König, der sogenannte *Branán* oder *Brenin,* nur von vier Figuren, den *Knights* (eigentlich «Ritter», beim Schach entsprechen ihnen die Springer), beschützt, denen – wie bei allen Belagerungsspielen – die doppelte Zahl von Angreifern gegenüberstand. In Island nannte man die Verteidiger *Riddurum* und die Angreifer *Pedjunum* («Bauern»), was wiederum an die Schachterminologie erinnert, aber natürlich hatten die *Knights,* die den König verteidigten, nicht die Möglichkeit, sich wie die Springer beim Schach zu bewegen, sondern zogen eher, wie ihre Gegner auch, wie die Türme.

Das Spiel *Fidchell* oder *Fidcheall,* das nach der Überlieferung vom Gott Lugh erfunden worden sein soll, ist wahrscheinlich eine weitere Version des *Brandubh.* Cormacs *Glossarium,* das etwa um das Jahr 900 geschrieben wurde, gibt den nicht sonderlich aufschlußreichen Hinweis: «Zunächst ist das Fidchell viereckig, seine Felder sind rechtwinklig, darauf stehen schwarze und weiße Figuren, und außerdem gewinnen verschiedene Leute abwechselnd bei diesem Spiel.» Daraus lassen sich keinerlei Angaben zur Anzahl der Felder und der Figuren entnehmen. Möglicherweise bezieht sich die Bemerkung, daß verschiedene Leute abwechselnd bei diesem Spiel gewinnen, darauf, daß die Gewinnfolge auf eine bestimmte Weise manipuliert wird, wie etwa beim madegassischen Spiel *Fanorona,* das später noch besprochen wird. Auch im *Book of Rights* findet sich ein Hinweis auf *Fidchell:* «Es war ein Brett aus Silber und purem Gold, und jeder Winkel war mit kostbaren Steinen besetzt und [es enthielt] einen ganzen Sack voll eingewobenen Messingdrahts.»

Die alte britische oder walisische Version von *Fidchell* wird in *The Red Book of Hergest* erwähnt, wo sie *Gwyddbwll* heißt. Das legendäre *Gwddbwll of Gwendolen* war ein weiteres, kostbar gearbeitetes Spiel mit einem Brett aus Gold und Figuren aus Silber. Ihm wurden magische Eigenschaften zugesprochen, denen zufolge die Figuren, nachdem sie aufgebaut waren, von selbst spielen sollten – eine übernatürliche Version des modernen Schachcomputers!

Die britische Version des Brettes mit den 81 Feldern *(Tablut)* nannte man *Dawlbwrd, Tawlbort* oder *Tawlbwrdd*, was soviel wie «Wurfbrett» bedeutet. Dieses Spiel war mit *Tablut* identisch; auf der einen Seite gab es 16 Figuren, die einen *Brenin* angriffen, auf der anderen Seite waren es acht Figuren. Es wird in den Artuslegenden in *Y Seint Graal* und auch in den Gesetzen erwähnt, die der walisische König Howel Dda (913–943) erlassen hatte. Nach Howels Gesetzen wurde einem Richter bei seinem Amtsantritt ein *Tawlbwrdd*-Brett übergeben. Diese Handlung verweist auf eine direkte Verbindung zwischen der rituell angelegten Gerichtsstätte und dem Brett, das ihr mikrokosmisches Ebenbild ist. Die Verwendung einer quadratischen Einfriedung, die auf dem Boden als Gitternetz für den Ort der Rechtsprechung angelegt wurde, war früher im Gewohnheitsrecht Nordeuropas gebräuchlich. In Deutschland hat sich diese Praxis bis ins 18. Jahrhundert hinein in den verbotenen Schnellgerichten Westfalens, den sogenannten Femgerichten, gehalten.

Im *Dimetian Code*, einer Sammlung von Gesetzestexten, findet sich ein wichtiger Hinweis auf das *Tawlbwrdd*, denn es wird der Gegenwert für die verschiedenen Klassen von Spielbrettern angegeben:

> Des Königs Tawlbwrdd hat einen Wert von sechsmal zwanzig Pence; ein Tawlbwrdd aus dem Knochen eines Meerestieres hat einen Wert von dreimal zwanzig Pence; ein Tawlbwrdd aus irgendeinem anderen Knochen ist dreißig Pence wert; ein Tawlbwrdd aus einem Hirschgeweih ist vierundzwanzig Pence wert; ein Tawlbwrdd aus Ochsenhorn zwölf Pence; ein Tawlbwrdd aus Holz vier gültige Pence.

Diese Verordnung aus dem Wales des 10. Jahrhunderts zeigt zweifelsfrei, daß das Spiel in allen Gesellschaftsklassen verbreitet war, von den reich verzierten Exemplaren aus wertvollem Metall bis hin zu den einfachen Holzbrettern des Landvolks.

Die im August 1587 von Robert ap Ifan verfaßte Beschreibung einer späteren Version des Tawlbwrdd ist in einer der von ihm stammenden Peniarth-Handschriften erhalten, die sich heute in der Nationalbibliothek von Wales befinden. Diese Variante wurde auf einem Brett mit 121 Feldern (11 mal 11) gespielt, bei dem die Reihen abwechselnd dunkel und hell gefärbt waren. Wie bei allen anderen Belagerungsspielen gab es auch bei diesem «einen Brenin im Zentrum und zwölf Figuren auf den daran angrenzenden Feldern, und vierundzwanzig liegen auf der Lauer, um ihn zu fangen. Diese sind so aufgebaut: sechs in der Mitte jeder Brettseite und sechs auf den mittleren Punkten. Die Figuren werden von zwei Spielern gezogen, und wenn eine der zum König gehörigen Figuren zwischen zwei Angreifer gerät, ist sie tot und scheidet aus dem Spiel aus; und wenn einer der Angreifer zwischen zwei Königstreue gerät, geschieht das gleiche. Gerät der König selbst zwischen zwei Angreifer und man sagt «Gebt acht auf Euren König!», bevor er auf diese Stelle zieht, und kann er nicht mehr entfliehen, so wird er gefangengenommen. Sagt der andere Spieler *Gwrrheill* und zieht zwischen die beiden, so geschieht ihm nichts. Gelangt der König [...] an die Grenzlinie, gewinnt diese Seite die Partie.»

Das Erreichen der «Grenzlinie» – des Brettrands – gibt dem König die Herrschaft über das ganze Gebiet. Er hat sich mit Erfolg vom Nabel im Zentrum zu den äußeren Grenzbereichen begeben. Diese Vorstellung findet man in den Schriften des walisischen Barden Taliesin in seinem berühmten Werk *The Spoils of Annwn (Die Siegesbeute des Annwn):* «Preis sei dem Gebieter, dem obersten Herrscher der Hochregion, der sein Herrschaftsgebiet bis an die Gestade der Welt ausgeweitet hat.»

Obwohl nach den uns erhaltenen schriftlichen Überlieferungen aus Wales die *Tawlbwrdd*-Version mit 121 Feldern später aufkam als jene mit 91 Feldern, scheint die Brettgröße im Lauf der Jahre nicht in konsequenter Folge vergrößert oder verkleinert worden zu sein. Die erweiterte Version eines Belagerungsspiels entdeckte man unter den Grabbeigaben im großen Bootsgrab in Gokstad (bei Sandefjord, Norwegen). Es waren die Überreste eines doppelseitigen Brettes mit einem Mühlespiel auf der einen und einem Belagerungsspiel mit 13 mal 13 Feldern auf der anderen Seite, und es könnte das heute verlorene Spiel *Olafs Kongs Tafl* («König Olafs Belagerungsspiel») gewesen sein, denn man hat vermutet, daß es sich hier um das Begräbnis von König Olaf I., Olaf Geirstadralf, gehandelt hat (9. Jahrhundert n. Chr.).

Das größte bekannte Brett eines Belagerungsspiels ist das gewaltige *Hnefatafl*-Brett, das 361 Felder aufweist. Bruchstücke eines *Hnefatafl*-Brettes von solcher Größe wurden in Vimose (Dänemark) ausgegraben. Im Gegensatz zu anderen Versionen

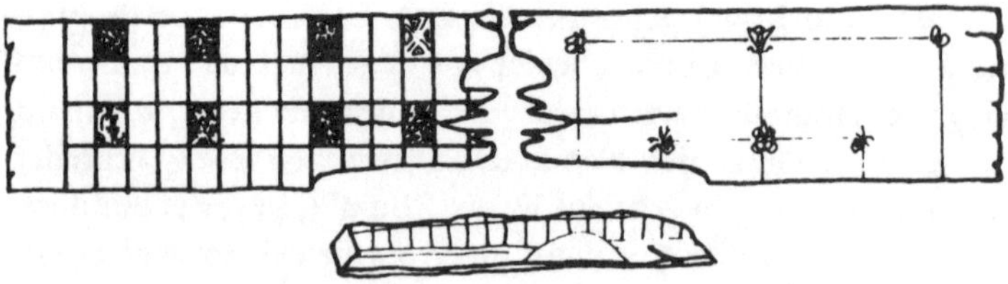

Abb. 52: Bruchstücke von nordeuropäischen Brettspielen. Das obere Stück fand man im Bootsgrab bei Gokstad (Norwegen) – auf der einen Seite ist ein Belagerungsspiel, auf der anderen Seite Mühle. Unten sieht man das Fragment eines Hnefatafl-Brettes aus Vimose (Fünen, Dänemark). Das ältere Brett aus Vimose stammt aus der Zeit um 400 n. Chr., während das Brett aus Gokstad 500 Jahre jünger ist.

des Belagerungsspiels wurde *Hnefatafl* auf einem Liniennetz gespielt und nicht, soweit bekannt ist, auf einem Brett mit Feldern. Das Aussehen der Figuren wird in einer englischen Handschrift aus der Zeit König Æthelstans (925–940) beschrieben; einige Mönche versuchten vergeblich, dem Spiel eine unmißverständlich christliche Bedeutung zu geben, indem sie es in *Alea Evangelii* umbenannten. Hinweise auf *Hnefatafl* finden sich in einigen nordischen Sagas, und auch in England und Skandinavien war es weit verbreitet, bevor es durch die Einführung des Schachspiels, das sich schließlich durchsetzte, abgelöst wurde. In der um das Jahr 1256 entstandenen *Fornaldar Saga* wird berichtet, daß *Hnefatafl* in England gespielt wurde. Im Rahmen der Erzählungen von den Kriegen früherer Jahrhunderte erfahren wir aus der Saga, daß zwei Krieger, Hvitserkr und Sugurδ, gerade beim *Hnefatafl*-Spiel waren, als ein Bote von König Ælla eintraf. Daraus läßt sich schließen, daß es das *Hnefatafl*-Spiel in England schon um das Jahr 856 n. Chr. gab.

In der nordischen Literatur werden viele Versionen des Belagerungsspiels erwähnt: *Færingstafl, Færitafl, Freystafl, Olafs Kongs Tafl, Tanntafl* und *Worptaflspel.* In der *Rigsthula* (vor 1220) wird von Kindern berichtet, die das Schwimmen und das Belagerungsspiel erlernen. Rig, der nordische Gott Heimdall, war der sagenhafte Organisator der gesellschaftlichen Stände und symbolisiert wohl auch den Ordner der Spielfiguren. Der Herrscher von Orkney (Schottland), Graf Rognvaldr (1135–1158), rühmte sich neben vielen anderen Fertigkeiten, daß er beim Belagerungsspiel stark sei. In der *Króka-Refs Saga,* die aus dem 14. Jahrhundert stammt, aber auf eine frühere Fassung zurückgeht, wird erwähnt, daß ein Mann aus Grönland namens Gunnar drei Geschenke an König Harald von Norwegen sandte, darunter ein *Tanntafl*-Spiel. Dies war ein doppelseitiges Brett, auf dem *Hnefatafl* und *Skaktafl (Schach)* gespielt werden konnte. Das Brett, das im Bootsgrab von Gokstad gefunden wurde, ist ein solches *Tanntafl*-Brett, auf dem jedoch statt einem *Schach-* ein *Mühlespiel* zu finden ist. Das Wort *tann* bedeutet «Zahn» oder «Hauer» und bezieht sich auf die Walroßzähne, die von den nordischen Spielbrettherstellern bevorzugt wurden. Wahlroßelfenbein oder -zähne waren ein leicht erhältliches, dauerhaftes Material, und viele Spielfiguren, wie etwa die nun im Britischen Museum aufbewahrten Schachfiguren von der Insel Lewis, wurden daraus geschnitzt. Das Walroß hatte auch eine symbolische Bedeutung, denn es stellte den Tod dar, so daß die fatalistischen Aspekte der Brettspiele anklangen.

Das Belagerungsspiel hatte den Sturz von mindestens einem Monarchen zur Folge. Im Sommer 1250 befand sich der dänische König Erik IV. *Plogpenning* – ein unbeliebter Mann, der wegen der Pflugsteuern, die er den Bauern aufbürdete, eben «Pflugpfennig» genannt wurde – auf dem Weg, um der belagerten Stadt Rendsburg an der Eider zu Hilfe zu kommen. In Schleswig besuchte er seinen Bruder Abel, und während er zusammen mit dem Ritter Henrick Kerkwerden in eine Partie des

Worptaflspel (wörtlich «Wurfbrett-Spiel», *Hnefatafl)* vertieft war, wurde er von seinem Bruder ermordet.

Beim *Hnefatafl* nannte man den König, der zu Spielbeginn auf dem Mittelpunkt des Brettes stand, *Hnefi*. Dieser Ausdruck scheint mit dem Wort «Nabel» (althochdeutsch *nabalo,* altenglisch *nafela,* heute *navel)* und dem Begriff «Nabe» verwandt zu sein. Im Englischen ist das Wort *nave* heute ungebräuchlich; es bezeichnete den zentralen Teil eines Wagenrads, durch den das Ende der Achse eingefügt wurde und von dem die Speichen ausgingen. In all seinen Bedeutungsaspekten hängt dieser Begriff also mit der Zentralität zusammen. Möglicherweise wurde auch der Mittelpunkt oder das zentrale Feld beim *Hnefatafl* «Nabel» genannt, analog zur Verwendung dieses geomantischen Begriffs für den zentralen Punkt bei anderen Brettspielen in anderen Gegenden der Erde. Beim *Hnefatafl* gehen die Figuren strahlenartig wie die Speichen eines Rades von der zentralen Position des *Hnefi* aus.

Der im 10. Jahrhundert unternommene Versuch eines Mönches oder Geistlichen, die symbolische Bedeutung des *Hnefatafl* zu christianisieren, indem er es in *Alea Evangelii* «umtaufte», ist für uns ein glücklicher Zufall, denn dadurch sind uns Hinweise auf ein Spiel erhalten geblieben, das sonst womöglich mit der Ausmerzung des Heidentums verlorengegangen wäre. Die Numerologie, die mit ihrer traditionellen indoeuropäischen kosmologischen Bedeutung in dem originalen Brettspiel enthalten ist, wurde auf die jüdisch-christliche Numerologie übertragen. In Ælfrics um das Jahr 1000 verfaßten *Vocabularium* wird *Hnefatafl* unter seinem christlichen Namen *Alea* erwähnt; die *Aleae* oder Figuren werden dort als *tafelstanes* («Tischsteine») bezeichnet. Nach der neuen Terminologie nannte man den *Hnefi* nun *Pirgus* oder *Cynigstan* («Königsstein»), der vom Mittelpunkt, dem Thronfeld, ausging.

Im Gegensatz zum *Mühlespiel,* bei dem die Aufstellung der Steine vom Können des Spielers abhängt und jedesmal eine andere ist, erinnert der Plan des Belagerungsspiels eher an bekannte Brettspiele wie *Schach* oder *Dame*, deren Figuren jeweils die gleiche festgelegte Ausgangsstellung haben. Dennoch unterscheidet sich das Belagerungsspiel auch von diesen Spielen, denn beim *Schach-* oder beim *Damespiel* sind die Figuren der Gegner gleich stark und bekämpfen sich von den gegenüberliegenden Brettseiten aus. Beim Belagerungsspiel verteidigt die Streitmacht des Königs das Zentrum, während die Angreifer versuchen, die Oberherrschaft über dieses Zentrum zu gewinnen, das sie jedoch nicht betreten dürfen. Beim Mühlespiel gibt es überhaupt kein Zentrum – es gibt in der Mitte lediglich eine Art Depot, in dem geschlagene Steine abgelegt werden –, und bei *Schach* und *Dame* ist das Zentrum nur ein Teil des Brettes, auf dem der Kampf stattfindet. Eine Ausnahme bildet ein rätselhaftes Spiel mit dem Titel *Gala* (es wird irrtümlicherweise auch «Bauernschach» genannt), das aus Deutschland und Dänemark stammt; es wird im nächsten Kapitel genauer erläutert. Das Belagerungsspiel spiegelt die alte Kosmologie des mittleren Königreiches wider, in dem der König den zentralen *omphalos* besetzt und ihn gegen die zerstörerischen Kräfte verteidigt, die von außen kommen.

Die Namen der Spielfiguren

Obwohl man bei Schach, Dame und Mühle von «Figuren» oder «Steinen» spricht (im Englischen von *men)*, gab es früher eine größere Vielfalt in der Namensgebung. In vielen Sprachen sind die Damesteine weiblich, man redet von *dames* oder benutzt vergleichbare Bezeichnungen. Der alte schottische Ausdruck für das Damebrett ist *Dambrod*, was zeigt, daß es schon in früheren Zeiten in Britannien gespielt wurde. Das Damespiel heißt in Schottland *Dams*, in England *Draughts* oder *Chequers*, in Island und in den Niederlanden *Damm*, in Frankreich *Dammen*, in Schweden *Damspel* und bei den Basken *Damen Jokoa*. Im nordischen *Hervarar Saga ok Heiðreks* wird an einen Wettstreit zwischen König Heiðrek und einem alten Mann, dem verkleideten Odin, erinnert. Dieser Wettkampf wurde mit verschlüsselten Fragen und Antworten ausgetragen; dies war eine alte Lehrmethode, die heute in den Bereich der Kinderrätsel verbannt ist. Eine der Rätselfragen lautete: «Wer sind die Maiden, die um ihren Gebieter herum waffenlos kämpfen; die Braunen schützen ihn unaufhörlich, und die Blonden greifen ihn unablässig an?» Die Antwort lautet natürlich: Die Figuren des Belagerungsspiels. Die Frage, ob die Figuren männlich oder weiblich sind, ist umstritten. Nach dem symbolischen System des Pythagoras betrachtete man ungerade Zahlen als männlich und gerade Zahlen als weiblich. Übertragen auf das Belagerungsspiel folgt daraus, daß der König als einzelne Figur männlich ist; die Anzahl der anderen Figuren ist gerade und somit weiblich. Dies trifft auch auf das Damespiel zu, das in der modernen englischen Version mit zwölf Steinen und als «kontinentale» oder «Polnische Dame» mit zwanzig Steinen gespielt wird. Ungewöhnlich ist das Spiel *Alquerque,* weil hier die weißen Figuren als männlich und die schwarzen als weiblich gelten. Wie beim Schachspiel beginnt immer Weiß das Spiel. In der alten irischen Version des Belagerungsspiels heißen die Figuren jedoch *Fiana,* Soldaten, was die häufigste Bezeichnung zu sein scheint.

Beim *Tablut*-Spiel aus dem 18. Jahrhundert kommen in der Vorstellung, daß sich auf dem Brett die «Schweden» gegen die «Moskowiter» verteidigen, die politischen Sorgen jener Tage zum Ausdruck. In der älteren Spielterminologie, auf die man in ganz Europa und Britannien stieß, nannte man die Spielfiguren «Hunnen»; auch darin zeigt sich, was die Menschen einer früheren Epoche bewegte. Als die *Hun-Yü,* ein wilder und grausamer türkischer Kriegerstamm, um das Jahr 375 nach Europa einfielen, fand dies seinen Niederschlag in den europäischen Erzählungen, in denen es um die Schlachten zwischen Goten und Hunnen geht. Es ist klar, daß man, als man die Figuren des Belagerungsspiels als «Hunnen» bezeichnete, in diesem Spiel den Kampf zwischen den Goten im Zentrum und den von außen angreifenden Hunnen sah. Wie bei jedem Spiel, das während seiner Entwicklung viele Veränderungen erfahren hat, kursieren jedoch oft auch unwichtige Namen. In *The Greenland Lay of Atli (Die grönländische Weise von Atli)* heißt es, daß der *Hnefi* (König) oft geschlagen wird, wenn die «Hunnen» gefangengenommen werden, was sich auf die Figuren der Königspartei bezieht. In *Hornklofis Rabenlied* findet sich eine weitere Anspielung auf das Belagerungsspiel: «Es wird gut für sie gesorgt, für die Krieger, die an Haralds Hof die Hunnen führen.» Wie die Figuren auch heißen mögen, in ihrer Aufstellung und in ihren Bewegungen spiegeln sich die immerwährenden Streitigkeiten auf dieser Welt wider; insofern sind diese Spiele heute noch genauso von Belang, wie sie es in der Anfangszeit waren, als sie ersonnen wurden.

Schach und Dame

Seit langem gibt es Überlieferungen, denen zufolge das Schachspiel eine weitaus größere symbolische Bedeutung hat, als man einem bloßen Freizeitvergnügen auf den ersten Blick zugestehen würde. Unter anderem wurde es mit mentalem Training, Militärstrategie, komplexer Mathematik, Divination, Astronomie und Astrologie in Verbindung gebracht. Im Laufe der Jahre entstanden viele, mitunter recht gewagte Theorien und Meinungen über den Ursprung und die Bedeutung des Schachspiels. In seinem monumentalen Werk *Science and Civilisation in China (Wissenschaft und Zivilisation in China)* stellte Joseph Needham fest, daß sich in China zwischen dem 1. und 6. Jahrhundert n. Chr. eine quasi-astrologische Technik herausgebildet hat, die dazu diente, das Gleichgewicht oder Ungleichgewicht zwischen den beiden komplementär entgegengesetzten Kräften des *Yin* und *Yang* zu bestimmen. Needham glaubte, daß diese divinatorische Technik von Wahrsagern übernommen wurde, die in Militärdiensten standen, und somit vielleicht die Grundlage für das Brettspiel bildet, das unter dem Namen *Tschaturanga* bekannt ist.

Der Name dieses Spiels stammt jedoch nicht aus dem Chinesischen, sondern aus dem Sanskrit, und bedeutet «viergeteilt» (von *tschatur*, «vier», und *anga*, «Glied« oder «Teil»). Diesen Ausdruck verwendete man für das indische Heer, das aus vier Kampfverbänden bestand, in denen die Vierfachgliederung der Welt und ihres Mikrokosmos, der Gesellschaft, wieder auftaucht. Bevor Alexander der Große mit seiner Streitmacht im Jahre 326 v. Chr. erobernd nach Indien zog, umfaßte die indische Armee vier verschiedene Truppengattungen: Elefanten, Kavallerie, Streitwagen und Infanterie. Hinzu kamen noch der

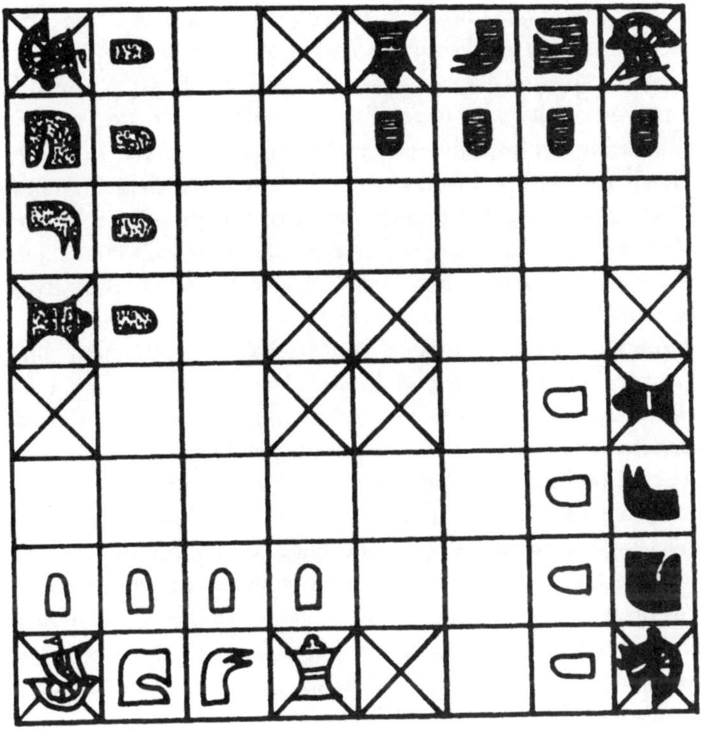

Abb. 53: Eine frühe Version von *Tschaturanga*, die auf einem *Ashtapada*-Brett gespielt wird (nach Raghunandana).

König (der *rajah)* und sein Ratgeber (der *mantri)*. Die Truppen bestanden aus Elefanten *(gaja)*, Pferden *(ashva)*, Streitwagen *(ratha)* und Bauern *(padati)*. Als sich 326 v. Chr. der Einsatz von Streitwagen gegen das griechische Heer Alexanders als Mißerfolg herausstellte, gaben die Inder kurz danach diese Art der Kriegführung auf. Da beim *Tschaturanga* diese Einteilung aber noch besteht, läßt sich dieses Brettspiel auf die Zeit vor dem Einfall Alexanders datieren, und somit auch einige Jahrhunderte vor das Aufkommen der astrologischen Brettdivination der Chinesen.

Einige Schachhistoriker haben das Spiel mit dem alten chinesischen Unterhaltungsspiel *Hsiang ch'i* in Verbindung gebracht. Der Name dieses Spiels wird für gewöhnlich mit «Das astronomische Spiel» oder «Das Figuren-Spiel» übersetzt. Unabhängig davon, ob es ein Vorläufer des Schachspiels war oder nicht, bestehen starke Verbindungen zwischen dem *Hsiang ch'i* und der Weissagung, denn es gibt eine enge Verwandtschft zwischen diesem Spielplan und den alten chinesischen Brettern der Wahrsager, den Vorläufern des *luopan*, des heute beim *Feng-Shui* – der chinesischen Kunst der räumlichen Ordnung – verwendeten magnetischen Kompasses. Im Gegensatz zu Schach wurde bei diesem Spiel ein Würfel benutzt.

Tschaturanga wurde auf einem *Ashtapada*-Brett gespielt, dem Gitter mit den acht mal acht Feldern (64) eines Wettrennspiels, bei dem man – wie beim modernen *Ludo* – Würfel verwendete. Die diesbezüglichen Hinweise können sich deshalb auf jedes Spiel beziehen, das auf dem *Ashtapada*-Brett gespielt wurde, sei es nun das *Ashtapada* selbst oder *Tschaturanga*. Die Berichte über Brettspiele, die wir aus den alten Schriften kennen, wurden oft von Kommentatoren verfaßt, die mit den eigentlichen Spielweisen nur wenig oder gar nicht vertraut waren.

Forscher, die sich mit alten Spielen befassen, werden oft mit diesem Problem konfrontiert; es zeigt sich auch bei vielen mittelalterlichen Darstellungen des Schachspiels, auf denen man

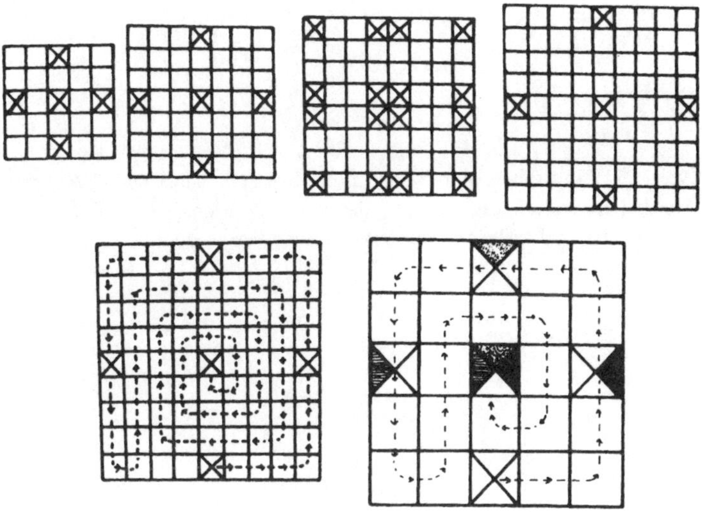

Abb. 53: Eine Gruppe von Wettrennspielen aus Indien aus der Zeit, in der das Schachbrett entstand. *Obere Reihe (von links nach rechts): Thayyam* (5 mal 5 = 25 Felder), *Ashta-Kashte* (7 mal 7 = 49), *Ashtapada* (8 mal 8 = 64, das Schachbrettmuster), *Saturankam* (9 mal 9 = 81, das *Paramasayika*-Gitter). *Unten links:* Der Weg der Spielfiguren beim *Saturankam*. Jeder Spieler hat vier Steine wie beim modernen *Ludo*. *Rechts:* Auf dem *Thayyam*-Brett findet man die vorgeschriebenen Farben der vier Himmelsrichtungen wieder: Süden – oben – gelb, Westen – rechts – schwarz, Norden – unten – weiß, Osten – links – rot. Die Spielfiguren, vier von jeder Farbe, passen jeweils zu diesen Zuordnungen.

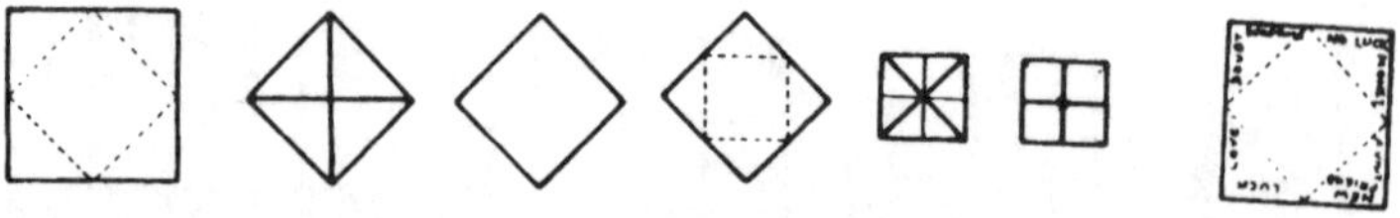

Abb. 55: Die Reihenfolge beim Falten für das Kinderspiel *Wahrsagen*. Hierbei entstehen die Muster, die seit unvordenklichen Zeiten für Horoskope und heilige Gitternetze verwendet werden.

selten ein Brett abgebildet findet, das die korrekte Anzahl von acht mal acht Feldern hat.

Ashtapada gehört zu einer Gruppe von Wettrennspielen, die auf einem quadratischen Brett gespielt werden, und die vorgeschriebenen Züge weisen einige Verbindungen zu dem Plan der traditionellen «Einbahn-Labyrinthe» auf. Zu diesen Spielen gehören im weiteren *Thayyam,* das auf einem Brett mit fünf mal fünf Feldern (25) gespielt wird, *Ashta-Kashte* (sieben mal sieben Felder, 49), *Ashtapada* (acht mal acht, 64) und schließlich *Santurankam* (neun mal neun, 81). Diese Gitter haben sämtlich symbolisch-mystische Verbindungen zu magischen Quadraten, und als «Zufallsfaktor» kommt außerdem der Würfel hinzu.

Der Kosmologe C. P. S. Menon glaubte, daß das karierte Spielbrett von dem Brauch herrühre, den Jahreszyklus mit seinen Unterteilungen in einem quadratischen Format darzustellen. Dieses Format wurde bei europäischen Horoskopzeichnungen bis ins 18. Jahrhundert hinein verwendet und wird noch immer dazu benutzt, die Figuren der divinatorischen Geomantie anzuordnen. Zu dem Kinderspiel *Wahrsagen,* das heute in England gespielt wird, braucht man ein quadratisches Blatt Papier, das nach dem gleichen Muster gefaltet wird.

Eine damit verwandte Symbolik findet man in den quadratischen, kosmographischen Mosaikböden des mittelalterlichen Europa, so etwa in Dom von Xanten, in der Kathedrale von Canterbury und in der Westminster Abbey. Diese Mosaike zeigen offenkundig die Symbolik der Struktur der Welt mit ihren vier Himmelsrichtungen, Elementen und Temperamenten, die mit den entsprechenden geometrischen Mustern und farbigen Steinen dargestellt sind. Menon zufolge entstand das Schachspiel ursprünglich als eine symbolische Planisphäre, auf der die Bewegungen der sieben Planeten der traditionellen Astronomie vermerkt wurden, indem man die Figuren jeweils in die entsprechende Konstellation brachte. Er stellte Vermutungen darüber an, daß der Zug des Springers im Schachspiel eventuell auf die Bewegungen der Himmelskörper auf ihren Umlaufbahnen «um die Ecke» der quadratischen Planisphäre zurückgehen könnte. Seiner Ansicht nach haben die Sprungmöglichkeiten des *fil,* eines Vorgängers des Läufers, und anderer Figuren in unorthodoxen Versionen des Schachspiels den gleichen Ursprung und die gleiche Bedeutung.

Nach einer alten indischen Legende, die mit einigen Variationen auch in der persischen und arabischen Literatur wieder auftaucht, wurde das Schachspiel – oder zumindest sein Vorläufer *Tschaturanga* – von einem Mann namens Sissa erfunden, einem Brahmanen am Hofe des König Balhait. Der König beauftragte den Weisen, ein Spiel zu entwickeln, das – im Gegensatz zum fatalistischen Zufallsprinzip bei den Würfel- oder Glücksspielen – den Nutzen des persönlichen Urteilsvermögens, der Vorausschau und des Wissen hervorheben sollte. Sissa nahm das Brett des alten *Ashtapada*-Spiels und stellte darauf Figuren, welche die vier Truppenverbände des indischen Heeres, angeführt vom König und seinem Berater, repräsentierten. Sissa wählte die

Schlacht als das Vorbild für dieses Spiel, denn der Krieg brachte alle von Balhait genannten Eigenschaften zur Entfaltung.

Der König lobte Sissa für seine Weisheit, ein Spiel ersonnen zu haben, das alle Prinzipien der Gerechtigkeit so trefflich zum Ausdruck brachte, und gab die Anweisung, daß *Tschaturanga*-Spiele als ideale Mittel zur Unterweisung in der Kunst der Kriegführung in jedem Tempel aufgestellt werden sollten. Balhait fragte Sissa dann, welche Belohnung er für seine Leistung wünsche. Als Priester entgegnete Sissa, daß ihm die Nützlichkeit seiner Erfindung Lohn genug sei, als er jedoch weiter vom König gedrängt wurde, sagte er: «Gebt mir zur Belohnung Weizenkörner auf dieses karierte Brett. Legt mir auf das erste Feld ein einzelnes Korn. Auf das nächste zwei, auf das dritte vier, auf das vierte das Doppelte davon, und weiter so bis zum letzten Feld des Brettes.» Der König meinte, daß dies lächerlich wenig sei, und versuchte, den Brahmanen umzustimmen. Der aber bestand auf seinem Wunsch.

Balhait befahl seinen Dienern, Weizen herbeizuschaffen, aber es dauerte nicht lang, da dämmerte allen die Wahrheit, daß der ganze Weizen Indiens nicht ausreichen würde, um die erforderliche gewaltige Menge von 18 446 744 073 709 551 615 (mehr als 18 Trillionen) Körnern zu aufzubringen. Der mittelalterliche arabische Weise Al-Beruni errechnete, daß dieser gesamte Weizen 2305 Berge ergeben würde, also mehr als man auf der ganzen Welt finden könne, und aufgrund von Berechnungen aus jüngerer Zeit wurde behauptet, daß das Korn ausreichen würde, um die gesamte Erdoberfläche mit einer gut 20 Zentimeter dicken Schickt zu bedecken. Es wird berichtet, daß der König sich verwundert gefragt habe, ob er mehr die Erfindung des *Tschaturanga*-Spiels bewundern solle oder Sissas mathematische Genialität, als er Weizenkörner als Belohnung verlangte. Die genaue Bedeutung dieser Geschichte ist unklar, denn die Zahl $2^{64}-1$ hatte möglicherweise eine kosmologische Bedeutung in der alten Hindu-Tradition. Immerhin zeigt sich darin die alte indische Kunstfertigkeit im Umgang mit Zahlen und das Wissen um die zahllosen Kombinationen von Zugmöglichkeiten in diesem Spiel. Es ist durchaus denkbar, daß eine einzelne Person – unter Verwendung des heiligen Gitternetzes und religiöser Rituale als Grundlage – das *Tschaturanga* etwa gegen Ende des 6. Jahrhunderts im Punjab erfunden hat, aber ein Name ist uns nicht bekannt. Nach der islamischen Mythologie wurde das Schachspiel von Qaflan erfunden, einem Philosophen, der das Spiel ersann, um die Beziehung der Menschen zur Umwelt und zum Schicksal zu veranschaulichen.

Mit seinem 1694 erschienenen Buch *Mandragorias seu Historia Shahiludii* legte Thomas Hyde, Professor für Arabisch an der Universität von Oxford, eine Geschichte des Schachspiels vor, das er *Mandragorias* oder *Mandrake Play* («Mandragora-Spiel») nannte. Professor Hyde behauptete, das Schachspiel sei in Indien von Nassir Dahir etwa um das Jahr 500 n. Chr. erfunden und zuerst um die Mitte des 6. Jahrhunderts in Persien am Hof von Chosrau dem Großen gespielt worden. Nach Hydes Auffassung gelangte das Spiel etwa zur gleichen Zeit auch nach China. Heutigen Schachhistorikern zufolge wurde in China um das Jahr 800 aus dem *Tschaturanga* die moderne Version des chinesischen Schachspiels entwickelt. Über Korea erreichte es dann Japan und wurde dort zum Spiel *Shogi*. Fa Xian, ein buddhistischer Pilger aus China, der einen detaillierten Bericht über seinen Aufenthalt in Indien zu Beginn des 5. Jahrhunderts hinterließ, erwähnt das Spiel nicht. Schachautoren haben diesen Umstand als Anhaltspunkt dafür gewertet, daß es damals unbekannt oder zumindest wenig verbreitet war. Auf seinem Weg nach Westen gelangte das *Tschaturanga* etwa um das Jahr 600 nach Persien, und die erste bekannte Erwähnung des Schachspiels findet sich in einer persischen Erzählung mit dem Titel *Karnamak-i-Artakshatr-i-Papakan,* die etwa um diese Zeit entstand. Der Held der Geschichte ist berühmt wegen seiner Geschicklichkeit beim «Ballspiel, Reiten, *Chatrang,* Jagen und anderen Fertigkeiten». Nach der Eroberung Persiens durch die Araber (638–651) gelangte das nun in *Shatranj* umbenannte

Spiel auch in die entlegensten Winkel des islamischen Reiches. Durch die Mauren im Spanien des 8. Jahrhunderts und durch die islamischen Eroberer Siziliens hielt es schließlich im christlichen Europa Einzug. Im 9. Jahrhundert erreichte das *Shatranj* über die Handelsrouten, die über das Kaspische Meer und die Wolga führten, auch Rußland, und von dort gelangte es über die Handelswege der Wikinger durch das Baltikum nach Skandinavien.

Bei der Version des Spiels, die von den Arabern nach Europa gebracht wurde, handelte es sich um *Shatranj,* ein in den islamischen Ländern seit etwa tausend Jahren verbreitetes Spiel. Die Aufstellung der Figuren im *Shatranj* ähnelt der des modernen Schachspiels, wenn man davon absieht, daß es statt der Dame einen *Firzan* («Ratgeber») und statt des heutigen Läufers einen *Fil* gab. Andere Unterschiede zum modernen Schach sind, daß die Bauern bei jedem Zug bloß ein Feld weit ziehen dürfen und nur in einen *Firzan* umgewandelt werden können. Beim *Shatranj* konnte ein Spieler gewinnen, indem er seinen Gegner Schachmatt oder Patt setzte oder dessen Figuren dezimierte, bis nur noch der König übrig war. Beim heutigen Schach führt nur das Matt zum Gewinn der Partie; in dieser Spielsituation ist der König angegriffen und kann sich nicht mehr in Sicherheit bringen, so daß er mit dem nächsten Zug geschlagen würde. Beim *Shatranj* wurden die Figuren folgendermaßen aufgestellt: Turm, Springer, *Fil,* König, *Firzan, Fil,* Springer, Turm, und acht Bauern auf der zweiten Reihe. Der *Fil* zog beim *Shatranj* nicht diagonal wie heute der Läufer, sondern sprang wie der sogenannte Springer, wobei auch sein Zug wie ein «L» aussah; dieses «L» war jedoch in beide Richtungen zwei Felder lang. In der im Mittelalter üblichen europäischen Version des Spiels nannte man diese Figur den *Aufin,* ein Name, der auf das persische *pil* zurückgeht, was wiederum eine wörtliche Übersetzung des urspünglichen Sanskritnamens *gaja* ist, was «Elefant» bedeutet. Die *Fils* waren viel schwächer als die heutigen Läufer, da sie sich weder gegenseitig decken noch angreifen konnten. Der *Firzan, Fers* oder *Firz* (nach dem persischen *farzin,* «Ratgeber») war ebenfalls eine schwache Figur. Sie konnte nur jeweils ein Feld diagonal in jede Richtung ziehen und somit, wie der Läufer, nur auf Feldern derselben Farbe vorrücken; ihr Wirkungsbereich war daher auf 32 Felder des Brettes begrenzt.

Bis zum Jahr 1000 war das *Shatranj* in Europa sehr bekannt, und in der *Handschrift von Einsiedeln,* die ein Jahrhundert später verfaßt wurde, ist die Rede davon, daß die *Shantranj*-Regeln zu dieser Zeit in Europa angewendet wurden. Es wird auch berichtet, daß König Knut II. im Jahre 1029 eine Partie gegen den Jarl Ulfr gespielt hat, und eine Sache kam, wenn ein Herrscher sich ihrer erst einmal angenommen hatte, wie viele andere Dinge auch bei seinen Untertanen in Mode. Der damals rege Austausch selbst zwischen weit voneinander entfernt liegenden Ländern erleichterte die rasche Verbreitung des Spiels. Ein großer jüdischer Schachmeister, Abraham ben Meir Ibn Ezra (etwa 1092–1167), der im spanischen Tudela geboren wurde, war als Dichter, Philosoph und Mathematiker in England, Frankreich, Italien, Spanien und Ägypten tätig. Als Verfasser verschiedener hebräischer Schachbücher schrieb Ibn Ezra, ebenfalls in dieser Sprache, auch eines der ersten Gedichte über das Schachspiel, das *Schachlied.* Das darin beschriebene Spiel hat die gleichen Regeln wie das *Shatranj,* mit der einen Ausnahme, daß der *Fers* bei ersten Zug andere Figuren überspringen durfte. Um 1475 erhielt das Spiel in Südeuropa die heute bekannte Form. Der *Fers* wurde durch die Dame und der *Aufin* durch den Läufer ersetzt. Erreichte ein Bauer die gegnerische Grundreihe, wurde er in eine Dame statt in einen *Fers* umgewandelt.

Der *Codex Alfonso* ist eine der wichtigsten Informationsquellen über alte Brettspiele. Er wurde im Jahr 1283 im Auftrag von Alfons X. dem Weisen (1221–1284), 1251–1284 König von Kastilien und León, fertiggestellt. Das umfangreiche Werk ist in sieben Abschnitte geliedert. Der erste ist dem Schachspiel gewidmet und enthält 103 Probleme arabischen und europäischen Ursprungs. Das im *Codex Alfonso* geschilderte Schachspiel weist gegenüber dem *Shatranj* eine Weiterentwicklung auf, insofern der *Firzan* nun beim ersten Zug Figuren überspringen darf und die Bauern wie beim heutigen Schach beim ersten Zug zwei Felder weit ziehen können. Der vierte Abschnitt enthält 14 sogenannte Märchenschach-Probleme, bei denen mitunter neu erfundene Figuren und geänderte Zugregeln vorgestellt werden, um ein philosophisches Problem zu veranschaulichen. Man findet auch einige Formen des *Großschach,* das auf einem Brett mit 100 Feldern gespielt wird, und des *Schlagschach,* bei dem das Versäumnis zu schlagen dazu führt, daß die angreifende Figur wie beim heutigen Damespiel einfach weggenommen wird. Der *Codex Alfonso* ist ein bemerkenswertes Dokument, denn es sind viele Versionen von Spielen verzeichnet, die andernfalls in Vergessenheit geraten wären. Beispielsweise gibt es eine Variante des «Vierpersonen-Schach» und ein Spiel mit dem Namen *Los Escaques,* ein astronomisches Spiel, das auf einem kreisrunden Brett gespielt wird. Neben diesen ungewöhnlichen Spielen findet man auch konventionellere wie *Alquerque, Mühle* und dergleichen.

Besondere Versionen des Schachspiels

Das Großschach findet man heute kaum noch, obgleich es sich um eine sehr komplizierte und interessante Erweiterung der Standardversion des Spiels handelt. Es wird auf einem Brett mit 100 Feldern gespielt, und natürlich sind mehr Figuren und Überlegungen nötig als beim «orthodoxen» Schach auf einem Brett mit 64 Feldern. Großschach wird auch manchmal als «Timur-Lengs Schach» bezeichnet, weil Timur-Leng der Große es mit Begeisterung gespielt haben soll. Die Aufstellung der Figuren beim Großschach unterscheidet sich von der des orthodoxen Schachspiels. Als zusätzliche Figuren gibt es die sogenannten Kamele und zwei Giraffen, die ein Feld diagonal ziehen und dann so weit vorwärts, wie die Felder unbesetzt sind. Die Partie endet wie bei der Standardversion mit Schachmatt oder Patt.

Eine andere unorthodoxe Variante des Spiels ist das Vierpersonen-Schach, das früher weiter verbreitet war als heute. Daran sind vier Spieler beteiligt, von denen jeweils zwei eine Mannschaft bilden. Man glaubt, daß es sich dabei um eine sehr frühe Form des Schachspiels handelt, da es mit der vierfachen Anlage des *Tschaturanga* zusammenhängt. Um das Jahr 1030 schrieb Al-Beruni über die indische Form des Spiels, bei der ein Würfel verwendet wurde (Figurenaufstellung von links nach rechts: Turm, Springer, *Fil,* König, davor die Bauern). Bei einer im 18. Jahrhundert in Rußland verbreiteten Fassung benutzte man ein spezielles Brett mit 68 Feldern und Erweiterungen von vier mal vier Feldern an jeder Ecke. Diese Erweiterungen waren Basteien oder Zitadellen, die nur dem jeweiligen Spieler zugänglich waren; diese Abart des Schach weist Ähnlichkeiten mit Spielen wie *Asalto* auf, und das Brett erinnert an manche Labyrinthpläne. Eine andere Erweiterung des Bretts beim Vierpersonen-Schach wurde von George Hope Verney (1842–1896) entwickelt. In seinem 1885 erschienenen Buch *Chess Eccentricities (Schachkuriosa)* beschrieb er ein Spiel, das aus dem normalen Brett mit acht mal acht Feldern besteht und an allen Seiten um acht mal drei Felder erweitert wurde (192 Felder). Für eine Partie verwendete man zwei Figurensätze. Der Verein, den er zur Pflege dieses Spiels gegründet hatte, existierte bis zum Zweiten Weltkrieg.

Zatrikon, das auf einem runden Schachbrett gespielt wird, kennt man spätestens seit dem 10. Jahrhundert aus islamischen und byzantinischen Handschriften. Als «byzantinisches Schach» war das Spiel viele Jahre lang in Konstantinopel populär. Mit dem heutigen Schach hat es nicht sonderlich viel zu tun, dennoch hat es diesen Namen, weil die Figuren denen des konventionellen Schachspiels ähneln. Die Figuren werden folgendermaßen aufgebaut: In der ersten Reihe stehen vier Bauern; in

Abb. 56: Anlage des *Zatrikon*-Brettes. Die Ziffern stehen für folgende Figuren: 1 für König, 2 für *Fevée* oder *Firzan* (Vorläufer der Dame), 3 für Turm, 4 für Springer, 5 für *Aufin* (Vorgänger des Läufers), 6 für Bauern.

der zweiten ein Turm, Springer, *Fil* und König; in der dritten ein Turm, Springer, *Fil* und *Firzan;* in der vierten vier Bauern. Die gegnerischen Figuren werden genau spiegelbildlich aufgestellt. Im Gegensatz zum *Shatranj* können beim *Zatrikon* die Bauern nicht umgewandelt werden, und ein *Firzan* darf einen anderen *Firzan* und ein *Fil* einen *Fil* schlagen. Auf dem runden *Zatrikon*-Brett sind Züge denkbar, die beim Schach auf einem quadratischen Brett unmöglich sind, denn es gibt eine zentrale Unterteilung in vier Kreise, die sogenannten Zitadellen. Zu Beginn der Partie stehen der König und der *Firzan* am Rand, und wenn es einem Spieler gelingt, seinen König in diese Zitadelle zu bringen, kann er nicht mehr verlieren. Eine spätere Parallele hierzu findet sich in dem dänisch-norddeutschen Brettspiel *Gala,* bei dem die vier Zentrumsfelder eine besondere Verbindung zu den Königen haben.

Dame

Der Ursprung des Damespiels liegt im Dunkeln, vermutlich handelt es sich jedoch um eine Verbindung von Elementen aus drei im mittelalterlichen Europa beliebten Spielen: *Schach, Backgammon* und *Alquerque.* Man vermutet, daß es um 1100 in Südfrankreich entstand, wo es damals *Fierges* hieß. Für das Spiel wurde ein Schachbrett verwendet, auf dem man mit *Backgammon*-Steinen nach den Regeln des *Alquerque* (dazu später mehr) spielte. Die Steine des neuen Spiels nannte man *Ferses,* nach den Figuren des *Shatranj* und des europäischen Schach im Mittelalter. Das Spiel wird in der *Chronique* von Philip Mouskat (1243) erwähnt, wo von einer Umwandlung zum *König des Fierges* die Rede ist. Bei diesem Spiel gab es keinen Schlagzwang wie in späteren Versionen. Als um 1535 der Schlagzwang eingeführt wurde, zu dem es auch gehörte, daß der Stein, der dieser Schlagpflicht nicht nachkam, weggenommen wurde, nannte man das alte Spiel *Jeu Plaisant,* das «höfliche

Spiel», im Gegensatz zu dem Schlagspiel *Jeu Forcé,* dem «gewaltsamen» oder «scharfen Spiel». Zu dieser Zeit wurden die Steine nach der Dame des Schachspiels neu als *Jeu de Dames* bezeichnet, und so oder ähnlich nennt man das Spiel auch in den meisten europäischen Sprachen.

Es gibt verschiedene Varianten des Damespiels, die man nach den verschiedenen Ländern bezeichnet, in denen sie gespielt werden oder ihren (mutmaßlichen) Ursprung haben. In den englischsprachigen Ländern ist die Standardversion *(Draughts)* am verbreitetsten, die auf einem gewöhnlichen Schachbrett mit 64 abwechselnd schwarz und weiß gefärbten Feldern gespielt wird, wobei jeder Spieler links unten ein schwarzes Feld hat. Jeder verfügt über zwölf Steine, die er auf die schwarzen Felder der ersten drei Reihen seiner Seite legt. Schwarz hat den ersten Zug.

Bei der Standardversion ziehen die Steine nur vorwärts auf das nächste freie schwarze Feld der nächsten Reihe. Befindet sich hinter einem gegnerischen Stein ein freies Feld, dann muß dieser Stein geschlagen werden, indem man auf das freie Feld springt und den geschlagenen Stein vom Brett nimmt. Es besteht Schlagzwang, und wird das Schlagen versäumt, scheidet der betreffende Stein aus. Diese Version des Damespiels ist demnach ein *Jeu Forcé.* Muß man sich zwischen verschiedenen Schlagmöglichkeiten entscheiden, so hat man die freie Auswahl. Erreicht ein Stein die gegnerische Grundreihe, wird er in einen König umgewandelt, indem der Spielpartner einen anderen Stein daraufsetzt. Der König kann vorwärts und rückwärts ziehen und in jede Richtung schlagen, nur kann er nicht mit dem gleichen Zug schlagen, durch den er umgewandelt wurde.

Eine weitere wichtige Variante des Spiels ist *Spanische Dame,* das auf einem normalen Schachbrett gespielt wird, doch ist (im Gegensatz zur Standardversion) das Feld rechts unten schwarz. Die Regeln ähneln sich; sind jedoch mehrere Steine *en prise,* muß die größtmögliche Anzahl geschlagen werden. Die Gangart des Königs ist gegenüber der Standardversion erweitert,

Abb. 57: Europäische Damespieler im Mittelalter.

denn er kann auf der Diagonalen so weit ziehen, wie der Spieler will. Er kann jeden gegnerischen Stein auf der Diagonalen schlagen, solange sich dahinter eines oder mehrere unbesetzte Felder befinden. Stehen auf einer Diagonalen, die diese unbesetzten Felder kreuzt, Figuren *en prise,* muß der König rückwärts ziehen und auch diese wegnehmen; er muß also das Schlagen so lange wie möglich fortsetzen.

Eine Version, die man in den Vereinigten Staaten *Spanish Pool* nennt und in England *Kleine polnische Dame* oder *Deutsche Dame,* wird ebenfalls auf einem Standardbrett gespielt. Bei dieser Variante dürfen die Steine, die zwar nur vorwärts ziehen, auch rückwärts schlagen, und Könige haben die gleiche Gangart wie bei der *Spanischen Dame.* Bei der *Russischen Dame (Schaschki)* wird ein gewöhnlicher Stein, der die gegnerische Grundreihe erreicht, zum König. Kann er einige Figuren schlagen, so darf er mit dem gleichen Zug nach der Art der *Spanischen Dame* weiterziehen. *Italienische Dame* bietet eine weitere Abwandlung der üblichen Regeln. Wie bei der *Spanischen Dame* muß man mit einem Zug die größtmögliche Anzahl von Steinen schlagen. Ein König kann nur von einem anderen König geschlagen werden, und wenn die Wahl besteht, mit einem König oder mit einem einfachen Stein zu schlagen, hat der König Vorrang. *Türkische Dame* ist eine weitere Abart, die auf dem Brett mit 64 Feldern gespielt wird. Jeder Spieler hat 16 Steine, die er auf seiner zweiten und dritten Reihe aufbaut. Die Steine können in jede Richtung ein Feld weit ziehen, nur nicht rückwärts, und schlagen, wie bei der Standardversion, durch Überspringen. Könige entstehen auch auf die übliche Weise, doch können sie bei *Türkischer Dame* nur waagerecht oder senkrecht ziehen, nicht diagonal. Die Könige schlagen ähnlich wie bei *Spanischer Dame.*

Polnische Dame – ein eigentlich irreführender Name – heißt die Variante, die auf einem Brett mit zehn mal zehn Feldern (100) gespielt wird. Sie kam im 18. Jahrhundert in Paris auf und wurde in den Cafés gespielt, die bis ins 19. Jahrhundert hinein als Treffpunkte der weltbesten Schach- und Damespieler bekannt waren. Das erste Buch über *Polnische Dame* wurde 1727 in Paris von einem Autor unter dem Pseudonym Quercetaine veröffentlicht. Das Spiel hat seinen Namen erhalten, weil es ein polnischer Graf in Paris eingeführt haben soll. Es ist das einzige wirklich populäre Spiel auf einem 100-Felder-Brett, obgleich auch *Großschach* und *Gala* auf einem Brett von gleicher Größe gespielt werden. *Polnische Dame* ist im Grunde genommen eine Version des *Spanish Pool* auf einem größeren Brett, aber mit denselben Regeln. Möglicherweise hat der Erfinder die spanische Abart dieses Spiels auf ein Großschachbrett übertragen. Bei *Polnischer Dame* verfügt jeder Spieler über 20 Steine. Kann ein Stein die gegnerische Grundreihe erreichen, darf er nicht in eine Dame umgewandelt werden (die die gleichen Zug- und Schlagmöglichkeiten hat wie der König bei *Spanischer Dame),* solange noch andere Steine *en prise* sind. Dann muß erst so lange wie möglich weitergeschlagen werden; mit einem Zug ist jeweils die größtmögliche Zahl von Steinen zu schlagen.

Diagonaldame wird heute kaum noch gespielt, aber es ist eine einfache Abwandlung der Standardversion. Auf jeder Seite werden zwölf Steine rechts vom Spieler in der Ecke aufgebaut, aber davon abgesehen sind die Regeln mit dem normalen Damespiel identisch. Eine weitere kuriose Variante ist *Pyramidendame,* wobei auf jeder Seite zehn Steine in Vierer-, Dreier-, Zweier und Einerreihen aufgestellt werden. Es darf nicht geschlagen werden, denn Ziel des Spiels ist es, die gegnerische Grundreihe mit den eigenen Steinen zu besetzen. *Pyramidendame* scheint mit Spielen wie *Halma, Chinesischer Dame* und (weniger direkt) *Asalto* verwandt zu sein, bei denen man die «Festung» oder Ausgangsposition des Gegners besetzen muß. *Halma* wird auf einem Gitternetz mit 16 mal 16 Feldern (256) gespielt, und jeder Spieler hat 19 Figuren. Die Figuren können immer nur ein Feld weit in jede Richtung ziehen und gegnerische Steine überspringen, ohne sie zu schlagen. Wie *Chinesische*

Dame, an dem sich bis zu sechs Spieler beteiligen können, wird *Halma* mit bis zu vier Spielern auf einem sechseckigen Brett gespielt, wobei diese versuchen, die gegenüberliegende Seite des Brettes zu besetzen. Bei der Version mit vier Spielern erhält jeder 13 Figuren. Leider gibt es, wie bei vielen anderen Spielen, einige Verwirrung hinsichtlich der Bezeichnungen. Ich besitze ein deutsches Reisespiel vom Anfang des 20. Jahrhunderts, das *Schwedisches Steckhalma* heißt, obwohl es sich um eine Version des englischen *Solitaire* und nicht um ein *Halmaspiel* im eigentlichen Sinn handelt. Dies sind nun einmal die Tücken der Brettspiel-Terminologie.

Rössel- und andere «Sprünge»

Als Rösselsprung bezeichnet man eine Folge von nacheinander ausgeführten Zügen eines Springers; im Laufe dieser «Springtour» kommt die Figur einmal auf jedes Feld des normalen Schachbretts. Aufgrund seiner interessanten topologischen Eigenschaften hat der Rösselsprung schon immer die Aufmerksamkeit von Mathematikern und Mystikern auf sich gezogen. Beim Rösselsprung gibt es mehrere Millionen Variationsmöglichkeiten, so viele, daß die genaue Zahl nie errechnet wurde, und seine Anhänger haben vorzugsweise die Sprünge untersucht, bei denen ungewöhnliche geometrische und numerische Eigenheiten zu beobachten sind.

Im Bereich der Kunst und der Architektur sind die durch den Rösselsprung gebildeten Muster selbst schon Ornamente mit einer tieferen Bedeutung, die sich uneingeweihten Betrachtern nicht ohne weiteres erschließt. Zu Beginn des 20. Jahrhunderts hat sie der theosophische Architekt Claude Bragdon in Amerika als architektonische Ornamente verwendet und darüber in seinem Buch *Projective Ornament* geschrieben. Bragdon wählte einen der geschlossenen Rösselsprünge des schweizerischen Mathematikers Leonhard Euler (1707–1783) als Einbandillu-

Abb. 58: Bei vielen geschlossenen Rösselsprüngen auf dem Schachbrett entstehen komplizierte und gefällige Muster. Dieses hier, das der Mathematiker Euler entdeckte, war ein Lieblingsmuster von Claude Bragdon.

stration für ein anderes seiner Bücher mit dem Titel *The Beautiful Necessity.*

Auf dem normalen Schachbrett sind zwei verschiedene Arten von Rösselsprüngen möglich, der offene Rösselsprung, bei dem der Springer nicht auf sein Ausgangsfeld zurückkehrt, und der geschlossene, bei dem er mit dem letzten Sprung wieder auf diesem Feld landet. Es ist unmöglich, auf dem Schachbrett einen geschlossenen Rösselsprung auszuführen, der eine vierfache Symmetrie besitzt, aber zweifache Symmetrien sind realisierbar. Wenn man jedes Feld, das der Springer berührt, mit der jeweiligen Zugzahl numeriert, kann man ein magisches Quadrat bilden, das auch ein Rösselsprung ist. Ein «semimagisches» Quadrat wurde erstmals von William Beverly in *The London, Edinburgh and Dublin Philosophical Magazine and Journal of Science* vom August 1848 veröffentlicht. Alle Reihen und Linien ergaben zusammen die Zahl 260. Leider ist es kein echtes magisches Quadrat des Merkur, weil die Addition der beiden Diagonalen nicht aufgeht. Der vollständige magische Rösselsprung ist theoretisch jedoch möglich. Da das orthodoxe Schachspiel relativ populär ist, wurden derartige «Touren» von anderen Springfiguren, wie etwa Kamel und Giraffe beim Großschach, nicht eingehend untersucht. Vollständige magische «Springtouren» sind allerdings nur auf Brettern möglich, bei denen die Felderzahl der Seitenlänge ein Vielfaches von vier ist, und deshalb erlaubt das Großschach mit seinem Brett von zehn mal zehn Feldern eine solche «Springtour» nicht.

Cheskers

Es gibt eine Mischung aus Schach und Dame, die kurz nach dem Ende des Zweiten Weltkriegs von Solomon W. Golomb erfunden wurde. Er nannte das Spiel, das auf einem normalen Schachbrett mit acht mal acht Feldern gespielt wird, *Cheskers* – mit einem Kunstwort, das eine Kombination aus *Chess* (Schach) und *Checkers* (Dame) ist. Die Figuren werden wie beim Damespiel nur auf die schwarzen Felder gestellt, und in der ersten Reihe verfügt jede Seite (von links nach rechts) über Figuren, die die Gangart eines Läufers und zweier Springer haben, hinzu kommt eine Figur, die Golomb den «Koch» nannte. Der Koch zieht genauso wie das Kamel, eine Figur einer persischen Version des *Großschach*, des sogenannten *Timur-Lengs Schach*. Das Kamel und somit auch der Koch ziehen drei Felder vor und eines seitlich im rechten Winkel. Bei *Cheskers* verfügt jeder Spieler noch über acht weitere Figuren, die wie beim Damespiel aufgebaut werden.

Bei Golombs Spiel schlagen die Figuren und die Könige wie bei der Standardversion des Damespiels durch kurzes Überspringen. Läufer, Koch und Springer schlagen wie beim Schach, indem sie das Feld besetzen, auf dem die gegnerische Figur stand. Für die «Dame-Figuren» besteht Schlagzwang, solange nicht auch die «Schach»-Figuren schlagen können und somit eine Alternative bieten. Erreicht eine Figur die gegnerische Grundreihe, wird sie, je nach Wunsch, in einen König, Läufer oder Koch umgewandelt. Der Sieg ergibt sich im Verlauf des Spiels, wenn ein Spieler alle Könige verloren hat.

Geistige Fähigkeiten und Brettspiele

Um in der Lage zu sein, nicht nur die allersimpelsten Spiele erfolgreich spielen zu können, muß man die Fähigkeit besitzen, über die Art und Weise, in der sich eine Partie entwickelt, nachzudenken und sie zu verstehen. Da jedes Brettspiel sowohl hinsichtlich des Spielplans als auch der Züge, die die verschiedenen Figuren darauf ausführen, ein formalisiertes Struktursystem ist, fördert die Beschäftigung mit solchen Spielen die Fähigkeit, die zugrundeliegenden Muster zu begreifen. Seit jeher war man der Auffassung, daß ein Vertrautsein mit diesen Mustern in der Welt außerhalb des Spielbretts von einigem Nutzen ist. Dafür gibt es viele Belegstellen aus der alten Literatur, die sich auf Brettspiele von unterschiedlichster Art beziehen. In der nordischen *Frithjofs Saga* wird Hilding ausgesandt, um sich im Soldatenhandwerk und der Kriegführung kundig zu machen, und er trifft auf seinen Kameraden Frithjof, der mit Björn *Hnefatafl* spielt. Der angesprochene Frithjof antwortet auf Fragen nicht direkt, sondern entgegnet: «Nur ein entblößter Punkt in deiner Stellung, den du nicht decken kannst, und ich werde dort all deine Figuren überrollen.» Björn erwidert daraufhin: «Ein Doppelspiel, und zwei Möglichkeiten, deinem Spiel zu begegnen.» Und Frithjof antwortet schlagfertig: «Du hast vor, den Hnefi anzugreifen, und das Doppelspiel ist sicher.» Hier wird also Geschick bei Belagerungsspielen für die Kunst, militärische Auseinandersetzungen zu bestehen, als nützlich angesehen. Daher überrascht es kaum, wenn man bei der Auflistung der Talente von Kriegern auch an solche Fertigkeiten erinnert. Auch Graf Rognvaldr von Orkney (1135–1158) rühmte sich seiner Spielstärke bei Belagerungsspielen.

Da die Meisterschaft im Schachspiel ein größeres Ansehen genießt als die Beherrschung irgendwelcher anderer Brettspiele, glauben Nichtschachspieler oft, daß ganz bestimmte Eigenschaften erforderlich sind, um ein Schachmeister zu werden. Wie in jedem Fachgebiet trifft dies auch in diesem Fall zu, aber welcher Art diese Eigenschaften nun eigentlich sind, ist anscheinend schwieriger zu definieren, als man auf den ersten Blick annehmen möchte. Es geht letztlich nicht nur um die intellektuellen Fähigkeiten, sondern vielmehr um die ganze Person wie auch ihre Wechselbeziehung mit der körperlichen und geistigen Umgebung. Pietro Carrera (1573–1647), Geistlicher und Schriftsteller aus Militello (Sizilien), setzte sich im Jahre 1617 in seinem Werk *Il Gioco degli Scacchi* mit dem Schachspiel auseinander und befaßte sich mit verschiedenen Aspekten, unter anderem dem Blindspiel und der mentalen Vorbereitung auf eine Partie. Er beschrieb Methoden, die man heute durchaus der Schachpsychologie zuordnen würde, und solche, die eher im Bereich der Magie anzusiedeln sind. Der Spieler, so Carrera, soll einige Tage lang kein Fleisch zu sich nehmen, um einen klaren Kopf zu bekommen und auch um zur Ader gelassen zu werden, er soll sowohl Abführmittel als auch Brechmittel nehmen, um die üblen Stimmungen aus seinem Leib zu treiben, und er muß darauf bedacht sein, unmittelbar vor Beginn der Partie seine Sünden zu beichten und die kirchliche Absolution zu empfangen, um dem dämonischen Einfluß magischer Kräfte entgegenzuwirken.

Eine modernere Analyse stammt von dem niederländischen Professor für Psychologie, Adrian de Groot, der 1978 in einem Buch mit dem Titel *Het Denken van de Schaker* die Ergebnisse seiner Experimente zusammenfaßte, die darauf abzielten, die Eigenart der gedanklichen Prozesse bei Schachspielern zu erforschen. Er fand überraschenderweise heraus, daß es zwischen den Denkvorgängen der Meister und denen der weniger geübten Spieler keinen Unterschied gab. De Groot stellte außerdem fest, daß Schachmeister tatsächlich weniger Zugmöglichkeiten in Betracht zogen; dieses Ergebnis widersprach früheren Theorien, denen zufolge Meister eine größere Palette von Zügen berechnen als schwächere Spieler. De Groot glaubte, daß starke Spieler nur wirkungsvolle Züge genauer überdenken, während schwache Spieler alle Züge durchkalkulieren, ja selbst die Konsequenzen von Zügen, die für einen Meister nie in Frage kämen. Der Meister erkennt gültige Stellungsmuster, die bewährt und ihm durch Erfahrung vertraut sind, und überträgt sie auf die jeweils aktuelle Konstellation auf dem Brett. Entscheidend ist nicht das mechanische Auswendiglernen von ungefähr 50000 verschiedenen Stellungen, die irgendwelche Analytiker vorgeschlagen haben, sondern ein tieferes Erkennen von Strukturen, Konfigurationen und Entwicklungsmöglichkeiten. Es geht um das Verstehen einer tieferen Struktur, ein in der rechten Gehirnhälfte ablaufendes Erfassen, das der Wahrnehmung der Bedeutung von Symbolen sehr ähnlich ist. Die im Verlauf der Jahre bemerkenswerten Erfolge jüdischer Spieler schrieben einige Autoren der Tatsache zu, daß das für das Schachspiel erforderliche räumliche Vorstellungsvermögen einige strukturelle Ähnlichkeiten mit den symbolisch-diskursiven Methoden des *Talmud* aufweist.

Der bessere Schachspieler sieht die Partie eher als Gesamtkonstellation der Figuren, er besitzt eine «dynamische Wahrnehmungsfähigkeit», wie de Groot es ausdrückte. Die Meisterschaft beim Schach oder bei anderen Brettspielen erfordert in hohem Maß die Gabe nicht-verbalen, räumlichen Bewußtseins. Experimente, die der Untersuchung des Erinnerungsvermögens von guten Schachspielern dienten, die Positionen aus tatsächlich gespielten Partien betrachteten, haben gezeigt, daß relative Stellungsmuster erkannt werden. Wenn guten Spielern Fehler unterlaufen, dann erinnern sie sich zwar korrekt an ganze Figurenkonstellationen, irren sich dabei jedoch vielleicht um ein Feld.

Meister besitzen einen stark ausgeprägten Sinn für Positionen und können sich mehr Spielinformationen vergegenwärtigen als schwächere Spieler. Die besten unter ihnen können sich viele Stellungen gleichzeitig ins Gedächtnis rufen, so etwa auch bei Simultanpartien. Bei Zufallstests mit willkürlichen Figurenanordnungen half den Schachmeistern ihr Erinnerungsvermögen auch nicht mehr oder weniger als Durchschnittsspielern. Bei den Meistern vollzieht sich das Erkennen von Stellungsmustern im Rahmen der inneren Struktur des Spiels. Dies ist ein wesentlicher Faktor, denn die Entwicklung der Fertigkeiten im Schachspiel kann für andere Gebiete von Bedeutung sein, und auch bei anderen Spielen können entsprechende Fähigkeiten herausgebildet werden. Geschicklichkeit beim Belagerungsspiel galt im alten Nordeuropa zweifellos als geeignete Übung für die Krieger.

Diese Auffassung scheint auch die Grundlage der gegenwärtigen Stärke des russischen Schach zu sein. Zwei der Gründerväter des modernen Parteikommunismus, nämlich Karl Marx und Lenin, waren begeisterte Schachspieler. Karl Liebknecht, der führende revolutionäre Kommunist Deutschlands, der 1919 ermordet wurde, erzählte, daß Karl Marx ärgerlich wurde, wenn er in eine heikle Situation geriet, und daß er einen Wutanfall bekam, sobald er eine Partie verlor. Ebenso wurde auch sein Anhänger Lenin zornig und deprimiert, wenn er beim Schach eine Niederlage einstecken mußte – allerdings wurde dieser wenig sympathische Charakterzug später seitens der offiziellen sowjetischen Geschichtsschreibung als unpassend für das Vorbild erachtet, nach dem sich der Sowjetmensch richten sollte. Da jedenfalls schon Marx und Lenin Interesse an dem Spiel gezeigt hatten und zudem die Behauptung kursierte, es habe als gutes Gedächtnistraining ihren politischen Scharfsinn gefördert, wurde das Schachspiel zu einer Macht, mit der man nach der Oktoberrevolution rechnen mußte.

Trotz Lenins Vorliebe für das Schachspiel war nicht er, sondern N. V. Krylenko für die eindrucksvolle sowjetische Vorherrschaft im Schach verantwortlich, die bis auf den heutigen Tag andauert. Ein Jahr nach Lenins Tod gründete Krylenko 1924 einen landesweiten Schachverband, der auf den Gewerkschaften und den Sowjeträten für Körperkultur aufbaute. Im Jahre 1936 veröffentlichte die kommunistische Parteizeitung *Prawda* einen Leitartikel, der die Tatsache zum Gegenstand hatte, daß sich der Großmeister Botwinnik beim Turnier in Nottingham mit Capablanca den 1. Platz geteilt hatte. Dies wurde zurecht als ein Triumph für das sowjetische Schach angesehen; im Dienste der Propaganda nutzte die *Prawda* jedoch die Gelegenheit, um Lenins Schachkünste im enthusiastischen Ton der Heldenverehrung zu preisen:

> Lenins Hauptinteresse beim Schachspiel galt dem unnachgiebigen Ringen, der Suche nach dem besten Zug und dem Finden eines Auswegs in einer schwierigen, manchmal fast hoffnungslosen Situation. Gewinnen oder Verlieren bedeutete ihm kaum etwas. Er freute sich mehr über die starken Züge seines Kontrahenten als über die schwachen, und er zog es vor, mit starken Gegnern zu spielen.

Zeitweise wurde das Schachspiel auch in anderen Ländern als ein Mittel zur geistigen Ertüchtigung gefördert. Vor einigen Jahren ordnete Luis Herrara Campins, der Präsident von Venezuela, an, daß Schach in den Unterrichtsplan der Schulen in der Hauptstadt Caracas aufgenommen werden sollte. Campins Hoffnung war, daß das Schach zur «Demokratisierung der Intelligenz» beitragen sollte; es war ein Versuch, den Leistungsdurchschnitt aller Schüler anzuheben. Um die «kreativen Fähigkeiten» und die Intelligenz der «Massen» durch eine «kühne und revolutionäre Initiative» zum Tragen zu bringen, wurde bei dem venezolanischen Projekt Kindern ab dem Alter von sechs Jahren das Schachspiel beigebracht. Nach Ablauf einiger Monate ergaben Untersuchungen Anhaltspunkte dafür, daß der Intelligenzquotient durch den «methodischen Schachunterricht» steige, weil damit durch eine neue Form von selbstmotivierenden, abstrakten Übungen eine «neue Denkweise entwickelt» werde.

Blindspiel

Eine allem Anschein nach erstaunliche Leistung – das Spielen einer Schachpartie ohne Ansicht des Brettes, auch «Blindspiel» genannt – gehörte schon immer zum Repertoire der Meister und war vor 1940 besonders beliebt. In der sowjetischen Schachschule ist es jedoch nicht üblich, denn es wurde 1930 in der UdSSR verboten, weil es anstrengend und für die geistige Gesundheit gefährlich ist. Die Anfänge dieses «Kunststücks» liegen jedoch weit vor dem 20. Jahrhundert und gehen sogar noch vor die Erfindung des modernen Schach zurück. Der große arabische *Shatranj*-Spieler Sa'id ibn Juhair (665–714) soll als erster mit dem Rücken zum Brett gespielt haben. Nach ihm waren die meisten *Shatranj*-Meister in der Lage, Partien «blind» zu spielen. Das erste bekannte Blindsimultanspiel in Europa fand im Jahr 1266 in Florenz statt, als bei einem Schaukampf ein Sarazene namens Buzecca drei Partien gleichzeitig spielte, eine davon am Brett und zwei ohne Ansicht des Brettes. Eine Kostprobe seiner überragenden Fähigkeiten gab der italienische Geistliche Giovanni Girolamo Saccheri (1667–1733), indem er drei Partien blind spielte und anschließend noch sämtliche Zugfolgen im Gedächtnis hatte.

Obwohl diese Meister ihre Zeitgenossen in Erstaunen versetzten, war die Möglichkeit des Blindspiels nicht weiter bekannt, bis sie der bedeutende Schachmeister François André Philidor (1726–1795), der es ausgezeichnet verstand, für sich selber Reklame zu machen, für seine Zwecke verwertete. In Paris spielte er 1744 öffentlich Blindpartien gegen zwei Gegner; danach trat er noch 1750 in Berlin auf. Philidor organisierte die Veranstaltungen so geschickt, daß man in weiten Kreisen fälschlicherweise annahm, er sei seine Erfindung, auf diese Weise zu spielen. Er ließ seine ehrfürchtigen Bewunderer in diesem Glauben. Bei einem anderen Blindsimultanspiel, für das die Werbetrommel kräftig gerührt wurde, war Harry Nelson Pillsbury (1872–1906) beteiligt, der 1902 beim Kongreß des deutschen Schachbundes in Hannover gegen 21 Gegner spielte, wobei er 3 Partien gewann, 22 remisierte und 7 verlor.

Auch bei anderen Brettspielen sind «blind» gespielte Partien üblich, vor allem bei Dame. Der 1873 in Schottland geborene Robert Stewart war einer der größten Damespieler aller Zeiten. Er erzielte den erstaunlichen Rekord, 21 Jahre lang – von 1901 bis 1922 – keine einzige Partie zu verlieren, und zudem war er ein Meister des Blindspiels. Er veranstaltete 15 Blindsimultandemonstrationen und verlor nie, obwohl er bis zu 25 Partien gleichzeitig spielte. Im Jahre 1904 schlug er in Cowdenbeath alle 14 Spieler, und 1905 in Peebles schlug er 12 und remisierte mit dreien seiner 15 Gegner.

Der bedeutende amerikanische Dame- und Schachmeister Newell W. Banks spielte 1933 in Bethlehem (Pennsylvania) 20 Blindpartien gleichzeitig. Das Ergebnis lautete: 17 Siege für Banks und drei Remis. Im Alter von 60 Jahren spielte Banks sechs Blindpartien gleichzeitig, und das vier Stunden täglich an 45 aufeinanderfolgenden Tagen. Am Schluß dieses Marathons hatte er 1131 Partien gewonnen, 54 remisiert und nur zwei verloren – ohne auch nur einmal das Brett gesehen zu haben. Zu dieser großartigen Leistung gehörte, daß er bei einer Sitzung 62 Partien in vier Stunden spielte, von denen er alle gewann bis auf eine, die Remis endete.

Eine weitere bemerkenswerte Glanzleistung von Banks war eine Veranstaltung, bei der er 25 Schach- und 81 Damepartien simultan spielte. Sechs Damepartien spielte er ohne Ansicht des Brettes. Am Ende hatte er 22 Schachpartien gewonnen, eine verloren und zwei endeten durch Patt remis; bei den Damepartien blieb er in 65 siegreich, remisierte zehn und verlor keine der am Brett gespielten Partien; von den Blindspielen gewann er vier und erreichte zwei Remis. Weitere große Damemeister mit bemerkenswerten Leistungen im Blindspiel waren der in den 20er Jahren aktive Samuel Gonotsky und Robert D. Yates (1857–1885).

Brettspiele mit lebenden Figuren

Bei Partien mit lebenden Figuren fungieren Menschen als Spielfiguren, die auf einem riesigen Brett die Züge ausführen. Obwohl das Schach mit lebenden Figuren eigentlich die bekannteste Form ist, waren Partien mit lebenden «Spielsteinen» möglicherweise schon früher, vor dessen Erfindung, üblich. Partien mit lebenden Figuren sind bei jedem Brettspiel denkbar, aber wahrscheinlich war diese Praxis anfänglich nur bei relativ einfachen Wettrennspielen üblich.

Die indischen Mogulkaiser ließen ihre Palasthöfe als *Pachisi*-Bretter anlegen, auf denen in Rot, Gelb, Schwarz oder Grün gekleidete Sklavinnen die Rolle der Spielfiguren übernahmen. Die Reste von Bodenbeläge in den Höfen, in denen *Pachisi* mit lebenden Figuren gespielt wurde, findet man noch in Agra,

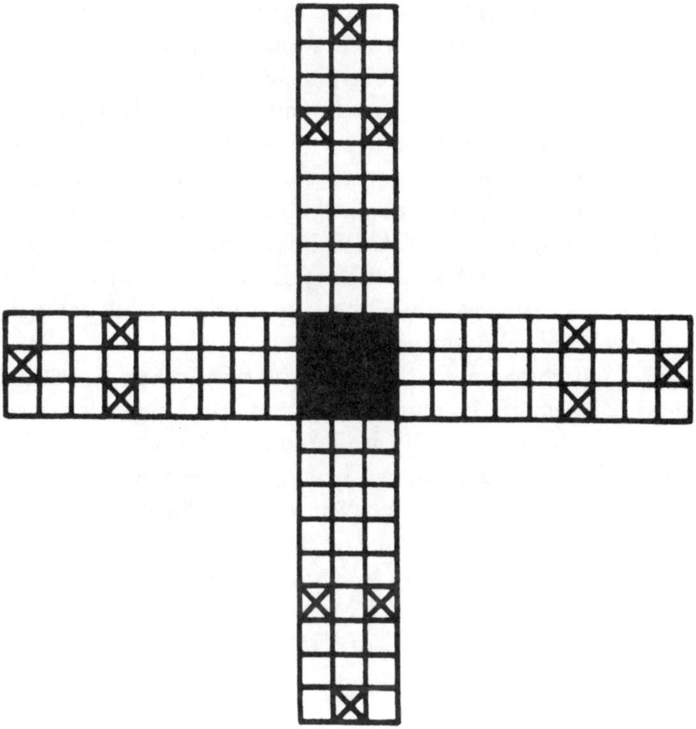

Abb. 59: Das indische Brettspiel *Pachisi*, das um den zentralen *char koni* gegen den Uhrzeigersinn gespielt wird, ist der ursprüngliche Vorläufer des beliebten Spiels *Ludo* (siehe *Abb. 60)*. Beide sind eng mit der Gruppe der *Thayyam*-Spiele *(Abb. 53)* verwandt und haben 16 Spielfiguren – die gleiche Zahl wie bei den geomantischen Sigeln, den Schilden der thrakischen Legionen, den Quadraten der mystischen Landstücke und den skandinavischen Runen, die alle den Kreislauf der Vollendung symbolisieren.

Allahabad und Fatehpur Sikri. Die Sklavinnen führten die Züge auf dem «Brett» nach den Anweisungen der Spieler aus, die beim Würfeln in dessen Zentrum saßen, das *char koni* oder «Thron» genannt wurde. Dieser zentrale *char koni* erinnert an das *konakis* oder Königsfeld in der Mitte des *Tablut*-Brettes und an den *Königsstuhl* im Zentrum des «mystischen Landstücks» der Femgerichte in Westfalen. All diese Varianten gehören zur gleichen alten indoeuropäischen Lokationstradition. Der Vergleich, daß die Herrscher ihre Untertanen wie «Bauern auf dem Schachbrett» behandeln oder herumschieben, könnte auf diese altindische Praxis zurückgehen.

Das Schachspiel mit lebenden Figuren ist in Europa mindestens seit dem 15. Jahrhundert bekannt. Für gewöhnlich handelte es sich um eine vorher einstudierte Darbietung für Zuschauer oder lediglich um ein bereits gelöstes Schachproblem. Obwohl kaum regelmäßig gespielt wurde, gründete man 1891 in Dublin dennoch einen *Club of Living Chess*, der Partien aufführte, um so für wohltätige Zwecke Geld zu sammeln. Im Jahre 1892 schrieb eines der Mitglieder, Dr. Ephraim McDowell Cosgrave, das Buch *Chess With Living Pieces (Schach mit lebenden Figuren);* den Club gibt es heute allerdings nicht mehr. Später wurden solche Partien nur gelegentlich gespielt, normalerweise bei Festveranstaltungen. 1951 kam es in London anläßlich des *Festival of Britain* zu einer Begegnung zwischen den Internationalen Großmeistern Rossolimo und Broadbent.

Lebende «Figuren» sind bei anderen Spielen weniger üblich. Am 24. Juni 1897 wurde aus Anlaß des Diamantenen Thronjubiläums von Königin Victoria in Saffron Walden (Essex) eine Mühlepartie ausgetragen; sie war ein Teil der von Lord Winchelsea inszenierten historischen Festspiele, die von seinem eigenen Ritterorden aufgeführt wurden. Als lebende Mühle-Steine traten Mädchen gegen Jungen an. Als «Brett» oder Spielfeld diente ein Quadrat mit einer Seitenlänge von knapp 14 Metern, das mit weißem Kalk im Gras markiert war. Die

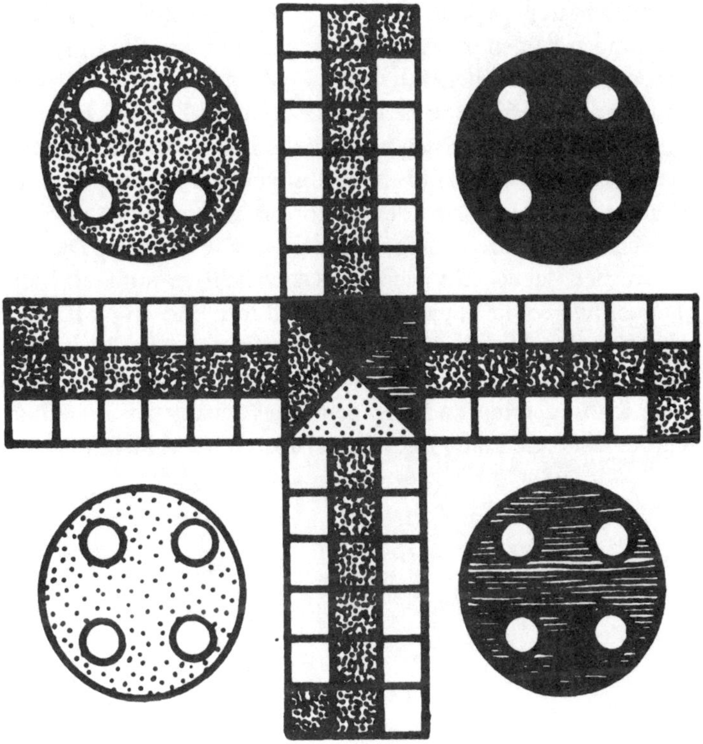

Abb. 60: *Ludo*, ein englisches Spiel, das auf *Pachisi* zurückgeht und 1897 patentiert wurde. Heute, nach Ablauf der Copyright-Ansprüche, ist es ein in vielen Ländern beliebtes Spiel.

«Steine» waren passend in entsprechende Kostüme gekleidet. Die Jungen trugen schwarze Gewänder mit roten Schärpen und Kappen, die Mädchen hingegen weiße mit grünen Schärpen und Stirnbändern. Zwar ist die Notation der Züge nicht erhalten geblieben, doch wissen wir, daß die Dame, die die Mädchen führte, die Partie gewann. Ich selbst war am 25. Juli 1981 im Rahmen der *Faery Fayre* (des «Feenmarkts») in Lyng (Norfolk) an einer ähnlichen Partie gegen Jeff Saward beteiligt. Die Seiten wurden dabei nicht nach den Geschlechtern unterschieden, vielmehr waren die «Spielsteine» durch rote und grüne Bänder, die sie in den Händen hielten, kenntlich gemacht. Ich war in dieser Partie erfolgreich, bei der, wie in jener von Saffron Walden, richtig gespielt und kein geprobtes Schaustück aufgeführt wurde. Aber auch die Züge dieser Partie wurden nicht notiert.

Weitere symbolische Brettspiele und Spielfiguren

Fuchs und Gänse und verwandte Spiele

Ein Spiel, das weder zu den Mühle- noch zu den klassischen Belagerungsspielen gehört, aber dennoch in Nordeuropa früher sehr beliebt war, ist *Fuchs und Gänse,* einst auch als *Fuchs und Hunde* bekannt. In Deutschland nennt man es auch *Fuchs- und Hühnerspiel* und *Fuchs im Hühnerhof,* und auch in anderen Sprachen sind die Namen ähnlich: In England heißt es *Fox and Geese,* in Schweden ist es das *Fuchsspiel, Räfspel,* und in Island das *Fuchs-Schach, Refskák.* Ein anderer nordischer Name ist *Hala Tafl, Schwanz-Brett,* und es wird auch als *Hnettafl* und *Hnottafl* bezeichnet. Obwohl es sich nicht um ein Belagerungsspiel handelt, in dem vom Zentrum aus gegen die Peripherie gekämpft wird, nannte man es *Tafl,* weil zu Beginn jeder Partie die Figuren auf dem Brett vorgeschriebene Positionen einnehmen. Geometrisch geht das Brett auf ein Gitternetz mit sechs mal sechs Feldern zurück, also das gleiche Gitter, das auch dem großen *Mühlebrett* zugrunde liegt. Das Spielbrett für *Fuchs und Gänse* sieht jedoch völlig anders aus; es besteht aus fünf großen Quadraten, die ein nach den Himmelsrichtungen hin ausgerichtetes Kreuz bilden und zusammen 20 kleine Quadrate haben. Es wurden verschiedene Varianten gefunden, die entweder nur 33 oder sogar 65 Löcher oder Punkte haben; bei einer moderneren Version gibt es 72. Das Kreuzgittermuster ähnelt sehr dem heiligen Gitternetz, das man auf hethitischen Bronzepfeilern als Emblem der Götter entdeckte.

Die früheste bekannte Version von *Fuchs und Gänse* bestand aus 13 kleinen Figuren, den Gänsen, die gegen eine größere, den Fuchs, spielten. Die Gänse haben den ersten Zug. Alle

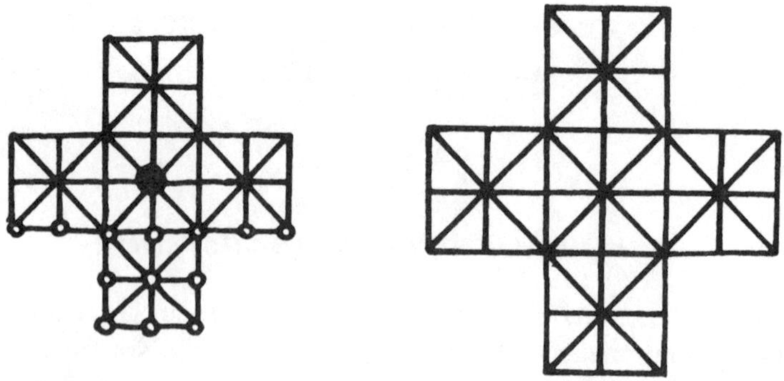

Abb. 61: Das Brett und die Grundstellung von *Fuchs und Gänse.*

Figuren können bei jedem Zug nur einen Schritt entlang einer Linie auf irgendein benachbartes freies Feld tun. Nur die Gänse können durch Überspringen geschlagen werden, indem der Fuchs auf ein hinter der betreffenden Gans liegendes freies Feld zieht. Wie beim Damespiel darf der Fuchs auch weitere Figuren in einer Reihe überspringen, wenn sie günstig für ihn stehen. Das Spiel ist beendet, wenn die Gänse den Fuchs so umzingelt haben, daß er sich nicht mehr bewegen kann, oder wenn der Fuchs so viele Gänse geschlagen hat, daß er nicht mehr eingekreist werden kann. Bei späteren Versionen des Spiels wurde die Zahl der Gänse auf 15 oder sogar 18 erhöht. In diesem Fall sind dann die früheren Regeln so abgeändert, daß die Gänse nur noch vorwärts oder zur Seite ziehen dürfen, aber nicht mehr rückwärts. Diagonale Züge sind auch nicht erlaubt. Eine weitere, noch neuere Version des Spiels wurde in der Zeitschrift *Christian Woman* im Juli 1985 vorgestellt. Hier können die Gänse nur nach vorne ziehen, der Fuchs jedoch vorwärts, rückwärts, zur Seite oder diagonal. Außerdem wurde eine neue Gewinnstellung eingeführt; die drei hinteren Punkte des Brettes (die Ausgangsfelder der Gänse) sind nun, mit Sternchen markiert, für den Fuchs das «Tor» ins Freie. Wenn der Fuchs bei dieser Variante eines der drei hinteren Felder erreicht, hat der Spieler mit den Gänsen verloren. Diese Gewinnmöglichkeit ist eine Umkehrung der Siegstellung aus dem Spiel *Asalto*, das sich seinerseits nach dem Mittelalter aus *Fuchs und Gänse* entwickelt hat. Dies zeigt, daß sich selbst die ältesten Spiele ständig weiterentwickeln, und wenn es keine von offizieller Seite festgelegten «Standardregeln» wie bei Schach oder Dame gibt, sind viele Varianten und sogar neue Versionen möglich.

Asalto kann auf dem *Fuchs und Gänse*-Brett gespielt werden, normalerweise ist jedoch ein Arm des Kreuzes als «Festung» oder «Burg» ausgewiesen. Diese Festung wird von zwei Figuren verteidigt (die dem Fuchs entsprechen) und von 22 gegnerischen Steinen angegriffen. Das Ziel des Spiels ist ähnlich wie bei *Fuchs und Gänse*, nur müssen beim *Asalto* die Angreifer die beiden Verteidiger außer Gefecht setzen oder die ganze Festung einnehmen. Die (bislang) letzte Erweiterung von *Fuchs und Gänse* stammt aus der Mitte des 19. Jahrhunderts, als in England das Spiel der *Offiziere und Sepoys* als aktuelle Anspielung auf den großen Sepoy-Aufstand des Jahres 1857 in Indien auf den Markt gebracht wurde. Man spielte es auf einer erweiterten Version des *Fuchs und Gänse*-Brettes mit 72 Punkten auf einem kreuzförmigen Gitter, zu dem noch zwei Extrapunkte hinzugefügt wurden, so daß die belagerte Festung auf 17 Punkte ausgebaut war. Bei diesem Spiel müssen sich drei Offiziere gegen 50 Sepoys (ostindische Soldaten) zur Wehr setzen. Es war durchaus angemessen, dieses Spiel dem «Großen Aufstand» zuzuschreiben, denn es scheint, daß diese Variante des Spielbrettes von einer Gruppe ähnlicher südasiatischer Spiele entlehnt wurde, die man als *Kühe und Leoparden* kennt.

Die originale Fassung von *Fuchs und Gänse* soll nordischen Ursprungs sein und bis ins 13. Jahrhundert zurückgehen, obwohl es von der Anlage des Brettes her auch ohne weiteres von einer Gruppe von Spielen abgeleitet sein könnte, die von dem alten ägyptischen Brettspiel *Zamma* abstammen, das auf einem heiligen Gitternetz gespielt wurde. Seine Spielweise, bei der zwei ungleich starke Parteien miteinander kämpfen, ist jedoch typisch für die seit jeher in Nordeuropa beliebten Spiele. Es wurde schon sehr früh in den nordischen Ländern gespielt, denn es wird in der *Grettis Saga* wie auch in der *Vilmundar Saga* erwähnt. Wie Dreiermühle und Mühle war es im Mittelalter ein willkommener Zeitvertreib für gelangweilte Mönche in den Klöstern.

Gemeißelte *Fuchs und Gänse*-Bretter aus der Zeit vor dem 15. Jahrhundert findet man auf einigen Steinsitzen in der Kathedrale von Gloucester. Obwohl es später zu einem Spiel der Bauern wurde, war *Fuchs und Gänse* im 15. Jahrhundert auch am englischen Königshof anzutreffen. Während der Rosenkriege, unter der Regierung König Edwards IV. (1461–1483), verzeichneten die Rechnungsbücher des königlichen Haushalts, daß «zwei Füchse und sechsundzwanzig Jagdhunde, mit einer Silberschicht überzogen» erworben wurden, um «zwei Merelles-Spielsätze» zu bilden.

Im folgenden Jahrhundert verlor das Spiel zusehends an Popularität; dazu trug vielleicht auch der Umstand bei, daß während der Reformation Spiele in Mißkredit gerieten. Bis ins 17. Jahrhundert hinein betrachtete man *Fuchs und Gänse* als ein Spiel, das nur für Bauern und einfältige Tölpel taugte. In *A Fine Companion* (1633) schrieb Shackley Marmion verächtlich: «Soll er ruhig auf dem Schiff hocken und mit dem Aufseher Fuchs und Gänse spielen.» Die geringen intellektuellen Fähigkeiten, die den *Fuchs und Gänse*-Spielern nachgesagt wurden, kommen auch in Lovelaces Versen in *Giochimo* (1656) deutlich zum Ausdruck: «Männer, die bei Fuchs und Gänse nur betrügen können, sind geborene Politiker, wie sie im Buche stehen.» Trotz der Ablehnung, die das *Fuchs und Gänse*-Spiel, das einst ein königlicher Zeitvertreib war, seitens der kultivierten Städter im 17. Jahrhundert erfuhr, geriet es jedoch nicht völlig in Vergessenheit, und deshalb gibt es noch erlesen gearbeitete Spiele aus dem 18. Jahrhundert, die aus dem Besitz der Wohlhabenden und Gebildeten stammen. Als das Interesse am *Fuchs und Gänse*-Spiel schwand, fand das Brett eine neue Verwendung bei den Spielen *Asalto* und *Solitaire.*

Wie bei der Terminologie vieler Spiele üblich, gibt es auch beim *Solitaire* einige Verwirrung, denn die Amerikaner verwenden den Begriff *Solitaire* für das Legen von *Patiencen.* Dieses Kartenspiel für eine Person hat jedoch mit dem gleichnamigen Brettspiel nichts gemein. Über den Ursprung des Brettspiels *Solitaire,* des «Einsiedlerspiels», weiß man wenig, jedoch soll es sich ein in Einzelhaft untergebrachter Aristokrat in Frankreich ausgedacht haben. Eine genaue Entstehungszeit ist unbekannt, doch wird diese Begebenheit 1716 von dem deutschen Mathematiker Gottfried Wilhelm Leibniz erwähnt, und da die Geschichte auch oft mit der Französischen Revolution des Jahres 1789 in Verbindung gebracht wird, erscheint sie recht zweifelhaft. Eine deutsche Bezeichnung – *Schwedisches Steckhalma* – deutet wohl auf einen skandinavischen Ursprung hin, vielleicht in der Zeit des Dreißigjährigen Krieges.

Ungeachtet seiner Herkunft ist das Einpersonenspiel *Solitaire* eindeutig eine Abart von *Fuchs und Gänse,* denn es wird, wenn auch mit mehr Figuren, auf dem gleichen Brett gespielt. Der zentrale Platz oder Punkt – der Nabel des Brettes – ist zunächst unbesetzt; das Spiel beginnt, indem eine Figur über eine andere auf dieses freie Feld springt. Die übersprungene Figur wird vom Brett genommen. Auf diese Weise fährt man fort, wobei jede Figur über eine andere auf angrenzende freie Punkte springen darf, bis nur noch eine Figur übrig ist. Es gibt eine Reihe interessanter Probleme, bei denen eine bestimmte Anzahl von Steinen oder Mustern übrigbleiben muß. Wie viele Divinations- und Spielsysteme waren die kniffligen Möglichkeiten des *Solitaire* für Mathematiker stets sehr interessant, und auch als Spiel ist es bis heute beliebt geblieben.

Pentagramm

Von dem Spiel *Pente Grammai,* auch *Pentalpha* oder *Pentagramm* genannt, weiß man, daß es bereits im alten Ägypten und in Griechenland gespielt wurde. Das Spielbrett, das man dazu verwendet, ist das antike mystische Sigel, das man als Pentagramm kennt – der fünfzackige gleichseitige Stern. Wie beim Muster des Mühlebretts handelt es sich hierbei in erster Linie um ein magisches Beschwörungs- und Schutzzeichen, das dazu diente, die Bedürfnisse des Spielers zu befriedigen. Ein Hinweis auf dieses Spiel stammt aus einem erhaltenen Fragment eines verlorenen Werkes von Sophokles; außerdem findet sich ein *Pentagramm* unter den Brettspielen, die in die Dachplatten des Tempels in Kurna eingemeißelt sind. Bei diesem Spiel, das wohl noch heute auf Kreta verbreitet ist, werden neun Kiesel oder Spielsteine einzeln nacheinander auf das Brett gelegt, wobei bei jedem Einsatz drei Züge in Folge in einer geraden Linie ausgeführt werden, bis alle neun Steine im Spiel sind. Dies erinnert an das *Solitaire,* und wer nicht weiß, wie es funktioniert, hat dabei große Schwierigkeiten. Ist ein Stein gesetzt, bleibt er an seiner Position.

Man kennt das Spiel in Sikkim und Assam als *Lam Turki,* in einigen Teilen Indiens als *Kawwa Dand* und andernorts als *Kaooa.* Das *Kaooa* spielt man mit einem Tiger und sieben *kaooas* wie eine Abart von *Fuchs und Gänse.* Die *kaooas* versuchen, den Tiger zu umzingeln, während der Tiger die *kaooas* mit einem kurzen Überspringen auf einen freien Punkt fängt. Wie das große Mühlebrett ist auch das *Pentagramm* ein magisches Schutz- und Beschwörungszeichen *par excellence.*

Alquerque

In gewisser Weise ähnelt das im Mittelalter beliebte Spiel *Alquerque* vom Aussehen her dem *Fuchs und Gänse*-Brett, auf

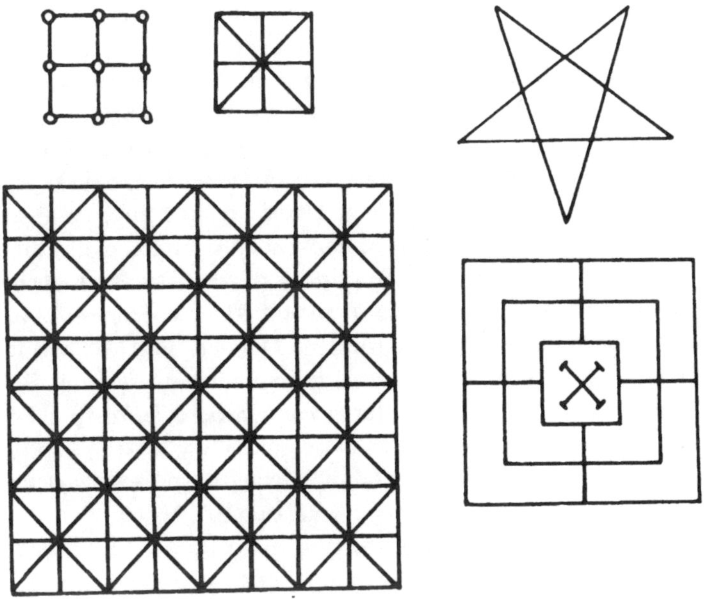

Abb. 62: Spielpläne bzw. magische Sigel, die Steinmetze auf die Dachplatten des Tempels in Kurna (Ägypten) vor ihrem Einbau meißelten. Unter anderem findet man hier *Kleine Mühle, Dreiermühle, Pentagramm, Zamma* und *Neunermühle.*

dem diagonale Züge erlaubt waren. Es scheint von einem Spiel aus dem antiken Ägypten abzustammen, dessen alter Name nicht mehr überliefert ist, das heute jedoch *Zamma* heißt. Ein Brett ist unter den Inschriften auf den Dachplatten des Tempels von Kurna (etwa 1400 v. Chr.) erhalten geblieben. Die moderne, in Nordafrika verbreitete Version dieses Spiels weist gegenüber der alten Fassung einige kleine Veränderungen auf; so ist etwa die Anzahl der Reihen und Linien geringer, dafür dürfen die Steine auch auf den Diagonalen ziehen. Das Brett ist ein Gitternetz mit neun mal neun Punkten (81), auf denen sich 40 schwarze Steine, die sogenannten Männer, und 40 weiße Steine, die sogenannten Frauen, gegenüberstehen (in der Sahara werden die «Männer» durch kurze Stöckchen dargestellt, während die «Frauen» aus Kameldung geformte «Steine» sind). Schwarz beginnt das Spiel, und die Steine rücken jeweils einen Punkt nach vorne. Geschlagen wird durch Überspringen des gegnerischen Steins in jeder beliebigen Richtung, sogar rückwärts, und es besteht Schlagzwang, sonst wird der Stein, der das Schlagen versäumt hat, vom Brett genommen. Erreicht ein Stein die gegnerische Grundreihe, wird er zum *mullah* umgewandelt, was etwa dem König beim *Damespiel* entspricht, und er zieht, etwa wie der König bei *Polnischer Dame,* auf jeder markierten Linie so weit, wie sie unbesetzt ist. Er kann durch ein kurzes Überspringen schlagen oder aus einiger Entfernung durch einen langen Sprung, doch kann er nicht ein zweites Mal über einen Stein springen. Die Partie ist gewonnen, wenn alle Steine eines Spielers erobert sind.

Durch die Verringerung der Brettgröße entstand aus dem *Zamma* das spanisch-arabische Spiel *El-Quirkat* oder *Alquerque.* Beim *Alquerque* verwendet man ein quadratisches Brett mit einem Gitter von fünf mal fünf Linien, bei denen die Schnittpunkte abwechselnd auch von Diagonalen gekreuzt werden. Das Spiel wird in dem arabischen Buch *Kitab al-Aghani* aus dem 10. Jahrhundert erwähnt, ausführlich beschrieben ist es im berühmten *Spielebuch* des Königs Alfonso X. von

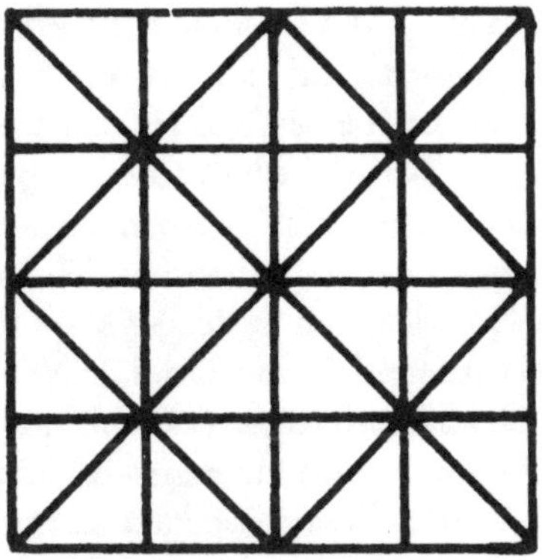

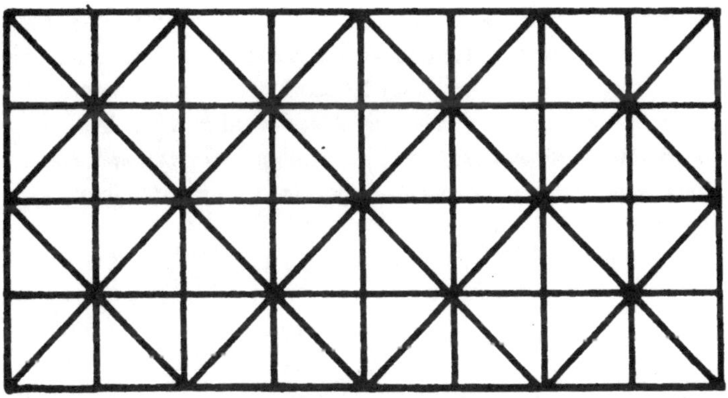

Abb. 63: Oben: *Alquerque*. Unten: *Fanorona*.

Kastilien (1251–1282). Wie *Zamma* wird auch *Alquerque* beinahe wie *Dame* gespielt, und es kann durchaus der Vorläufer gewesen sein, denn bei beiden Spielen werden 12 Steine pro Seite verwendet. Im Mittelalter war dieses Spiel, oder zumindest eine eng verwandte Variante davon, auch in England verbreitet. *Alquerque*-Bretter findet man in den Kreuzgängen der Kathedrale von Norwich und in der St. Mary's Church in Cavendish (Suffolk) auf dem Grabmal des 1520 verstorbenen Sir George Colt eingehauen. In diesem kirchlichen Kontext könnte das Muster des Spielbretts eine magische Schutzfunktion gehabt haben. Obwohl es in vergangenen Zeiten weit verbreitet gewesen sein muß, ist die englische Bezeichnung für *Alquerque* heute verloren oder nicht wiederzuerkennen; das Spiel ist in Großbritannien heute ganz unbekannt. Im *Victoria and Albert Museum* in London kann man ein *Alquerque*-Brett auf einem Spielekoffer sehen, der einst im Besitz der Schweizer Familie Wappenwyll war; außerdem erfreute sich das Spiel früher in Frankreich und Italien großer Beliebtheit. In Italien kennt man es als *Merelle* und in Sizilien als *Marella* oder *Riga*. Im Unterschied zum *Zamma* gibt es keine Könige oder *mullahs*, die aus Spielsteinen entstehen, welche die Grundlinie des Gegners erreichen.

Fanorona

Das *Fanorona*-Spiel aus Madagaskar ist ein wichtiges Bindeglied zwischen dem Gebrauch von Divinationsbrettern einerseits und Spielen, mit denen man sich lediglich zum Vergnügen oder auch zum Geldgewinnen befaßt, andererseits. *Fanorona* soll von einem noch älteren Brettspiel abstammen, wahrscheinlich von *Zamma*, und möglicherweise führte der Weg zunächst über *Alquerque*. Das *Fanorona*-Brett besteht aus einem Gitternetz von fünf mal neun Linien, auf dem die Punkte abwechselnd auch durch Diagonalen verbunden sind. Diese Anordnung ergibt ein Brett mit 45 Punkten, auf das die Spielsteine gesetzt werden. Es gibt 44 Steine, 22 schwarze und 22 weiße – es sind kabbalistische Zahlen, die den Kampf der 22 positiven, wohltätigen Kräfte der Oberwelt mit den 22 negativen, feindseligen Kräften der Unterwelt symbolisieren. Die Steine werden so auf das Brett gesetzt, daß zu Beginn der Partie der Mittelpunkt frei bleibt. Dieser Mittelpunkt wird als das Zentrum oder der *omphalos* der Welt betrachtet; man nennt ihn *foibeny*, «Nabel». Zu dieser Zuordnung findet man Parallelen bei nordeuropäischen Brettspielen, was besonders bei dem in Ballinderry (Irland) gefundenen Spielbrett deutlich wird, das tatsächlich wie ein menschlicher Körper aussieht, auf dem man die Partie austrägt.

Das Spiel beginnt eigentlich dann, wenn durch den Zug eines weißen Steines auf den *foibeny* ein Ungleichgewicht entsteht, insofern eine der beiden sich entgegenstehenden Kräfte an die Stelle der Leere und Neutralität tritt und ihren Widerpart zum Handeln zwingt. Durch einen Zug auf ein leeres Feld, hinter dem sich in gerader Linie ein gegnerischer Stein befindet, wird dieser geschlagen. Gegnerische Steine können durch Annäherung geschlagen werden oder, sofern sie sich wie bei Partiebeginn schon gegenüberstehen, dadurch, daß man von ihnen wegzieht. Nicht nur einzelne Steine, sondern auch mehrere gegnerische Steine, die auf derselben geraden Linie in ununterbrochener Reihenfolge stehen, können durch Annäherung oder Wegziehen geschlagen werden. Es besteht Schlagpflicht. Bei jedem folgenden Zug nach dem Schlagen muß die Richtung gewechselt werden, und wenn durch einen Zug der Gegner an zwei Stellen gleichzeitig bedroht wird, können nur die Steine in einer Richtung weggenommen werden. Die Partie ist beendet, wenn ein Spieler alle Steine verloren hat.

Die divinatorischen Aspekte von *Fanorona*, die teilweise mit der Schlußstellung der nach dem Partieende übriggebliebenen Figuren zusammenhängen, aus der die gewünschten Vorhersagen abgelesen werden, hängen eng mit *Sikidy* zusammen, der lokalen Variante der divinatorischen Geomantie. Der divinatorische Aspekt von *Fanorona* wird bei der zweiten von mehreren Partien noch offensichtlicher. Bei dieser sogenannten *vela*-Partie hat der Verlierer den ersten Zug, und der vorherige Gewinner muß freiwillig oder absichtlich seine Steine schlagen lassen, bis er 17 von ihnen verloren hat. Solange er nicht 17 Steine abgegeben hat, darf der vorherige Sieger keinen gegnerischen Stein wegnehmen, und der Gegner darf jeweils nur einen schlagen. Sind 17 Steine verloren, läuft die Partie normal weiter, doch wird der vorherige Verlierer jetzt mit Sicherheit gewinnen. Die dritte Partie wird normal gespielt, die vierte als *vela* und so geht es weiter.

Als Kampfspiel ist *Fanorona* natürlich unbefriedigend, denn im Gegensatz zu *Mühle* oder *Schach* nutzen große Geschicklichkeit oder Überlegenheit hier wenig, da jeder Vorteil zunichtegemacht und das Ergebnis ausgeglichen wird. Man kann jedoch an *Fanorona* nicht die Maßstäbe der Spiele anlegen, die besondere taktische oder strategische Kenntnisse verlangen, da es symbolische und divinatorische Funktion hat. Es ist ein Sinnbild für die essentielle Einheit der im Widerstreit liegenden Kräfte dieser Welt und stellt sicher, daß derjenige, der jetzt der Verlierer ist, später gewinnen wird. Als eine Art Meditation für zwei Menschen könnte das Spiel kaum besser sein. In Madagaskar stellte das Königshaus berufsmäßige *Fanorona*-Spieler an, die an politisch bedeutsamen Tagen rituelle Partien austrugen, wenn wichtige Entscheidungen gefällt werden mußten oder wenn man etwas über den Ausgang bestimmter Ereignisse wissen wollte, die mit kämpferischer Auseinandersetzung zu tun hatten. Die Staats-Tage selbst bestimmte man anhand der Kenntnisse der astrologischen und numerischen kalendarischen Korrespondenzen, und die Deutung der gespielten Partien wurde unter Berücksichtigung ihrer Eigenschaften vorgenommen. Der beinahe letzte Akt der einstigen madegassischen Monarchie war eine rituelle *Fanorona*-Partie. Am 30. September 1895 stand die französische Armee kurz vor dem endgültigen Sieg über die Madegassen, die versucht hatten, sich von Frankreich unabhängig zu machen. Als die Hauptstadt Antananarivo belagert wurde, gab Königin Ranavalona III. den professionellen *Fanorona*-Spielern den Auftrag, eine rituelle Partie auszutragen, um den Ausgang des Krieges vorherzusagen. Viele der älteren Bediensteten der Königin und jene, die ihren traditionellen heidnischen Glauben auch während der einige Jahre zurückliegenden Christianisierung des Landes beibehalten hatten, waren im höchsten Grade um den Ausgang dieser *Fanorona*-Partie besorgt. Nach ihrer Auffassung war dieses Spiel für die Zukunft des Landes genauso entscheidend wie der Kampf, der vor den Toren der Stadt tobte, ja sie war sogar auf magische Weise mit der Schlacht identisch. Sowohl in der Partie als auch im Krieg war das Königreich Madagaskar der Verlierer.

Surakarta

Das indonesische Spiel *Surakarta* ist nach der gleichnamigen Stadt am Fluß Solo in Zentral-Java benannt. Gespielt wird es auf einem Gitternetz von sechs mal sechs Linien. Bis auf die Eckpunkte sind alle Linien des Gitters miteinander durch Kreisbögen verbunden, die so um die Ecken herumführen, daß sie eine Art Schildknoten-Muster bilden. Beim *Surakarta* verfügt jeder Spieler über 12 Steine. In Indonesien benutzt man dazu Steinchen für die eine und Muscheln für die andere Seite. Die Steine ziehen rechtwinklig so weit, wie die Felder frei sind; geschlagen wird, indem man seinen Stein anstelle des gegnerischen auf den Schnittpunkt setzt. Das Schlagen ist jedoch nur möglich, nachdem ein Stein einen der Kreise durchlaufen hat.

Obwohl *Surakarta* heute nicht mehr sehr oft anzutreffen ist, steht das Brett und die Spielweise mit Schutzzeichen in Verbindung, die man in ganz Asien und sogar noch im weit entfernten Nordeuropa findet. Gitter- oder andere Muster mit Ecken, wie

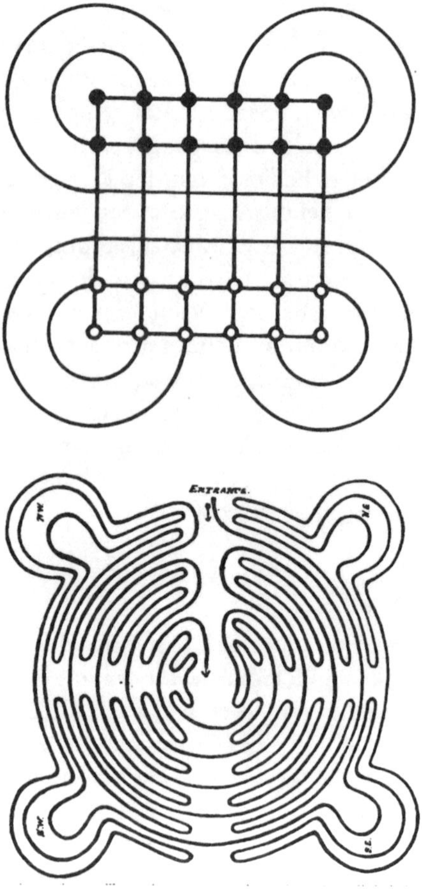

Abb. 64: *Oben:* Brett des indonesischen Spiels *Surakarta,* dessen einzigartige Spielweise – die Steine müssen erst einen Kreis durchfahren, bevor sie schlagen – andernorts unbekannt ist. Die Kurven, die von einem quadratischen Gitternetz ausgehen, ähneln den Darstellungen in einer nordischen Saga, die ein Gitternetz beschreiben, mit dem ein Zauberer die Geister herbeiruft. *Unten:* Das Labyrinth von Saffron Walden.

sie das *Surakarta* aufweist, ähneln stark den kosmographischen Mosaiken des mittelalterlichen Europa, die man in vielen Kathedralen gefunden hat und die die vier Elemente mit der Quintessenz im Zentrum symbolisieren. Der *Surakarta*-Spielplan hängt auch mit einer Variante des Labyrinthmusters zusammen, die in England und Frankreich entdeckt wurde. Auf dem Gemeindeland der Ortschaft Saffron Walden (Essex) gibt es das einzige noch erhaltene, wirklich alte englische Rasenlabyrinth, das dieses Muster aufweist; Anfang der 80er Jahre des 20. Jahrhunderts wurde allerdings in Milton Keynes eine übergroße Kopie davon angelegt. Ein anderes bedeutendes Exemplar existierte früher in Sneinton (Nottingham). Es wurde 1797 zerstört, als man die Wiese, auf dem es sich befand, einfriedete und umpflügte. Dieses Labyrinth gab das Motiv für einen berühmten, im 19. Jahrhundert vielfach abgebildeten Stich ab, der bußfertige Mönche zeigte, die es auf den Knien durchqueren.

Gala und Kurier

Gala und *Kurier* sind zwei Spiele, die früher nur in bestimmten Gegenden Deutschlands verbreitet waren; ihre Struktur und ihre Spielregeln sind jedoch für unser Verständnis der symbolischen Aspekte von Brettspielen sehr wichtig. Heute werden sie nur noch selten gespielt, in der Regel handelt es sich dann um Brettspiel-Enthusiasten. Zwar sind einige Belagerungsspiele und *Fuchs und Gänse* heutzutage nicht mehr so beliebt wie ehedem, weil sie vergleichsweise anspruchslos sind, doch kann man dem Spiel *Gala* solches nicht nachsagen. *Gala* ist eines der differenziertesten Brettspiele überhaupt, und hinsichtlich der Vielfalt und der Finesse seiner Möglichkeiten ist es genauso komplex wie *Schach* oder übertrifft es sogar noch. Über *Gala,* auch *Bauernschach* genannt, weiß man relativ wenig. Es wurde nur in einem sehr begrenzten Gebiet Schleswig-Holsteins gespielt, das früher dänisch war, heute aber zu Deutschland gehört.

Für *Gala* verwendet man ein Brett mit zehn mal zehn (100) Feldern, das durch «Ablenkungszonen» in Form eines zwei Felder breiten Kreuzes unterteilt wird. Diese Zonen gliedern das Brett in vier Eckquadrate von vier mal vier Feldern Größe sowie das innere Kreuz. Die vier zentralen Felder des Kreuzes sind unter bestimmten Umständen von Bedeutung, wie sich noch zeigen wird. *Gala* ist ein Spiel für zwei Teilnehmer, von denen jeder 20 weiße oder schwarze Figuren hat. Schwarz hat den ersten Zug. Die Grundstellung in den Ecken der vier Quadrate des Brettes, welche die Figuren zu Beginn einer Partie einnehmen, ist festgelegt.

Wie beim *Schach* verfügt jede Seite über verschiedene Figuren mit spezifischen Gangarten, die durch die jeweilige Stellung der Figur auf dem Brett noch weiter modifiziert werden können. Jeder Spieler hat zwei Könige, die anfänglich auf den ihm am nächsten liegenden Eckfeldern postiert sind. Diese Figuren sind größer als die anderen, die alle die gleiche Größe haben und nur farblich unterschieden werden. Die Könige, die beim *Gala* eine goldene Spitze haben, ziehen genauso wie die Könige beim Schach, immer nur ein Feld in jede Richtung. Eine Ausnahmeregel gilt dann, wenn sie sich auf einem der vier Zentrumsfelder befinden, von denen aus sie auf jedes beliebige freie Feld des Brettes springen dürfen, nur nicht auf die 40 Ausgangsfelder, die zu Beginn der Partie besetzt waren. Abgesehen davon gibt es kein Überspringen oder Rochieren. Jede Seite verfügt über acht kleinere Figuren, die in etwa den Bauern im Schachspiel entsprechen. Auch sie ziehen immer nur ein Feld weiter, doch ansonsten sind sie wesentlich flexibler als die Schachfiguren. Sie lassen sich nur durch ihre Grundfarben, Schwarz oder Weiß, auseinanderhalten. Diese kleinen Figuren ziehen immer nur ein Feld diagonal, bis sie die Ablenkungszone erreichen, danach können sie in jede beliebige Richtung ein Feld weit ziehen. Verlassen sie die Ablenkungszone und begeben sie sich wieder zurück in einen der eigenen Ausgangsbereiche, müssen sie sich wieder wie zuvor diagonal in Richtung

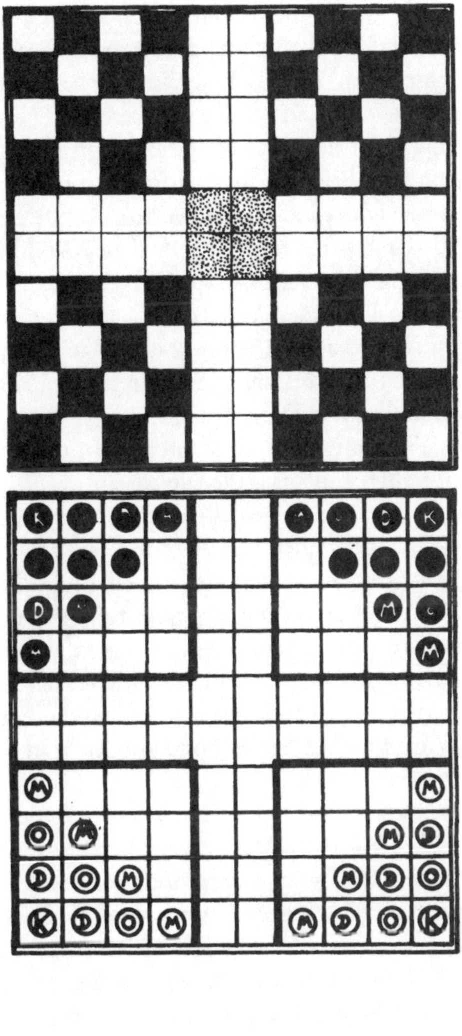

Abb. 65: Das *Gala*-Brett mit zehn mal zehn (= 100) Feldern. K: König, O: rechtwinkelig, D: diagonal, M: Bauern. Die dunklen Felder im Zentrum sind jene vier Felder, von denen aus der bedrängte König in Sicherheit springen kann.

Ablenkungszone bewegen. Neben diesen acht kleinen Figuren hat jeder Spieler fünf rechtwinklig ziehende Figuren, die sich wie die Türme beim Schach bewegen. Sie sind durch grüne Spitzen gekennzeichnet. Zwei dieser im rechten Winkel ziehenden Figuren, die auf den an das Eckfeld angrenzenden Feldern stehen, beschützen den König auf der rechten Brettseite, während sich die anderen drei auf der linken Seite befinden, wo nur das Feld der mittleren an das Feld des Königs angrenzt. Rechtwinklige Figuren ziehen in gerader Richtung, überschreiten sie aber eine Linie der Ablenkungszone, kommen sie nur noch ein Feld weit diagonal voran. Nachfolgende Züge innerhalb des zentralen Kreuzes gehen wieder geradeaus, bis sie eine weitere Ablenkungslinie überschreiten.

Der vierte Figurentyp bei *Gala* ist die diagonale Figur, von der jede Seite auch fünf hat, die gleichsam gespiegelt zu den rechtwinkligen Figuren aufgestellt werden. Sie sind mit roten Spitzen markiert und ziehen von Ausgangsfeld aus und auch in den vier Quadraten außerhalb der Ablenkungszonen schräg. Haben sie eine Ablenkungslinie überschritten, bewegen sie sich innerhalb des Kreuzes rechtwinklig fort, bis sie wieder eine Ablenkungslinie überqueren; dann geht es wieder diagonal weiter. Beim Passieren einer Ablenkungslinie können die Figuren nicht im spitzen Winkel ziehen; sie können also nicht auf ihrer alten Bahn zurückkehren.

Unter diesen komplizierten Bedingungen, die sich durch die jeweilige Stellung auf dem Brett ergeben, können Figuren auf der gegnerischen Brettseite angegriffen werden. Die kleinen Figuren dürfen nicht schlagen, wenn sie die Ablenkungslinie überschreiten, allen anderen Figuren, die Könige eingeschlossen, ist es jedoch gestattet. Die diagonalen Figuren dürfen keinen gegnerischen Stein schlagen, der auf einem benachbarten Feld steht, wenn dieses Feld sich auf der anderen Seite einer Ablenkungslinie befindet. Das Ziel des Spiels besteht darin, die beiden gegnerischen Könige wegzunehmen. Wird mit einem Zug der König angegriffen, muß der Spieler mit der Ankündigung «Gala!», die dem Ruf «Schach!» entspricht, warnen. Wie beim Schachspiel muß der bedrohte Stein wegziehen, wenn er dazu in der Lage ist. Ist es nicht möglich, so wird er mit dem nächsten Zug geschlagen. Wenn ein Spieler beide Könige verloren hat, ist das Spiel beendet.

Zwar wird das Spiel auch *Bauernschach* genannt, doch stammt dieser Name sehr wahrscheinlich von Leuten, die es selber nicht spielten und jedes Brettspiel «Schach» nannten (wie etwa in Island, wo man *Fuchs und Gänse* als *Refskák,* «Fuchsschach», bezeichnete). Im Gegensatz zu den verschiedenen Versionen des Schachspiels oder seiner Vorläufer gibt es bei *Gala* keine Figuren, die andere überspringen können. Es ähnelt zwar, oberflächlich betrachtet, der im vorangegangenen Kapitel beschriebenen *Tschaturanga*-Version für vier Personen, doch gab es bei diesem Spiel durchaus Figuren, die über andere springen dürfen, dafür aber keine Ablenkungslinien. Auch entsprach die Figurenanordnung beim *Tschaturanga* der vierfachen Asymmetrie des alten indischen Glückszeichens, der *Swastika.* Dieses Muster kommt beim *Gala* nicht vor. Beim *Gala* scheint es sich um ein Spiel zu handeln, dessen Ursprünge nichts mit der Entwicklung des *Schach* zu tun haben, sondern vielleicht in der europäischen Magie des frühen Mittelalters zu suchen sind, und es ist möglicherweise bezeichnend, daß Villalpanda und Prado in ihrem einflußreichen Buch über sakrale Anlagen, *In Ezechielem Explanationes,* behaupteten, dem Lager der Israeliten liege die gleiche Konzeption zugrunde.

Von allen «frontal» ausgetragenen Brettspielen hat *Gala* das geomantisch bedeutungsvollste Muster. Es bildet das Grundschema mit den vier Quadraten nach, das der indischen Erdharmonie und den etruskischen Lehren zugrunde lag. In seinem Kreuz, innerhalb dessen andere Regeln gelten als auf dem übrigen Brett, spiegelt sich die Tradition der «vier königlichen Wege Britanniens», auf denen auch andere Maßregeln für das alltägliche Verhalten galten als sonst im Land. *Gala* integriert das duale Prinzip des frontalen Zusammenstoßes, während es dennoch die vierfache Symmetrie des quadratischen Brettes beibehält. Die vier Zentrumsfelder sind der *omphalos* des *Gala*-Brettes, und sie haben, wie der zentrale *konakis* beim *Tablut,* eine bestimmte Verbindung zum König, wenn auch auf andere Weise. Da das *Gala*-Brett eine gerade Anzahl von Feldern aufweist, existiert hier, im Unterschied zu den Belagerungsspielen, kein einzelner Mittelpunkt.

Kurier ist ein deutsches Spiel, das gegen Ende des 12. Jahrhunderts entstand und in dem Dorf Ströbeck bis zum Beginn des 19. Jahrhunderts gespielt wurde. Zwar scheint es heute völlig «ausgestorben» zu sein, dennoch sind seine Regeln und die Spielweise noch bekannt. *Kurier* wurde auf einem karierten Brett mit acht mal zwölf (96) Feldern gespielt. Die Akteure hatten die langen Seiten des Brettes mit einem weißen Feld rechts unten vor sich. Die weißen Figuren sind der Reihe nach Turm, Springer, *alfil,* Kurier, Mann, König, *fers,* Schleich, Kurier, *alfil,* Springer und Turm. Die schwarzen Figuren sind spiegelbildlich aufgebaut. In der zweiten Reihe jeder Seite stehen zwölf Bauern. Beim *Kurier* gibt es drei Figuren, die man sonst nicht findet; der Schleich zieht ein Feld seitlich in vier Richtungen, der Mann ein Feld in jede Richtung und der Kurier wie der Läufer im Schachspiel. Der König kann weder überspringen noch rochieren. Die Standard-Gambiteröffnung bestand darin, daß die Bauern vor den Türmen und den *fers* bis zur vierten Reihe vorgezogen wurden und man dann mit dem *fers* auf ein Feld unmittelbar hinter einen Bauern nachsetzte. Da *Kurier* heute nicht mehr gespielt wird, sind die meisten seiner Feinheiten für uns verloren. Man kennt immerhin zumindest eine bildliche Darstellung des *Kurier*-Spiels, nämlich das fälschlicherweise als *Die Schachpartie* betitelte Gemälde von Lucas van Leyden (1494–1533).

Dablot

Das lappländische Spiel *Dablot Prejjesne* aus Frostviken ist ein weiteres ungewöhnliches nordeuropäisches Brettspiel in der Art von *Gala* und *Kurier. Dablot Prejjesne* ist ein «frontales» Brettspiel, dessen Spielbrett dem des *Alquerque* sehr ähnlich ist, doch mit dem Unterschied, daß auf dem *Dablot*-Brett alle Punkte durch Diagonalen verbunden sind. Das Brett besteht aus einem Gitternetz mit sechs mal fünf Feldern; die Figuren ziehen auf den Linien zwischen den 72 Punkten. Jeder Spieler hat 28 kleinere Figuren, die auf der einen Seite «Pächter» heißen und auf der anderen Seite «lappländische Krieger» genannt werden. Zusätzlich zu diesen Steinen verfügt jede Partei über zwei wichtigere Figuren; auf Seiten der Pächter sind dies der Grundbesitzer und sein Sohn, und bei den Gegnern der Prinz und der König der Lappen. Alle Figuren haben die gleiche Gangart; sie ziehen auf jeder Linie bis zum nächsten freien Feld. Geschlagen wird durch Überspringen des Gegners, aber nur wenn er auf einem benachbarten Feld steht; das Überspringen von weitem ist nicht erlaubt. Wie bei Dame sind, soweit möglich, mehrere Sprünge in Folge gestattet, hingegen besteht kein Schlagzwang. Die kleinen Figuren können den gegnerischen König oder Grundbesitzer nicht wegnehmen. Der Sohn des Grundbesitzers und der lappländische Prinz können ihr gleichrangiges Gegenüber oder die kleinen Figuren schlagen, nicht aber den König oder den Grundbesitzer, während die ranghöchsten Figuren jede andere wegnehmen dürfen. Die Partie ist entschieden, wenn alle Figuren eines Spielers geschlagen oder unbeweglich gemacht worden sind. Bleibt auf beiden Seiten ein anderer einzelner Stein als der König oder der Grundbesitzer übrig, kommt es zum «Einzelkampf», bei dem die Figuren aufeinander zugehen, bis derjenige, der mit dem nächsten Zug schlagen kann, gewinnt.

Als Kampfspiel ähnelt *Dablot* von der Idee her den Belagerungsspielen, bei denen eine seßhafte Bevölkerung von plündernden nomadischen Heeren angegriffen wird. Bei den Belagerungsspielen wird der König als das Zentrum der Welt betrachtet, der von den «vier Enden der Erde» angegriffen wird. Das *Dablot* stellt die niedergelassenen Landpächter mit den plündernden nomadischen Lappenkriegern auf einer Stufe.

Der Niedergang der alten Brettspiele

Viele der alten Brettspiele hielten sich in den entlegeneren Teilen Europas mitunter sogar bis ins späte 19. Jahrhundert hinein, und einige Sammler folkloristischen und bäuerlichen Volksgutes legten damals noch Aufzeichnungen an, bevor die Spiele für immer verlorengingen. In Großbritannien blieben Belagerungsspiele am längsten in Wales erhalten, weitab von Hof und Hauptstadt, und die letzte Bastion dieser Spiele in Europa vor ihrer heutigen «Renaissance» war das ferne Lappland.

Fuchs und Gänse war im 18. Jahrhundert in Island sehr verbreitet, während in England die Gebildeten oder Intellektuellen schon die Nase darüber rümpften oder es in das *Solitaire* umgemodelt hatten. Wie die Belagerungsspiele überlebte auch dieses äußerst beliebte Spiel eher an Orten, die fernab von der anspruchsvollen Gesellschaft der großen Städte lagen. *Fuchs und Gänse* wurde bis zum Zweiten Weltkrieg in den ländlichen Dörfern von Lincolnshire und Shropshire gespielt. An den regionalen Varianten der Brettspiele, sogar an so komplexen und interessanten wie *Gala* und *Kurier*, schien man das Interesse verloren zu haben, nachdem die fest gefügten Dorfgemeinschaften durch die Industrielle Revolution unterminiert worden waren.

Viele verwandte Spiele, von denen wir heute nur noch wissen, wie die Spielbretter ausgesehen haben, sind inzwischen völlig verschwunden. Das *Mühle*-Spiel scheint dabei zäher als alle seine Vorgänger gewesen zu sein, und seine Popularität ist bis auf den heutigen Tag ungebrochen.

Alte Spielfiguren

In früheren Zeiten hatten Brettspiele als Zeitvertreib kaum Konkurrenz, und sie wurden von jedermann in allen Gesellschaftsschichten gespielt. Für die meisten Spiele verwendete man jedoch Steine oder Bohnen, man spielte auf improvisierten «Brettern», die in den Staub der Erde gezeichnet, mit Kreide auf einen Tisch gemalt oder in Steinböden oder Holzbänke eingeritzt wurden. Alte Spielfiguren sind normalerweise schwer als solche zu erkennen. Die vielleicht ältesten und größten sind die sogenannten *Folkton Drums* («Folkton-Trommeln»), Artefakte aus bearbeiteter Kreide aus dem «Becher»-Zeitalter (etwa 1800–1500 v. Chr.). Sie haben einen Durchmesser von knapp 13 Zentimetern und könnten für Spiele im Freien, vielleicht für Mühle oder dergleichen, verwendet worden sein. Es ist jedoch nur eine Spekulation, wenn man in den *Folkton Drums* Spielfiguren sehen will; sie wurden auch als «rituelle Objekte» klassifiziert. Viele andere Gegenstände, die bei Grabungen entdeckt wurden, lassen sich mit Sicherheit als Spielfiguren verwenden. Wenn es sich nicht um eindeutig erkennbare Artefakte wie Schachfiguren handelt, sind es für gewöhnlich kleine Spielmarken, die möglicherweise als «Zählsteine» auf einem Berechnungsbrett oder als Marken für Glücksspiele benutzt wurden. Im Lauf der Jahre wurden viele dieser Gegenstände gefunden, und heute sind sie in Museen zu besichtigen. Normalerweise handelt es sich um Plättchen aus Knochen, die keine besonderen Kennzeichen aufweisen. Man hätte sie für Spiele wie *Mühle* oder *Ludus Latrunculorum* verwenden können, ein altes römisches Brettspiel, das an *Dame* erinnert, bei dem jedoch rechtwinklig gezogen wird.

In Großbritannien erwiesen sich die Grabstätten aus der Zeit nach der römischen Besatzung als wahre «Fundgruben» für Spielfiguren. 40 «Spielmarken» aus Knochen, auf denen Kreise markiert sind, wurden bei Sarre (Kent) entdeckt, 63 auf einem Friedhof in Faversham, 46 in Keythorpe, 56 in Shudy Hill

Abb. 66: Spielfiguren. *Obere Reihe:* «Spielmarken» aus Knochen aus der frühen (vorchristlichen) angelsächsischen Zeit, gefunden in heidnischen Urnengräbern; Runen-*Astragalus* aus Caistor-by-Norwich (Norfolk), übersetzt: *Raihan. Zweite Reihe (von links nach rechts):* Mühlestein aus einem Grab bei Taplow (Berkshire); Mühlestein aus einem Pferdezahn (Faversham, Kent), Stein von einem Belagerungsspiel, Knochen (Warrington, Lancashire), geschnitzter Stein von einem Belagerungsspiel aus Warrington *(Folkton Drum). Dritte Reihe:* Stein von einem Belagerungsspiel aus Woodperry (Oxon), *Shatranj*- bzw. Schachfigur aus dem 11. Jahrhundert (Frankreich), König von den «Schachfiguren» der Insel Lewis, Walroßzahn. *Untere Reihe:* Astrologische Schachfiguren, Entwurf von Max Esser (Deutschland, 1932): Springer (Komet), König (Sonne) und Bauer (Mondphase).

(Essex) und weitere in Cold Eaton (Derbyshire) und Loveden Hill (Lincolnshire). Die Urne Nr. 11 von Loveden Hill enthielt 17 Spielmarken, von denen vier je drei Löcher hatten, eine ähnliche war nicht durchbohrt; acht hatten zwei Löcher, vier andersartige hatten ebenfalls zwei Löcher, und eine hatte keine Löcher. In Castle Acre (Norfolk) enthielt Urne Nr. 48 drei Quarzkiesel und drei Knochenstücke, vielleicht um damit *Dreiermühle* oder *Mühle* zu spielen. Die Objekte von Keythorpe und Sarre wurden zusammen mit Würfeln aus Knochen gefunden. Erst in jüngerer Zeit entdeckte man bei Castle Acre ein Mühlebrett; Norfolk war bis ins 20. Jahrhundert hinein eine der Hochburgen des Mühlespiels.

Auf einem Friedhof der Sachsen in Lackford (Suffolk), den T. C. Lethbridge im Jahr 1951 freilegte, fand man ein Grab, das 24 Spielmarken enthielt. Sie waren aus Elfenbein gearbeitet, möglicherweise aus den Eckzähnen von Walrossen. Obwohl sie stark verbrannt waren, analysierte man sie, und man stellte fest, daß 11 von ihnen schwarz und 13 weiß gewesen waren. Auf dem Sachsen-Friedhof in Caistor-by-Norwich (Norfolk) aus dem 5. Jahrhundert kamen eine ganze Reihe wichtiger Spielfiguren zum Vorschein. Die bemerkenswertesten fand man im Grab Nr. N 59, wo eine Einäscherungsurne 33 Pfahlholzstücke und etwa 39 *astragali* aus den Hufen von Schafen und anderen Tieren enthielt. Zu den Spielfiguren gehörten 22 weiße aus Knochen und 11 dunkle aus Stein, vermutlich aus Schiefer. Die *astragali* sahen fast alle gleich aus, bis auf einen, der von einem Reh stammte und eine Runeninschrift trug.

Die bei Grabungen entdeckten Spielfiguren variieren von rein zweckdienlichen Stücken, die überall verfügbar waren, bis hin zu reich verzierten Artefakten. Figuren aus Pferdezähnen wurden in Gräbern in Taplow (Berkshire) und Faversham (Kent) gefunden. Zwei schwarze und zwei weiße Figuren entdeckte man in einem Grab in Illington (Norfolk), und in ganz Europa glückten noch viele weitere Funde, die wichtigsten in Maargard (Dänemark) sowie in Gudendorf, Hemmoor und

Wehden (Deutschland). Man kennt viele verschiedene Formen. Im *Mote Hill* bei Warrington (Lancashire) wurden im 19. Jahrhundert einige Figuren aus Gagat (Pechkohle) gefunden, die möglicherweise Teile eines *Hnefatafl*-Spiels waren. Eine sehr schöne Figur aus Knochen, die zu einem Belagerungsspiel gehörte, wurde in Woodperry (Oxfordshire) gefunden. Sie hat eine eingekerbte Spitze, die an den späteren Läufer des Schachspiels erinnert. Eine gedrechselte, helmähnliche Figur aus dunklem Horn wurde aus dem Schiffsgrab in Gokstad zusammen mit den Fragmenten eines Spielbrettes zutage gefördert. Aufwendiger verarbeitete Stücke wurden in Bawdsey gefunden, wo eine Figur aus dem 10. Jahrhundert aus mit Schnitzereien verziertem Gagat nach der englischen Abart der Borrestil-Ornamentik (nach dem Ort Borre am Oslofjord benannter Kunststil) geschmückt ist. Eine Figur aus dem 12. Jahrhundert, die als Schachturm aus Walroß-Elfenbein beschrieben wird – man fand sie in Bildeston (Suffolk) – kann man im *Britischen Museum* in London bewundern. Sie ist ein sehr ungewöhnliches Objekt, da sie aus zwei stehenden, miteinander kämpfenden Tieren zusammengesetzt ist.

Die bekanntesten alten Spielfiguren sind die «Schachfiguren» von der Insel Lewis (Schottland). Sie stammen aus dem 12. Jahrhundert und wurden im 19. Jahrhundert in einem großen «Schatz» entdeckt, der viele Figuren enthielt. Es sind reich verzierte Stücke aus Walroß-Elfenbein, von denen einige als *Shatranj*-Figuren zu erkennen sind, während es sich bei anderen wahrscheinlich um die «Hunnen» aus dem Belagerungsspiel handelt. Auf vielen dieser Figuren findet man kunstvolles Schnitzwerk, das teilweise Runen als Ursprung hat, darunter die Rune GAR. Auf die Verbindung von Zähnen (entweder von Walrossen oder von Pferden) und Brettspielen deutet der nordische Name *Tanntafl* hin, auf den in der *Króa-Refs Saga* Bezug genommen wird, wo von einem Brett mit *Hnefatafl* auf der einen und *Schach* auf der anderen Seite die Rede ist. Wörtlich bedeutet der Name «Zahn-Brett», was auf den altbekannten Zusammenhang zwischen Zähnen und Spielfiguren hinweist. Dies kommt auch in der griechischen Mythologie zum Ausdruck, wo Drachenzähne in die Erde gesät werden, aus denen dann Reihen von Kriegern hervorsprießen.

Betrachtet man alte Spielfiguren in Museen, wird man feststellen, daß die Erläuterungen oft falsch sind. Im *Britischen Museum* werden beispielsweise die *Firzane* der Schachfiguren von der Insel Lewis als «Damen» bezeichnet, obwohl die «Dame» erst im 15. Jahrhundert erfunden wurde. Da die Spiele sehr «lebendig» waren und sich jeder endgültigen Festlegung auf bestimmte Regeln widersetzten, gab es seit Jahrtausenden ähnliche Irritationen. Bei dem alten indischen Spiel *Tschaturanga* beispielsweise war die Figur, aus der sich der «Turm» entwickelte, ein zweirädriger Streitwagen, im Sanskrit *ratha* genannt. Nach der islamischen Eroberung Nordindiens verwendete man für diese Figur das arabische und persische Wort *rukh,* das ebenfalls einen Streitwagen bezeichnet. Allerdings verwechselten die Bewohner Bengalens diesen Begriff mit dem Sanskritausdruck *roca,* der «Boot» bedeutet. Bengalische Handwerker schnitzten also die Figur in Form eines Bootes. Als das Spiel nach Europa kam, klang es wie das italienische Wort für «Turm», *rocco,* und die europäischen Figurenschnitzer trugen dem Rechnung und schufen die heute bekannte Schachfigur, den modernen Turm, der im englischen Sprachraum mitunter auch als *castle* (Schloß) bezeichnet wurde (daher der Begriff *castling* für die Rochade im Schachspiel).

Sollten noch weitere alte Spielfiguren gefunden werden, so ist zu hoffen, daß die Forscher mehr als bisher auf Art, Beschaffenheit und Bedeutung dieser rätselhaften Figuren achten. Da sie relativ klein sind, können Spielfiguren und sogar Spielbretter an den unwahrscheinlichsten Orten überdauern, und ihre Wiederentdeckung kann unserem Wissen neue Dimensionen erschließen. Ian Stewart gelang 1983 in Gloucester der bemerkenswerte archäologische Fund eines vollständig erhaltenen mittelalterlichen *Tables*-Spiels *(Backgammon),* das aus einem intakten Brett und 30 Spielsteinen besteht. Diese aus Rothirschknochen und -geweihen geschnitzten Steine zeigen Tierkreiszeichen, die Arbeiten der Jahreszeiten, Bogenschützen, Reiter, Liebende, Menschen beim Essen und Trinken, Vögel, Zentauren und sogar einen Elefanten. Man fand sie auf einem mittelalterlichen «Müllabladeplatz», wo sie vielleicht im Zuge einer kirchlichen «Säuberungsaktion» gegen Spiele weggeworfen worden waren. Die Abbildungen auf diesen Spielsteinen unterstützen die alte Auffassung, daß das Spiel *Tables*, das heute unter dem Namen *Backgammon* bekannt ist, die Bewegungen der Planeten durch den Tierkreis symbolisierte, die das Leben der Menschen hier unten auf der Erde beeinflussen. Sie ähneln auch den runden Feldern, die in den Boden einiger europäischer Kathedralen eingelassen sind, unter anderem in Canterbury, wo Darstellungen der Tierkreiszeichen und der jahreszeitlichen Arbeiten die kosmologische *Opus Alexandrinum*-Pflästerung umgeben. Die Ähnlichkeit ist so groß, daß man durchaus die Vermutung anstellen könnte, in den Bodenbelägen der Kathedralen seien die zeremoniellen Brettspiele, die in den vorchristlichen Tempeln während wichtiger oder gefährlicher astrologischer Ereignisse gespielt wurden, verewigt worden. Entdeckungen wie der Fund von Gloucester könnten mehr Informationen über diese wichtigen, jedoch noch wenig erforschten Zusammenhänge vermitteln.

Spiele, Magie und Orthodoxie

Die spirituelle Sicht der Wirklichkeit galt für den überwiegenden Teil der Menschheitsgeschichte als die orthodoxe Weltsicht. Die Interpretation der Geschichte war jedoch Gegenstand der Beziehungen und der Kämpfe innerhalb der menschlichen Gesellschaft. Es gibt verschiedene geistige oder heilige Weltanschauungen, und die Einstellung zur Divination wird durch sie bestimmt. In Gesellschaften, die wie unsere eigene eine fragmentierte, pluralistische Sicht der Welt haben, wird die Divination toleriert, denn es gibt keine totalitäre menschliche oder göttliche Autorität, für die sie eine Herausforderung darstellen könnte. In Gegensatz dazu steht jedoch die zentralisierte, hierarchische Auffassung, die mit der Heiligen Stadt und dem Gottkönigtum zusammenhängt. Durch die heiligen Riten, die von einer exklusiven Priesterschaft vollzogen wurden, führten in alter Zeit die Monarchen auf Erden den Willen der Götter aus – oder das, was sie dafür hielten. Nach diesem allgemeinen Grundsatz waren diejenigen, die die Riten der Hierarchie mißachteten, zum Scheitern und letzten Endes zum Untergang verurteilt. Wer sich an die Riten in ihrer vorgeschriebenen Form hielt, konnte sich an Erfolg und Wohlergehen erfreuen. In solch einer zentralisierten Ordnung wurden alle menschlichen Beziehungen zu den transzendenten Mächten durch die heiligen Rituale zum Ausdruck gebracht und bis zu einem gewissen Grad auch durch sie bestimmt. Die Weissagung durch die Priesterschaft ist ein Teil des rituellen Systems, doch sind Weissagungen durch Einzelpersonen nicht nur ein Verstoß gegen dieses Privileg, sondern gleichbedeutend mit einem Zusammenbruch der kosmischen Gesellschaftsordnung. Individuelle Versuche, die Riten durch direkten Kontakt zu den

CXXXIV.

Ludus Aleæ.

Dice-Play.

We play with Dice 1.	*Teſſeris (talis)* 1.
either they that throw	ludimus,
the moſt take up all ;	vel *Pliſtobolindam* ;
or we throw them tho-	vel immittimus illas
row a caſting Box 2.	per *Frittillum* 2.
upon a Board 3.	in *Tabellam* 3.
marked with Figures;	numeris notatam,
and this is	idque eſt
Dice-players game	Ludus *Sortilegii*
at caſting Lots.	*Aleatorum*.
Men play by	*Sorte* & *Arte*
Luck and Skill	luditur
at Tables	*Calculis*
in a pair of Tables, 4.	in *alveo aleatorio*, 4.
and at Cards. 5.	& *Chartis luſoriis*. 5.
We play at Cheſſe	*Abaculis*
on a Cheſſe-board, 6.	ludimus in *Abaco*, 6.
where only art	ubi ſola ars
beareth the ſway.	regnat.
The moſt	Ingenioſſimus
ingenious Game,	ludus eſt,
is the game at Cheſs, 7	*Latrunculorum*, 7.
wherein as it were	quo veluti
two Armies fight	duo exercitus
together in Battel.	prælio confligunt.

CXLIX.

Gods Providence. *Providentia Dei.*

Mens States,	*Humanæ Sortes*,
are not to be attributed	non tribuendæ ſunt
to Fortune,	*Fortunæ*;
or Chance,	aut *Caſui*,
or the Influence of the	aut *Siderum Influxui*,
Stars (Comets 1.	(*Cometæ* 1. quidem
indeed are wont to	ſolent nihil boni
portend no good)	portendere)
but to the provident	ſed provido
Eye of God 2.	*Dei Oculo* 2.
and to his	& ejuſdem
Governing Hand : 3	*Manui rectrici*, 3.

even

even our ſights,	etiam noſtræ *Prudentiæ*
or overſights,	vel *Imprudentiæ*,
or even our Faults.	vel etiam *Noxæ*.
God	*Deus*
hath his Miniſters	habet *Miniſtros* ſuos
and Angels, 4.	& *Angelos*, 4.
who accompany	qui *Homini*, 5.
a Man 5.	à nativitate ejus,
from his Birth,	ſe aſſociant,
as Guardians,	ut *Cuſtodes*, contra
againſt wicked Spirits	*Malignos Spiritus*,
or the Devil, 6.	ſeu *Diabolum*, 6.
who every minute	qui minutatim
layeth wait for him,	ei inſidias ſtruit,
to tempt	ad tentandum
and vex him.	vel vexandum.
Woe be to the mad	Væ dementibus
wizzards and witches,	*Magis* & *Lamiis*
who give themſelves	qui Cacodæmoni
to the Devil (being	ſe dedunt,
encloſed in a Circle, 7	(incluſi *Circulo*, 7.
calling upon him	eum advocantes
with Charms)	incantamentis)
they dally with him,	cum eo colludunt,
and fall from God !	& à Deo deficiunt !
for they ſhall receive	nam cum illo
their reward with him.	mercedem accipient.

X Judi-

Göttern oder durch ein persönliches Verhältnis zu transzendenten Kräften zu umgehen, wurden nicht nur als ruchlos, sondern auch als ein Vergehen gegen die kosmische Sozialordnung angesehen und mit der entsprechenden Härte bestraft.

Abb. 67: Diese Seiten aus Johan Amos Comenius' Werk *Orbis Sensualium Pictus* zeigen, wie man im 17. Jahrhundert Spiele und Magie sah (diese englisch-lateinische Ausgabe erschien 1672 in London). In dem Text heißt es: «Würfelspiel. Wir spielen mit Würfeln, 1. wobei der mit der höchsten Zahl alles gewinnt, oder wir werfen sie durch einen Würfelbecher 2. auf ein Brett, 3. das mit Zahlen markiert ist; dies ist das Loseziehen der Würfelspieler. Die Männer versuchen ihr Glück und ihr Können bei Tables [Backgammon] mit einem Paar Tables-Steinen oder Karten. 5. Wir spielen Schach auf einem Schachbrett, 6. wo nur die Kunst des Spiels über den Ausgang entscheidet. Das ehrlichste Spiel ist das Schachspiel, 7. denn hier gibt es zwei Heere, die sich im Kampf gegenüberstehen.»
Später werden in dem Buch das Glück und der Zufall verurteilt. Über die «göttliche Vorsehung» schreibt Comenius: «Die Lage des Menschen kann nicht dem Glück, dem Zufall oder dem Einfluß der Sterne zugeschrieben werden (von den Kometen heißt es, 1. sie deuten auf nichts Gutes hin), sondern dem vorauschauenden Auge Gottes 2. und seiner leitenden Hand: 3. selbst unsere Einsichten und Überblicke, sogar unsere Fehler. Gott hat seine Diener und Engel, 4. die den Menschen 5. von Geburt an zum Schutz gegen die bösen Geister des Teufels begleiten, 6. die ihm in jeder Minute auflauern, ihn versuchen und quälen. Wehe den bösen Zauberern und Hexen, die sich dem Teufel verschrieben haben (umschlossen von einem Kreis, 7. und ihn mit Amuletten anrufend), mit ihm ihre Zeit verschwenden und von Gott abfallen, denn sie werden mit ihm ihren Lohn erhalten.»
Wie man sieht, waren die Informationen, die sich über verschiedene Seiten in diesem Buch erstrecken, ebenso widersprüchlich wie die theologische Beweisführung, die vorgebracht wurde.

Spiele und religiöse Vorschriften

Die Divination und ihr «Ableger», das Spielen, drängten sich in diesen Bereich des direkten Zugangs; man betrachtete dies als eine Anmaßung priesterlicher Vorrechte, und viele Religionsgemeinschaften haben sich daher bemüht, soche Bestrebungen zu unterdrücken. Das Untergraben oder Umgehen der Autorität seitens gewöhnlicher Leute wurde von den Herrschenden schon immer als Bedrohung angesehen, und deshalb haben sie seit jeher danach getrachtet, es zu unterbinden. Dennoch war es schon immer unmöglich, es zu verhindern. Die Priester des alten Israel versuchten, die spirituelle oder übernatürliche Macht für sich zu behalten, wie es schon jenes biblische Verbot ausdrückt, in dem es heißt: «Niemand finde sich bei dir, [...] der Wahrsagekünste, Zeichendeuterei, Geheimkünste und Zauberei betreibt, niemand, der Bannungen vornimmt, einen Totengeist oder Wahrsagegeist befragt oder Auskunft bei den Toten sucht. Denn ein Greuel für den Herrn ist jeder, der solches tut» *(Deuteronomium 18, 10–12)*. Während dem Volk die Ausübung magischer Praktiken untersagt wurde, waren Könige wie etwa Salomo Adepten höchsten Ranges. Dieses biblische Verbot zogen später christliche Würdenträger heran, um damit die Astrologie, die Handlesekunst und andere Formen der Weissagung in Acht und Bann zu tun. Diese Verbote wurden meistens auch auf Brett- und Würfelspiele erweitert – ein stillschweigendes Eingeständnis, daß es sich bei solchen Spielen um mehr handle als um einen bloßen Zeitvertreib, ja daß ihnen wohl übersinnliche Bedeutung zuzusprechen sei.

Schon im 6. Jahrhundert vor unserer Zeitrechnung hat sich Gautama, der Buddha, gegen Brettspiele ausgesprochen. In dem *Brahma-Jala Sutra,* das tatsächlich gesprochene Worte des Buddha enthalten soll, beschreibt er die Nichtigkeiten, welche die Gedanken der Unerleuchteten beherrschen, darunter etwa das Spielen von *Ashtapada* und *Dasapada*. Da man jedoch die Brettspiele eher als eine oberflächliche Zeitverschwendung denn als ein Eindringen in priesterliche Hoheitsgebiete ansah, wurden sie nicht so nachdrücklich verboten, wie es in anderen Religionen geschah. Viele Schachhistoriker haben auf den engen Zusammenhang zwischen der Verbreitung dieses Spiels und der Ausbreitung des Buddhismus im Fernen Osten hingewiesen.

In Europa kam es unter den heidnischen römischen Kaisern zu den ersten Verboten. Im antiken Rom erließen verschiedene Herrscher gelegentlich Edikte gegen Glücksspiele. Allerdings wurden diese Amüsements nicht vollständig verbannt, sondern waren lediglich während des Festes der Saturnalien erlaubt. Diese Feier zur Wintersonnenwende, der Vorläufer des Weihnachtsfestes, war ein Zeitraum, in dem mancherlei ausschweifende Orgien gestattet waren, und dazu gehörten auch Glücksspiele. Als später das Christentum zur offiziellen Religion wurde, unternahm die Geistlichkeit einen regelrechten Feldzug, um Divination und Spiele auszurotten. In England drohte das *Pönitenzbuch* des Erzbischofs Egbert (736–766 n. Chr.) denjenigen, «die sich mit Divination und Wahrsagerei befassen, bei einer Quelle oder irgendeinem anderen Ding Wache halten, es sei denn in der Kirche Gottes.» Fast drei Jahrhunderte später ordnete König Knut 1020 in seinen Gesetzen an, «jeder heidnische Brauch ist ernstlich verboten: dazu gehört die Verehrung von heidnischen Göttern, der Sonne und des Mondes, von Feuer oder Flut, Quellen oder Steinen, Bäumen oder Wäldern [...] Opfern oder Weissagungen.»

Oft wurden diese verschiedenartigen Künste in Verbotskompendien klassifiziert, wie sie bis ins 17. Jahrhundert hinein immer wieder veröffentlicht wurden. Hugo von Sankt Victor (1096–1141) schrieb über die mannigfaltigen Arten der «Mantik», welche die Kirchenoberen mit Mißfallen betrachteten:

> *Mantike,* das ist Aeromantie, Hydromantie, Nekromantie und Pyromantie. Die «Mantiken» der vier Elemente, dazu die Mantik der Verstorbenen, die man mit dem fünften Element, der Quintessenz, und den alchimistischen Künsten in Verbindung bringen mag.

Mathematika, einschließlich *Auspicina Horæ,* das Beobachten der Planetenstunden; *Aruspicina Hara,* eine andere Bezeichnung für Hepatoskopie, das Untersuchen von Lebern und den Eingeweiden der Opfertiere, Augurie und Horoskopie, das ist Astrologie.
Sortilegia, das Ziehen von Losen, das Weissagen mit Hilfe von Würfeln, Büchern und dergleichen.
Maleficia, übles Tun durch Beschwörungen oder Anrufungen von Dämonen, Elementarwesen und anderen nicht fleischgewordenen Geistern.
Præstigia, das ist das Schaffen von Trugbildern, wozu auch jene Fertigkeiten gehören, die heute fälschlicherweise als «Beschwörungen» oder «Magie» bezeichnet werden – Zauberkünste und Taschenspielertricks.

Dies scheint eine traditionelle Klassifizierung zu sein, die möglicherweise auf islamische Quellen zurückgeht, denn das *Compendium* des muslimischen Gelehrten Husayn 'Ali Wa'iz al-Kashifi teilte die «okkulten Wissenschaften», die sogenannten *Khafiyyah,* auf ähnliche Weise in fünf Kategorien ein. Dazu gehören *Limiya,* die Magie, *Kimiya,* die Alchimie oder Chemie, *Himiya,* die Beschwörung der Seelen Verstorbener und nicht fleischgewordener Geister, *Simiya,* das Empfangen von Visionen, und *Rimiya,* Zauberkunst und Taschenspielerei.

Die wiederholten Versuche von Königen und kirchlichen Würdenträgern, die Divination sowie das Würfeln und sonstige Spiele generell zu untersagen, ergeben eine Chronik der fortgesetzten Mißerfolge und Fehlschläge. Oft konzentrierten sich die Bemühungen darauf, zumindest den Klerus vom Spielen abzuhalten. In einem im Jahr 1061 verfaßten Brief an den künftigen Papst Alexander II. verdammte der Bischof von Ostia, Kardinal Petrus Damiani, die «Tollheit von Würfeln oder Schach» als eine der «schändlichen Frivolitäten», die den Geistlichen untersagt waren. In Frankreich verbot der später heiliggesprochene König Ludwig IX. nicht nur das Würfelspiel, sondern er ließ sogar schon die Herstellung von Würfeln als kriminelles Delikt ahnden. In Island wurden Würfelspieler nach

Gesetzen, die von norwegischen, um das Jahr 1235 in Nidaros (Trondheim) erlassenen Verordnungen übernommen wurden, zu Vogelfreien «zweiten Grades» erklärt. Ein Edikt von König Magnus Hakonsson, der von 1263 bis 1280 regierte, bestätigte das Gesetz. Im Jahre 1241 verabschiedete die Stadtverwaltung von Straßburg eine Verordnung, die das Würfelspielen nach Art der in englischen Lokalen noch heute üblichen Polizeistunde einschränkt: Wer nach dem dritten Schlag der *wachteglocke*, der Abendglocke, noch beim Spiel in Haus oder Schenke angetroffen wurde, wurde verhaftet und bestraft. Noch 1404 versuchte man auf der Synode von Langres (Frankreich), die Geistlichkeit vom Glücksspiel abzubringen. Um 1420 fanden sich neben Würfel- und Brettspielen aber auch Kartenspiele im Repertoire der Spieler, und noch im selben Jahr veranstalteten Priester auf dem Marktplatz in Bologna eine öffentliche Verbrennung von Karten und Würfeln. An die Verbrennung von Spielen durch Johannes von Capestrano erinnerte ein 1452 in Nürnberg veröffentlichter Druck, der zeigt, wie Würfel, Kartenspiele und *Backgammon* den Flammen übergeben werden.

An den Orten, wo das Spielverbot nicht so rigoros war, wurde die humanere römische Tradition fortgeführt. Dort war es üblich, die Beschränkungen in der Weihnachtszeit für die Dauer von 12 Tagen aufzuheben. Am Heiligen Abend des Jahres 1494 hielt Margery Paston in ihren Aufzeichnungen fest, daß sie ihren ältesten Sohn zu Lady Morley geschickt habe, um zu erfahren, welche Vergnügungen in ihrem Haus am nächstfolgenden Weihnachtsfest stattfänden, «und sie sagte, daß man sich weder verkleiden noch Harfe oder Laute spielen noch singen werde; es werde keine lauten Belustigungen geben, sondern man werde sich am Tisch mit Schach- und Kartenspielen unterhalten». 1495 gab der englische König Heinrich VII. einen Erlaß heraus, der – mit Ausnahme der Weihnachtswoche – Dienern und Lehrlingen das Kartenspielen verbot. Einige Jahre später untersagte er sogar jegliches Kartenspiel, nur die Weihnachtszeit bildete nach wie vor eine Ausnahme. In Skandinavien war das Spiel *Gnav*, ein Glücksspiel, bei dem Karten oder Holzklötze verwendet wurden, ausschließlich eine Julfest-Unterhaltung, aber ansonsten waren Glücksspiele gesetzwidrig.

In Rußland fochten die Kirchenbehörden einen aussichtlosen Kampf gegen Spiele aus, insbesondere gegen das *Schach*. Ursprünglich waren sie nur dem Klerus untersagt, doch dann wurde das Verbot für alle Mitglieder der Gesellschaft verbindlich. In einer Verfügung hieß es: «Kein Geistlicher oder Laie soll *Xerniju (Hasard*, ein Würfelspiel), *Schach* oder *Tables* spielen.» In einem Kapitel des *Domostroi* (der *Hausordnung)* mit dem Titel «Über das gottlose Leben» (um 1550) drohte der Protohierarch Silvester, daß «derjenige, der kein gottesfürchtiges und christliches Leben führt, [...] der ein Säufer ist oder der Hexerei und der Divination anhängt [...] oder Schach spielt», in der Hölle schmoren werde. Schließlich erklärte Zar Iwan IV. das Spiel *Tablei (Backgammon)* nach dem bürgelichen Recht für illegal. Vielleicht ist die Schachbegeisterung in der ehemaligen Sowjetunion zum Teil auch als eine heftige Reaktion gegen die zaristischen und kirchlichen Spielverbote zu verstehen.

Um die Mitte des 16. Jahrhunderts begann die katholische Kirche unter dem Druck der protestantischen Reformation damit, Bücher über okkulte Themen auf den Index zu setzen. Das von Papst Paul IV. im Jahr 1559 herausgegebene Verzeichnis untersagte beispielsweise Aeromantie, einige Zweige der Astrologie, Augurie, Chiromantie, Leber- und Eingeweideschau, Geomantie, Hydromantie, Onomantie, Physiognomie, Pyromantie, Nekromantie, Nigromantie sowie das Wahrsagen aus Losen. Leute, die um Geld spielten, waren nur «kleine Fische», verglichen mit den Okkultisten und Wissenschaftlern, die nun von der Inquisition verfolgt wurden.

Seither unterscheiden die meisten christlichen Geistlichen zwischen dem Spiel als Freizeitvergnügen, das sie gutheißen, und dem Spielen um Geld, das sie mißbilligen. Natürlich betrachteten die Puritaner alle Formen der Unterhaltung mit Argwohn, und Spiele bildeten das Hauptziel ihrer «Säuberungsaktionen». «Kartenspiele sind eine Erfindung des Teufels», hieß es in einem ihrer Traktate, «denn so glaubt Er, die Menschen am leichtesten zum Götzendienst verführen zu können.» In den von puritanischen Eiferern gegründeten amerikanischen Kolonien wurden schon bald Gesetze gegen alle Arten von Spielen erlassen. Im Jahre 1624 ordnete die Versammlung des Staates Virginia an: «Diener der Kirche sollen sich nicht zu übermäßigem Trinken verleiten lassen oder gar bei Tag und Nacht ihre Zeit unnütz bei Würfel- oder Kartenspiel oder sonstigen ungesetzlichen Spielen verbringen.» 1656 verabschiedeten die «Pilgerväter» in der Kolonie Plymouth ein Gesetz, das für Erwachsene aus der Oberschicht, die beim Kartenspielen ertappt wurden, eine Geldbuße von 40 Schilling festsetzte. Kinder, Diener und Sklaven sollten «nach Ermessen ihrer Eltern oder Herren gemaßregelt und bei einem zweiten Verstoß öffentlich ausgepeitscht» werden. In jener Zeit war es auch üblich, daß Universitätsstudenten, die mit Dienern, Sklaven und Lehrlingen in eine Reihe gestellt wurden, alle Arten von Spielen untersagt war, darunter auch Fußball und seine gefährlichere Abart, das *Camping*. In Ländern, in denen autoritärer religiöser Fanatismus den Ton angibt, findet man dieses Phänomen noch heute. Erst 1979 verbot der Ajatollah Khomeini im Iran das Schachspiel, weil er glaubte, es verstoße gegen seine Interpretation der islamischen Gesetze. Es ist sehr bedauerlich, daß es den Einwohnern des Landes, aus dem das moderne Schachspiel stammt, zur Zeit von Gesetzes wegen nicht gestattet ist, es zu spielen.

Spiele und Magie

Die Gründe für das Verbot von Spielen sind teilweise darin zu sehen, daß eine Begleiterscheinung die Zaubersprüche oder magischen Formeln waren, mit deren Hilfe sich die Menschen den Sieg sichern wollten. Daniel Willard Fiske, ein führender

Experte für Schach und andere Brettspiele, schrieb über diese okkulten Formeln, die sogenannten *Kotruvers*, die im Zusammenhang mit Spielen auftraten:

> Im Isländischen gibt es noch immer alte magische Formeln, mit deren Hilfe man beim *Kotra (Backgammon)* gewinnen kann, und es gibt auch andere für das Schachspiel. Eine lautet wie folgt: «Wenn du beim *Backgammon* gewinnen willst, nimm das Herz eines Raben, trockne es an einem Platz, an dem die Sonne nicht scheint, zerquetsche es und reibe dann die Würfel damit ein.»

Daß dieser Zaubersprüche heidnischen Ursprungs waren, erkennt man an der Verwendung eines Raben, der der weise Vogel des Odin und des Heldengottes Bran aus dem alten Britannien war. Als heidnischer Zauber wurde die Verwendung von *Kotruvers* von den Kirchenmännern untersagt, die ebenso wie die Anwender an deren Wirksamkeit glaubten.

Doch ungeachtet des Verbots wurden sie weiterhin benutzt. Der isländische Folklorist und Bischof Jón Arnason gab folgendes Beispiel: «Der *Backgammon*-Spieler soll ‹Olaf, Olaf, Harold, Harold, Erik, Erik› rufen.» Diese Königsformel oder andere Zaubersprüche konnten die Spieler auch in Runenschrift auf einen Zettel notieren, den sie beim Spiel unter das Brett legten, sich zwischen die Knie oder an andere Stellen steckten. Arnason berichtete auch von folgender magischer Operation:

> Um beim Kotra zu gewinnen, mußt du die Zunge einer Bachstelze nehmen und sie in der Sonne trocknen; zerkleinere sie, vermische sie anschließend mit Meßwein und trage sie auf die Augen der Würfel auf, dann kannst du dir deines Erfolges bei diesem Spiel gewiß sein.

Interessant ist, daß dieser Zauber jüngeren Datums sein muß als der erste, denn er enthält Elemente der klassischen «Schwarzen Magie», einer Umkehrung christlicher Symbole, wie es etwa die falsche Anwendung des christlichen Sakraments des geweihten Meßweins als Kraftquelle statt irgendwelcher eigenständiger Zeichen ist. *Kotruvers* werden in verschiedenen isländischen Erlassen erwähnt, so etwa im *Jónsbok,* einer Gesetzessammlung. Man weiß, daß mindestens eine Person wegen der Verwendung von *Kotruvers* hingerichtet wurde. Im Jahre 1681 wurde Arni Pétursson in Anwesenheit des isländischen *Althing,* des Parlaments, bei lebendigem Leibe verbrannt, weil er sich der «Zauberei» bedient hatte. Er hatte gestanden, daß er beim *Backgammon*-Spiel *Kotruvers* benutzt hatte.

Wie man sich denken kann, kennt auch die Hauptrichtung des westlichen Okkultismus verschiedene magische Techniken, um beim Spiel zu gewinnen. Eine davon ist besonders interessant, weil sie eine «miniaturisierte» Abart des geomantischen Akts darstellt, bei dem im Zuge eines Gründungsritus ein Schlangenkopf am Boden festgenagelt wird. Am ersten Donnerstag des Vollmondes, zur Planetenstunde des Jupiter, werden die Worte *Non licet ponare in egarbona quia pretium sanguinis* auf ein unbenutztes Pergament notiert. Dann nimmt man den abgetrennten Kopf einer Viper und legt ihn in die Mitte des Geschriebenen; dann faltet man die vier Ecken des Pergaments über dem Kopf zusammen, und der Talisman ist fertig. Dieses Zusammenfalten eines quadratischen Pergaments, um einen Talisman zu herzustellen, ist noch in dem erwähnten, weit verbreiteten Kinderspiel *Wahrsagen* erhalten geblieben. Verwendet man den Talisman beim Spiel, muß er mit einem roten Seidenband am linken Arm befestigt werden.

Bei einer anderen Art von Spiel-Talismanen geht es um Kreuzungen als Orte, an denen Kraftfelder wirken. Man schreibt eine Formel auf ein leeres Pergament, aber statt eines Schlangenkopfes packt man eine Silbermünze ein. Diesen Talisman bringt man an einem Sonntag noch vor Mitternacht an eine Kreuzung, und dort wird die Münze vergraben. Der Zauberer muß dann mit dem linken Fuß drei Mal auf den Boden stampfen, die magischen Worte, die auf dem Pergament stehen, ausrufen und zwischen jedem Wort das Kreuzzeichen machen, insgesamt neun Mal. Dann geht der Zauberer fort, ohne sich noch einmal umzusehen. Am nächsten Tag kehrt er zurück, um die Münze auszugraben, die dann als Glücksbringer mit zum Spieltisch genommen wird. Die *Grimoires,* in denen diese Praktiken empfohlen werden, weisen den Spieler, der sich der Magie bedient, oft darauf hin, daß er zehn Prozent seines Gewinns den Armen spenden solle, und drohen, daß er verlieren werde, falls er dieses Gebot mißachte.

Anhang

Die Züge orthodoxer und unorthodoxer Figuren beim Schach und bei verwandten Brettspielen

Amazone	Verbindet die Gangart der Schachfiguren *Läufer, Springer* und *Turm,* wird beim Schach manchmal statt der *Dame* verwendet.
Asva	Das Pferd beim *Tschaturanga,* entspricht im Schachspiel dem *Springer.*
Aufin	Auch *alfin* oder *alfil,* mittelalterliche europäische Version des *fil.*
Bauer	Zieht nur auf einer Linie vorwärts (vom französischen *poun,* Übersetzung des arabischen Wortes *baidaq,* «Infanterist»).
Branán	Zentrale Königsfigur bei den Belagerungsspielen, zieht rechtwinklig in alle Richtungen. Die einzige Figur, die auf dem Zentrumsfeld des Brettes stehen darf, wird auch *brenin* genannt.
Dabbaba	Figur beim unorthodoxen *Schach,* zieht ein Feld in jede Richtung. Bei einigen anderen Abarten kann sie auch zwei Felder in eine Richtung springen (√ 4).
Dame	1. Nordeuropäische Bezeichnung für eine Figur aus dem Damespiel, auch die «Königin» beim *Schach.* 2. Spielstein bei Dame, zieht jeweils ein Feld diagonal vorwärts und schlägt durch Überspringen.
Fers	Mittelalterliche Figur, die auf den *Firzan* zurückgeht, auch *fevée* genannt; wurde schließlich

durch die *Dame* ersetzt. Zog ein Feld diagonal in jede Richtung, konnte beim ersten Zug 2 Felder in eine Richtung (√ 4) oder 2 + 2 Felder (√ 8) ziehen. Als das Damespiel nach England kam, wurden die Figuren in *ferses* umbenannt.

Figur Allgemeine Bezeichnung für einen Spielstein.

Fil Springt 2 + 2 Felder, der Name stammt vom persischen *pil (= aufin).*

Firzan Zieht ein Feld diagonal in jede Richtung (vom persischen *farzin,* «Berater»).

Gaja Der Elefant beim *Tschaturanga,* entspricht dem *fil.*

Giraffe Eine Figur beim *Großschach,* die 4 + 1 Felder (√ 17) springen darf. Bei einigen Abarten des Großschach darf die *Giraffe* ein Feld diagonal und dann im rechten Winkel so weit wie möglich ziehen.

Kaiserin Figur mit der Gangart der Schachfiguren *Turm* und *Springer,* wird manchmal auch *dabbada* genannt.

Kamel Figur im *Großschach,* die andere überspringen darf (3 + 1 Felder, √ 10).

Koch Figur beim Cheskers, die andere überspringen darf (3 + 1 Felder).

König 1. Im Belagerungsspiel auch *brenin* oder *branan* genannt. Zieht rechtwinklig auf einer Reihe oder Linie, sofern sie unbesetzt ist. Der *König* beim Belagerungsspiel ist die einzige Figur, die den *konakis* oder das Königsfeld im Zentrum des Brettes besetzen darf. 2. Damestein, der die Grundreihe des Gegners erreicht hat. Bei *Englischer Dame* darf er diagonal ein Feld in jede Richtung ziehen, bei *Polnischer Dame* beliebig weit auf einer freien Diagonale. 3. Wichtigste

Figur beim Schachspiel, zieht ein Feld in jeder Richtung auf ein Feld, das nicht von einer gegnerischen Figur bedroht ist. Er darf einen besonderen Zug, die im 13. Jahrhundert entwickelte Rochade, bei der er über einen *Turm* springt, nur einmal in einer Partie ausführen.

Kurier Figur beim gleichnamigen Spiel, die wie der *Läufer* im Schachspiel zieht.

Läufer Diese Figur wurde Ende des 15. Jahrhunderts in das (moderne) europäische *Schach* eingeführt. Sie zieht nur auf den Diagonalen der Farbe ihres Ausgangsfeldes; ersetzte den *alfil.*

Löwe Figur beim *Großschach,* die auf Reihen, Linien und Diagonalen beliebig weit ziehen darf, um Figuren zu schlagen, die hinter einer Figur beliebiger Farbe stehen. Darf nur ziehen, wenn sie springt.

Mann Figur beim *Kurier,* zieht ein Feld in jede Richtung. Entspricht der *dabbaba.*

Mantri Figur beim *Tschaturanga,* entspricht dem *fers* im *Shatranj.*

Mühlestein Bezeichnung für die Spielsteine bei den Mühlespielen.

Mullah «Beförderte» Figur beim *Zamma,* entspricht dem *König* bei *Polnischer Dame.*

Prinzessin Figur des *Großschach,* verbindet die Gangarten von *Läufer* und *Springer.* In Persien im 18. Jahrhundert *wazir* genannt.

Ratha Der Streitwagen im *Tschaturanga,* wurde im Schach zum *Turm.*

Schleich Figur beim *Kurier,* zieht wie ein *wazir,* ein Feld seitlich in vier Richtungen.

Springer Figur, die andere überspringen darf (1 + 3 Felder). Seit frühesten Zeiten unverändert.

Taeflor Anderer Name für die Figuren beim *Hnefatafl.*

Talia — Zieht wie ein *Läufer* beim Schach, muß aber über das nächstgelegene diagonale Feld springen. Mischung aus *fil* und *Läufer*.

Turm — Figur, die rechtwinklig auf den Reihen und Linien zieht. Früher die stärkste Figur auf dem Brett, so daß man ansagen mußte, wenn sie bedroht war.

Wazir — Zieht ein Feld seitlich in vier Richtungen.

Glossar der Fachbegriffe der Brettspiele und der Divination

Char Koni Wörtlich «Thron»; das Zentrumsfeld beim indischen *Pachisi*.

En prise Eine Figur «hängt», d. h. sie kann im nächsten Zug vom Gegner geschlagen werden.

Fanorona Spiel aus Madagaskar, das auf einem 5 mal 9 Felder großen Gitternetz ausgetragen wird.

Foibeny Der zentrale Punkt beim *Fanorona*.

Konakis Das Königsfeld im lappländischen Belagerungsspiel *Tablut*.

Linie Eine gerade Linie von Punkten oder Feldern auf einem Brett, die von einem Spieler bis zu seinem gegenübersitzenden Partner läuft.

Mühlespiele Eine Gruppe verwandter Spiele, zu der unter anderem *Neunermühle* gehört. Das Ziel des Spiels besteht darin, eine «Mühle», d. h. eine Reihe mit drei gleichen Steinen zu bilden.

Punkt Standort für eine Figur auf einem Brett; bezeichnet für gewöhnlich den Schnittpunkt verschiedener Linien auf einem Brett.

Raichi Ansage beim *Tablut*, entspricht etwa der Ankündigung «Schach!» bei einer Schachpartie.

Raml Wörtlich «Sand», arabische Bezeichnung für die divinatorische Geomantie.

Reihe Eine Reihe von Punkten oder Feldern auf einem Spielbrett, die im rechten Winkel zu den Spielern und den Linien verläuft.

Schach Ansage beim *Schach*, eine Warnung, daß der gegnerische König angegriffen ist.

Schachmatt Die Entscheidung in einer Schachpartie, wenn der angegriffene *König* nicht mehr verteidigt werden kann.

Schlagen	Die Beseitigung eines gegnerischen Steins vom Spielbrett.
Tablut	Belagerungsspiel aus Lappland, das auf einem Brett mit 9 mal 9 Feldern gespielt wird.
Tawlbort	Englische Version von *Tablut*.
Tuichi	Begriff beim *Tablut*, entspricht dem «Schachmatt» beim *Schach*.
Überspringen	Ein Sprung über andere, für gewöhnlich gegnerische Figuren.
Wegnehmen	Die Beseitigung von Damesteinen, die es versäumt haben, dem Schlagzwang nachzukommen.

Grundformen der quadratischen Gitternetze, die bei traditionellen Brettspielen verwendet werden

Gittermaß	**Punkte**	**Mag. Qdt.**	**Spiele**
3 x 3	9	Saturn	Kleine Mühle, Nullen und Kreuze
4 x 4	16	Jupiter	Fünfermühle
5 x 5	25	Mars	Sadurangam, Thayyam
6 x 6	36	Sonne	Neunermühle
7 x 7	49	Venus	Bandubh, Ashta-Kashte
8 x 8	64	Merkur	Ashtapada, Tschaturanga, Shatranj, Schach, Dame
9 x 9	81	Mond	Tablut, Saturankam
10 x 10	100		Großschach, Gala, Polnische Dame
11 x 11	121		Tawlbwrdd (16. Jahrhundert)
13 x 13	169		Olaf Kongs Tafl
16 x 16	256		Halma
19 x 19	361		Hnefatafl, Go

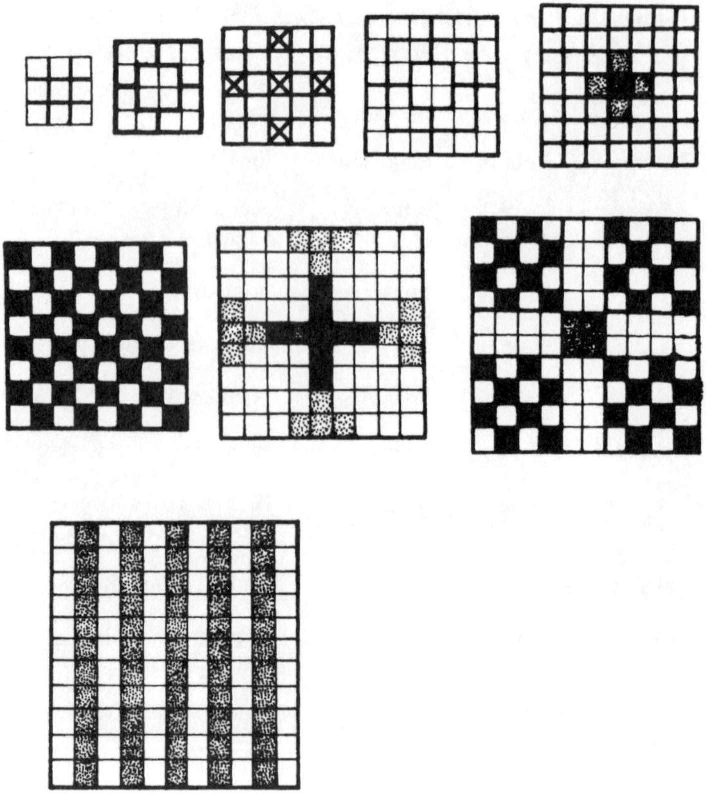

Abb. 68: Bei Brettspielen verwendete Gitternetze.

Verzeichnis der Spiele

Alquerque
Asalto
Ashta-Kashte
Ashtapada
Backgammon
Belagerungsspiele
Brandubh
Cheskers
Dablot
Dame
Dasapada
Domino
Fanorona
Fidchell
Fuchs und Gänse
Gala
Gänsespiel
Go
Großschach
Halma
Hnefatafl
Hsiang k'i
I Ging
Kotra (Backgammon)
Kurier
Ludo
Magische Quadrate
Mah-Jongg
Moksha Patamu
Mühle
Nullen und Kreuze
Nyout
Ogham
Pachisi
Paramasayika
Pentagramm
Riddarskak (Ritterschach)
Rösselsprung
Runen
Sandurangam
Saturankam
Schach
Shatranj
Surakarta
Tablut
Tarot
Tawlbwrdd
Thayyam
Tschaturanga
Vierpersonen-Schach
Wettrennspiele
Würfelspiele
Zamma
Zatrikon

Bibliographie

Die Bibliographie wurde vom Übersetzer in Zusammenarbeit mit dem Autor erstellt.

Agrell, Sigurd: *Lapptrumor och Runmagi*. Lund 1934.

Agrippa von Nettesheim, Heinrich Cornelius: *Die magischen Werke*. Wien [2]1985.

Andrews, W. S.: *Magic Squares and Cubes*. New York 1960.

Anonymus: *Napoléon's Book of Fate*. Dublin 1830.

Anwyl, Edward: *Celtic Religion in Pre-Christian Times*. London 1906.

Arnold, P.: *The Encyclopedia of Gambling*. New Jersey 1974.

Arntz, Helmut: *Bibliographie der Runenkunde*. Leipzig 1937.

– : *Handbuch der Runenkunde*. Halle/Saale 1944.

Aswynn, Freya: *Leaves of Yggdrasil*. London 1988.

Atkinson, Robert: *The Book of Ballymote*. Dublin 1887.

Austin, G.: *Roman Board Games*, in: «Greece and Rome» IV, 1934–1935.

Baker, Margaret: *Folklore and Customs in Rural England*. Newton Abbot 1974.

Banston, Brian: *Gods of the North*. London 1955.

Barret, William: *The Illusion of Technique*. New York 1978.

Bauer, W./Dümotz, I./Golowin, S.: *Lexikon der Symbole*. Wiesbaden [9]1987.

Baylay, H.: *The lost language of symbols*. New York o. J.

Beigbeder, Olivier: *La symbolique*. Paris 1968.

Bell, R. C.: *Board and Table Games from Many Civilizations*. London (1. Band 1960, 2. Band 1970).

– : *Discovering Chess*. Aylesbury 1976.

– : *Discovering Old Board Games*. Aylesbury 1973.

– : *The Boardgame Book*. London 1979.

Bensch, Kurt: *Magie der Renaissance*. Wien 1985.

Bertalanffy, L. von: *General Systems Theory*. New York 1968.

Bezold, C./Boll, F.: *Sternglaube und Sterndeutung.* Stuttgart [6]1974.
Biedermann, Hans: *Handlexikon der magischen Künste von der Spätantike bis zum 19. Jahrhundert.* Graz [3]1986.
Blacker, Carmen./Loewe, Michael (Hrsg.): *Ancient Cosmologies.* London 1975.
Blum, Ralph: *Runen (The Book of Runes).* München [4]1989.
Bragdon, Claude: *Projective Ornament.* O.O. 1972.
– : *The Beautiful Necessity.* O.O, o. J.
Branston, Brian: *The Lost Gods of England.* London 1957.
Brix, H.: *Studier in nordisk Runmagi.* Kopenhagen 1928.
Bromwich, R.: *Trioedd Ynys Prydein.* Cardiff 1979.
Brooke-Little, J.-P.: *An Heraldic Alphabet.* New York 1973.
Chetwynd, Tom: *A Dictionary of Sacred Myth.* London 1986.
Chevalier, J./Gheerbrant, A.: *Dictionnaire des symboles.* Paris 1969.
Christian, Paul (Pitois, Jean-Baptiste): *Histoire de la Magie, du Monde Surnaturel et de la Fatalité à travers les Temps et les Peuples.* Paris 1870.
Christian, Roy: *Old English Customs.* Newton Abbot 1962.
Clark, Samuel: *The Laws of Chance.* London 1758.
Cockayne, O.: *Leechdoms, Wortcunning and Starcraft.* London 1864.
Craven, J. B.: *Doctor Robert Fludd, Life and Writings.* London 1902.
Cremonensis, Gerardus: *Géomancie astronomique.* Paris 1697.
Crowley, Aleister: *Magick in Theory and Practice.* Paris 1929.
– : *The Book of Thoth.* New York 1969.
Croy, Peter: *Die Zeichen und ihre Sprache.* Frankfurt/Zürich 1972.
Culin, Steward: *Chess and Playing Cards.* Washington 1895.
– : *Games of the North American Indians.* Washington 1907.
Deacon, Richard: *The Book of Fate.* London 1976.
Degering, Hermann: *Die Schrift.* Tübingen [4]1964.
Devereux, Paul: *Earth Lights Revelation.* London 1989.

– : *Earth Lights.* Wellingborough 1982.
Groot, Adriaan de: *Het Denken van de Schaker.* 1978.
Santillana, de / Dechend, H. von: *Hamlet's Mill.* Boston 1969.
Dickens, Bruce: *Runic and Heroic Poems.* Cambridge 1915.
Diederichs, Ulf (Hrsg.): *Germanische Götterlehre.* München ³1989.
Dirx, Ruth: *Gaukler, Kinder und kluge Köpfe – Das Spiel einst und jetzt.* Hannover 1968.
Dodds, E. R.: *The Greeks and the Irrational.* Berkeley 1951.
Dornsieff, Franz: *Das Alphabet in Mystik und Magie.* Berlin 1922.
Drake-Carnell, F. J.: *Old English Customs and Ceremonies.* London 1938.
Dreyfuss, Henry: *The Symbol Sourcebook.* New York 1972.
Drury, Nevill: *Lexikon esoterischen Wissens.* München 1988.
Dutt, B.B.: *Town Planning in Ancient India.* Calcutta 1925.
Düwel, Klaus: *Runenkunde.* Stuttgart 1968.
Eco, Umberto: *Zeichen. Einführung in einen Begriff und seine Geschichte.* Frankfurt a. M. 1977.
Elffers, Joost (Hrsg.): *Tangram – Das alte chinesische Formenspiel.* Köln 21976.
Eliade, Mircea: *Le mythe de l'éternal retour – archétypes et répétition.* Paris 1949.
Ellenberger, Henri F.: *The Discovery of the Unconscious.* New York 1970.
Elliott, R. W. V.: *Runes – An Introduction.* Manchester ²1963.
Ellis, Hilda R.: *The Road to Hel.* Cambridge 1943.
Epega, D. Onadele: *The Mystery of Yoruba Gods.* Lagos 1931.
Evans, Hilary: *Visions, Apparitions, Alien Visitors.* Wellingborough 1984.
Evans-Wentz, W.Y.: *The Fairy Faith in Celtic Countries.* London 1911.
Falkener, Edward: *Games Ancient and Oriental and How to Play Them.* New York 1961.
Ffrench, J. F.: *Prehistoric Faith and Worship.* London 1912.

Fillipetti, Hervé / Trotereau, Janine: *Zauber, Riten und Symbole*
–: *Magisches Brauchtum im Volksglauben*. Freiburg 1979.
Finn, Timothy: *The Watney Book of Pub Games*. 1966.
Fiske, Daniel Willard: *Chess in Iceland*. Firenze 1905.
Flowers, Stephen: *Runes and Magic*. New York 1986.
Fludd, R.: *Utriusque Cosmi Majoris [...]*. Oppenheim 1617.
Foli, P. R. S.: *Fortune-Telling by Cards*. London 1906.
Forstner, Dorothea: *Die Welt der christlichen Symbole*. Innsbruck–Wien [5]1986.
Foster, R. F.: *Encyclopedia of Games*. London 1901.
Franz, Marie-Louise von: *Zahl und Zeit*. Frankfurt 1974.
– : *On Divination and Synchronicity*. Toronto 1980.
Frege, Gottlob: *Funktion, Begriff, Bedeutung*. Göttingen [3]1969.
Frutiger, Adrian: *Der Mensch und seine Zeichen*. Echzell [2]1989.
Gelb, Ignace J.: *Von der Keilschrift zum Alphabet*. Stuttgart 1958.
Gelling, Peter / Davidson, Hilda Ellis: *The Chariot of the Sun and Other Rites and Symbols of the Northern Bronze Age*. London 1969.
Glonnegger, Erwin: *Das Spiele-Buch*. Ravensburg 1988.
Goddard, A. R.: *Nine Men's Morris – An Old Viking Game. Saga-Book of the Viking Club*. London 1901.
Golombek, Harry: *The Encyclopedia of Chess*. London 1977.
Gomme, Alice: *Games Traditional*. London 1894.
Gomme, G. L.: *Folklore Relics in Early Village Life*. London 1883.
Gould, Robert Freke.: *The History of Freemasonry*. 3 Bände. London 1884.
Grunfeld, Frederic / Oker, Eugen: *Spiele der Welt: Geschichte – Spielen – Selbermachen*. Frankfurt 1976.
Guillaume, J. Y.: *Les Runes et les Etoiles*. Narbonne 1983.
Hahn, A. von: *Buch der Spiele*. Leipzig 1906.
Haislip, Barbara: *Die praktische Kunst des Wahrsagens*. Freiburg 1980.

Hall, Manly P.: *The Secret Teachings of All Ages – An Encyclopædic Outline of Masonic, Hermetic and Rosicrucian Symbolical Philosophy.* Los Angeles 1928.

Hartmann, Franz: *The Principles of Astrological Geomancy.* London 1913.

Heinsch, J.: «Grundsätze vorzeitlicher Kultgeographie», in: *Comptes Rendus du Congrès International de Geographie.* Amsterdam 1938.

Heinsch, J.: «Vorzeitliche Ortung in kultgeometrischer Sinndeutung», in: *Allg. Vermessungs-Nachrichten* 49, 1937.

Helm, Eve Marie: *Das große Orakelbuch.* München 1983.

Heydon, John: *Theomagia, or The Temple of Wisdom.* 3 Bände. London 1662–1664.

Hill, Douglas: *Magic and superstition.* London 1980.

Hofside, Robert: *Indian Games and Crafts.* New York 1957.

Holroyd, Stuart: *Zahlensprüche und Zahlenmagie.* Frankfurt 1978.

Howard, Michael: *The Runes and Other Magical Alphabets.* Wellingborough 1978.

– : *The Wisdom of the Runes.* London 1985.

– : *Understanding Runes.* Wellingborough 1990.

Huizinga, Johan: *Homo ludens.* Reinbek 1987.

Hyde, Thomas: *De Ludis Orientalibus.* Oxford 1694.

Jenny, Hans: *Kymatic.* 2 Bände. Basel 1974.

Jensen, K. Frank: *Tarot.* Kopenhagen 1975.

– : *The Prophetic Cards – a catalog of cards for fortune-telling.* Roskilde 1985.

Jones, Prudence: *Eight and Nine – The Sacred Numbers of Sun and Moon in the Pagan North.* Bar Hill 1982.

– : *Sundial and Compass Rose – Eight-fold Time Division in Northern Europe.* Bar Hill 1982.

Jung, C. G. (u.a.): *Der Mensch und seine Symbole.* Olten [8]1979.

Karrer, Iso: *Tierkreis und Jahreslauf – Astrologie in Mythos und Volksbrauch.* Basel 1985.

Kayser, Felix: *Kreuz und Rune.* Stuttgart 1965.

Keilhauer, Anneliese/Keilhauer, Peter: *Die Bildsprache des Hinduismus.* Köln 1983.
King, Francis: *Magie – Eine Bilddokumentation.* Frankfurt 1976.
Kippenberg, H. (Hrsg.): *Magie – Die sozialwissenschaftliche Kontroverse über das Verstehen fremden Denkens.* Frankfurt 1978.
Kirfel, W.: *Die Kosmographie der Inder.* Bonn 1920.
Klimo, Jon: *Channeling – Investigations on receiving information from paranormal sources.* Wellingborough 1988.
Koestler, Arthur: *Die Wurzeln des Zufalls.* Frankfurt 1985.
Kosbab, Werner: *Das Runen-Orakel. Einweihung in die Praxis der Runen-Weissagung.* Freiburg im Breisgau 1982.
Krause, Wolfgang: *Die Runenschrift im älteren Futhark.* Halle/Saale 1937.
– : *Runen.* Berlin 1970.
– : *Was man in Runen ritzte.* Halle/Saale 1935.
Larsen, Astrid Pilegaard/Jensen, K. Frank: *Spil og Spadom* (Ausstellungskatalog). Kopenhagen 1979.
La Roux, M.: *The Complete Draughts Book.* London 1955.
Lethaby, William Richard: *Architecture, Mysticism and Myth.* London 1891.
Lévi, Eliphas (Alphonse Louis Constant): *Histoire de la Magie.* Paris 1861.
– : *Le Livre des Splendeurs.* Paris 1894.
Lewis, F. R.: *Gwerin ffristal a Thawlbwrdd.* Y Cymmrodorion 1941.
Limbrey, G. H.: *Ancient History of the Game of Draughts.* London 1913.
Lindörfer, Klaus: *Das rororo-Schachbuch von A – Z.* Reinbek 1984.
Linnaeus, C.: *Lachesis Lapponica.* London 1811.
Loewe, Michael/Blacker, Carmen: *Oracles and Divination.* London 1979.
Löhlein, H. A.: *Handbuch der Astrologie.* München 1977.

Lovejoy, Arthur O.: *The Great Chain of Being.* Cambridge (Massachusetts) 1964.

Lurker, Manfred (Hrsg.): *Wörterbuch der Symbolik.* Stuttgart 1979.

– : *Lexikon der Götter und Dämonen.* Stuttgart 1984.

Lyndoe, Edward: *Everybody's Book of Fate and Fortune.* London 1935.

MacAlister, R. A. S.: *The Archaeology of Ireland.* London 1928.

MacWhite, E.: «Early Irish Board Games», in: *Eisge* V, 1945.

Matthews, John / Steward, Bob: *Legendary Britain.* Blandford 1990.

Maxwell, J.: *La Divination.* Paris 1927.

McClure, Kevin: *The Evidence for Visions of the Virgin Mary.* Wellingborough 1983.

Meyer-Baer, Kathi: *Music of the Spheres and the Dance of Death.* Princeton 1970.

Moderne Universalgeschichte der Geheimwissenschaften in 6 Bänden. Düsseldorf 1979.

Mohen, Jean-Pierre: *The World of Megaliths.* Cassell 1990.

Moltke, Erik: *Runes and Their Origin – Denmark and Elsewhere.* Kopenhagen 1984.

Müller, W.: *Die Heilige Stadt, Roma Quadrata, himmlisches Jerusalem und die Mythe vom Weltnabel.* Stuttgart 1961.

Murray, H. J. R.: *A History of Board Games Other than Chess.* Oxford 1952.

– : *History of Chess.* Oxford 1913.

Murray, L. / Murray, C.: *The Celtic Tree Oracle.* London 1988.

Neubecker, Ottfried: *Heraldik.* Frankfurt a. M. 1977.

O'hVginn, Tadg Dall: *The Bardic Poems.* London 1926.

Osborne, Marijane / Langland, Stella: *Rune Games.* London 1982.

Page, R. I.: *An Introduction to English Runes.* London 1973.

Palmer, Roy: *The Folklore of Warwickshire.* London 1976.

Parke, H. W.: *A History of the Delphic Oracle.* Oxford 1939.

Parker, H.: *Ancient Ceylon.* London 1909.

Pembrocke, Lady Emmy: *Neues Punktierbüchlein oder Die Kunst von dem Schicksal.* Reutlingen o. J..
Pennick, Nigel/Jackson, Nigel: *The Celtic Oracle.* London 1992.
Pennick, Nigel: *Das Runen-Orakel.* 1990.
– : *Die alte Wissenschaft der Geomantie.* München 1982.
– : *Earth Harmony.* London 1987.
– : *Einst war uns die Erde heilig.* Waldeck-Dehringhausen 1987.
– : *Sacred Geometry.* Wellingborough 1980.
– : *Hugin and Munin Rune Cards.* Bar Hill 1985.
– : *Madagascar Divination.* Bar Hill 1976.
– : *Ogham and Runic – Magical Writing of Old Britain and Northern Europe.* Bar Hill 1978.
– : *Pagan Prophecy and Play.* Bar Hill 1985.
– : *Practical Magic in the Northern Tradition.* Wellingborough 1989.
– : *Runestaves and Ogham.* Bar Hill 1986.
– : *Runic Astrologie.* Wellingborough 1990.
– : *The Cosmic Axis.* Bar Hill 1985.
– : *The Secret Lore of the Runes and other Ancient Alphabets.* London 1991.
– : *The Subterranean Kingdom.* Wellingborough 1981.
– : *Traditional Board Games of Northern Europe.* Bar Hill 1988.
Petzold, L.: *Magie und Religion – Beiträge zu einer Theorie der Magie.* Darmstadt 1978.
Poinsot, M. C.: *The Book of Fate and Fortune.* London 1932.
Poncé, Charles: *Kabbalah – An Introduction and Illumination for the World Today.* London 1974.
Ranke-Graves, Robert von: *Die Weiße Göttin.* Reinbek 1985.
Raphael (Smith, Robert Cross): *The Philosophical Merlin.* London 1822.
Rees, Alwyn/Rees, Brinley: *Celtic Heritage.* London 1961.
Regardie, Francis Israel: *A Practical Guide to Geomantic Divination.* London 1972.
Reichardt, Konstantin: *Runenkunde.* Jena 1936.

Reuter, Otto Sigfrid: *Germanische Himmelskunde.* Jena 1934.
– : *Sky Lore of the North.* Bar Hill 1987.
Rhine, Louisa: *Hidden Channels of the Mind.* London 1962.
Richter, W.: *Spiele der Griechen und Römer.* Leipzig 1887.
Robinson, J. A.: *Time of St. Dunstan.* Oxford 1923.
Rossiter, Evelyn: *Die ägyptischen Totenbücher.* Fribourg-Genève 1979.
Scarne, J. / Rawson, C.: *Scarne On Dice.* Harrisburg 1946.
Scarne, John: *Scarne's Encyclopedia of Games.* New York 1973.
Schneider, K.: *Die germanischen Runennamen – Versuch einer Gesamtdeutung.* Meisenheim 1956.
Scholem, Gershom: *Zur Kabbala und ihrer Symbolik.* Frankfurt a. M. [2]1977.
Seligmann, K.: *Das Weltreich der Magie.* Stuttgart 1958.
Shippey, T. A.: *Poems of Wisdom and Learning in Old English.* Cambridge 1976.
Shumaker, Wayne: *The Occult Sciences in the Renaissance.* Los Angeles 1972.
Skinner, Stephen: *Terrestrial Astrology – Divination by Geomancy.* London 1980.
Spence, Lewis: *The Mysteries of Britain.* London 1928.
Spiesberger, Karl: *Runenmagie.* Berlin1955.
Storms, G.: *Anglo-Saxon Magic.* Den Haag 1948.
Strutt, J.: *The Sports as Pastimes of the People in England.* London 1845.
Taylor, I.: *Greeks and Goths – A Study of the Runes.* London 1879.
Temple, Robert K. G.: *Conversations With Eternity.* London 1984.
– : *Götter, Orakel und Visionen.* Frankfurt 1982.
Thorsson, Edred: *At the Well of Wyrd.* York Beach 1988.
– : *Futhark – A Handbook of Rune Magic.* York Beach 1984.
– : *Runelore.* York Beach 1987.
Thulin, Carl: «Die etruskische Disciplin», in: *Göteborgs Hogskolas Arsskrift* (3 Teile: 1905, 1906, 1909).

Tizané, Emile: *Les apparitions de la Vierge.* Paris 1977.
Urton, Gary: *At the Crossroads of the Earth and Sky.* Austin (Texas) 1980.
Wardle, Thorolf: *Runelore.* Braunschweig 1983.
– : *The Runenames.* Braunschweig 1984.
Weber, Edmund: *Runenkunde.* Berlin 1941.
Wheatley, Paul: *The Pivot of the Four Quarters.* Edinburgh 1971.
Whitehouse, F. R. B.: *Table Games of Georgian and Victorian Days.* London 1951.
Wietfeldt, Anna: *Neues Punktierbüchlein.* Mühlhausen 1907.
Wills, Franz Hermann: *Schrift und Zeichen der Völker.* Düsseldorf 1977.
Wise, John F.: *Shakespeare – His Birthplace and Its Neighbourhood.* London 1860.
Wong, W. F.: *Chinese Chess.* Hong Kong 1971.
Yates, Frances: *Theatre of the World.* London 1969.
Zaehner, R. C.: *Mysticism – Sacred and Profane.* Oxford 1957.
Zeller, Otto: *Der Ursprung der Buchstabenschrift und das Runenalphabet.* Osnabrück 1977.
Zweig, Stefan: *Die Schachnovelle.* Frankfurt 1979.

Malba Tahan
Beremis, der Zahlenkünstler
304 Seiten. ISBN 3-491-69066-8

Ein vergnügliches und intelligentes Geschenkbuch über die Geschichte der Zahlen, die großen Mathematiker Indiens, der griechischen Antike und des arabisch-persischen Kulturkreises, über mathematischen Kuriositäten, magische Quadrate oder die Legende von der Entstehung des Schachspiels.

Marita Lück
Im Zauberkreis der Feen
206 Seiten. ISBN 3-491-69068-4

Wenn wir die Feenlandschaften der Inselkelten betreten, dann durchwandern wir auch das Labyrinth der menschlichen Seele und erleben das geistige Abenteuer der menschlichen Bewußtseinsentwicklung.

Der Heilige Baum
96 Seiten. ISBN 3-491-69056-0

Eine sorgfältig durchdachte, reich illustrierte Sammlung alter und neuer Erkenntnisse und Weisheiten aus dem indianischen Kulturraum. Ein Weisheitsbuch, das uns lebenswichtige Impulse vermitteln kann.

Patmos paperback